Urban
-Taschenbücher

Band 600

Alfred K. Treml

Pädagogische Ideengeschichte

Ein Überblick

Verlag W. Kohlhammer

Umschlag: Data Images GmbH
Gesamtherstellung:
W. Kohlhammer Druckerei GmbH + Co. KG Stuttgart
Printed in Germany

ISBN 3-17-017277-8

Inhaltsverzeichnis

1 Ideengeschichte oder Die Evolution einflussreicher Semantik

»Mein Freund, die Zeiten der Vergangenheit
Sind uns ein Buch mit sieben Siegeln.
Was ihr den Geist der Zeiten heißt,
Das ist im Grund der Herren eigner Geist,
In dem die Zeiten sich bespiegeln.«
J. W. Goethe: Faust 1

Wo soll der Autor beginnen, wenn es um die pädagogische Ideengeschichte geht? Bei den Aufklärern im 18. Jahrhundert? Bei den Frühaufklärern des 17. Jahrhunderts? In der Renaissance bei den Humanisten? Bei den christlichen Kirchenvätern des Mittelalters? In der römischen oder griechischen Antike? Oder gar noch früher, bei den orientalischen Hochkulturen des zweiten oder dritten Jahrtausends vor der Zeitenwende? Wo also soll der Autor beginnen? Die richtige Antwort kann meines Erachtens nur lauten: Bei sich selbst! Bei seinen Auswahlkriterien, bei seinem Blick als Beobachter! Bei seinen theoretischen Vorgaben, die Geschichte als Historik zu reformulieren erlauben! Spätestens mit Chladenius in der Mitte des 18. Jahrhunderts hat sich in der Geschichtswissenschaft die Einsicht durchgesetzt, dass jedes historische Wissen vom Standort abhängt, den der Historiker einnimmt[1]. Der Autor muss unvermeidlich auswählen, verkürzen, Schwerpunkte setzen, einteilen, Anfang und Ende von Entwicklungslinien bestimmen, Komplexität damit reduzieren, Begriffe definieren und metaphorisch gebrauchen und dabei immer auch gewichten und werten.

Mit diesem Hinweis auf die unvermeidliche Standortgebundenheit historischer Rückblicke rennt man heute offene Türen ein. Nur wo führen diese hin? Heißt dies in der letzten Konsequenz, dass alles

---

1 Vgl. J. M. Chladenius: Allgemeine Geschichtswissenschaft. Leipzig 1752.

Wissen über Vergangenes die subjektive Konstruktion eines nachgeborenen Berichterstatters ist? Bedeutet dies, dass – weil alles relativ – auch alles möglich, alles erlaubt ist? Ist Vergangenheit gar nur die Erfindung – postmodern gesprochen: die »Konstruktion« – eines nachgeborenen Autors?

Diese radikale konstruktivistische Variante wird in der geschichtsphilosophischen Literatur so ungeschützt formuliert m.W. nicht vertreten. Es sieht so aus, als ob man vor dieser letzten Konsequenz zurückschreckt und stattdessen sich lieber auf einen letzten Rest sicheren Grundes zurückzieht. Dieser übrig gebliebene Rest festen Bodens inmitten eines Sumpfes an relativierenden Unsicherheiten ist das geschichtliche Ereignis selbst. Ist nicht die Geschichte selbst uns sicher, denn sie ist in ihrer irreversiblen Einmaligkeit unveränderbar (weil ein für allemal abgeschlossen), während alle Historik – verstanden als die nachträgliche Beschreibung der Geschichte – unsicher und reversibel ist? Allerdings ist das geschichtliche Ereignis im Orkus der Vergangenheit verschwunden, und wir wissen von ihm bestenfalls durch die Überlieferungen von Zeitzeugen. Folglich richtet sich alle Hoffnung auf sie, und eine Geschichtswissenschaft, die diese Hoffnung teilt, mündet im Ruf: »Zurück zu den Zeitzeugen! Zurück zu den Quellen!«. Man kann diese Position als eine positivistische bezeichnen, weil sie wenigstens noch eine Ebene positiv auszeichnet und ihre eine besondere Würde attachiert, nämlich jene der »Dabeigewesenen«. Sie kommt unserer Neigung entgehen, den Dabeigewesenen mehr zu glauben als denjenigen, die nur vom »Hörensagen« berichten können. Wir unterstellen dabei, dass das als »Tatsache« geadelte geschichtliche Ereignis sich im Erleben des historischen Zeitzeugen widerspiegelt.

Aber auch diese Widerspiegelungstheorie ist, zu Ende gedacht, nicht haltbar, denn das geschichtliche Ereignis muss ja unvermeidlich nicht nur durch das Nadelöhr der sinnlichen Beobachtung, sondern auch der (mündlichen oder schriftlichen) Berichterstattung. Schon auf dieser Ebene wird unvermeidlich selektiert und interpretiert, akzentuiert und bewertet, denn das, was der Historiker als »*Tatsache*« bezeichnet, *bezeichnet* er als Tatsache und behandelt es daher als das, was es ist, nämlich als Kommunikationsinhalt (wenngleich auch mit dem Geltungsanspruch auf Wahrheit versehen) – in den Worten von R. Koselleck: »... auch Tatsachen sind, im historiographischen Kontext, urteilsbedingt«[2]. Es ist also nicht so, dass es zunächst die geschichtlichen Tatsachen gibt und dann die theoriegeleitete Rekonstruktion dazukommt; vielmehr ist es erst der theoretische Zugriff, der die historischen Tatsachen generiert: »Das, was eine Geschichte zur Geschichte macht, ist nie allein aus den Quellen ableitbar: es bedarf einer Theorie möglicher Geschichten, um Quellen überhaupt erst zum Sprechen zu bringen«[3].

Immerhin war Kosellek noch der Meinung, dass die Quellen wenn schon keine verifizierende, so doch eine falsifizierende Funktion erfüllen können; Quellen hätten ein »Vetorecht«, sie können »nein, so nicht!« sagen. Recht haben und Recht bekommen ist allerdings bekanntlich zweierlei. Auch Vetorechte werden (wie sonst?) kommunikativ erhoben und kommunikativ eingelöst – oder nicht eingelöst. Deshalb müssen wir uns wohl auch von dieser letzten Hoffnung auf eine absolut sichere Grundlage der historischen Erinnerung – im Rahmen eines positivistischen Geschichtsverständnisses – befreien und die Unvermeidbarkeit von immer nur kommunikativ einlösbaren Geltungsansprüchen der in jede Historik eingehenden Selektivität anerkennen.

Damit ist jede historische Erkenntnis an zwei Stellen unsicher bzw. auf Voraussetzungen relativiert, die ihr äußerlich sind, zum einen durch die unvermeidliche Selektivität jeder historischen Beobachtung und zum zweiten durch die unvermeidliche sprachliche Übersetzung und Interpretation der Beobachtung von Zeitzeugen bzw. ihrer (i.a. schriftlichen) Quellen. Sprache ist ein Variationsmechnismus von Sinn, weil jedes Wort unvermeidbar »seinen Ge-

---

2 Und er fährt fort: »Ob Ludwig XVI. … ermordet worden oder ob er hingerichtet oder gar bestraft worden ist, das ist die historische Frage, nicht aber die »Tatsache«, daß ein Fallbeil von so und soviel Gewicht seinen Kopf vom Rumpf getrennt hat« (R. Koselleck: Vergangene Zukunft. Zur Semantik geschichtlicher Zeiten. Frankfurt a.M. 1979, S. 203).

3 Kosselleck 1979, a.a.O. S. 206. Ganz ähnlich die Argumention von McNeill (mit der er gegen die »sklavische Abängigkeit von schriftlichen Quellen« polemisiert): Fakten sprechen »niemals aus sich selbst« und »die reine Chronologie … hat niemals etwas Bedeutungstragendes hervorgebracht« (W. H. McNeill: Unvertraute Perspektiven. Zur Annäherung von evolutionstheoretischen Wissenschaften und Geschichtswissenschaft. In: S. Popp, J. Forster (Hg.): Curriculum Weltgeschichte. Interdiszplinäre Zugänge zu einem global orientierten Geschichtsunterricht. Schwalbach/Ts. 2003, S. 17–34, hier S. 22).

gensinn« (Goethe) mitschleift, und es ist deshalb nicht verwunderlich, dass es immer Unterschiede, Differenzen, Varianzen gibt, selbst wenn Historiker über das gleiche Thema berichten. Der selektive Zugriff nachfolgender Interpreten wirkt dabei noch als zusätzlicher Differenzverstärker, so dass – auf längere Sicht gesehen – Konsens (auch in der Historik) die Ausnahme, Dissens die Regel sein dürfte.

Diese Einsicht in die Unvermeidbarkeit unterschiedlicher und immer nur selektiver Erinnerungen an die Vergangenheit impliziert allerdings keinen resignativen Verzicht auf historische Wahrheit; sie mündet nicht – als Konsequenz – in einer Position des »anything goes«, sondern in einer Theorie, die ihre Unterscheidungen, mit denen sie beobachtet, explizit einführt und das Ergebnis ihrer Beobachtungen damit nichtzufällig und kontrollierbar macht. Eine solche historische Theorie macht ihre Produkte abhängig von ihren mitgebrachten Unterscheidungen – Begriffe, Methoden, Fragestellung usw. – und damit nicht nur transparent, sondern (cum grano salis) wiederholbar. Was liegt hier näher als eine Theorie heranzuziehen, die Differenz und Selektivität nicht als defizitäre oder doch zumindest problematische Ausnahmeerscheinung, sondern als alltäglichen, ja im wörtlichen Sinne: »natürlichen« Normalfall behandelt. Ich spreche hier von der Evolutionstheorie – genauer gesagt: von der Allgemeinen Evolutiontheorie (als der von ihren biologischen Spezifika gereinigten allgemeinen Theorie evolutiver Systembildung)[4].

Geschichte als Evolution zu begreifen ist in der Geschichtswissenschaft ungewöhnlich, weil man damit die Wege einer traditionellen Geschichtsvorstellung verlässt, nach der die Geschichte von handelnden Subjekten, von Agenten der geschichtlichen Bewegungen, »gemacht« wird, die man deshalb auch in ihrer Motivstruktur »verstehen« und »nachvollziehen« kann. Dieses handlungstheoretische Verständnis einer verstehenden Historik orientiert sich deshalb meistens an »großen Männern« (Kaisern, Königen, Herrschern, Feldherrn, Diktatoren usw.). Im Mittelpunkt steht der Homo humanus, der »duldende, strebende und handelnde Mensch, wie er ist und immer war und sein wird«, um eine berühmte Formulierung von Jacob Burckhardt aufzugreifen, bzw. dessen Texthinterlassenschaf-

4 Vgl. zum Konzept einer Allgemeinen Evolutionstheorie (in der Pädagogik) A. K. Treml: Evolutionäre Pädagogik. Eine Einführung. Stuttgart 2004, S. 63 ff.

ten, die es hermeneutisch auszulegen gilt. Das kann man so machen und dann sehen, wie weit man damit kommt. Man kann aber auch den Umbau der Theorie von Aussagen über »große Männer« und deren Motive zu Aussagen über die Funktionen von Selektionsentscheidungen im Rahmen einer sozio-kulturellen Evolution wagen – und dann sehen, was dabei herauskommt.

Ein solcher Versuch muss sich im Folgenden bei der Rekonstruktion einer pädagogischen Ideengeschichte bewähren, bei der nur gelegentlich die Realgeschichte in den Blick kommen wird. Es bedarf deshalb einiger vorbereitender Bemerkungen zum Verhältnis von Realgeschichte (bzw. Sozialgeschichte) und Ideengeschichte. Was Realgeschichte ist, das scheint klar zu sein: eben dasjenige, was in der Vergangenheit real passiert ist, also insbesondere Handlungen von Menschen. Aber was sind Ideen? Den Begriff der Idee einfach mit »Gedanken« gleichzusetzen, führt schnell in die Irre, denn was die einzelnen Gehirne denken, das können wir nicht wissen. Menschliche Gehirne sind operativ geschlossene Anstalten, bei denen wir von außen, oder gar nachträglich, nicht feststellen können, was sie denken bzw. gedacht haben oder anders gesagt: welche Gedanken sie bewegt (haben). Ich will deshalb einen psychologischen Ideenbegriff, der sich auf Gedanken bezieht, bei Seite lassen und stattdessen unter Idee einen abgrenzbaren Kommunikationsinhalt verstehen, der durch nichts anderes als durch weitere Kommunikation erhalten werden kann. Man kann statt Kommunikationsinhalt auch Topos sagen – oder, wenn wir auf die (evolutionstheoretisch begründete) Memtheorie Bezug nehmen – von einem »Mem« sprechen.

Meme sind Selektionseinheiten der Kommunikation und »kämpfen« mit anderen Memen um ein »Weiterleben« in und durch weitere Kommunikation. Sie erhalten sich bzw. »leben weiter« in dem Maße, wie sie anschlussfähig an die Fortsetzung von Kommunikation sind. Wenn beispielsweise schon die alten Ägypter bei der Begründung ihrer Erziehungsvorstellungen auf »die Natur« Bezug nehmen, dann werden wir feststellen können, dass mit diesem kommunikativ zum Ausdruck gebrachten Naturbezug im Verlaufe der weiteren Geschichte immer wieder und zu unterschiedlichen Zeiten – einmal mehr, einmal weniger – argumentiert wird. Also haben wir es hier offensichtlich mit einem sehr erfolglichen pädagogischen Mem zu tun. Ideen sind also beobachtbare Kommunikationshalte (bzw. Topoi) und werden in der weiteren sozio-kulturellen Evolution selektiv als Meme behandelt.

Man kann, ja muss an dieser Stelle nach der Macht der Meme fragen, bzw. etwas präziser die Frage stellen: Welchen Einfluss haben Ideen auf die Realgeschichte (gehabt)? Sind Ideengeschichte und Realgeschichte etwas völlig voneinander Verschiedenes oder aber gehen die Ideen dem Realen voraus oder ist es gerade umgekehrt: spiegeln möglicherweise die Ideen nur die schon realen Bedürfnisse wider? Eine weit verbreitete Vorstellung will ich hier gleich bei Seite schieben, nämlich jene, wonach sich die Idee eines Menschen (z. B. eines philosophischen oder pädagogischen Klassikers) in die Köpfe anderer Menschen – und zwar vieler Menschen – absichtlich bzw. planmäßig übertragen ließe, sich dort einnistet und schließlich kausal zu realen Handlungen gerinnt. Diese Unterstellung ist zu voraussetzungsreich, als dass wir sie hier weiter verfolgen wollen. Eine solche »Ideenkausalität« gerät schnell in Beweisschwierigkeiten. Ich gehe stattdessen – mit Niklas Luhmann – von der Vermutung aus, »daß im historischen Prozeß nicht der Gehalt von Ideen, sondern allenfalls die Kontingenz von Ideen kausal wirken kann; daß man also nicht eine ›downward causation‹ annehmen sollte der Art, daß die Idee aus der Kultur in die Köpfe und von dort in die Hände und Zungen fährt, sondern eher davon ausgehen sollte, daß die Möglichkeit, anders zu sein, Aktivitäten stimuliert, aus denen dann der Erfolg systematisierbare Gehalte auswählt«[5].

Das aber ist eine dezidiert evolutionstheoretische Prämisse: Es sind Unterschiede, Varianzen (bei deren Produktion »große Männer« durchaus eine Rolle spielen mögen), auf die eine weitere Evolution selektiv zurückgreift und sich damit, und nur damit, fortsetzt. Variation und Selektion sind also nicht nur in der Naturgeschichte, sondern auch in der Kulturgeschichte der Normalfall. Das beginnt schon auf der Ebene, auf der sich die geschichtlichen Ereignisse abspielen. Schon hier dürfen wir voraussetzen, dass die Kontingenz eines Möglichkeitsraumes Voraussetzung für das ist, was wir später dann als historische Realität nobilitieren: »Jedes vergangene menschliche Handeln, jedes historische Ereignis hat in dem Augenblick, in dem es geschehen ist, die Fülle der Möglichkeiten, die in der jeweiligen Gegenwart bestanden, zugunsten der Realisierung

5 N. Luhmann: Gesellschaftsstruktur und Semantik. Studien zur Wissenssoziologie der modernen Gesellschaft. Band 1. Frankfurt a.M. 1980, S. 8.

einer einzigen Möglichkeit eliminiert«[6]. Nach dieser ersten, ganz basalen Ebene der Selektion kommt eine zweite hinzu: Nur ein Bruchteil dessen, was sich ereignete, wird überliefert – sei es mündlich oder schriftlich, und insofern muss auch auf dieser Überlieferungsebene Kontingenz vorausgesetzt werden. Schließlich gibt es eine weitere, dritte Selektionsebene, denn die Historiker (bzw. alle historisch interessierte Zeitgenossen) greifen immer nur selektiv auf diese Überlieferung zurück und erhalten und reproduzieren sie trotz des damit vollzogenen herben Verlustes[7].

Man muss sich diesen kumulativen Selektionsprozess äußerst rigide vorstellen. Vielleicht hilft hierbei eine Analogie: In beleuchteten Straßen können wir des Nachts etwa 100 Sterne beobachten, von den dunkelsten Punkten der Erde aus immerhin schon etwa 5000 Sterne; die von Astronomen mit Hilfe der stärksten Teleskope erfassbare Sternzahl beträgt allerdings (derzeit) 70 Trilliarden – also 70.000.000.000.000.000). In Wirklichkeit muss man aber von einer noch viel höheren Zahl der Sterne ausgehen, denn in dem Maße, wie unsere Teleskope leistungsfähiger werden, steigt auch die Anzahl der beobachtbaren Objekte an[8]. Ich vermute, dass es ganz ähnlich auch mit unseren Geschichtskenntnissen aussieht: Wenn wir für die

---

6 K.-G. Faber: Theorie der Geschichtswissenschaft. München 1971, S. 38.

7 Vgl. zu diesem evolutionären Geschichtsverständnis, das die Selektion nicht erst in der Erkenntnis (des Historikers), sondern schon im Gegenstand (seiner Beobachtung) enthalten denkt, N. Luhmann: Soziologische Aufklärung 2. Aufsätze zur Theorie der Gesellschaft. Opladen 1975, S. 103 ff., 150 ff. Aber schon Friedrich Schiller hat in seiner akademischen Antrittsrede von 1789, lange vor der Evolutionstheorie, die Universalgeschichte als Selektionsprozess beschrieben (vgl. F. Schiller: Was heißt und zu welchem Ende studiert man Universalgeschichte? In ders.: Schriften zur Ästhetik, Literatur und Geschichte. München o.J. S. 133–150, hier insbesondere S. 144 ff.), und bei Goethe heißt es einmal: »Nicht alles ist wirklich geschehen, was uns als Geschichte dargeboten wird, und was wirklich geschehen, das ist nicht so geschehen, wie es dargeboten wird, und was so geschehen ist, das ist nur ein Geringes von dem, was überhaupt geschehen ist« (J. W. Goethe: Werke, Kommentare und Register. Hamburger Ausgabe in 14 Bänden. Band 7, S. 276). Vgl. zur Bedeutung eines solchen evolutionstheoretischen Ansatzes im historischen Denken der Pädagogik auch A. K. Treml: Über den Zusammenhang von Historik und Systematik in der Allgemeinen Pädagogik. In: VfWissPäd 3/1983, S. 333–347.

8 Quelle: dpa-Wissenschaftsdienst vom 28. 7. 2003

Bewältigung unseres Alltags vielleicht 100 historische Daten benötigen, werden wir, wenn es darauf ankommt (etwa mit Hilfe von Lexika und Fachbüchern), möglicherweise auf 5000 Daten kommen; die Wissenschaft von der Geschichte, die Historik, aber wird, wenn man alle Bibliotheken und Datenbänke berücksichtigt, möglicherweise auch auf über 70 Trilliarden Daten kommen, die sie eruiert und gespeichert hat. Das aber ist selbst wiederum nur ein Bruchteil dessen, was tatsächlich passiert ist.

Wer oder was steuert diesen permanenten Selektionsprozess? Man hat früher die Überführung von Kontingenz in ein Ereignis schöpfungstheoretisch interpretiert und den handelnden Menschen als Agens der Geschichte nobilitiert. Natürlich nicht jeden handelnden Menschen, sondern nur den »großen«, das »einsame Genie«, den »mächtigen Machthaber«, den »großen Herrscher« usf. Neben diesen Mächtigen, denen man alleine die Fähigkeit zuschrieb, Geschichte zu machen, mussten unweigerlich alle anderen zu Ohnmächtigen schrumpfen, die bestenfalls Geschichten machen. Wenn man dagegen Geschichte als Evolution versteht, rückt an die Stelle der mächtigen Agenten der Weltgeschichte die Kontingenz vieler Faktoren in den Mittelpunkt, auf die der weitere Geschichtsverlauf nach Maßgabe ihrer Nützlichkeit (bei der Lösung eines Problems) schließlich »zufällig« zurückgreift, um sich auf Dauer zu stellen. Ob sich Ideen kommunikativ erhalten oder verloren gehen, ist die »zufällige« Koinzidenz von Angebot und Nachfrage in einem bestimmten, singulären räumlich-zeitlichen Bedingungskontext. Die Metaphorik deutet schon darauf hin, dass »Zufall« hier nicht bedeutet, dass etwas ursachenlos geschieht, sondern, dass das Auftauchen einer Differenz (qua Variation) seine Selektion bestenfalls anregen, seine Stabilisierung jedoch (dauerhaft) nicht determinieren kann. Spätestens jetzt ist es hilfreich, zwischen Selektion und Stabilisierung zu unterscheiden, denn Machthaber können andere Menschen durchaus zur (kurzfristigen) Selektion ihrer Selektionsvorschläge zwingen (denn »Macht« ist ein generalisiertes Selektionsübertragungsmedium), nicht aber dauerhaft deren Stabilisierung sicherstellen. Selbst Führer und Diktatoren mit unumschränkter Macht (wie etwa Hitler oder Stalin) vermochten nicht, ihren Selektionszwängen über ihren Tod hinaus Dauer zu verleihen.

Wie ist es mit Ideen? Auch Ideen können unter Umständen – etwa durch rhetorische Überzeugungskraft, durch geographische Isolation und permanente Wiederholung – bei anderen Menschen zu einer positiven Selektion führen und sich qua Meme von einem Menschen auf andere replizieren. Ob sie sich aber dauerhaft erhalten oder gar ihre Macht verstärken – also zur Stabilisierung führen –, ist damit noch lange nicht gesagt, sondern vielmehr das Ergebnis eines harten evolutionären Konkurrenzkampfes mit vielen anderen Ideen um Resonanz. Es kann deshalb auch keinen kausalen Durchgriff von bewusst vertretenen Ideen auf einen teleologischen Geschichtsverlauf geben[9]. Wohl können Ideen von ihren Vertretern teleologisch – etwa in Form organisierter pädagogischer Bemühungen – verbreitet werden[10]. Ihre langfristige Stabilisierung setzt allerdings mehr voraus als verbale Überredung und geistige Überwältigung, nämlich eine wie auch immer geartete dauerhafte Funktionserfüllung – m.a.W. die Erfüllung einer Nachfrage bei ihren Rezipienten. Weil diese aus der Umwelt dem handelnden System »zu fällt« und dauerhaft nicht selbst erzeugt werden kann, sprechen wir hier vom »Zufall«.

Diese evolutionstheoretische Nobilitierung des Zufälligen macht allerdings die Frage keineswegs überflüssig, ob es in der Geschichte nicht doch so etwas wie ein Allgemeines gibt – seien es wiederkehrende Muster, identifizierbare Verlaufsmuster oder eine Regelförmigkeit, die sich hinter dem Rücken der Beteiligen vollzieht. Wer diese Frage verneint, befindet sich in guter Gesellschaft, denn viele große Namen finden sich bei den Verneinern – so z.B. E. Troeltsch, H.-G. Gadamer, G. Ritter, K. Popper, J. Habermas u.v.a.[11]. Vor einer vorschnellen Verneinung, zu der sicher viele neigen, muss man jedoch warnen, denn auch die Überzeugung, dass man aus der Geschichte nur Eines lernen könne, nämlich, dass man nichts aus ihr lernen könne, ist eine Behauptung, die nicht weniger allgemein ist als ihr Gegenteil (und die von der Geschichte als großer Lehrmeisterin der Menschheit ausgeht). Dass man aus der Vergangenheit überhaupt nichts lernen könne, wird selten behauptet und stattdessen zwischen Natur- und Kulturgeschichte unterschieden. Aus der Naturgeschichte könne man die Naturgesetze lernen, denen auch wir

---

9 Vgl. zu einem solchen nichtteleologischen Geschichtsverständnis N. Luhmann: Geschichte als Prozeß und die Theorie sozio-kultureller Evolution. In: K.-G. Faber/Chr. Maier (Hg.): Theorie der Geschichte. Beiträge zur Historik, Bd. 2. München 1978, S. 413–440.

10 Die christliche Missionsgeschichte ist ein prägnantes Beispiel dafür.

11 Vgl. genauer Faber 1971 a.a.O., S. 45 ff.

Menschen als Naturwesen unterworfen sind, aber aus der Kulturgeschichte gelte, so wird gesagt, Analoges nicht, denn sie würde allein durch den freien Willen der Menschen gestaltet und sei deshalb per se nicht wiederholbar oder gar irgendwelchen allgemeinen Gesetzen unterworfen.

Die traditionell tiefe Kluft zwischen Natur- und Kulturgeschichte wird im Rahmen einer Allgemeinen Evolutionstheorie alleine schon dadurch überbrückt, dass man das Evolutionsparadigma für beide Bereiche gleichermaßen in Anspruch nimmt. Wir neigen bei der Wahrnehmung von Daten (vermutlich aus erkenntnisökonomischen Gründen) dazu, entweder nur das Gemeinsame *oder* nur die Unterschiede zu sehen und kommen dann dementsprechend zu unterschiedlichen Erkenntnissen: Entweder erkennen wir dann in erster Linie ein Allgemeines (das Gemeinsame) oder das je Besondere (die Unterschiede). Kommen gewohnheitsmäßige Traditionsbildungen hinzu, haben wir auch schon die Unterscheidung von nomotethetischen Wissenschaften (also die Naturwissenschaften) und idiographischen Wissenschaften (also die Geisteswissenschaften). Traditioneller Weise wird die Historik den idiographischen Wissenschaften zugerechnet und dementsprechend unsere Ausgangsfrage verneint. Geschichte, so lesen wir immer wieder, kann man deshalb nur narrativ rekonstruieren, weil sie aus nicht wiederholbaren Einzelereignissen besteht.

Der französische Soziologe Gabriel de Tarde war dagegen der Überzeugung, dass dies die Folge einer selektiven Wahrnehmung des Besonderen ist, die systematisch das dahinter sich vollziehende Allgemeine übersieht und diese Blickverengung durch Nachahmung in der Geschichtswissenschaft so lange fortgepflanzt wurde, bis es den Charakter eines unumstößlichen Dogmas erlangt hat[12]. In der Tat spricht vieles dafür, dass es oft nur eine Sache des Mutes ist, um hinter dem Konkreten das Allgemeine zu entdecken. Man muss nur weit genug zum Beobachtungsgegenstand auf Distanz gehen und Merkmale systematisch ignorieren, dann kann man die allgemeinen Muster (auf allen Emergenzebenen der Evolution) sehen. Wenn man dabei evolutionstheoretisch denkt, kommt man auch nicht in die Gefahr, der Geschichte einen teleologischen Verlauf zu unterstellen, der so etwas wie Vorhersagen über die zukünftige Entwicklung erlaubt. Evolution ist zukunftsoffen, weil die Anpassung

12 G. de Tarde: Die Gesetze der Nachahmung. Frankfurt a.M. 2003.

ihrer Systeme in die veränderbaren Umweltbedingungen immer erst in einem harten »Überlebenskampf« erwiesen werden muss, so dass Voraussagen über das Ergebnis nicht möglich sind.

Das schließt aber nicht aus, dass im Rückblick allgemeine Verlaufsformen der Evolution rekonstruiert werden können. Es gibt viele Ideen, die temporär auf große Resonanz stoßen, und dann sich (in dicken Büchern) »schlafen« legen[13], um irgendwann einmal wiederentdeckt und reanimiert zu werden. Man kann nur im Rückblick möglicherweise allgemeine Muster in der Verlaufsgeschichte entdecken, die aber keineswegs den Stellenwert historischer Gesetze haben, aus denen man Prognosen ableiten könnte. Einen solchen »Historizismus« hat Karl Popper zu Recht kritisiert[14]. Der Historizismus beruht auf viel zu starren, und deshalb falschen, Annahmen über die geschichtlichen System-Umwelt-Beziehungen und übersieht die lose Koppelung aller Systeme mit ihren Umwelten in der Evolution. Auch Ideen, auch pädagogische Ideen, determinieren keinen realen Geschichtsverlauf, aber deren Kontingenz bietet ihm jenen Spielraum an, den er unter Umständen für seine Entfaltung benötigt.

Dass es jedoch, wenn schon keine Gesetze, so doch ein Allgemeines in der (pädagogischen) Ideengeschichte geben muss, lässt sich schon aus dem Begriff der »Idee« entnehmen, denn Ideen sind ja, was immer sie auch sonst noch sind, etwas, was sich durch wechselnde Trägergruppen hindurch erhalten kann. Menschen sterben, Kulturen, Reiche und Nationen blühen auf – und gehen irgendwann wieder zugrunde, aber eine Idee (etwa von der unverwechselbaren Würde des Individuums) kann dauerhaft »weiterleben«. So gesehen sind Ideen ein Allgemeines, denn sie können sich dauerhaft (gewissermaßen hinter dem Rücken des Besonderen – der temporären Umstände, der singulären Menschen usw.) – erhalten. Die Beantwortung der spannenden Frage, ob es darüber hinaus weitere Regelförmigkeiten, Muster, Ordnungen der Ideengeschichte gibt, wollen wir der weiteren Untersuchung überlassen. Ich halte eine bejahende Antwort für keine notwendige Prämisse für das weitere Vorgehen, aber für ein interessantes Forschungsprogramm, das man erproben kann. Voraussetzung hierfür ist allerdings, dass man die Antwort nicht schon weiß, bevor man zu arbeiten anfängt und das Ergebnis

13 Analog zu den »schlafenden Genen« gäbe es dann »schlafende Meme«.

14 K. Popper: Das Elend des Historismus. Tübingen 2002.

damit apriori determiniert. Es gilt stattdessen, beide Möglichkeiten in Betracht zu ziehen und die Beantwortung der Frage der Untersuchung – a posteriori – zu überlassen.

Dabei bedarf es des weiten, distanzierten Blicks eines fernen Beobachters, denn nur er kann überhaupt die allgemeinen Verlaufslinien, das »Muster, das verbindet« (Bateson), erkennen. Die unmittelbare Nähe des Augenzeugen (wenn es denn solche in der Ideengeschichte überhaupt gäbe) wäre hier, weil sie von einer Prärogative des Optischen ausgeht, eher hinderlich. Distanzlose Nähe ist erkenntnistheoretisch prekär, weil sie uns den sinnlichen Reizen oft hilflos ausliefert und die Zusammenhänge, auf die doch alles ankommt, zwangsläufig übersieht[15].

Die weite und distanzierte Beobachtung des Vergangenen vermag wohl die Zusammenhänge besser in den Blick bekommen; vermag sie aber das längst Vergangene noch verstehen? Oder in den Worten von A. Graeser formuliert: »Können wir vergangene Denker in ihrem eigenen Recht sehen und sie so verstehen, wie sie verstanden werden wollten?«[16]. Je größer die zeitliche Entfernung zu einem solchen Denker, desto schwieriger wird es, seinen (intendierten) Sinn zu rekonstruieren. Um einer Antwort auf diese Frage näherzukommen, ist es hilfreich, zunächst eine andere Frage vorzuschieben, nämlich: Wie kann man feststellen, ob z.B. ein alter Text richtig (und nicht falsch) verstanden wird? An welchem Kriterium kann man diese Entscheidung ausrichten? Den Verfasser des Textes kann man nicht mehr fragen, denn er weilt schon lange nicht mehr unter den Lebenden. Auch seine unmittelbaren Zeitgenossen, die den zeitlichen Bedeutungskontext noch teilten, kann man nicht mehr fragen. Der in die Formulierungen eingehende Wahrheitsanspruch wird folglich nicht in der Übereinstimmung der Behauptung mit der Wirklichkeit gesucht und gefunden werden können (wie es der aristotelische bzw. korrespondenztheoretische Wahrheitsbegriff nahelegt), konstituiert sie doch erst jene Wirklichkeit (etwa eine pädagogische Idee), die es ohne sie gar nicht geben würde. Und zu warten, bis irgendwann einmal Konsens über die richtige Interpretation

15 *Ein* Grund (unter anderen Gründen), sich bei der Behandlung der letzten beiden Jahrhunderte hier (wo es um einen groben Überblick der Ideenevolution geht) zurückzuhalten.

16 A. Graeser: Hauptwerke der Philosophie. Antike. Stuttgart 1992, S. 8 f.

besteht, würde bedeuteten, bis auf den St. Nimmerleinstag zu warten. Also was bleibt noch übrig?

Aus evolutionstheoretischer Sicht ist Wahrheit ein Medium, das den Selektionsvorschlag (»Diesen Text muss man so verstehen!«) alleine durch seine Anschlussfähigkeit an weitere Kommunikation (in einem weiteren Evolutionsprozess) herstellt (oder nicht herstellt). Über das richtige Verstehen alter Texte entscheidet die weitere Teilnahme an der Kommunikation. Damit bleibt das richtige Verstehen und der Rekurs auf Wahrheit einem permanenten kommunikativen Bewahrheitungsprozess ausgesetzt, der kein Ende (etwa beim Konsens über eine Interpretation) finden kann. Das Bewahrheitungskriterium ist damit aus der Sachdimension (korrespondenztheoretischer Wahrheitsbegriff) und der Sozialdimension (konsenstheoretischer Wahrheitsbegrif) in die Zeitdimension (evolutionstheoretischer Wahrheitsbegriff) verlagert worden – was die wichtige Unterscheidung von »Wahrheit« und »Bewahrheitung« ermöglicht. Der Geltungsanspruch auf Wahrheit bleibt erhalten (und der zentrale Code der wissenschaftlichen Weltbeobachtung), seine Einlösung aber einem kommunikativen Evolutionsprozess überlassen (der über Begründungen verläuft) und so von seinen polemogenen Implikationen entschärft.

Die schwierige Frage nach der historischen Wahrheit würde sich erübrigen, wenn wir die Geschichte – auch die Geschichte der pädagogischen Ideen – dort belassen, wo sie ist: in der Vergangenheit. Warum sollte man sie überhaupt ins gegenwärtige Bewusstsein heben? Warum überhaupt eine historische Rückerinnerung an längst Vergangenes? Warum (in der Pädagogik) in die Vergangenheit zurückgehen, wo wir doch schon mit den Problemen der Gegenwart und der nahen Zukunft ausgelastet sind? Die (in seiner Verallgemeinerung etwas vereinfachte und in ihrer Polemik etwas zugespitzte) Antwort auf diese Frage lautet: Wir blicken zurück, nicht um die Vergangenheit, sondern um unsere Gegenwart zu verstehen.

Wenn Geschichte – ganz im dezendenztheoretischen Sinne – das Produkt eines evolutiven Selektionsprozesses ist, dann kann die Gegenwart nur auf der Basis der vorausgehenden Selektionsprozesse verstanden werden. Wer nur die Gegenwart aus sich selbst verstehen will, versteht auch die Gegenwart nicht. Es geht in diesem Buch also darum, unser gegenwärtiges Selbstverständnis der miteinander im Streite liegenden pädagogischen Ideen als geschichlich geronnene Selektionen zu entschlüsseln. Mit der zeitlichen Differenz, die wir dabei anlegen, produzieren wir jene Differenz, die

Erkenntnis voraussetzt. Im Begriff des »Verstehens« haben wir die Erinnerung daran aufgehoben, dass wir etwas nur erkennen können, wenn wir unser »Stehen«, unseren Standpunkt, wechseln – sprich: »ver-stehen«. Mit der Vergangenheit können wir unser »Stehen« in der Gegenwart transzendieren und uns in dieser Wegbewegung (vielleicht besser) »verstehen«. Gleichzeitig werden unsere gegenwärtigen Selbstverständlichkeiten kontingent, was Voraussetzung dafür ist, dass wir uns von ihrer Allmacht befreien, die durch ihre scheinbare Alternativlosigkeit entsteht. Der historische Rückblick erinnert an Alternativen, an Varianten pädagogischer Theoriebildung, an die vielen Umwege, an vergessene Zusammenhänge und an die heimlichen Voraussetzungen, die in unser (pädagogisches) Denken eingingen und distanziert so von der Gegenwart mit ihrem Totalitätsanspruch auf die einzig richtige Weltsicht. Es geht also um Aufklärung und um Befreiung, und damit um Schutz vor Überwältigung durch die derzeitig herrschenden Ideen, deren Macht allein auf der Latenz ihrer Ausschließungen und der Unwissenheit über ihre Alternativen beruht.

Es handelt sich also um eine Art Reise zu den Wurzeln, aber nicht als l´art pour l´art, sondern um unser selbst Willen. Wenn sie glückt, werden wir vielleicht ausrufen: »Siehe da …, jetzt verstehe ich, warum ich so bin – oder warum mich jemand partout so haben will: Die Sache hat genau mit dem angefangen, was ich gerade lese! Und so entdeckt man auf einmal, daß wir im Grunde noch immer Aristoteliker oder Platoniker oder Augustinianer sind, nicht nur in der Art, wie wir unsere Erfahrung organisieren, sondern auch und sogar in der Art, wie wir manchmal dabei in die Irre gehen.«[17]

Die historische Beobachtung der Vergangenheit teilt allerdings das Schicksal des Beobachteten: Sie ist zwangsläufig selektiv. Einen Unterschied mag es aber geben, denn die Beobachtung kann ihre Selektivität theoretisch kontrollieren, in dem sie ihre Selektionskriterien explizit einführt. Was sind also die Kriterien, die in diesem Falle den Rückblick in die pädagogische Ideengeschichte steuern sollen? Die Unterscheidung von »Variation«, »Selektion« und »Stabilisierung« sowie die Betonung des »Zufälligen« sind noch zu wenig tiefenscharfe Beobachtungskriterien, um eine so lange und komplizierte Zeit zwischen zwei Buchdeckel zu bekommen. Da

---

17 U. Eco: Lob der Klassiker. In ders.: Sämtliche Glossen und Parodien. München, Wien 2002, S. 518–521, hier 519.

bedarf es schon weiterer und genauerer Selektionskriterien, um die hohe Komplexität des Beobachtungsbereiches kontrolliert zu reduzieren. Ich führe sie thesenhaft ein:

1. Pädagogische Ideen lassen sich nicht direkt beobachten und sie werden deshalb auch nicht (wie Ruinen, Amulette oder Pergamente) in verdinglichter Form erhalten. Pädagogische Ideen werden ausschließlich als Kommunikation – von einer Generation zur nächsten – weitergereicht. Nur das, was dadurch bewahrt wird, dass es kommuniziert wird, »gibt es« und kann hier als »pädagogische Idee« (wiederum nur kommunikativ) erscheinen. Das setzt ein Gedächtnis voraus, denn ohne dieses ist ein »immer wieder« nicht denkbar. Dieses Gedächtnis ist in diesem Falle kein zerebrales mehr, sondern ausschließlich ein schriftliches. Nur das, was in Büchern und Bibliotheken als Kommunikationsinhalt (Topos) durch gegenseitige Verweisungen erhalten und reproduziert wurde, soll im Folgenden als pädagogische Idee gewürdigt werden – und insofern gilt hier der alte juristische Grundsatz ganz wörtlich: »Quod non est in actis, non est in mundis!«[18]. Das schließt eine Einengung auf Gedanken oder Denken aus. Was die Menschen bei dieser oder jener Idee gedacht haben oder denken, können wir nicht wissen und wir besitzen auch keine Methode, um das verlässlich zu erfahren. Deshalb beschränke ich mich auf die kommunikative Replikation von Topoi, also von wiederkehrenden Argumentionsmustern.

Aus den vielen Topoi, die im Verlaufe der Kulturgeschichte kommuniziert wurden, sind nur ein Bruchteil erfolgreich erhalten geblieben. Sie sind also eine eigenständige Ebene der Evolution, denn wir finden alle formalen Elemente der Evolution hier vor: Variation (durch Sprache), Selektion (durch Strukturen) und Stabilisierung (durch Systembildung) – sowie eine Replikatonsform: Kommunikation und schließlich einen Speicher (die Schrift). Als evolutionäre Selektionseinheit werden Ideen als »Meme« bezeichnet. So gesehen geht es in diesem Buch um die Geschichte der pädagogischen Meme.

2. Es werden in diesem Buch nur erfolgreiche (pädagogische) Meme thematisiert und die vielen erfolglosen weitgehend ignoriert. Erfolgreich ist eine Idee, wenn sie als Topos immer wieder diskutiert und kommuniziert wird, wenn sie dauerhaften Eingang in die einschlägige Fachliteratur gefunden hat. Dabei ist es gleichgültig, ob dies positiv (bejahend, bestätigend) oder negativ (verneinend, kri-

18 Für Nichtlateiner: »Was nicht in den Texten (Akten) steht, gibt es nicht!«

tisch) geschieht. Entscheidend für ihren evolutionären Erfolg ist die Resonanz, die sie in der Fachliteratur gefunden hat. Diese Resonanz muss ein Mem in einem harten Konkurrenzkampf mit vielen anderen Memen erkämpfen und verteidigen. Weil jeder Sinn unweigerlich seinen Gegensinn weckt, sind Negationen nicht zu vermeiden und nicht weniger sinnvoll, als der dadurch negierte Sinn, wenn es darum geht, eine Idee kommunikativ auf Dauer zu stellen. Ja, es spricht vieles dafür, dass weniger die Wiederholung, als vielmehr die Kritik die Resonanz von Ideen zu verstärken vermag. Der Blick auf erfolgreiche Meme darf allerdings nicht vergessen lassen, dass es viel mehr erfolglose Meme gibt. Weil es in der Evolution immer mehr negative als positive Selektionen gibt, müssen wir annehmen, dass es auch viel mehr erfolglose pädagogische Ideen als erfolgreiche gibt.

3. Man kann das, was erfolgreich kommunikativ erhalten wird, als das kollektive Gedächtnis einer Kultur bezeichnen, auf das der Einzelne immer nur selektiv zurückgreifen kann[19]. Die einflussreiche Semantik einer Kultur stellt damit einen Erinnerungsraum zur Verfügung, der durch ein ständiges Neueinjustieren von Bewahren und Vergessen der Evolution unterworfen – also veränderbar – ist. Die so bewahrte Geschichte dieses evolutiven Prozesses ist unsere *Kultur*. Ich beschränke mich im Folgenden auf die Darstellung jener pädagogischen Ideen, die in Europa relevant geworden sind und hier zu seiner geistigen Identität geronnen sind.

Damit wird eine wichtige *räumliche Begrenzung* vorgenommen, die durch den Hinweis auf die früher relativ deutlich erkennbaren räumlichen Grenzen von Kulturen begründet werden kann. Allerdings gab und gibt es an den Rändern immer so etwas wie Kulturkontakte, so dass man bei Europa keinesfalls von einem geographisch ein für alle Mal eindeutig begrenzten Raum sprechen kann. »Europa« als kollektives Gedächtnis für fortsetzbare Kommunikation ist deshalb auch nicht identisch mit den geographischen Grenzen Europas, sondern der Pool einer gemeinsamen Geistesgeschichte, aus dem sich die Erinnerung speist. Ich plädiere also nicht für eine Gedächtniskultur, sondern für einen Kulturbegriff, der das Erinnern und das Vergessen gleichberechtigt als die zwei notwendigen Seiten seiner Evolution begreift. Wenn man Europa als Kultur

---

19 Vgl. zu diesem Zusammenhang J. Assmann: Das kulturelle Gedächtnis. Schrift, Erinnerung und politische Identität in frühen Hochkulturen. München 1992.

in dieser Weise definiert, muss der kulturelle »Meltingpot« des Mittelmeerraumes weiter gefasst werden und neben den jüdischen auch die altägyptischen Einflüsse (zumindest am Rande) erwähnt werden. Ich werde deshalb mit der Altägyptischen Hochkultur beginnen[20].

4. Eine *zeitliche Begrenzung* fällt da schon schwerer, denn jeder Anfang ist künstlich, geht ihm doch in Wirklichkeit immer ein anderer Anfang wieder voraus. Weil Evolution alles, was es gibt, als Selektion aus einem kontingenten Möglichkeitsraum interpretiert, kann es in ihr keinen absoluten Anfang in einer Einheit geben. Vielmehr beginnt immer alles mit einer Differenz, aus der dann weitere Differenzen entstehen – und deshalb kann man die Evolutionstheorie auch zu Recht als Dezendenztheorie bezeichnen. Deshalb ist jeder Anfang relativ willkürlich und entsteht durch selektive Ausschließung der Erkenntnis. Eine evolutionstheoretische Sicht auf die Dinge der Welt nimmt per se einen ungewöhnlich breiten (zeitlichen) Blickwinkel ein. Ich will deshalb im Folgenden versuchen, einen möglichst langen zeitlichen Horizont in den Blick zu bekommen, einen Horizont, der alleine durch die Methode seines Zugangs begrenzt ist: die Schrift. Erst mit der Erfindung der Schrift in Mesopotamien und im Alten Ägypten vor etwa 5300 Jahren lassen sich Topoi dauerhaft speichern und ihre Evolution nachträglich rekonstruieren. Ich werde also mit einem Blick zurück in das Alte Ägypten beginnen, um dann aber schnell in das antike Griechenland zu gehen.

Ein Nachteil dieser zeitlichen Ausweitung ist sicherlich, dass damit zwangsläufig auch eine größere einschlägige Stofffülle in den Blick kommt. Dieser Nachteil wird allerdings dadurch kompensiert, dass sich im Verlaufe des Beobachtungszeitraumes vieles (wenngleich auch oft mit neuen Akzenten) wiederholt und neue Ideen häufig nur die vergessenen alten sind, die man bestenfalls neu bezeichnet hat, um ihnen den Anschein des Modernen zu geben[21]. Daraus ergibt sich mehr oder weniger von alleine eine Schwerpunkt-

---

20 Und damit den überwiegenden Teil der Menschheitsgeschichte übergehen, in der es – so dürften wir wohl annehmen – durchaus auch pädagogische »Ideen« (qua Meme) gegeben hat, aber keine schriftliche Überlieferung, die uns davon berichten kann.

21 Zumindest auf der Ebene der Kulturgeschichte dürfte John Osburn recht haben, als er einmal meinte, dass die Originalität des Neuen gewöhnlich zu 9% aus fehlender Information und zu 90% aus schlechtem Gedächtnis bestünde.

setzung auf den frühen Anfängen der einschlägigen Ideen und deren Entwicklung bis zur (dritten) Aufklärung. Man kann vielleicht etwas verwegen vermuten, dass um 1800 die Moderne zu sich gekommen ist und alle wesentlichen Motive der (pädagogischen und philosophischen) Ideengeschichte (mehr oder weniger) formuliert sind. Was jetzt noch folgt, sind Variationen der Grundthemen, Differenzierungen, Negationen, Paraphrasen und – Wiederholungen (die oft fälschlicherweise mit dem Gestus des Neuen daherzukommen pflegen). Ich will damit keineswegs behaupten, dass diese letzte Phase (der beiden letzten Jahrhunderte) deshalb weniger interessant wäre; aber doch, dass es legitim sein kann, in Anbetracht der sehr begrenzten Seitenzahl dieses Buches auf ihre genaue Beobachtung an dieser Stelle zu verzichten – zumal es gerade dazu ausreichend viele und gute Bücher gibt[22].

5. Aber diese (weitgehende) Vernachlässigung des 19. und 20. Jahrhunderts reicht noch lange nicht aus, um die hohe Komplexität des langen Beobachtungszeitraums zu reduzieren. Jede zeitliche Erweiterung vergrößert den Selektionsdruck. Je größer der Blickwinkel, desto mehr Einzelheiten müssen weggelassen werden[23], denn der Platz zwischen den beiden Buchdeckeln ist (wie

22 Üblich ist eher das Gegenteil: je näher man zeitlich an die Gegenwart kommt, um so differenzierter und umfangreicher werden die pädagogischen Historiken. Ein Beispiel – das hier für viele andere Titel steht – ist das dreibändige Werk von Th. Ballauff (und H. Schaller) 1969 ff. Der mit fast 900 Seiten umfangreichste Band ist der dritte, der das 19. und 20. Jahrhundert umfasst.

23 Es sei denn, man weicht in die Zeitdimension aus – und wird nie fertig. Man vergleiche die Klage des chronisch überlasteten Leibniz an seinen Arbeitgeber: »Möchte von herzen wündschen, daß ich E. Durchlaucht die HIstori des Hochfürstlichen Hauses oder doch ein ansehnliches theil davon zum Neüen jahr bereits unerthänigst offeriren köndte. Es ist aber noch zur zeit nicht wohl müglich gewesen. In maßen die materi aus der maßen diffus, und dabey so delicat, daß man bey diesen Zeiten da die Histori so critiquement tractiret wird, nichts wohl ohne autorität und genaue untersuchung avanciren darff. Dahehr ich à tout moment mit conferirung der passagen vieler alten autoren, Chroniken und documenten aufgehalten werde, also wenig continuo tractu wie sonst in anderen materien die auff raisonnemens ankommen, dahin schreiben kan« (G. W. Leibniz sämtliche Schriften und Briefe. Hg. Dt. Akademie der Wissenschaften zu Berlin. Erste Reihe: Allgemeiner, politischer und historischer Briefwechsel, 6. Band. Berlin 1957, S. 23.).

alles in der Welt) begrenzt. Der Vorteil eines zeitlich großen Blickwinkels muss erkauft werden mit dem Nachteil der selektiven Wahrnehmung. Ich werde dabei harte Einschränkungen vornehmen müssen. So beschränke ich mich weitgehend auf die großen historischen Übergänge, auf die Epochen- und Paradigmenwechsel. Dabei gebrauche ich eine Methode der Komplexitätsreduktion, die nicht nur in der Pädagogik – sondern eigentlich überall dort, wo es um Erkenntnis und/oder um Erkenntnisvermittlung geht – weit verbreitet ist, nämlich die der *Kontrastverschärfung*. Kontrastverschärfung bedeutet: Es werden die Konturen verstärkt, indem die Unterschiede betont (und vielleicht sogar: übertrieben) und die Gemeinsamkeiten vernachlässigt werden. So wie wir gewöhnlich, wenn wir ein Haus oder einen Menschen zeichnen sollen, die Umrisse zeichnen und alles, was dazwischen ist, vernachlässigen, werde ich auch die Umrisse des Neuen gegenüber dem Alten betonen (und vice versa), obwohl dies vielleicht die damals lebenden Menschen nie und nimmer so wahrgenommen haben.

Die Einteilung eines Beobachtungszeitraumes in Epochen ist immer die konstruktive Leistung eines (nachträglichen) Beobachters und ist deshalb erkenntnistheoretisch prekär. Gleichwohl ist sie pädagogisch nützlich, ja unentbehrlich, wenn es darum geht, Komplexität zu reduzieren und kommunizierbar zu machen. Ich werde deshalb auch so traditionelle Epocheneinteilungen übernehmen wie jene zwischen »Antike«, »Mittelalter« und »Neuzeit«. Sie sind, obwohl theoretisch falsch, doch praktisch nützlich[24].

24 Vgl. dazu die Beiträge in Gumbrecht, H.-V./Link-Heer, U. (Hg.): Epochenschwellen und Epochenstrukturen im Diskurs der Literatur- und Sprachhistorie. Frankfurt a.M. 1985. Eine Kritik an solchen Epocheneinteilungen findet sich auch bei K. Flasch: Historische Philosophie. Beschreibung einer Denkart. Frankfurt a.M. 2003, insbesondere S. 129 ff. Dort lesen wir u.a.: »Epocheneinteilungen sind Relikte einer früheren Weise regionaler und sektoraler Selbstvergewisserung; sie lenken den Blick auf Merkmale, die früher einmal der Abgrenzung dienlich waren; sie vereinheitlichen Zeiten, Regionen, Lebensfelder oder Sektoren; sie enthalten einen Überschuß an Ent-Historisierung und Ent-Regionalisierung … Sie enthalten Wertungen und Idealisierungen, Anschwärzung und Anpreisung; sie sind selbst ideologische Produkte …« (S. 142). Alles richtig. Aber gleichzeitig gilt auch: wir würden in der Vielfalt der historischen Ereignisse vor lauter Bäumen den Wald nicht mehr sehen, wenn wir nicht Kontraste bildeten.

6. Die (weitgehende) Beschränkung auf erfolgreiche Ideen und ihre exemplarische Behandlung führt in der Sozialdimension mehr oder weniger zwangsläufig auf ein weiteres Selektionskriterium, nämlich auf die sog. »*Klassiker*«. Ich entfalte die Entwicklungslinien der pädagogischen Ideengeschichte vorzugsweise entlang der einflussreichen Semantik philosophisch-pädagogischer Klassiker. Das ist einerseits unvermeidlich, weil eine solche personelle Aufhängung der einschlägigen Semantik schon die Überlieferungsgeschichte selbst auszeichnet und deshalb nicht ignoriert werden kann; andererseits aber legt dieses Vorgehen das Missverständnis einer schöpfungstheoretischen Begründung der Klassiker und ihrer Ideengeschichte nahe. Deshalb bedarf es des ausdrücklichen Hinweises: Ich werde den Klassiker nicht als Agens der Geistesgeschichte behandeln, der die wahren Ideen in die Welt gebracht hat und dem wir uns deshalb hermeneutisch nur »auf Knien« nähern dürfen, sondern evolutionstheoretisch als personifizierte Verdichtung von Kommunikation – und damit als soziale Attribution interpretieren[25]. Klassiker finden nicht große Resonanz, weil sie einen privilegierten Zugang zur Wahrheit besitzen, sondern – umgekehrt – sie produzierten erfolgreiche Meme, weil ihr Werk große Resonanz gefunden hat. Natürlich ist die Beobachtung weniger Klassiker ungerecht – ungerecht gegenüber den vielen anderen Autoren wichtiger Ideen, die damit übersehen werden. Aber der Blick auf sie ist ein bewährtes Selektionskriterium, das sich weit in unsere Phylogenese zurückverfolgen lässt und vermutlich auf eine erfolgreiche Taktik aller Primaten zurück geht, nämlich auf den Imperativ: »Beobachte die Erfolgreichen!«.

7. Alle bisher erwähnten Selektionskriterien reichen aber noch nicht aus, um die vielen Auslassungen und Desiderate dieses Buches zu legitimieren. Es bleiben eine ganze Reihe relativ subjektiver und zufälliger Vorselektionen (wie z.B. persönliche Vorlieben, zufällige Kenntnisse bzw. Nichtkenntnisse, die eigene Lerngeschichte, vorhandene Materialien, Studien- und Lehrschwerpunkte usw.), die dieses Buch ermöglichten und gleichzeitig limitieren. Man muss sich immer wieder vor Augen führen, dass jede Selektion, auch wenn nur eine Seite markiert wird, zwei Seiten hat und man deshalb

25 Eine ausführliche Begründung dieser evolutionstheoretischen Sichtweise auf die Klassiker findet sich in A. K. Treml: Klassiker. Die Evolution einflussreicher Semantik. Band 1: Theorie. St. Augustin 1989.

zwischen einer positiven und einer negativen Selektion unterscheiden muss. Gleichzeitig überwiegen auf jeder Emergenzebene der Evolution die negativen Selektionen, denn nur ein Bruchteil der kontingenten Möglichkeiten wird auch realisiert, repliziert und erhalten. Dieses Buch über die pädagogische Ideengeschichte ist deshalb, wie alle vorhergehenden auch, die spezifische konstruktive Selektionsofferte eines Autors an die weitere Ideenevolution – und als historisches Buch selbst Teil der Geschichte, die sie beschreibt. Das Werk ist damit natürlich kontingent und entwertet die vielen anderen (früheren) Versuche anderer Autoren keineswegs[26]. Allerdings bietet es eine weitere Differenz an und verbreitet damit jenen Kontingenzspielraum, auf den die weitere Evolution der pädagogischen Ideen zurückgreifen kann und ihre Fortsetzung damit ein Stück weit wahrscheinlicher macht.

Der vorliegende Text und seine Komposition geht zurück auf eine (zweistündige) Vorlesung, die ich regelmäßig an der Universität der Bundeswehr in Hamburg vor Studenten der Pädagogik im Grundstudium (jeweils über mehrere Trimester hinweg) gehalten habe. Dieser didaktische Kontext erklärt ein paar seiner Eigentümlichkeiten: z. B. seine spezifische Semantik, der häufige Wechsel des Abstraktionsniveaus, die vielen eingebauten Beispiele, die Beschränkung auf markante Übergänge und wenige Klassiker, der Gebrauch vieler Stilgattungen (Zitate, Gedichte, literarische Exkurse bis hin zu theoretischen und metatheoretischen Reflexionen), der gelegentliche Blick in realgeschichtliche Zusammenhänge und der Gebrauch von Skizzen und Bildern. Auch die auf dem Hintergrund des großen Zeitraumes, der hier in den Blick kommt, doch sehr begrenzte Seitenzahl lässt sich mit diesem didaktischen Kontext erklären.

---

26 Ich verweise vor allem auf folgende Standardwerke (in denen sich nicht nur kommentierte Quellentexte, sondern auch eine Vielzahl weiterführender Primär- und Sekundär-Literatur findet): Th. Ballauff: Pädagogik. Eine Geschichte der Bildung und Erziehung. Band 1: Von der Antike bis zum Humanismus. Freiburg, München 1969; Band 2 (zus. mit K. Schaller): Vom 16. Jahrhundert bis zum 19. Jahrhundert. Freiburg, München 1970; Band 3 (zus. mit K. Schaller): 19./20. Jahrhundert. Freiburg, München 1973. Sowie E. Garin: Geschichte und Dokumente der abendländischen Pädagogik I: Mittelalter. Reinbek 1964; Band 2: Humanismus. Reinbek 1966.

Der Vorlesung lag die Absicht zugrunde, eine Einführung in die Zusammenhänge abendländischer Geistesgeschichte zu geben, insofern sie für pädagogisches Denken bedeutsam geworden sind, und damit einen Beitrag zu einer historischen Grundlegung des Pädagogikstudiums zu leisten. Das ist nur möglich durch eine Art »Flugzeugmethode«: das weite Land hoch überfliegen, sich dabei mit bordeigenen Mitteln orientieren, gelegentlich beim Flug die markanten Unterscheidungen (große »Städte« und große »Flüsse«) beobachten und nur selten eine Zwischenlandung einschieben, bei der man nach der »Fußgängermethode« sich ein bisschen die Füße vertreten und mit ein paar Schritten die Umgebung erkunden kann. Wer Genaueres im Detail wissen will, muss eine Wanderung in einen beschränkten Radius selbst organisieren. Eine Vertiefung in einzelne Wissengebiete sollte deshalb im Hauptstudium durch speziellere Seminare erfolgen. Folglich ist auch der vorliegende Text – wie könnte es auch anders sein? – ergänzungsbedürftig und kann und will das Detailstudium nicht ersetzen (sondern vorbereiten bzw. dazu animieren).

Hamburg im November 2004 Alfred K. Treml

2 Die Erfindung der Schrift und die Folgen: Altägyptische Erziehung

Etwa tausend Jahre lang dauerte die Antike, etwa tausend Jahre lang das Römische Reich und knapp tausend Jahre das christliche Mittelalter, aber über dreitausend Jahre herrschten die Pharaonen über ihr (altägyptisches) Reich. Alleine schon die Dauerhaftigkeit verleiht dieser frühen orientalischen Hochkultur, von den vielen kulturellen Leistungen einmal ganz abgesehen, eine unvergleichliche, bewundernswerte und erhabene Größe. Der Zeitraum dieses Pharaonenreiches überlappt sich an seinem Ende mit dem der Antike, die gemeinhin als die geistige Wiege des Abendlandes – und ihrer Pädagogik – bezeichnet wird. Aber nicht nur zeitlich, sondern auch räumlich berührten und überschnitten sich diese beiden großen Mächte und die Bezüge sind auch in den antiken Quellen nachweisbar[1]. Trotzdem wird das Alte Ägypten in pädagogischen Historiken i.a. systematisch ausgeblendet, gerade so als ob es schriftliche Quellen erst aus der Zeit der alten Griechen gäbe[2]. Dabei waren es – fast zeitgleich mit den Sumerern – doch die Ägypter, die die Schrift und – damit eng zusammenhängend – die Schule erfunden haben. Es lohnt sich deshalb, mit einem Blick in die weite Vergangenheit dieser altägyptischen Hochkultur zu beginnen.

---

1 So sind vielfältige Verbindungen Platons zu Ägypten bekannt, wenngleich auch seine Studienreise nach Ägypten nicht gesichert ist. In seinen Dialogen nimmt er mehrfach auf ägyptisches Wissen, auch pädagogisches Wissen, Bezug (vgl. z. B.: Gesetze. Nach der Übersetzung von O. Apelt, 656 D ff. 819 A–C).

2 Genauer gesagt: in westdeutschen historischen Darstellungen. In ostdeutschen Werken zur historischen Pädagogik (die noch in der DDR erschienen sind) findet sich dagegen – aufgrund des materialistischen (marxistischen) Theorieansatzes – ein weiterer Blickwinkel, der auch die altorientalischen »Despotien« umfasst (vgl. z.B. R. Alt: Bilderatlas zur Schul- und Erziehungsgeschichte. Bd. 1: Von der Urgesellschaft bis zum Vorabend der bürgerlichen Revolutionen. Berlin/O. 1960).

Der Epilog von der Lehre für Kagemni stammt vermutlich noch aus dem Alten Reich (1. und 2. Dynastie, zwischen 3000 und 2700 v. Chr.) und ist damit eine der ältesten Quellen. Der Text lautet in der deutschen Übersetzung[3]:

»Da ließ der Wesir seine ›Kinder‹ (= Schüler) rufen, nachdem er den Absichten der Menschen auf den Grund geschaut hatte und ihr Charakter ihm klar vor Augen stand. Schließlich sagte er zu ihnen: Alles, was in dieser Buchrolle aufgeschrieben steht, das nehmt so auf, wie ich es gesagt habe. Geht nicht über das hinaus, was darin angeordnet ist. Da warfen sie sich nieder, dann lasen sie es laut, so wie es geschrieben dastand. Da war es köstlicher in ihren Herzen als alles, was es in diesem ganzen Lande gab, und sie richteten ihr ganzes Leben danach ein.«

Wie im Brennglas kann man in diesem frühen Text mehrere Eigentümlichkeiten der altägyptischen pädagogischen Ideenlehre sehen. Ich will diesen Text benützen, um – an den Sätzen entlangdenkend – diese Merkmale idealtypisch herauszuarbeiten.

1. Schon der erste Satz zeugt von einer hohen Wertschätzung der Pädagogik, denn das, was hier als »Kinder« – bzw. häufig auch als »Söhne« – bezeichnet wird, sind nicht die eigenen Kinder, sondern Söhne anderer Eltern, die als Schüler – als »Famulus« wäre zu wenig gesagt – in das Haus aufgenommen und erzogen werden. Das eigene Kind wird als »Same« bezeichnet. In vielen überlieferten Textstellen kommt die Bevorzugung des »Kindes« bzw. des »Sohnes« gegenüber dem »Samen« zum Ausdruck – sofern das Kind gut erzogen ist, die Erziehung des Samen aber misslingt. Ein gehorsamer Sohn, also ein Schüler, der die Lehre des Erziehers hört und befolgt, ist in den Augen der Ägypter mehr wert als der eigene Same, der daneben gerät: »Der Same aber, wenn er Zwietracht stiftet, wenn er in die Irre geht und deine Weisungen übertritt und sich allem widersetzt, was ihm gesagt wird, und sein Mund geht mit elenden Reden, so verstoße ihn, er ist nicht dein Sohn« (S. 156).

Das sind harte Worte gegen das eigene Kind, die, wenn man sie ein wenig psychoanalytisch interpretiert, von einem hohen inneren Widerstand zeugen, den man dabei offenbar überwinden muss. Und in der Tat, von Natur aus ist schließlich die Bevorzugung der »eige-

3 Wenn nicht anders belegt, zitiere ich im Folgenden im fortlaufenden Text durch einfache Seitenangabe aus H. Brunner: Altägyptische Erziehung. Wiesbaden 1957 (insbesondere aus den dort angehängten Quellentexten).

nen Brut« – des eigenen »Samens« – der Normalfall, der von der Evolution prämiert wird, denn er optimiert die Startbedingungen der eigenen Kinder – mit der Folge, dass sie (und nicht die fremden, nichtverwandten Kinder) auf lange Sicht mehr Nachkommen haben werden. Sicherlich haben auch altägyptischen Eltern ihre Kinder geliebt und (vor anderen Kindern) bevorzugt, aber gerade das wird in einer Quelle unter Umständen als ein zu überwindendes Defizit interpretiert:

»Man sagt mir, daß du das Schreiben verläßt und in Vergnügungen taumelst. Dein Herz hüpft und flieht davon. Dein Gesicht ist wie das einer Antilope, du bist ständig bereit, davonzujagen, du bist ständig auf der Flucht. Wenn man deine Füße in den Stock legt, dann legst du nachts Feuer an ihn und überkletterst die hohe Mauer an dem Ort, wo du bist. Dann gehst du zu deinem Vater und deiner Mutter und kommst gerechtfertigt (von ihnen) heraus, Schmeichelei für dein Herz! Du bist doch kein Nestling; du bist doch auch kein Antilopenjunges … Du bist doch am Orte deiner Vervollkommnung.«[4]

Erziehung ist auch im Alten Ägypen primär eine Angelegenheit der Eltern und der Familie, die dabei auf die natürlichen Neigungen genetisch Verwandter zurückgreifen kann. Man kann dies als die Grundform jeder Erziehung, als »erste Erziehung«, bezeichnen, denn sie ist in der Kulturgeschichte zuerst da und findet sich schon in vorhochkulturellen steinzeitlichen Horden. Weil sie die Nebenfunktion einer alltäglichen (wiederholten) Handlung ist, wird sie in der Pädagogik auch als »funktionale Erziehung« bezeichnet[5]. Eine solche familiennahe funktionale Erziehung hat einen großen Vorzug, denn sie bedarf keiner zusätzlichen Ressourcen, insbesondere keiner zusätzlichen Motivation. Mit der Erfindung einer weiteren Art von Erziehung, einer »zweiten Erziehung«, die, weil sie bewusst geplant und organisiert werden muss, auch als »intentionale Erziehung« bezeichnet werden kann, gelang den alten Ägyptern ein großer Schritt in Richtung hochkultureller Entwicklung: »Ägypten ist das erste Land, von dem wir wissen, daß es die junge Generation

---

4 Aus einem Schultext des Neuen Reiches, Brunner a.a.O., S. 180.

5 Beispiele funktionaler Erziehung in segmentär differenzierten (traditionalen) Gesellschaften finden sich bei Müller, K. E./Treml, A. K.: Die Erziehung zum Wilden. Ethnopädagogische Quellentexte aus drei Jahrhunderten. Stuttgart 2000 und U. Krebs: Erziehung in traditionalen Kulturen. Berlin 2001.

bewusst, d.h. nach theoretischen Überlegungen und planmäßig erzogen hat.«[6] Aus grauer Vorzeit der 3. Dynastie (2700 v.Chr.) ragt der erste große pädagogische Theoretiker (und Praktiker), der Architekt nicht nur der altägyptischen Bildung, sondern auch der ersten Stufenpyramide unter Pharao Djoser, heraus: *Imhotep* – ein Name, der über Jahrtausende immer wieder mit Ehrfurcht genannt wurde (obwohl keine seiner Schriften erhalten geblieben ist)[7]. Seit Imhotep war den Ägyptern bewusst, dass der Mensch erziehungsfähig und erziehungsbedürftig ist, gleichwohl ein sehr schwieriges, im Grund an und für sich unwahrscheinliches Unterfangen – unwahrscheinlich deshalb, weil ihm insbesondere dort, wo es um die Vermittlung der höheren Kulturtechniken durch Bildung geht, die natürlichen, angeborenen Neigungen des Menschen entgegenstehen.

2. Dieser unwahrscheinlichen Erfindung einer staatlich organisierten und theoretisch reflektierten intentionalen Erziehung ging eine andere voraus, nämlich jene der *Schrift*. Die Schrift wurde etwa um 3300 v.Chr. am Nil – in Süd-Mesopotamien und kurze Zeit später auch in Ägypten – erfunden.

Der entscheidende Schritt in einer langen Entwicklung zur Vollschrift gelang den Ägyptern dadurch, dass sie damit begannen, das Zeichen nicht mehr für die bildliche, sondern für die akustische Repräsentation des Gedankens zu verwenden[8]. Die damit zum Ausdruck kommende Umpolung des Denkens kann nicht hoch genug eingeschätzt werden. Das Denken wird abstrahiert und subjektiviert – »abstrahiert« insofern, als es von der konkreten Anschauung äußerer Gegenstände absieht und sprachlich fixierte Gedanken abstrakt bündelt und in wiederholbare Lautkomplexe zerlegt; »subjektiviert« insofern, als an Stelle der erkannten Umwelt (also des Objekts) das erkennende System, also das Subjekt (verstanden als kollektives Subjekt einer Sprachgemeinschaft), zum Fixpunkt schriftlicher

6 H. Brunner: Schreibunterricht und Schule als Fundament der ägyptischen Hochkultur. In: L. Kriss-Rettenbeck/M. Liedtke, M. (Hg.): Schulgeschichte im Zusammenhang der Kulturentwicklung. Bad Heilbrunn 1983, S. 62–75, hier S. 63.

7 Zu Imhotep vgl. K. Sethe: Imhotep, der Asklepios der Ägypter – Ein vergötterter Mensch aus der Zeit des Djoser. Leipzig 1902.

8 Vgl. zu dieser Entwicklung am Beispiel der altägyptischen Schrift F. Klix: Erwachendes Denken. Geistige Leistungen aus evolutionspsychologischer Sicht. Heidelberg u.a. 1993, S. 253 ff.

Abb. 1: Beispiel eines frühen Schultextes aus Mesopotamien. Der Text ist über 5600 Jahre alt (ca. 3600 J. v. Chr.) und stammt aus der Frühzeit der Schrift und der Schule. Er ist bis heute noch nicht übersetzt (Quelle: Die Inschriften von Fara II: Schultexte aus Fara. Hg. von A. Deimel. Neudruck der Ausgabe von 1923. Osnabrück 1969). Die Entwicklung der Schrift ging nicht entlang des didaktischen Prinzips »vom Einfachen zum Schweren«, sondern viel eher nach dem evolutionären Prinzip der »Variation und Selektion«.

Äußerungen genommen wird. Der Selektionsvorteil dieser Umpolung liegt auf der Hand: Die Befreiung von einer konkreten und bildlichen Schrift ermöglicht es nicht nur, aus der Sackgasse einer bloß additiven Widerspiegelung komplexer Umweltbedingungen herauszukommen (was am Ende auf eine Verdoppelung der Welt hinausliefe) und die Schrift auf wenige Laute oder Lautkomplexe zu reduzieren, sondern erhöht bzw. verbessert auch Ausdrucksfähigkeit und Differenzierung durch eine beliebige und praktisch unbegrenzte Verknüpfung der nun begrenzten wenigen Lautzeichen.

Mit den Alten Ägyptern begann damit eine Entwicklung, die nicht zuletzt auch für die Pädagogik von großer Bedeutung werden sollte, nämlich die Überwindung einer bloß bildlichen und widerspiegelnden Welterkenntnis durch die Verankerung des Denkens in einer sprachlich vermittelten, und damit vom Konkreten abstrahierenden, Subjektgestaltung. Das archaische Denken bildhafter Vorstellungen, das sich zunächst in einer Bildschrift niederschlug, wurde zunächst über die komprimierte Bildwiedergabe von Lautkomplexen (in der sog. Rebusschrift) schließlich zur vollwertigen Lautschrift, die sich auf gesprochene Buchstaben bezieht und letztlich in einer Art Alphabet mündete, mit dem man jeden Gedanken festhalten kann.

Auch wenn dieser Selektionsvorteil die Richtung der weiteren Entwicklung der altägyptischen Schrift vorgegeben hat, war die altägyptische Schrift doch noch sehr kompliziert; sie bestand aus drei verschiedenen Schriftarten: hieroglyphisch, demotisch und hieratisch, die über lange Zeiträume gleichzeitig gebraucht wurden (so die demotische Schrift für profane Dinge des Lebens und die hieratische für die sakralen). Als Vollschriften, die mit Lautzeichen, gemischt mit Semogrammen, also Bedeutungszeichen, arbeiteten, muss man sie noch überwiegend als Konsonantenschriftarten bezeichnen, d.h. die Vokale wurden wohl gesprochen, aber nicht geschrieben. Geschrieben und gelesen wurden sie, je nach dem, von rechts nach links oder von links nach rechts oder von oben nach unten, und sie bestanden aus sehr vielen in die Hunderte – in späteren Phasen gar in die Tausende – gehenden verschiedenen Zeichen.

All das zu lernen bedeutete ohne Zweifel einen erheblichen Aufwand, der nicht mehr beiläufig erbracht werden konnte, sondern der Organisation einer eigens dafür ausdifferenzierten Institution bedurfte: der Schule. Sie wurde quasi aus Not ganz nebenbei erfunden, nachdem über viele Jahrhunderte hindurch das Schreiben, Lesen und Rechnen zunächst im Famulusprinzip gelernt wurde: Beamte, die schreiben konnten, nahmen einen Schüler als »Sohn« zu sich auf, der dadurch famulierender Weise diese schwierigen Kulturtechniken erlernte. Nach blutigen Revolutionen gegen 2100 v.Chr. zwang die blanke Not den neuen Pharao, die wenig verbliebenen Schreibkundigen rationeller einzusetzen, und so wurde – zunächst für Anfänger in einem Elementar-Schreibunterricht – das Klassenprinzip der Schule »erfunden«. Ausgrabungen von Schulräumen führen uns die Grundstruktur des Unterrichts vor Augen (geographische Isolation, Sitzreihen, Frontalunterricht usw.).

Die Vermittlung von Lesen und Schreiben in den altägyptischen Schriften hatte mit einer Reihe von Schwierigkeiten zu kämpfen, die u. a. auch in der Natur der angehenden Schüler lagen. Diese hatten – wen nimmt es Wunder? – ganz andere, natürliche Neigungen, die zunächst überwunden werden mussten.

3. Deshalb finden sich eine ganze Reihe von Methoden, um die Schüler sekundär – also extrinsisch – zu motivieren. Sie lassen sich letztlich in »Zuckerbrot und Peitsche« unterteilen – nach dem Motto: »Belohnung und Stock halten Gleichgewicht in der Hand des Klugen« (S. 185). »Zuckerbrot« – das waren zum einen die plastisch geschilderten Verheißungen einer glücklichen Zukunft als Staatsbeamter, der einmal zur bürokratischen oder klerikalen Oberschicht (mit all ihren Privilegien) gehören wird. Ein zweiter Aspekt kam dort hinzu, wo die angehenden Schreiber auf die »Überlebensfunktion« der Schrift (und ihrer vermittelten Inhalte) hingewiesen wurden. So lesen wir z. B. in einem Text aus der 19. oder 20. Dynastie, dass gelehrte Schreiber wohl keine Pyramiden aus Stein oder Eisen, jedoch Bücher und Lehren hinterlassen, die nicht weniger dauerhaft als jene sind: »Doch haben sie sich Erben geschaffen in Gestalt von Büchern und Lehren, die sie verfaßt haben … Lehren sind ihre Pyramiden …« (S. 177), und in einem etwa 4000 Jahre alten Text auf Papyrus lesen wir: »Ein Mensch ist vergangen und sein Leib zu Erde geworden… es ist allein die Schrift, welche die Erinnerung an ihn zu bewahren vermag.«[9] Die alten Ägypter sind mit diesem klaren Bewusstsein der Vererbung erworbenen Wissens durch Erziehung gewissermaßen auch die Erfinder der (evolutionären) Memtheorie, denn die »Vererbung von Lehren« durch Bücher umschreibt den allgemeinen evolutionären Mechanismus der Vererbung für zwei unterschiedliche Selektionseinheiten, nämlich der Gene und der Meme, gleichermaßen. Die Schrift – dessen waren sich die Alten Ägypter durchaus im Klaren – überwindet räumliche und zeitliche Grenzen, die ein Individuum nicht zu überschreiten vermag.

Man kann durch Gene (qua »Same«) überleben; man kann aber auch durch die Idee (qua »Mem«) selbst dann überleben, wenn der Mensch (qua »Phän«) stirbt, sofern es gelingt, sie – etwa über die

9 Zit. nach Klix 1993 a.a.O., S. 252.

Schrift – dauerhaft zu machen.[10] Die alten Ägypter waren sich dieser Unterscheidung (in der Sache, nicht in den Bezeichnungen) bewusst und betonten aus guten Gründen die Überlebensfunktion der Schrift: »Ein Mann ist zugrunde gegangen, sein Leichnam ist Staub, alle seine Zeitgenossen sind zur Erde gegangen: das Buch aber ist es, das sein Andenken weiterreicht von Mund zu Mund« (S. 178). Die Botschaft ist klar: Lerne lesen und schreiben, dann partizipierst du an der »Unsterblichkeit« der in der Schrift tradierbaren Meme und kannst (unter Umständen) selbst unsterblich werden! Nehme die Bürde des mühsamen Erlernens der Schrift auf Dich, dann kannst Du Deine Gedanken »weitervererben« wie z.B. Djedefhor und Imhotep, die beiden großen Denker der alten Ägypter: »Sie sind zwar verborgen, aber ihre Macht (wörtl. Zauber) erstreckt sich auf alle, die in ihren Lehren lesen. Sie sind dahingegangen und ihre Namen wären längst vergessen. Aber ihre Schriften halten ihr Andenken wach« (S. 178).

Neben diesen (und anderen) Formen des »Zuckerbrotes« setzten die alten Ägypter aber auch auf die »Peitsche« – vor allem in Form von Schlägen. »Ich bin als Kind aufgewachsen, indem ich dir zur Elite war; du schlugst mich auf den Rücken, und so trat deine Lehre in mein Ohr ein« (S. 176). Eine wiederkehrende Formulierung lautet deshalb: »Das Ohr eines Jungen sitzt … auf seinem Rücken; er hört, wenn man ihn schlägt« (S. 171) und das Symbol für den Lehrer war die »schlagende Hand« oder der Prügel auf dem Rücken. Schläge waren legitim, wenn Ermahnungen nichts mehr bewirkten, denn nur so glaubte man, das »Tier« im Schüler (seine Natur) zum Menschen (seine Kultur) machen zu können: »Ich werde aus dir, du böser Bube, schon einen Menschen machen!« (S. 176). Dieser Topos der Menschwerdung des Menschen durch die Überwindung seiner natürlichen Neigungen (und der damit verbundenen Verheißung seiner »Vervollkommnung«) wird uns durch die ganze pädagogische Ideengeschichte hindurch begleiten und Zeugnis ablegen von den Schwierigkeiten des pädagogischen Auftrages und der Unwahrscheinlichkeit seines Gelingens.

4. Diese Schwierigkeiten sehen die Alten Ägypter vor allem in den unterschiedlichen Absichten und den unterschiedlichen natürlichen Veranlagungen des Menschen (so der zweite Satz unserer Quelle).

10 Vgl. zu dieser Unterscheidung von »Gene«, »Meme« und »Phäne« genauer bei Treml 2004 a.a.O. S. 63 ff.

Beides, sein freies Wollen und das Bestreben, seine natürlichen Bedürfnisse zu befriedigen, gehen eine kaum zu durchschauende Verbindung ein. Deshalb muss eine erfolgversprechende Erziehung mit der Analyse des »Charakters«, der Begabungen und Neigungen und der bisherigen Lerngeschichte des einzelnen Menschen beginnen. Es geht darum, das naturgemäß Richtige zu tun, dann wird die Bildung auch gelingen. Der Schüler lobt den guten Lehrer deshalb mit den Worten: »… denn er erkannte mich in meiner Natur« – und deshalb lernte dieser freudig (S. 169). Die Natur des Schülers ermöglicht und begrenzt seine Erziehung: »Mache nicht den Krummen gerade: Du kannst tun, was du willst, jedermann wird doch nach seinem Charakter (Naturanlage) gezogen, wie nur irgendein Glied von ihm« (S. 179). Der »Krumme«, das war der von Natur aus falsch Gewachsene, der auch nicht mehr mit Erzieherhilfe »gerade« wachsen kann. Dagegen ist der »Heiße« – der jugendliche Heißsporn – durchaus erziehbar und bedarf der pädagogischen Engführung. Mit realistischen Worten werden die Verfehlungen geschildert, zu der ein »Heißer« in der Lage ist: Er ist »faul«, »taumelt in Vergnügungen«, sein Herz »hüpft und flieht davon«, er verbringt seine Zeit lieber mit »Tanzen« und anderen »Vernügungen« zusammen mit »Spießgesellen« oder anderen »lockeren Vögeln«, er »strolcht lieber durch die Gassen« als zu lernen; er spricht dem Wein oder dem Bockbier zu bis zum Rausch, so dass er »torkelt und auf den Bauch fällt, bis er mit Unrat gesalbt« ist; er »singt« und »jodelt« zur Pfeife oder Zither; anstatt in der Schule findet man ihn im Bordell, wo er sich mit »kassitischen Dirnen« umgibt; er liebt »das Vogeldickicht und das Jagdwurfholz« anstelle seines Schreibgriffels.

Mit einer bunten Palette von Belohnungen, Verheißungen und (drastischen, auch körperlichen) Bestrafungen gingen die altägyptischen Erzieher daran, dem Schüler die Schrift beizubringen und ihn zu lehren, zwischen »gut und böse« zu unterscheiden. Dabei waren sie sich der didaktischen Probleme bewusst und waren in der Lage – vermutlich auf Grund vieler praktischer Erfahrungen –, durchaus wichtige lernpsychologische Erkenntnisse zu berücksichtigen, wie z.B.:

- Wenn Du strafst, dann sofort (und »nicht wegen Sachen, die vorbeigegangen sind« (S. 186).
- Am besten lernt es sich mit Freude und durch Spiel, denn »kein Unterricht hat Erfolg, wenn Widerwille vorhanden ist« (S. 186).

- Passe Deine Methoden dem Alter des Schülers an – vor allem aber: »Prügele nicht deine Kinder, wenn sie zu alt für strenge Bestrafung sind« (S. 187).
- Lerne den Zusammenhang, denn ohne diesen versteht du das mechanisch Gelernte nicht: »Du zitierst einen Spruch des Djedefhor, weißt aber nicht, ob er gut oder böse ist. Welche Perikope geht ihm denn voraus, welche kommt danach? Und du willst ein Gelehrter sein an der Spitze seiner Genossen, und die Lehren aller Bücher sollen in dein Herz gegraben sein?« (S. 170).
- Spreche als Lehrer ruhig und sei nicht ungeduldig: »Ich war ein Lehrer für die Kinder durch ruhiges Sprechen und Geduld« (S. 162).
- Besser als die Verbreitung von Angst ist die Liebe des Erziehers, denn sie verbreitet Achtung: »Der die Achtung vor sich in der Menge verbreitet, der dadurch erzieht, daß er Liebe einpflanzt« (S. 162).

5. Das Gegenteil des »Heißen« nannten die Ägypter den »Rechten Schweiger« (bzw. den »Wahren Schweiger«) – ein in heutigen Ohren missverständlicher Begriff. Man muss, um ihn nicht falsch zu verstehen, das Prädikat und das Nomen gleichberechtigt interpretieren: Erziehung ist dann geglückt, wenn der Educandus gut und böse zu unterscheiden vermag, um auf dem Weg des Lebens richtig (= in die richtige Richtung) zu gehen und im rechten Augenblick zu schweigen versteht (in einem anderen vielleicht nicht!). Es ging also nicht darum, sich immer angepasst und schweigend allem zu fügen, sondern »der Ma'at gemäß zu schweigen«.

Das pädagogische Menschenbild der Ägypter – die »*Ma'at*« – war also binär codiert und gab damit der Erziehung durch ihren Selektionszwang eine Richtung und die Aufforderung: Tu alles, um ein »Rechter Schweiger« zu werden, und vermeide alles, um ein »Heißer« zu werden! Um einen »Heißen« zu einem »Rechten Schweiger« zu machen, bedarf es eines großen und vielfältigen pädagogischen Aufwandes. Dass er sich trotzdem lohnt – dass er den Preis wert ist (quasi unterm Strich einen Selektionsvorteil hat), darüber waren sich die alten Ägypter durchaus im Klaren, wie ein schöner Text aus der Lehre des Amenemope beweist:

»Der Heiße im Tempel, er ist wie ein Baum, der im Freien (d.h. wild) wächst./In einem Augenblick verliert er seine Blätter, und der findet sein Ende .../Aber der Rechte Schweiger hält sich ferne davon./Er ist wie ein Baum, der im Garten wächst;/er gedeiht und verdoppelt seine Frucht;/er steht vor einem Herrn,/seine Frucht ist süß, sein Schatten angenehm,/und sein (natürliches) Ende erreicht er im Garten.«[11]

Erziehung wird hier zum ersten Mal mit der Gärtnermetaphorik beschrieben, also als eine Arbeit im Garten der Kultur (cultura – die Kultivierung des Bodens). Sie bringt bekanntlich mehr Früchte als die Natur es alleine vermag, sofern man im »Garten der Kultur« die Bedingungen für die Entfaltung der natürlichen Anlagen optimiert.

Hier schimmert deutlich eine für die altägyptische Hochkultur zentrale Unterscheidung durch: Natur – Kultur. Natur ist »wie ein Baum, der im Freien wild und krumm aufwächst«, Natur ist also Unordnung, die erst durch die Kultur in Ordnung überführt wird. Dieser für die Pädagogik bedeutsam werdende Topos findet sich symbolisch verdichtet auch in vielen bildlichen Darstellungen des Pharao als mächtiger Jäger und Krieger. Auf Statuen, Reliefs und auf Skarabäen wird der König häufig dargestellt als ein Tiergott – also halb Natur und halb Gott –, der über das Chaos siegt. Dieses Chaos kann die Natur sein – der König ist z.B. Jäger auf Löwen oder Antilopen; dieses Chaos kann auch die Form der Feinde annehmen – der König ist Krieger gegen die feindlichen Eindringlinge. Beide Male geht es um einen Kampf der Ordnung (Kultur) gegen die Unordnung, die in Form der natürlichen oder der sozialen Umwelt immer dort erscheinen kann, wo die Ordnung des pharaonischen Universums gestört oder bedroht wird. Dieses Motiv taucht immer wieder auf und darf nicht als historische Beschreibung verstanden werden – der Pharao wird z.B. immer als Sieger dargestellt, und selbst Nofretete schwingt das Sichelschwert gegen Gefangene. Es ist vielmehr Symbol einer mühsamen Kulturleistung, nämlich der Schaffung und Erhaltung von unwahrscheinlicher Ordnung inmitten einer bedrohlichen Unordnung, die als Natur oder als menschlicher Feind daherkommen kann. Auch Erziehung wird im Rahmen dieses Topos als eine unwahrscheinliche Kulturleistung verstanden, die gegen das Chaos angeht und das »Wilde« und »Heiße« in das »rechte Maß« der Ordnung (Ma'at) überführt.

6. Im Alten Ägypten wurde die Bedeutung der Schrift und des Buches erkannt und durch Erziehung weiter vermittelt. Die Hoch-

11 Aus der Lehre des Amenemope, verm. 22. Dynastie, zit. nach Brunner a.a.O., S. 181.

schätzung dieses Mediums als ein Speicher für Informationen beruhte dabei nicht nur auf ihrer praktischen Funktion in einer zentral verwalteten Gesellschaft, die damit überhaupt erst seine hochkulturelle Entwicklung ermöglichte. Die Koordination von Dienstleistungen (wie z. B. Tribute), die Planungen der Verwaltung und der ökonomischen Entscheidungen (wie die Aussaat) waren nur durch die (Voll-)Schrift möglich. Dazu kommt, wie schon erwähnt, die Einsicht in die Stabilisierungsfunktion von schriftlich fixierten Ideen, die das Leben des Einzelnen weit überdauern können. Dreitausend Jahre Stabilität einer Hochkultur sind eine einzigartige Leistung. Offenbar gelang es den Alten Ägyptern, jene Kompetenzen, die sich bewährt haben, über viele Generationen hindurch durch Erziehung zu tradieren. Das erklärt auch die Wertschätzung der Schrift, die u. a. dadurch verstärkt wurde, dass sie mit der Geheimschrift der Kleriker den Anstrich des Numinosen erhielt. Die lange Dauer der Kultur gründete in nicht unerheblichem Maße auf erfolgreichen Ideen, die durch die Schrift intergenerativ weitergegeben und damit über lange Zeiträume erhalten werden konnten.

Bei dieser Weitergabe bewährter Ideen wurde der Akzent auf ihre Erhaltung und Reproduktion gelegt. Das Alte galt es zu bewahren – ein evolutionstheoretisch plausibler Ratschlag, war es doch schon durch das Säurebad der evolutionären Überprüfung seiner Nützlichkeit gegangen. In einer Quelle findet sich diese – geradezu evolutionstheoretische Weisheit – explizit formuliert, wenn es da heißt: »Ahme deine Väter nach, deine Vorgänger. Ihre Worte sind in Büchern aufgeschrieben, öffne sie und lies und strebe ihr Wissen an, denn die Weisheit kommt ja zu dir von allen Schlacken gereinigt, so wie die Vorfahren ihre Gedanken ausgesprochen haben« (S. 158).

Bei der Vermittlung dieses von den Vorfahren überkommenen und von allen Schlacken (selektiv) gereinigten Wissens drohen zwei Gefahren: einmal, dass man etwas Wichtiges vergisst, und zum andern, dass man etwas Neues, noch Unerprobtes, dem bewährten Alten vorzieht. Deshalb liest man in unserem Quellentext (und in vielen überlieferten Texten ähnlich) die eindringliche Ermahnung: »Alles, was in dieser Buchrolle aufgeschrieben steht, das nehmt so auf, wie ich es gesagt habe. Geht nicht über das hinaus, was darin angeordnet ist« (S. 154). Die Aufforderung, alles ganz zu lernen, was man gelehrt bekommt, und die Warnung vor dem Neuen – sie klingt in heutigen Ohren befremdlich – findet sich miteinander verbunden. Dass sie notwendig war, deutet darauf hin, dass das damit angestrebte Ziel immer gefährdet war. Die Erhaltung der alten Ideen durch die Jahrtausende hindurch ist immer der Abnutzung und der Veränderung ausgesetzt, und auch neue Gedanken zu verhindern ist fast aussichtslos, wenn man bedenkt, dass die alten Gedanken in der neuen Zeit auch anders verstanden werden können.

7. Der letzte Abschnitt des Textes beschreibt den Traum aller Pädagogen, die ihre Arbeit von Erfolg gekrönt sehen wollen. Da ist zunächst die Niederwerfung unter die pädagogisch organisierten Vorselektionen, die vielen Einschränkungen, die der Pädagoge in advokatorischer Absicht dem Educandus zumutet. Diese Niederwerfung kann als eine Metapher interpretiert werden für die Bereitschaft des Schülers, anstatt draußen herumzutoben, drinnen in der Schule die vorgegebenen Texte zu lesen und lernen.

Schließlich mündet die Bildung des Lehrers, wenn sie glückt, in einem dreifachen Erfolg: (Erstens) Der Educandus lernt das Gelehrte, und (zweitens) er entdeckt seine »Köstlichkeit«, also seinen Wert, den es für das Leben hat, und (drittens) er richtet sein Leben danach ein. In dieser »Lebenseinrichtung« kommt metaphorisch (in unserer deutschen Sprache schön aufgehoben) noch die neue Richtung zum Ausdruck, die das Leben durch die Bildung erhält. Noch im Begriff des »Unterrichts« kommt diese topologische Bedeutung zum Ausdruck. Gleichzeitig schwingt auch noch eine andere, nämlich moralische, Bedeutung mit: Dieser Weg, den man einschlägt, ist der »richtige«; er ist »rechtens«. Der so Erzogene weiß nun zu unterscheiden zwischen »gut und böse«. Das Werk der Bildung ist geglückt.

All das wird in diesem Text wohl indikativ formuliert. Im Zusammenhang der vielen anderen überlieferten Texte über Erziehung wird aber seine normative Bedeutung durchsichtig. Sie zeugt von einem pädagogischen Optimismus, ohne den Erziehung nicht gelingen kann. Das Gelingen der Erziehung (und Bildung – verstanden als intentionale Unterrichtung) ist letzten Endes dem Erzieher nur als Geschenk gegeben. Es ist und bleibt, weil es nicht erzwungen werden kann, unwahrscheinlich und bedarf deshalb der aufwendigen kulturellen Pflege.

3 Die griechische Antike oder die erste Aufklärung

Im Rückblick macht die altägyptische Erziehungslehre einen homogenen Eindruck. Vielleicht wird dieser Eindruck durch die große zeitliche Entfernung verstärkt, auf Grund derer wir nur noch die groben Umrisse erkennen können. Immerhin lassen sich deutlich die ersten Unterscheidungen erkennen, die in den folgenden Jahrtausenden weiter ausdifferenziert werden. Das Bewusstsein von der Wichtigkeit der Familienerziehung und der Unwahrscheinlichkeit einer (schulischen) Bildung durch den Staat, die sich der Erfindung der Schrift verdankt, war präsent. Man wusste von der Widerständigkeit des Educandus und dem hohen Bedarf extrinsischer Motivation bei der Vermittlung der elementaren Kulturtechniken (insbesondere des Schreibens, Lesens und Rechnens). Und alles war eingebettet in ein einheitliches Welt- und Menschenbild (Ma'at), das durch Tradierung des Alten, Überkommenen und Vertrauten reproduziert wurde und die Abwertung des Neuen, Unerwarteten und Überraschenden einschloss. Eine Vielzahl unterschiedlichster Methoden (der Erziehung und der Bildung) nutzten die ganze Bandbreite von Belohnung und Bestrafung aus, um diesem Ziel näher zu kommen.

Dieser homogene Eindruck verdankt sich vermutlich auch der schon erwähnten langen Dauer dieser frühen Hochkultur. Sie ist ein Stück weit Ursache *und* Folge der konservativen, auf die Wiederholung und Stabilisierung der Vergangenheit beruhenden Pädagogik, die das Alte auf- und das Neue abwertete. In diesem Zusammenhang muss an die stratifikatorische Schichtung der altägyptischen Hochkultur erinnert werden, die jede Veränderung als Bedrohung der überkommenen und bewährten Ordnung empfinden musste. Dieser kurze Blick auf ein wichtiges realgeschichtliches Phänomen – nämlich auf die hierarchische Struktur der Gesellschaft – ist bedeutsam, denn in der frühen griechischen Antike sollten gleichfalls realgeschichtliche Veränderungen das Denken der (philosophischen und pädagogischen) Ideen in Bewegung bringen und eine solch reiche Frucht tragen, dass wir bis heute gewöhnt sind, die antike Philosophie geradezu »als Ursprung des europäischen Denkens« zu sehen[1].

Man sollte sich zunächst grundsätzlich einmal fragen, wie überhaupt Neues entsteht und zugelassen wird – in einer Gesellschaft, die das Alte bevorzugt und geradezu eifersüchtig über seine detailgetreue Reproduktion durch Erziehung wacht. In räumlicher Hinsicht lassen sich auf Dauer Kontakte zu anderen Kulturen nicht vermeiden. Jeder Kulturkontakt impliziert die Erfahrung einer Differenz, die, wenn sie nicht durch Unterwerfung und Assimilierung der fremden Kultur ausgeräumt wird, als eine Beunruhigung des eigenen Lebensentwurfes interpretiert und in Lernprozesse übersetzt werden kann. Kulturkontakte sind ab dem 5. Jahrhundert v. Chr. am Ostrand des Mittelmeeres für die Griechen unvermeidbar geworden, so dass man von einem Schmelztiegel asiatischer, babylonisch-assyrischer, ägyptischer, hebräischer und minorisch-mykenischer Kulturen sprechen kann.

Dazu kommt in zeitlicher Hinsicht, dass sich bei der Übertragung des überkommenen kulturellen Wissens von der älteren zur jüngeren Generation – ganz analog zur genetischen Replikation – »Kopierfehler« bzw. »Mutationen« nicht ganz vermeiden lassen. Sie werden sich in dem Maße häufen, wie es durch neue Umstände möglich wird, die Tradition neu zu interpretieren. Diese Umstände – und damit kommen wir zur sozialen Dimension – haben sich im alten Griechenland dadurch ergeben, dass in Athen die attische Demokratie entstand, was zu einer Befreiung des Denkens und seiner Ausdifferenzierung in eine Vielzahl von Varianten bei den Sophisten führte.

Wenn es so ist – wie schon erwähnt –, dass nicht Ideen, sondern die Kontingenz von Ideen die weitere Evolution des menschlichen Geistes beeinflussen, dann gilt das für die griechische Antike in ganz besonderem Maße. Wir finden hier ein radikales Hinterfragen der überkommenen philosophischen und pädagogischen Ideen und damit der Homogenität des Welt- und Menschenbildes, wie sie noch für das Alte Ägypten charakteristisch war. Die Folge war eine Ausdifferenzierung des Denkens und seiner Argumente bis hinein in

1 So z.B. die Überschrift der Einleitung bei A. Graeser: Hauptwerke der Philosophie. Antike. Stuttgart 1992, S. 7.

schärfste Gegensätze und Paradoxien. An die Stelle einer homogenen Weltanschauung und Anthropologie tritt eine bunte Vielfalt unterschiedlicher und z.T. auch sich widersprechender Ideen, so dass man die europäische Geistesgeschichte ohne stark zu übertreiben als eine Fußnote dazu interpretieren kann.

Die Vorgeschichte geht bis 1000 Jahre v. Chr. zurück, und aus dieser frühen Zeit sind uns die alten Mythen des Homer (über den Kampf um Troja und die Reisen des Odysseus) und des Hesiod (»Werke und Tage«) noch in Erinnerung; im engeren Sinne wird die Zeit der Antike heute begrenzt auf den Zeitraum vom 6. Jahrhundert vor bis zum 6. Jahrhundert nach der Zeitenwende – und umfasst damit also etwa 1000 Jahre. An den Anfang wird meistens das Jahr 585 v. Chr. gestellt, in dem sich eine Sonnenfinsternis ereignete, die Thales von Milet vorausberechnet haben soll. Das Ende der Epoche wird mit dem Jahre 529 n. Chr. datiert, in dem der römische Kaiser Justinian die Schließung der letzten Philosophen-Schule verfügte. In diesem Zeitraum sollte ein Denken aufblühen, das die begrifflichen und theoretischen Grundunterscheidungen formulierte, an denen sich das abendländische Denken der nächsten tausend Jahre abarbeiten sollte. Beginnen wir mit den Sophisten.

3.1 Die Sophisten

Die Sophisten haben einen schlechten Ruf. Zu Unrecht! »Betrüger durch Worte!«, »Wortverdreher!« riefen ihnen schon die antiken Philosophen hinterher, und noch Goethe ließ seinen »Faust« klagen: »Du bist und bleibst ein Lügner, ein Sophist!«. »Sophistisch« – das ist auch heute noch fast ein Schimpfwort; wir verstehen darunter eine spitzfindige Rabulistik, ein Klügeln mit feingliedrigen Argumenten ohne Relevanz und ein rhetorisches Feuerwerk ohne Substanz. Dass die Sophisten einen solch schlechten Ruf haben, liegt vor allem daran, dass wir von ihnen weitgehend nur Nachricht durch ihre Kritiker haben. Das ist etwa so, wie wenn wir über das Berufsbild des Metzgers nur durch Vegetarier informiert würden. Von diesen Vorurteilen sollten wir uns, soweit das überhaupt möglich ist, befreien, denn auf die pädagogische Ideengeschichte sollten sie einen großen Einfluss haben.

Die ältesten Spuren der Sophisten gehen zurück bis in die zweite Hälfte des 5. Jahrhunderts v. Chr. und müssen im Kontext einer Entwicklung zur attischen Demokratie entschlüsselt werden, die neue und bislang unbekannte Freiheitsräume des Denkens ermöglichte. Athen war zuvor ein Stadtstaat (»polis«), der seinen hierarchisch geschichteten Strukturaufbau *genealogisch* reproduzierte, also die Nachfolge der herrschenden Adelsschicht durch *Geburtsadel* regelte. Unter dem Einfluss politischer Ereignisse – die in Richtung einer Frühform von Demokratie gingen – konnten nun auch nichtadelige Bürger an einflussreiche Stellen des Staates gelangen. Der Adel verteidigte sein Privileg gegen das aufkommende Bürgertum; dieses wiederum begründete das neue Prinzip einer politischen Partizipation durch eigene, erworbene Leistung. So plädierte z. B. Pindar für das überkommene Prinzip mit dem Hinweis auf den angeborenen, natürlichen Adel (der nicht durch Lernen erworben und durch Erziehung verändert werden könne), während Hesiod dagegen das neue Kriterium erworbener Leistungen hervorhob und begründete. Neben den Geburtsadel trat also nun ein ganz neuer Adel, der *Leistungsadel*. Zu den *angeborenen* Vorzügen (der »physis«) traten nun in zunehmendem Maße auch die *erworbenen* Vorzüge – Vorzüge, die in der individuellen Leistung des Einzelnen begründet liegen (und meistens dem Begriff des »nomos« subsumiert wurden).

Dieses Begriffspaar »physis – nomos« lässt sich bis hinein ins frühe 5. Jahrhundert zurückverfolgen[2] und sollte seit dem eine überaus fruchtbare Spur als Antithese entfalten. Zunächst bedeutete »nomos« etwa das, was bei den Alten Ägyptern die »ma'at« bedeutete, also das »geltende Gute«, das der Gemeinschaft Ordnung und Halt gibt, weil es als absolut gültig und richtig erscheint. »Physis« war dagegen meist nur der zufällige (geographische) Ort, an dem die Gesetze des »Nomos« verwirklicht wurden. Diese asymmetrische Bewertung dreht sich nun im 5. Jahrhundert unter dem Einfluss eines bei den Sophisten beginnenden vernunftgläubigen Denkens um. Nomos wird als Menschenwerk ab-, Physis zum

---

2 Nachweisbar sind Spuren bis ca. 450 v. Chr., wenn man eine erhaltene hippokratische Schrift heranzieht, die noch in perikleischer Zeit kurz vor dem Peloponnesischen Krieg geschrieben wurde. Vgl. F. Heinimann: Nomos und Physis. Herkunft und Bedeutung einer Antithese im griechischen Denken des 5. Jahrhunderts. Darmstadt 1987.

wahren Maßstab aufgewertet. Nomos wird als Sitte und Brauchtum kontingent gesetzt, Physis als früher Kontingenzunterbrecher zu einem Wertbegriff. Das hatte nicht nur zur Folge, dass die Sitten und Gebräuche nun kritisierbar wurden (bis hin zu Platon, der sie später als bloße Ideologie denunzierte), sondern auch, dass von nun an die Frage, ob die entscheidenden Bestimmungen des Menschen angeboren oder aber durch Erziehung erworben werden, auf die Tagesordnung kam und von nun an kontrovers diskutiert werden sollte.

Auf welche Seite man sich auch immer schlagen mochte, die vorgegebene Privilegierung des Geburtsadels war in Frage gestellt. Die Frage der Erziehung und der Erziehbarkeit wurde nun im Kontext der Antithese von Nomos und Physis diskutiert. Das war offenbar keine bloß akademische Diskussion. Die Sophisten befriedigten das entstandene Bedürfnis nach Verbesserung individueller Leistung durch das Angebot, es (gegen Bezahlung) zu lehren. Gut und tüchtig zu werden, tauglich für die polis, so lauteten die Versprechungen. Die Sophistik trat also mit dem Versprechen eines praktischen und wirksamen Könnens auf, das dem Individuum (dem Kunden!) nützlich ist. Weil sie kundenorientiert dachten, verschob sich auch ihr Klientel von Kindern – der alte griechische Begriff der »paideia« bedeutet »Kindererziehung«[3] – auf Erwachsene. Die Sophistik war weitgehend eine Erwachsenenpädagogik. Man kann die Sophisten als erste professionellen Pädagogen bezeichnen, denn sie lehrten professionelles Wissen gegen Bezahlung; sie waren weniger theoretisierende Philosophen als praktizierende Pädagogen und – so würde man wohl heute sagen – »Unternehmensberater« in Sachen individueller Karriereplanung. In der Polis des alten Griechenlands wurden die Probleme der Vergemeinschaftung, also des sozialen Lebens, so auch die inneren Kämpfe zwischen den Reichen und den Armen, auch durch demokratische Mitgestaltung zu lösen versucht. Dabei spielte die mündliche Rede eine bedeutende Rolle, denn in diesem Stadtstaat war die praktizierte Mitbestimmung an allgemeinpolitischen Entscheidungen noch weitgehend eine Interaktionsform unter (körperlich) Anwesenden (z.B. auf dem Marktplatz und an anderen öffentlichen

---

3 Vgl. das Stichwort »paideia« im Historischen Wörterbuch der Philosophie. Hg. v. J. Ritter und K. Gründer, Bd 7: P-Q. Basel 1989, Sp. 35–40.

Foren). Nach der *Schrift* (im alten Ägypten) rückt damit nun die (mündliche) *Rede* in das Zentrum pädagogischer Aufmerksamkeit. Haben die alten Ägypter vor allem die Stabilisierungsfunktion der Schrift geschätzt, rückt nun die Variationsfunktion der mündlichen Rede in den Vordergrund. Mit der Rede sollen Überzeugungen gebildet oder verändert – wenn man so will: ein Lernen durch Lehren bewirkt – werden.

Deshalb lehrten die Sophisten vor allem *Rhetorik* – die Kunst, überzeugend zu reden. Dass die Rhetorik ein Mittel ist, sinnhafte Selektionsentscheidungen von einem Menschen auf den anderen zu übertragen, war den Sophisten durchaus bewusst. »Durch Worte zu überreden«, bedeutet Macht über andere Menschen haben: »Denn hast du dies in deiner Gewalt, so wird der Arzt dein Knecht sein, der Turnmeister dein Knecht sein, und von diesem Erwerbsmann wird sich zeigen, daß er andern erwirbt und nicht sich selbst, sondern dir, der du verstehst zu sprechen und die Menschen zu überreden«[4]. Berühmte Sophisten, wie z.B. Protagoras, Georgias von Leontinoi, Protikos aus Keos und Hippias aus Elis, waren deshalb selbst ausgezeichnete Redner. Die (gesprochene) Sprache – ihr Aufbau und ihre Struktur und Wirkung – rückte damit automatisch auch in den Mittelpunkt ihres Nachdenkens. Kein Wunder also, dass die Sophisten auch sprachphilosophisch Bedeutendes geleistet haben und die sog. »logos-Tradition« zu einer ersten Blüte führten. Der Begriff des »logos« umfasst bei den alten Griechen nicht nur die Sprache, sondern auch die Vernunft, das bedachte Wort, in dem das Gesetz, das Maß der Ordnung selbst zum Ausdruck kommt.

Das Nachdenken über die dem gesprochenen Wort immanente Vernunft führte bei den Sophisten auch zur ersten Konzeptionalisierung einer sprachphilosophischen Position, die später unter dem Begriff des *Nominalismus* bekannt werden sollte. Für den Nominalisten bezeichnen Worte nur noch Einzeldinge, während Allgemeinbegriffe bestenfalls als Abkürzung für abstrakte Klassen von Einzeldingen fungieren, keinesfalls aber den damit bezeichneten Universalien (wie später dann im Platonismus) eine eigene Existenz zugeteilt wird. Damit rückt das Verhältnis von Einzelnem und Allgemeinem in das Blickfeld und sollte die folgenden Jahrhunderte

4 So der Sophist Georgias aus Leontinoi zit. nach Ballauff 1969 a.a.O., S. 55.

ein langes und gründliches Nachdenken provozieren. Weil die Allgemeinbegriffe nicht mehr ein für sich existierendes Allgemeines bezeichnen, sondern nur eine Konvention des Sprachgebrauchs sind, zerreißt der Nominalist ganz nebenbei auch das ursprünglich feste Band zwischen Wort und Sache und befreit damit die Sprache von ihrem überkommenen ontologischen Ballast. Das Wort ist nicht per se die Sache, sondern eine – kontingente – Konvention. Damit wird Sprache – lange vor der Moderne, die dies zum Programm erhebt – frei zur autonomen Selbstgestaltung der Menschen. Diese (und viele andere) sprachtheoretischen und logischen Studien zur Sprache dienten zunächst keinen theoretischen Interessen, sondern ausschließlich der Bewältigung praktischer Probleme in der sprachlich vermittelten pädagogischen Überzeugungsarbeit und der von ihr ausgeübten allgemeinen Lebens- und Politikberatung.

Das änderte sich in dem Maße, wie die Sophisten ihren Schwerpunkt nicht nur auf das praktische Handeln (vor allem durch Sprechen), sondern auch auf das theoretische Nachdenken (durch Philosophieren) setzten. Dabei rückt nicht nur die Rede, die gesprochene Sprache, sondern auch der Adressat, also der Mensch, der ja Adressat der rhetorisch-pädagogischen Beeinflussung ist, in den Mittelpunkt der Überlegungen. Der (neugeborene) Mensch wird mit einem »bestellten Acker« verglichen, denn der Boden ist von der *Natur* vorgegeben, bedarf aber der *Kultur*, damit er durch Saat und Pflege fruchtbar wird. Dabei wird, ganz nebenbei, der bis dato in der griechischen Kulturanthropologie seit Hesiod übliche Glaube an ein goldenes Zeitalter, von dem man sich immer mehr entfernt, umgekehrt und eine Art Fortschrittsdenken erprobt. Am Anfang ist das Natürliche, Tierische, dann erfolgt der Aufstieg. Deshalb konnte Xenophanes sagen: »Nicht von Anfang an zeigten die Götter den Sterblichen alles, sondern allmählich durch Suchen finden sie selbst das Bessere«. Menschsein wird damit ein Wert- oder Kulturbegriff, der sich vom Naturbegriff durch das Kriterium der Erziehungsbedürftigkeit unterscheidet. Von Natur aus sind alle Menschen gleich; erst durch die Kultur – durch die kulturelle Pflege qua Erziehung und Bildung – werden sie zum eigentlichen »Menschen« und unterscheiden sich dementsprechend. Als Naturwesen sind die Menschen »Bürger eines Reiches«, als Kulturwesen sind sie (von außen betrachtet) »Bürger vieler Reiche« – in den Worten von Hippias: »Nicht nach der Sitte zwar, aber von Natur« sind alle Menschen gleich.

In dem Maße, wie sich die Sophistik erfolgreich etablieren konnte, bedurfte es auch einer kanonisierten Lehre. So entwickelten die Sophisten Anfänge eines *Lehrkanons*, der später unter dem Begriff der »sieben freien Künste« – im lateinischen als »*septem artes liberales*« – bezeichnet wurde und aus einem mathematischen Quadrivium (Arithmetik, Geometrie, Astronomie, Musik) und einem sprachlichen Trivium (Grammatik, Rhetorik, Dialektik) bestand[5]. Die Breite dieses Curriculums beweist die Breite des Interesses und der Kenntnisse der Sophisten, die allzu schnell von ihren Kritikern als bloße Rhetoriker abqualifiziert wurden.

Auch wenn ich dem Urteil von Theodor Ballauff nicht zustimmen kann, wonach die altgriechischen Sophisten die Ersten waren, die über Erziehung theoretisch reflektierten[6], kann ihre Bedeutung für die weitere pädagogische Ideengeschichte kaum überschätzt werden. Die Sophistik nimmt (wenngleich auch noch krude und beschränkt auf eine kleine Minderheit hoch gebildeter Denker) vieles vorweg, was erst in der Moderne zu seiner Entfaltung kommen wird.

3.2 Die Philosophen

Nach den Sophisten kommt die Zeit der Philosophen. Den Übergang muss man sich nahtlos vorstellen, denn viele Sophisten waren auch kluge und bedeutende Philosophen. Wie so häufig, wird auch hier die Trennlinie relativ willkürlich und nachträglich gezogen, und man arbeitete dabei offenbar auch schon mit der Methode der Kontrastverschärfung. So grenzten sich die Philosophen hart gegen die Sophisten ab, um die eigene Positionen schärfer zu konturieren und werteten dabei diese gleichzeitig ab, um sich selbst ins rechte Licht zu setzen. Die Bedeutung der Philosophen – insbesondere der großen Lichtgestalten Sokrates, Plato(n) und Aristoteles – ist für die weitere Entwicklung der pädagogischen Ideengeschichte von einer kaum zu überschätzenden Bedeutung, wenngleich sie auch, wie ich meine: zu Unrecht, die Bedeutung der Sophisten verdeckt.

5 Zum sophistischen Lehrkanon vgl. Ballauff 1969, S. 56 f. Vgl. auch die spätmittelalterliche Darstellung des abendländischen Lehrplans in Abb. 9.

6 Ballauff 1969, S. 16, 46 ff.

Der erste und enscheidende Schritt in die Philosophie gelang den Griechen mit der Warum-Frage[7]. Sie ist schon recht früh, z.B. bei Hesiod, aber auch bei den Ioniern und anderen Vorsokratikern nachweisbar, entfaltet aber ihre ganze (philosophische und pädagogische) Fruchtbarkeit erst bei den Philosophen. Die Warum-Frage lautete ursprünglich: Warum ist etwas und nicht nicht? Diese Frage scheint weit weg von pädagogischen Zusammenhängen, denn in den Schulen ist die Warumfrage eigentlich bis heute nur als Lehrerfrage erlaubt, die nur auf eine schon bekannte Antwort aus ist. Die echte Frage des Zurückfragens hinter etwas, was selbstverständlich ist – das ist vielleicht das entscheidende Unterscheidungskriterium von Pädagogik und Philosophie. Philosophie fragt: Warum ist das so? Was ist der Grund dafür? Damit wird Etwas auf ein Anderes zurückgeführt und so das Etwas dynamisch gemacht. Die Welt ist nicht mehr nur so wie sie ist, sondern wie sie aus Gründen, Ursachen geworden ist. Die Sprengkraft der Warum-Frage ist eine ungeheure und für die weitere geistige Entwicklung in Europa von großer Bedeutung – und das in zweierlei Hinsicht:

1. Die Warum-Frage lässt sich nicht beschränken. Sie überschreitet alle Grenzen. Wenn sie einmal begonnen hat, lässt sie sich nicht mehr aufhalten. Von keinem Stoppschild, von keinem Verbot, von keiner Verfolgung. Sie überschreitet den Bereich der äußeren Natur (Warum ist das so?) – das ist der Bereich der Realgründe (»rationes essendi«) – und kommt früher oder später auch auf die eigene Kultur mit ihren Konventionen, wenn sie fragt: Warum glaubst du, dass das wahr ist? Warum bist du dieser Überzeugung (und nicht jener)? Das ist die Frage nach den Erkenntnisgründen (»rationes cognescendi«). Bei den alten Griechen beginnt die Entwicklung des kritischen Denkens auf beiden Ebenen, und man spricht deshalb m.E. zu Recht von einer »*Ersten Aufklärung*«. So kommt es, dass Thales von Milet eine Sonnenfinsternis vorausberechnen kann, weil er sich fragte, warum bestimmte Planetenbahnen so und nicht anders verlaufen. Eine Sache wissen, meinte Aristoteles mehrfach, heißt wissen, warum sie so ist. Man weiß die Sache erst, wenn man ihre Ursachen kennt. Vom Wissen der Ursachen ist es dann, wenn diese Ursachen regelförmig sind, nur noch ein kleiner Schritt zu naturwissenschaftlichen Vorhersagen.

7 Vgl. Graeser 1992 a.a.O., S. 12 ff.

Andererseits zerbröselte die Warum-Frage auch überkommene Gewohnheiten, Konventionen und Normen des Denkens und machte selbst vor tiefsitzenden religiösen Glaubenssystemen nicht halt. So wird nicht nur der *Agnostizismus* erfunden (»Von den Göttern vermag ich nichts festzustellen, weder daß es sie gibt, noch daß es sie nicht gibt«, heißt es bei Protagoras), sondern auch schon eine scharfe (funktionalistische) *Religionskritik* geübt. Religion, so etwa der Sophist Kritias, sei eine Erfindung listiger Herrscher, die rächende und belohnende Götter nur deshalb erfunden haben, um die Menschen durch Ängste zu einem konformen Verhalten anzuhalten[8]. Normen werden als menschliche Produkte durchschaut und nicht mehr als Werke von Göttern für sakrosankt erklärt. Der Mensch schafft sich seine Kultur (mit ihren »nomoi«) selbst. Deshalb sind alle Sitten und Gebräuche, so unterschiedlich sie auch immer sind, hinsichtlich ihrer (äquivalenten) Funktion gleich viel wert.

2. Jede Warum-Frage überführt eine Einheit in eine Differenz, indem sie ein Etwas auf ein Anderes zurückführt und es damit begründet. Das, was ist, wird als etwas Vordergründiges behandelt, das auf ein Hintergründiges zurückgeführt wird. Alles, was es (sinnlich wahrnehmbar) gibt – nennen wir es *»das Seiende«* –, wird auf seinen (nicht unmittelbar wahrnehmbaren und nur durch ein Zurückdenken erschließbaren) Grund zurückgeführt, den ich im Folgenden als *»das Sein«* bezeichnen werde[9]. Die damit vollzogene Dynamisierung des Bestehenden, des Seienden, lässt sich nicht mehr aufhalten, wenn dieses Denken in Differenzen erst einmal in Gang gekommen ist. Philosophie – und später das gesamte wissenschaftliche Denken schlechthin – dynamisiert die Welt, indem sie alles in den Zusammenhang von Gründen stellt, die das Erkannte transzendieren und im Augenblick der Erkenntnis sinnlich gerade nicht wahrnehmbar sind, stattdessen nur durch Nachdenken (und

8 Vgl. A. Bayonas: Sophistik. In: H. J. Sandkühler (Hg.): Europäische Enzyklopädie zu Philosophie und Wissenschaften. Band 4. Hamburg 1990, S. 310–313, hier S. 313.

9 Die Bezeichnungen sind in der Fachliteratur leider nicht einheitlich, was vermutlich Folge einer Mehrdeutigkeit des griechischen Begriffes »tò ón« ist; der Begriff kann sowohl als »Sein« oder als »Seiendes« übersetzt werden.

möglicherweise zusätzlich auch durch eine lange und geduldige Beobachtung) erkennbar sind.

In der frühen griechischen Philosophie gabelt sich der Weg, den man beim Weiterdenken zu den Hintergründen und Ursachen nehmen kann. Die Einen, etwa Parmenides von Elea, waren der Meinung, dass das hinter dem Seienden existierende Sein als *Einheit* gesehen werden muss. Andere wiederum, wie etwa Heraklit, betonten, dass das Sein nicht eine (letzte und homogene) Einheit, sondern grundsätzlich eine *Vielheit* ist, also (wiederum) eine Differenz – ein Unterschied. Der Boden, in dem das Denken letztlich gründet, wird also einmal als homogene Einheit oder aber als heterogene Vielheit bestimmt. In der Folge sollten sich die philosophischen (und die pädagogischen) Denkrichtungen entlang dieser Unterscheidung entwickeln. Die Bezeichnungen sind unterschiedlich. So kommt etwa die Einheitssemantik unter verschiedenen Namen daher, mit denen etwa der Urgrund des Seins bezeichnet wird – bei den frühen Sophisten noch ganz konkret als »Luft«, »Wasser«, »Feuer« oder »Atome«, bei den späten Sophisten und bei den Philosophen dann abstrakt z.B. als »Gott«, »Sein«, »Ganzheitlichkeit«, »Totalität«. Für diese Orientierung an der »Einheit« des Grundes spricht, dass die Unruhe, die durch die Differenz von Sein und Seiendem in die Welt des Denkens gekommen ist, auf der einen Seite der Unterscheidung wieder zur Ruhe kommt. Die vordergründige Unruhe der wahrgenommenen Bewegungen lässt sich so zurückführen auf ein ruhendes und homogenes Sein. Dagegen spricht allerdings, dass wir Menschen das, was wir als »Einheit« oder »Ganzheit« bezeichnen, immer nur als Unterschied bzw. im Unterschied zu Anderem erkennen können, also dabei unweigerlich in eine erkenntnistheoretische Paradoxie hinein fallen.

Jene Philosophen, die den Grund des Seienden als Differenz interpretieren – also differenztheoretisch denken –, haben dieses Problem nicht (dafür aber andere Probleme). Ihre sehr erfolgreiche Spur geht von Heraklit über Platon bis hinein in die moderne Systemtheorie Luhmanns. Für Heraklit war die Welt bzw. die Natur selbst durch Widersprüche, Divergenzen, Gegensätze und Gegenläufigkeiten gekennzeichnet. Der Krieg ist für ihn deshalb der Vater aller Dinge, also auch des Friedens, und der Friede ist nur möglich, weil es den Krieg gibt; Tag kann es nur geben, weil es die Nacht gibt, das Leben verdankt sich dem Tode, die Ruhe der Bewegung, das Gute dem Bösen, die Liebe dem Hass – und vice versa. Auf die

Erziehung bezogen, kommt damit immer auch die andere Seite in den Blick: Erziehung kann glücken oder scheitern, erhöhen oder erniedrigen. Die vordergründige Stabilität der wahrgenommenen (natürlichen und kulturellen) Dinge ist deshalb nur eine oberflächliche Täuschung, denn in Wirklichkeit brodeln im Untergrund die Widersprüche, die Ordnung erst durch Bewegung ermöglichen. Alles fließt – und nur dadurch kann es Ordnung geben. Das könnte für die Erziehung z.B. bedeuten, dass hinter der äußeren Ordnung einer Familie sich die Bewegung der Zeit durch die Onto- und die Phylogenese hindurch (etwa im Generationenverhältnis) in das Blickfeld rückt, und diese Bewegung die Ordnung bzw. Struktur der Familie bedingt. Wenn man das übersieht und Stabilität durch Bewegungslosigkeit und Starrheit erzwingen will, läuft man Gefahr, dass sie zerfällt. Platon weist deshalb zu Recht darauf hin, dass ein gewisses Maß an Unordnung der Erhaltung einer Ordnung förderlich ist.

Schon bei Herklit, verstärkt aber dann bei Parmenides wird dieses differenztheoretische Denken von der Ebene des beobachteten Objekts in das beobachtende Subjekt gehoben und als Erkenntnisprinzip nobilitiert. Aus Nichts kann nichts werden (»nihilo ex nihilo«); dieser Satz gilt nicht nur für die Zusammenhänge der äußeren Welt, sondern auch für deren Erkenntnis, denn ohne vorausgesetze Unterscheidungen können wir keine Differenzen erkennen.

Die Grundunterscheidung, die auch bei Parmenides immer vorausgesetzt werden muss, wenn wir etwas erkennen wollen, verdanken wir der frühgriechischen Warum-Frage und kondensiert bei Platon zu einer *»Zwei-Welten-Theorie«*. Nach dieser leben wir Menschen (gleichzeitig) in zwei verschiedenen Welten: einmal in jener, in der wir sinnlich die Phänomene wahrnehmen und in der wir alles als seiend (existierend) bestimmen – also im »Seienden« –, und einer hinter der sichtbaren Welt sich befindlichen und nur durch das (reine) Denken zugänglichen Welt der allgemeinen Ideen – also »im Sein«. Auch und gerade das Sein, die »Idee«, besitzt den Status der eigenständigen Existenz; die Allgemeinbegriffe bezeichnen die Universalien, denen eine eigene, ja höhere Wirklichkeit zukommt. Das sollte erkenntnistheoretisch dann die Position des sog. *»Platonismus«* werden, der noch im ausgehenden Mittelalter im Universalienstreit eine wichtige Rolle spielen wird.

Die folgende Gegenüberstellung der binären Semantik der platonischen Zwei-Welten-Theorie ist sicher nicht vollständig:

Das Sein	–	*Das Seiende*
»episteme«	–	»doxa«
Wissen	–	Meinung
Sein	–	Schein
»Wirklichkeit«	–	Wahrnehmung
Wesen (essentia)	–	Erscheinung (akzidentia)
Idee	–	Sache/Ding
Urbild	–	Abbild
echtes Wissen	–	Scheinwissen
eigentlich	–	uneigentlich
vernünftig	–	sinnlich
allgemein	–	einzeln, individuell
ewig	–	zeitlich
unveränderlich	–	veränderlich
unsichtbar	–	sichtbar
vollkommen	–	unvollkommen

Abb. 2: Platons Zwei-Welten-Theorie

Während der Zugang zum Seienden über unsere Sinne geht, also die Wahrnehmung der äußeren Welt ist, kann man zum Sein nur über das reine Denken gelangen – in den Worten von Platon: »… das Gebiet der unwandelbaren Ideen, die ungeworden und unzerstörbar sind …, dem Auge verborgen und auch den anderen Sinnen nicht wahrnehmbar, (sind) genau also das, dessen Betrachtung Sache des reinen Denkens ist. Das Zweite (Gebiet) ist das, was mit jenem gleichbenannt und ihm ähnlich ist, sinnlich wahrnehmbar, erzeugt, in immer währender Bewegung, an einem bestimmten Orte entstehend und von da wieder verschwindend… mit der Sinneswahrnehmung erfassbar« (Tim. 52a).

Der sinnlichen Wahrnehmung wird damit das theoretische (Nach)Denken gegenübergestellt und (wie viele der gebrauchten Begriffe unübersehbar deutlich machen) eine – aus heutiger Sicht merkwürdig erscheinende – Bewertung vorgenommen. Dass binäre begriffliche Einteilungen eine *erkenntnistheoretische* Funktion haben – und die Erkenntnis der Welt durch eine Differenz erst erkennbar machen –, ist ebenso normal wie die Tatsache, dass dabei in der Regel immer auch asymmetrisch bewertet wird und die eine Seite der Unterscheidung auf- und die andere abgewertet wird (denken wir nur einmal an »gesund/krank«, »gerecht/ungerecht«, »schön/hässlich« usw.). Diese *erkenntnispraktische* Funktion signalisiert den (evolutionären) Nützlichkeitswert, der sich durch diese Richtungsentscheidung für das Handeln ergibt. Ungewöhnlich – zumindest aus heutiger Sicht – ist allerdings, *wie* Platon bewertet. Er wertet nämlich die äußere Welt des Seienden ab und die nur innerlich durch Nachdenken zugängliche Welt des Seins auf. Das, was in unserem Alltag »ist«, wird damit abgewertet, das aber, was dahinter »west«, ist »wesentlich« – in der Sprache Heideggers könnte man diese Wertung etwa so formulieren: Das Seiende ist bloß. Das Sein jedoch west!

Diese merkwürdige Bewertung widerspricht nicht nur unseren alltäglichen Usancen, die dadurch gekennzeichnet sind, dass wir gewöhnlich unseren sinnlichen Erfahrungen mehr vertrauen als unseren subjektiven Gedanken, sondern scheint auch die Chronologie unserer Stammesgeschichte geradezu umzukehren, denn lange bevor der Mensch die Fähigkeit des Denkens erhielt, besaß er schon – wie alle Tiere auch – die Fähigkeit, über seine Sinne die Umwelt wahrzunehmen.

Trotz oder vielleicht gerade wegen dieser eigentümlichen Bewertung sollte sich diese (platonische) Einteilung in zwei Welten theorietechnisch als äußerst fruchtbar erweisen und vor allem das pädagogische Denken bis heute durchdringen. Die Aufwertung des Seins bestimmt nämlich das Seiende als defizitär und macht seine Veränderung legitim, ja zwingend. Ist das Seiende nun z.B. ein Kind, ein Jugendlicher oder auch ein Erwachsener, so wird es bzw. er im Lichte der allgemeinen Idee des Menschen pädagogisch behandlungsbedürftig. Jetzt geht es darum, den konkreten Menschen mit all seinen Mängeln in eine Richtung zu erziehen – gewissermaßen ihm eine Richtung zu geben, die durch das Sein des allgemeinen Menschentums vorgegeben ist. Die Differenz von Sein und Seiendem dynamisiert also nicht nur das soziale Leben, weil es alles, was man wahrnehmen kann, auf seinen (Hinter)Grund bezieht und kontingent setzt, sondern es legitimiert auch gleichzeitig die pädagogische Intervention und gibt ihr eine Richtung.

Wir haben in der deutschen Sprache für diese pädagogisch angeregte und betreute Bewegung vom Abbild (des Seienden) zum Urbild (des Seins) den Begriff der »Bildung« geprägt und sprechen deshalb von einer »Bildungstheorie«, wenn wir die philosophische Theorie der Erziehung in dieser Tradition der antiken Philosophen meinen. Der Bildbegriff ist – als Metapher – durchaus der platonischen Ideenlehre angemessen, denn Platon verwendet die Bildmetaphorik selbst. Alles, was wir sinnlich wahrnehmen, ist nur ein, wenngleich auch schwaches und unvollkommenes Abbild der ihr zugrunde liegenden Idee als Urbild. Die Hin- bzw. Rückwendung auf dieses Urbild wird als Bildungsprozess interpretiert. Dabei ist man sich der Schwierigkeiten bewusst, denn dass der alltägliche Mensch das für wahr nimmt, was er wahrnimmt, war bekannt. Wie kann man sich die Überwindung dieser Schwierigkeiten vorstellen? Ich will die wichtigsten Aspekte der Antwort Platons an *Sokrates* und dem »*Höhlengleichnis*« herausarbeiten.

3.2.1 Sokrates

Sokrates hat nichts Schriftliches hinterlassen; seine große Wirkung (auf die Geistesgeschichte) beruht nur auf dem Wort – und insofern setzt er die sophistische Umakzentuierung von der Schrift auf das gesprochene Wort fort. Allerdings haben wir von seinen Worten nur Nachricht über seinen Schüler Platon. Man kann also, wie das Blumenberg tut, zu Recht von einem »von Plato nachgedichteten Sokrates«[10] sprechen. Deshalb können wir wohl auch annehmen, dass Platon dabei die Konturen verschärfte und in dem Maße, wie er die Sophisten kritisierte[11], seinen Lehrer Sokrates idealisierte. Sokrates wird von Platon in kunstvollen Dialogen (die meist nach den wichtigsten Gesprächspartnern genannt werden, z.B. »Kriton«, »Protagoras«, »Charmides«) als ein außergewöhnlicher Philosoph geschildert, der in alltäglichen Situationen und Orten (auf der Straße, auf dem Marktplatz) andere Menschen in zunächst ganz harmlos erscheinende Gespräche verwickelt und dabei zunächst von der (mitgebrachten) Meinung der Dialogpartner ausgeht.

Nun ist es aber gerade diese Meinung, die im Denken Platons bloß ein vordergründiges Scheinwissen (griech. »doxa«) widerspiegelt, das es zu hinterfragen und zu revidieren gilt, um das wahre

10 H. Blumenberg: Höhlenausgänge. Frankfurt a.M. 1989, S. 87.

11 Die Richtung der Kritik an den Sophisten lässt sich an den Schimpfwörtern ablesen, die Platon verwendet, z.B. »Wortverdreher«, »Wortklauber«, »Betrüger durch Worte«. Wenn man bedenkt, dass der Begriff des Sophisten ursprünglich der »wissende Mann« bzw. »der Weise« bedeutet, wird die Umwertung und ihre Zielrichtung deutlich.

Wissen des Seins (griech. »episteme«) aufscheinen zu lassen. Sokrates negiert die Meinung der Anderen nicht von vorneherein, er bestreitet sie nicht, er kritisiert sie eigentlich nicht einmal, sondern führt den Gesprächspartner durch eine raffinierte Fragetechnik dazu, die impliziten Unterstellungen dieser Meinung zu Ende zu denken und dabei die gemachten Geltungsansprüche kritisch zu überprüfen und schließlich die aporetische Struktur der Meinungen selbst zu entdecken. Wenn der Bildungsprozess gelingt, dann nicht durch eine äußere Überredung, sondern durch die Irritation des Bisgedachten und der dann selbst erzeugten neuen Einsicht. Weil dies einem Geburtsvorgang ähnelt, wird die dabei von Sokrates angewandte Methode – schon von Platon (im Dialog »Theaitetos«) – als »*Mäeutik*« bezeichnet, als eine Art Geburthilfe. So wie eine Hebamme bei der Geburt nur helfen kann, das Gebären aber immer nur von der Gebärenden selbst vollbracht werden muss, so vollzieht sich Bildung im sokratischen Sinne auch nicht durch eine äußere »Über-Zeugung«, sondern immer nur durch eine »Selbst-Zeugung«.

Sokrates setzt damit die Akzente der Pädagogik neu. Erziehung und Bildung wird nicht mehr verstanden als Vermittlung eines überkommenen Wissens, nicht mehr als Wissensvermittlung (wie noch bei den Alten Ägyptern), sondern gerade im Gegensatz dazu als Infragestellung des Vorwissens (der Meinung) und ihre Entlarvung als Scheinwissen. Dabei darf das, was Sokrates mit »fragen, prüfen und ausforschen« umschreibt, nicht mit jener traditionellen Lehrmethode verwechselt werden, bei der der Lehrer die Antwort schon wissend nur didaktisch umtanzt, sondern es ist die Methode des Ingangbringens des eigenen Nachdenkens.

Deshalb kann man Sokrates, den Pädagogen, auch nicht als einen Wissenden, als einen Weisen, im traditionellen Sinne verstehen. Die schon erwähnte Tatsache, dass viele Dialoge aporetisch enden, aber auch das völlige Fehlen eines klaren vorgegebenen Wissens, verdeutlicht eine weitere Eigentümlichkeit der sokratischen Pädagogik: Die beiden Dialogpartner unterscheiden sich am Beginn des Dialogs nur dadurch, dass der Gesprächspartner eine Meinung hat, von der er überzeugt ist, während Sokrates weiß, dass dies nur eine Meinung im Status des *scheinbaren* Wissens ist. Wenn der Bildungsprozess glückt, dann wissen am Ende beide, dass die vorgefasste Meinung falsch war und hinter der Meinung das echte Wissen durchschimmert. Was aber ist das echte Wissen im jeweils konkreten Fall? Das Einzige, was Sokrates dem Gesprächspartner voraus hat, ist kein inhaltliches, sondern ein reflexives Wissen: Ich weiß, dass ich nichts weiß! Wer weiß, dass er nichts weiß, weiß eben dies mehr als jener, der glaubt zu wissen, in Wirklichkeit aber nichts weiß.

Das ist eine radikal neue Sicht von Bildung – und das in zweierlei Hinsicht. Erstens wird der traditionelle Schwerpunkt der altgriechischen Adelserziehung vom äußerlich Körperlich-Sinnlichen (Gymnastik und Musik) verlagert in die Pflege der inneren seelischen Werte – der »Tugend«. Die Sorge um den gesunden Leib wird in die Sorge um die gesunde Seele überführt. Zweitens, und das ist noch viel entscheidender, ist nicht derjenige, der viel Wissen angehäuft hat (und z.B. möglichst viele Kreuzworträtsel lösen und Quizfragen richtig beantworten kann), gebildet, sondern derjenige, der dies als bloß scheinbares Wissen zu entlarven in der Lage ist und an die Stelle der Sicherheit in einer Meinung die Unsicherheit des Wissens, das nur sein Nichtwissen weiß, zu setzen und auszuhalten vermag. Damit wird die überkommene Selbstsicherheit, die in den selbstverständlichen Gewohnheiten gründet, die wir durch Sozialisation und funktionale Erziehung vermittelt bekommen, zerbrochen und in eine permanente Unsicherheit überführt. Sokratische Bildung ist damit kein »Hinziehen« auf ein vorgegebenes inhaltliches Ziel, sondern eine »Umwendung« auf den tragenden Grund, der uns trägt – ein Problematisieren der Voraussetzungen unseres bisherigen Denkens.

Im Vergleich zu den altägyptischen Erziehungslehren wird die Sprengkraft dieses Ansatzes deutlich, und es wird vielleicht verständlich, warum Sokrates von vielen Zeitgenossen als äußert gefährlich betrachtet wurde (und schließlich mit dem Vorwurf, er würde die Jugend verderben und »Neues« verbreiten, zum Selbstmord getrieben wurde). Schließlich kann die von ihm vorgemachte kritische Rückwendung auf die mitgebrachten Meinungen eine geradezu selbstzerstörerische Wirkung haben. Wir wohnen in unseren Gewohnheiten und unsere Meinungen, die wir mit vielen Anderen teilen; sie geben uns Sicherheit. Werden sie uns genommen, ohne dass neue Sicherheiten verbürgt werden, laufen wir Gefahr, ins Grundlose zu stürzen. Ich vermute, dass Platon diese Gefahr durchaus gesehen hat und deshalb in seinem großen Buch über den Staat (»Politeia«) versucht hat, Bildung genauer und – vor allem – positiver zu bestimmen. Er hat dies in einem Gleichnis geschildert, das bis heute eine ungebrochene Faszination auf die Leser ausübt, dem »Höhlengleichnis«.

3.2.2 Platon

Das Höhlengleichnis verdankt seine große Resonanz sicherlich ein Stück weit auch der Tatsache, dass wir Menschen alle, und zwar phylogenetisch und ontogenetisch gesehen, aus einer »Höhle« kommen und deshalb die Erinnerung an diese konkrete Erfahrung eine ungebrochene Faszination auf uns ausübt – zumal dann, wenn sie so konkret und bildhaft daherkommt wie in diesem Gleichnis[12]. Es ist jedoch auch ein philosophisches und pädagogisches Kabinettstückchen und damit – wie ich meine – nicht nur ein »didaktisches Paradestück für philosophische Veranschaulichung«[13], sondern auch ein philosophisches Paradestück für didaktische Veranschaulichung.

Das Höhlengleichnis findet sich im 7. Buch der »Politeia«, Platons umfangreichstes und einflussreichstes Werk[14]. Es scheint nur auf den ersten Blick so, als ob dies ein *politisches* Buch über den »Staat« ist; ich halte dafür, dass es in erster Linie ein *pädagogisches* Buch über die Bildung der Menschen zum Gemeinschaftswesen

---

12 »Wir alle sind aus den Höhlen gekommen, und jeder kommt aus einer. Phylogenese und Ontogenese konvergieren auf diese Imagination, die uns noch als Metapher zu begreifen hilft, was es heißt, eine Schwelle zu überschreiten, Differenzen von Wirklichkeiten wahrzunehmen …« (Blumenberg 1989, a. a. O., Klappentext). Man kann vielleicht sogar noch weiter gehen und sagen: Die »Höhle« ist Teil eines altes Nischenmodells, das eine reale (biologische und sozio-kulturelle) Evolution vom »Ei« über die »Höhle« und die »Insel« (der Kultur) bis zum »Globus« widerspiegelt: vom (prähumanen) Tier über den (steinzeitlichen) Höhlenmenschen zum Kulturmenschen (vgl. D. Claessens: Das Konkrete und das Abstrakte. Soziologische Skizzen zur Anthropologie. Frankfurt a. M. 1993 – mit dem Hinweis auf S. 37), sowie P. Sloterdyk: Globen. Frankfurt a.M. 2002. Zur pädagogischen Relevanz vgl. A. K. Treml: Die pädagogische Höhle. Raumbegrenzung als pädagogisches und ethisches Problem. In: EU – Ethik und Unterricht 2/2005 a. a. O.

13 Blumenberg 1989, a. a. O., S. 85.

14 Ich lege die Übersetzungen von O. Apelt und K. Vretska (Stuttgart 1958) zugrunde und zitiere nach der üblichen Originalzitierung.

ist[15]. Ausgangspunkt ist also ein Problem, das man als Frage so formulieren kann: Wie können Menschen, die im Grunde egoistische Wesen sind, gemeinschaftsfähig werden? Die Antwort – verkürzt – lautet: indem man einen Staat mit einer gerechten Verfassung aufbaut und die Menschen zu vernünftigen Staatsbürgern erzieht. Ohne sorgfältige Erziehungsanstrengungen kann das nicht gelingen, denn eines war für Platon sonnenklar, nämlich dass man dabei den Menschen »große Anstrengungen im Lernen zumuten« (S. 257) muss.

Uns interessiert hier weniger der Aufbau des platonischen Idealstaates (als Paradebeispiel einer archistischen Utopie) – der in Analogie zur menschlichen Seele mit einem dreistufigen Modell beschrieben wird, in dem die unterste Schicht die (»triebhaften«) arbeitenden Handwerker und Bauern, die mittlere Schicht aus den (»mutigen«) »Wächtern« (Soldaten und Beamten) und die oberste Schicht aus den (»weisen«) Philosophenherrschern besteht, sondern viel mehr die Beantwortung dieser zweiten Frage, die nach der Bildung des Menschen qua Staatsbürger im Rahmen einer sokratisch inspirierten Pädagogik.

Unmittelbar dem Höhlengleichnis voraus geht das *Sonnen-* und das *Liniengleichnis* – beide verdeutlichen den Zusammenhang, in dem das Höhlengleichnis zu lesen ist, nämlich die Zwei-Welten-Theorie Platons. Unsere Augen, so das Sonnengleichnis, bedürfen nicht nur der Sehkraft, sondern ursächlich auch der Sonne (bzw. des Sonnenlichts), um sehen zu können. Wir können nicht direkt in die Sonne sehen, aber nur im Licht der Sonne können wir sehen. Analog dazu bedarf es, um zwischen gut und böse, schön und hässlich, gerecht und ungerecht unterscheiden zu können, der Idee des Guten. Sie ist die Einheit, ohne die man die Differenz von Original und Schatten, von Seiendem und Sein, nicht erkennen kann. Erst durch dieses Unterscheidungsvermögen kann das Gute auch gefördert werden, denn seine Erkenntnis ist die Voraussetzung dafür. Darin ist

15 Ähnlich sieht es der Übersetzer und Herausgeber O. Apelt in seinem Vorwort zur Politeia: »Nicht Rechtslehre, sondern Pädagogik ist das Hauptthema von Platons idealer Staatslehre« (VII) Vgl. zur pädagogischen Resonanz Th. Ballauff: Die Idee der Paideia. Eine Studie zu Platons »Höhlengleichnis« und »Parmenides« »Lehrgedicht«. Meisenheim/Glan 1952 sowie den Überblick bei P. Kauder: Der Gedanke der Bildung in Platons Höhlengleichnis: eine kommentierende Studie aus pädagogischer Sicht. Baltmannsweiler 2001.

es der Sonne ganz ähnlich – also »sonnenartig«, denn »Die Sonne verleiht dem, was gesehen wird, nicht nur das Vermögen gesehen zu werden, sondern auch Werden, Wachstum und Nahrung, ohne doch selbst ein Werden zu sein« (264).

Im Liniengleichnis wird eine Linie zunächst in die uns schon bekannten »zwei Reiche« eingeteilt: »das Sichtbare und das Erkennbare« (509b); sodann wird aber diese Unterscheidung auf beiden Seiten noch einmal unterschieden: das Sichtbare in die Dinge und ihre Schatten und das Erkennbare in die (theoretischen) Hypothesen und ihre zugrundeliegenden Ideen.

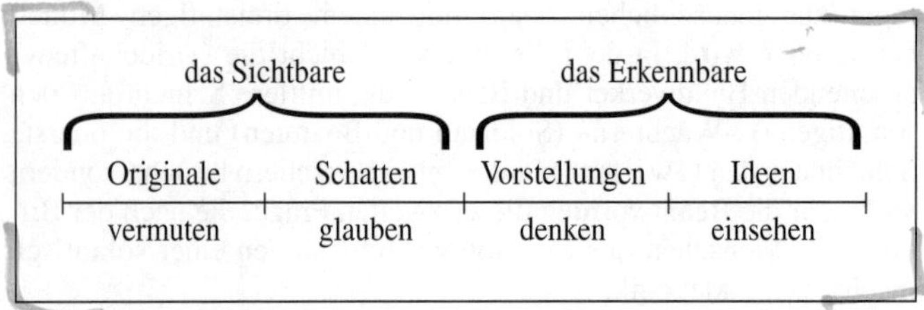

Abb. 3: Platons Liniengleichnis

Dieser Wiedereintritt der Unterscheidung in die eine Seite der Unterscheidung ist eine logische Differenzierungsform, die uns noch häufiger begegnet wird, und die deshalb mit einem Eigennamen bezeichnet wird: »re-entry«[16]. Es bedarf nur einer einzigen Unterscheidung, um eine beliebig hohe Komplexität zu erzeugen. Das ist wahrscheinlich der Selektionsvorteil, der diese Differenzierungsform in der Evolution auf allen Ebenen der Systembildung stabilisiert hat.

Eine weitere Fortsetzung dieser Theorietechnik (des »re-entry«) veranschaulicht Platon in seinem Höhlengleichnis. Hier gibt es nicht nur zwei, sondern drei verschiedene Orte, auf denen sich jeweils die Differenz (von Sein und Seiendem) wiederholt. Ich will diese Orte als »Raum 1«, »Raum 2« und »Raum 3« bezeichnen[17].

---

16 Nach G. Spencer-Brown: Laws of form. New York 1972 (2).

17 Ich variiere damit – um einer Verwechslung mit der »zwei-Welten-Theorie« vorzubeugen – meine ursprüngliche Begrifflichkeit von »Welt 1 …2…3« (vgl. dazu A. K. Treml: Globalisierung als Raumerweiterung. Phylogenetische und ontogenetische Lernprozesse. In: S. Görgens/A. Scheunpflug/K. Stojanov (Hg.): Universalistische Moral und weltbürgerliche Erziehung. Frankfurt a.M. 2001, S. 181–205.

Abb. 4: Platons Höhle

In Abb. 4 sehen wir zunächst links Raum 1. Hier sitzen Menschen »in einem unterirdischen, höhlenartigen Raum, der gegen das Licht zu einen weiteren Ausgang hat über die ganze Höhlenbreite« (514a) – und zwar »von Kindheit an« und »gefesselt an Schenkeln und Nacken« (dito), so dass sie sich nicht umdrehen können. An diesem Raum 1 wohnen wir Menschen in unserem Alltag und sind gefangen von dem, was Plato »doxa« nannte, nämlich unseren alltäglichen Vorurteilen und den Meinungen, die wir wie die Muttermilch von Kindesbeinen an aufgesogen haben und die wir deshalb, weil sie die Normalität des Selbstverständlichen konstituieren, auch nicht hinterfragen können. Das ist im Sinne Platons »Unbildung«, denn diese Menschen sehen ja ein Leben lang nur die Schatten, die sie – weil sie sich nicht umdrehen können – fälschlicherweise als die wirklichen Dinge interpretieren. Unbildung auf dieser ersten Stufe besteht also darin, dass man die sekundäre Welt der Schatten als primäre Welt der Originale interpretiert, also im Seienden befangen bleibt.

Damit die Unbildung dieser Menschen zur Bildung werde, bedürfe es der Umwendung zum Sein. Aber es gibt keinen aus der Situation sich selbst ergebenden Grund, mit der Situation der Unbildung unzufrieden zu sein. Wir Menschen haben auf dieser Stufe Brot und Spiele und die Schattenbilder an der Wand der Höhle reichen – wie heutzutage unser täglicher Fernsehkonsum – aus, um ganz passabel zu leben und dabei zufrieden zu sein (vgl. dazu

Abb. 5: Wie aktuell das platonische Höhlengleichnis gerade in unserem Zeitalter der Massenmedien (insbesondere des Fernsehens) sein kann, beweist dieser Comic, der in der FAZ veröffentlicht wurde (»Strizz«, von Volker Reiche, inzwischen auch als Buch erschienen 2004). Die Künstlichkeit des scheinbar Natürlichen wird erst über den Umweg seiner Verfremdung erkennbar, und die Wahrscheinlichkeit, etwas Wichtiges aus dem Fernseher zu erfahren, ist weit größer als im wirklichen Leben.

Abb 5). Es bedarf schon einer *von außen* kommenden Wendung, um Bewegung in diese Szene zu bringen. Platon führt diesen Fall im Konjunktiv ein und lässt Sokrates fragen: »Wenn etwa einer gelöst und gezwungen würde sofort aufzustehen und den Kopf umzuwenden, auszuschreiten und zum Licht zu blicken, wenn er bei alledem Schmerz empfände ….« (515c). Was würde also derjenige, der gezwungenermaßen sich umzuwenden genötigt wäre, sehen? Er würde in Richtung der Lichtquellen blicken und dabei, weil seine Augen noch nicht daran gewöhnt sind, Schmerzen empfinden. Sein Blick fiele zunächst auf eine merkwürdige Anordnung von Dingen. Das Licht eines Feuers beleuchtet diesen Ort (Raum 2) und macht eine Art Mauer erkennbar, hinter der – von ihm aus gesehen – Menschen »mannigfache Geräte und Gewerke« vorbeitragen; es sind jene Dinge, deren Schatten die Gefangenen an der Höhlenwand sehen können. Diese »Gebilde«[18] sind also für diese das Sein ihres Seienden. Der Begriff des »Gebildes« impliziert die Bildmetaphorik und verweist selbst wiederum auf etwas Abgebildetes, das sich darin nur widerspiegelt. Dieses wird erst erkennbar, wenn der Entfesselte den Raum 2 durchschreitet und weiter nach oben zum Höhlenausgang geht. Hier erst kann er endlich Raum 3 entdecken, die Welt vor der Höhle, deren Erkenntnis von Unterscheidungen (Schatten und ihre Originale) sich dem Sonnenlicht am Himmel verdankt.

Jetzt wird auch der Zusammenhang von Liniengleichnis und Höhlengleichnis völlig transparent, wie die folgende Abb. 6 beweist:

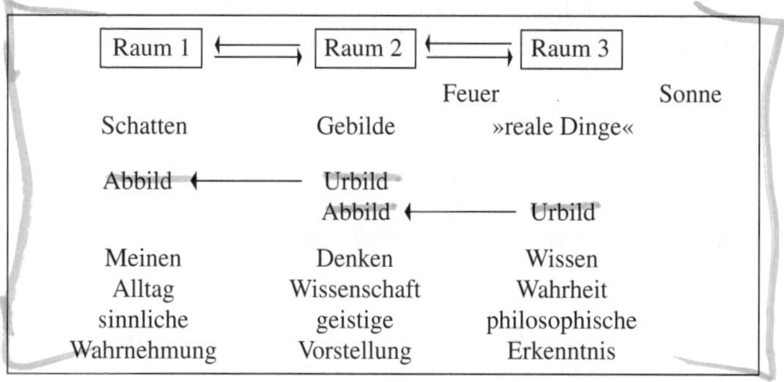

Abb. 6: Dimensionen des Höhlengleichnisses

18 So die Übersetzung, die Blumenberg heranzieht (vgl. Blumenberg 1989 a. a. O., S. 91).

Halten wir fest: Es gibt drei Räume, in denen sich jeweils die Unterscheidung von Urbild und Abbild wiederholt. In Raum 1 sehen die Gefangenen Schatten an der Wand (1. Differenz), die sich einer hinter ihnen sich befindlichen Lichtquelle verdanken, vor der »Gebilde« herumgetragen werden. Diese Gebilde in einem Raum 2 sind künstlich hergestellte Werke und verweisen – sei es durch ihren Abbildcharakter, sei es durch die Herkunft ihrer materiellen Ursachen – auf natürliche Ursachen in einem Raum 3 vor der Höhle im Sonnenlicht (2. Differenz). Die realen Dinge vor der Höhle (Raum 3) aber werfen im Sonnenlicht wiederum Schatten (3. Differenz). In allen drei Räumen verdankt sich die Wahrnehmung einer Differenz (z. B. das Dunkel des Schattens und die Helle der angestrahlten Höhlenwand) einer Lichtquelle – sei es des Feuers, sei es der Sonne selbst. Erkenntnis ist also nicht der Blick in die Sonne – ist nicht die Sonne, sondern ist »sonnenförmig«, d.h. sie bedarf des Lichts als Einheit der Differenz, die Erkenntnis voraussetzt.

Bildung aber ist hier mehr als die bloße Erkenntnis einer Differenz. Sie ist der Weg zur Erkenntnis der beiden am Erkenntnisprozess beteiligen Differenzen. Bildung ist der Prozess der Erkenntnis jener Differenz, die der zunächst erkannten Differenz zugrunde liegt. In allen drei Räumen vollzieht sich der Bildungsprozess durch eine *Umwendung* auf die hinter dem vordergründig Seienden sich befindlichen originalen Ursachen (der erkannten Unterscheidungen). Des Weiteren würden wir durch eine interpretatorische Feinanalyse dieses Gleichnisses eine Fülle weiterer interessanter Details herausfinden und seine ungebrochene Aktualität herausarbeiten können (vgl. Abb. 6).

Es gibt viele Interpretationen dieses Gleichnisses und keine Instanz, die die einzig wahre Interpretation bestimmen könnte. Immerhin gibt Platon selbst interpretatorische Hinweise: »Die Welt des Gesichtssinnes vergleiche mit der Wohnung im Gefängnis, das Feuer in ihr mit der Macht der Sonne«, der Weg nach oben zum Höhlenausgang wird verglichen mit dem »Aufstieg der Seele zur Welt des Denkbaren« (517b). Die Welt der »doxa« (Raum 1) stellt also unsere gewöhnliche Alltagswelt dar; sie wird als eine Art Gefängnis interpretiert. Hier sind wir gefangen von unseren Vorurteilen und Meinungen, die wir als Wirklichkeit empfinden, weil sie sinnlich bestätigt scheinen. Tatsächlich aber handelt es sich nur um ein Scheinwissen, denn die erkannten Unterscheidungen (zwischen den Schatten und der Höhlenwand) sind abhängig von den beiden hinter dem Rücken der Gefesselten befindlichen Lichtquellen. Diese beiden Lichtquellen, der Feuerschein und das Sonnenlicht, ergeben zusammen eine Mischung, die schwer voneinander unterschieden werden kann, wenn man in die falsche Richtung blickt. Es bedarf der Umwendung, damit man zunächst im Lichte des Feuers die eigentlichen Ursachen für die flackernden Schatten an der Höhlenwand sehen kann.

Häufig wird dieser Raum 2 mit seinem Feuer als Sinnbild der Sophistik interpretiert und damit – im Sinne Platons – abgewertet. Eine solche Abwertung ist aus dem Text für mich nicht erkennbar. Ich halte deshalb dafür, das Feuer stattdessen als Sinnbild der Wissenschaft zu interpretieren, als eine Vernunft, deren Leuchtkraft insofern »künstlich« ist, als dass sie uns nicht von Natur aus gegeben ist (sprich: von selbst geschieht), sondern als Kulturleistung erst mühsam erworben und erhalten werden muss (sprich: nicht von selbst geschieht)[19]. Insofern ist das Feuer Teil der Kultur; es bedarf wohl der Natur (in Form von Naturgesetzen), dass es möglich ist, es würde allerdings schnell ausgehen, wenn wir es sich selbst überließen. Deshalb ist das Feuer Sinnbild der Kultur.

Was aber ist das Sinnbild der Außenwelt (Raum 3)? Sie ist offenbar das Gleichnis für das, was Platon als Sein nobilitiert. Dieses wahre, echte Sein des Allgemeinen ist abstrakt – man könnte hier deshalb auch von »Abstraktionswelt« sprechen –, bedarf der letzten Idee des Guten und Wahren, die mit der Sonne symbolisiert wird. Man kann nicht direkt in die Sonne blicken, aber ohne Sonne können wir die wahre Wirklichkeit nicht erkennen. Das Gute kann also auch hier nicht substantiell-inhaltlich bestimmt werden, es ist das »Gutförmige«, also das in seiner Form (nicht in seinem Inhalt) als gut Erkannte. Diese letzte Erkenntnis setzt die Idee des Guten voraus, ohne dass sie selbst direkt (und inhaltlich) erkannt werden kann.

Die Geschichte geht aber weiter. Der Entfesselte wird gegen seinen Willen »gezwungen« sich umzuwenden und sich nach oben zum Höhlenausgang zu begeben. Der Blick in die Helligkeit ist schmerzvoll und es bedarf der langsamen Gewöhnung. Der Erkennende wird voll »Schmerz und Wut« geschildert; offenbar ist diese Umwendung eine emotional erschütternde Kehre in seinem Leben. Viel lieber bliebe er in der unmündigen Unwissenheit. Aber nachdem er den Blick erst umgewendet und die Wahrheit entdeckt hat,

19 Diese Interpretation findet sich auch bei Blumenberg 1989 a. a. O. S. 95 ff.

wandelt sich der Schmerz und die Wut in Glück – und in Mitleid mit den Zurückgebliebenen, die erst jetzt als Gefangene begriffen werden. Platon fragt wieder im Konjunktiv: »Glaubst du nicht, er würde zwar sich wegen des Wandels seines Geschicks glücklich schätzen, aber doch Mitleid mit jenen haben« und Glaukon gibt die Antwort »Und zwar sehr!«. Es gibt also zwei Arten von Glück: das Glück des Unwissenden, der in seinen Vorurteilen sich häuslich eingerichtet hat und mit »Brot und Spielen« zufrieden ist, und das Glück des Wissenden, der das wahre Sein erkannt hat. Platon lässt keinen Zweifel daran, welche Art von Glück das eigentliche und erstrebenswerte ist: das Glück der wahren Erkenntnis der den bloßen Meinungen zugrunde liegenden Ideen des Guten, Gerechten und Wahren.

Das ist der Grund, warum der Entfesselte, nachdem er die Welt im Licht des Sonnenlichts gesehen hat, umkehrt und zurückgeht zu seinen Kumpanen, die sich immer noch gefesselt an ihrer Höhlenwand befinden. Er trifft sie an bei ihrer Lieblingsbeschäftigung, dem subtilen Wettbewerb um das bessere bzw. genauere Unterscheiden der Schattenbilder an der Wand. Hierbei haben es manche zur Meisterschaft gebracht und großes Ansehen erworben. Selbst vom Licht des Feuers und der Sonne noch geblendet, kann er dabei nicht mithalten und wird schon deshalb verachtet. Als dieser dann noch von seiner Erkenntnis der wahren Welt berichtet und gar noch versucht, sie zu befreien und umzuwenden, erntet er Aggressionen. Sie gehen so weit – und hier ist die Anspielung auf den Tod des Sokrates mit Händen zu greifen –, dass sie bedrohlich handgreiflich werden und ihn gar zu töten versuchen: »Und wenn er sie dann lösen und hinaufführen wollte, würden sie ihn töten, wenn sie ihn in die Hände bekommen …!« (517a). Der aufklärerische Pädagoge, so die Botschaft, kann Dankbarkeit nicht erwarten, sondern muss mit aggressivem Widerstand rechnen, reißt er doch aus der behaglichen Scheinsicherheit des alltäglichen Lebens heraus: »Nichts ist schwieriger als das Angebot der Freiheit akzeptabel zu machen.«[20]

Das Höhlengleichnis lässt uns etwas ratlos zurück, denn es hat einen letalen Ausgang, der nur durch die sprachliche Form des im Konjunktiv daherkommenden Dialogs etwas gemildert wird. Allerdings deutet sich eine Interpretation an, die durchaus positiver Art ist. Um dieser Interpretation auf die Spur zu kommen, ist es nützlich, sich zunächst noch einmal an den Kontext zu erinnern, in dem das

20 Blumenberg 1989 a.a.O., S. 87.

Höhlengleichnis steht; es ist Teil eines großen Werkes, das in seiner Form überwiegend in Form von Dialogen überliefert ist. Auch die Politeia, in der das Höhlengleichnis steht, ist ein Dialog. Allerdings wird die Dialogform an der entscheidenden Stelle, nämlich dort, wo es um die Bestimmung der zentralen Frage nach dem Wesen der Gerechtigkeit (des Guten) geht, verlassen und in ein Gleichnis überführt. Ausdruck einer »dialogischen Verlegenheit« oder gar eines »Versagens des Dialogs«, wie Hans Blumenberg meint[21]? Ich will es lieber als Ausdruck einer Paradoxierungstechnik interpretieren, die durch den Wechsel in der Form einen Wechsel im Inhalt andeutet. Offenbar kann man den Inhalt (des Guten und Gerechten) nur entdecken, wenn man die Blickrichtung ändert und in die entgegengesetzte Richtung denkt[22]. Traditionell erhoffen wir eine inhaltliche Bestimmung des Guten von einer Aussage im Indikativ – etwa in der Form: Das Gute ist …, kurzum, etwas, was wir »schwarz auf weiß« geschrieben »getrost mit nach Hause nehmen können«. Eine solche Bestimmung des Guten kann es nach Sokrates/Platon gerade nicht geben. Schon ein Bemühen, das in diese Richtung geht, landet in einer Sackgasse bzw. führt zu keinem zufrieden stellenden Ergebnis. Auffällig ist, dass auch einige Dialoge (z.B. »Laches«, »Theaitetos«) aporetisch und ohne Ergebnis enden. Das ist deshalb bemerkenswert, weil ja – nach einem bösen Bonmot – Gott alles, der Pädagoge jedoch alles besser weiß. Hier stellt sich jedoch ein kluger Pädagoge (Sokrates) auf den Marktplatz, diskutiert subtil die verschiedenen Argumente durch, wägt dialogisch Pro und Contra ab und weiß am Ende (scheinbar?) selbst nicht mehr weiter. Man kann dies als einen weiteren Indikator dafür nehmen, dass es Sokrates offenbar weniger auf das Ergebnis, als vielmehr auf den Prozess des (Nach-)Denkens selbst ankommt.

Diese paradoxe Grundstruktur findet sich auch im Höhlengleichnis, denn es ist in mehrfacher Hinsicht zirkulär konstruiert. Zum einen beschreibt es metaphorisch unsere alltägliche Verwobenheit mit einem Bild, das künstlicher gar nicht sein kann, nämlich den an

21 Blumenberg 1989 a.a.O., S. 87, 88.

22 Unter Umständen kann ein »Wegsehen« einem (genaueren) »Hinsehen« der Erkenntnis förderlicher sein, weil man nur dadurch das Allgemeine (hinter bzw. neben) dem vielen Besonderen entdecken kann (vgl. Blumenberg 1989 a.a.O. S. 172 f.). Eine, wie ich meine, wichtige pädagogische Erkenntnis!

Schenkeln und Hals gefesselten Gefangenen vor einer Höhlenwand; dessen Erlösung durch die wahre Erkenntnis des Seins aber wartet vor der Höhle, also in einer Welt, in der wir gerade alltäglich – und damit entfremdet – zu Hause sind. Das Sein im Gleichnis wird also im Seienden unseres Lebens lokalisiert (und man kann natürlich fragen: wo sonst?). Das Allgemeine kann immer nur paradox als ein Besonderes im Gleichnis dargestellt und sofort wieder (durch die Paradoxie) verhüllt werden, denn in die Sonne kann man direkt nicht blicken. Mit anderen Worten: Die Außenwelt als Symbol für das Sein spiegelt die Innenwelt der Höhle qua Seiendes und vice versa. In der Höhle bewegen sich die Schatten durch ein Licht, das von draußen kommt. Draußen aber ist die Welt im Sonnenlicht in unserer alltäglichen Welt gerade der doxa verfallen.

Wie man es auch drehen und wenden will: Die eine Seite verweist auf die andere; es scheint eine heimliche (oder unheimliche) zirkuläre Bewegung zwischen den drei Orten zu geben. Der Weg des Entfesselten geht deshalb auch von der inneren Höhlenwand über einen steinigen Weg nach oben zum Höhlenausgang – und von dort wieder zurück: Bildung im Sinne des Höhlengleichnisses, so können wir jetzt schon vermuten, ist offenbar kein Produkt, sondern ein Prozess – eine Bewegung der Umwendung, die kein natürliches Ende in einem telos mehr findet.

Diese Interpretation wird auch durch die zirkuläre Geschlossenheit der in ihrer »Unbildung« verharrenden Gefangenen gestützt. Die Gefesselten können, weil sie nichts anderes kennen, auch nicht wissen, dass sie sich in einer Höhle befinden. Ja sie können nicht einmal wissen, was eine Höhle ist und deshalb wissen sie auch nichts von einem Höhlenausgang. Ihre Befreiung ist überhaupt nicht denkbar, und deshalb werden sie auch als ganz zufriedene Menschen geschildert, die sich in ihrer Unbildung häuslich eingerichtet haben. Der Zirkel der Unwissenheit muss deshalb nicht zufällig von außen und mit Gewalt durchbrochen werden. Woher aber kommt dann derjenige, der den Ersten entfesselt und mit Gewalt aus der Höhle hinausschleppt? Das wird im Höhlengleichnis nicht gesagt, zumindest kann man es auf den ersten Blick nicht sehen. Auf den zweiten Blick aber wird ersichtlich, woher er kommt. Der Entfesselte vor der Höhle, der die Wahrheit erkennt, entdeckt seine Verantwortung gegenüber den im Scheinhaften lebenden Zurückgebliebenen – und kehrt zu ihnen zurück, um sie aufzuklären über das eigentliche, wahre Leben. Das ist die eigentliche pädagogische Wendung zu anderen Menschen, und sie ist Voraussetzung dafür, dass der Zirkel von Unwissenheit und Selbstzufriedenheit durchbrochen wird. Die »neue Verfassung«, in der der Erkennende nun ist, bringt ihn dazu, wieder in die Höhle (der Unwissenheit) hinabzusteigen, um seine verlassenen Kumpane aufzuklären.

Allerdings bleibt damit die Frage immer noch unbeantwortet, wie und von wem dieser zuerst Befreite »umgewendet« wurde. Das Gleichnis lässt diese Frage nach dem Anfang von Bildung – übrigens ebenso, wie das Ende – offen und schildert stattdessen den Vollzug, den Prozess. Diese Interpretation wird noch durch einen anderen Aspekt gestützt und verstärkt: Das Höhlengleichnis schildert uns zwei gefährliche Situationen, wobei wir bisher nur die eine kennengelernt haben. Gefährlich wird es, wie wir schon gesehen haben, wenn der Paideut die Gefangenen zur Umkehrung, zur Umwendung, bewegen will. Gefährlich wird es aber auch schon vorher, nämlich dann, wenn man sich umgedreht hat und ins Licht zu blicken versucht – zunächst einmal ins Feuer: »würden ihm nicht die Augen wehtun, so daß er sich abwendete und flüchten wollte zu jenen Schatten, deren Anblick er aushalten konnte?«. Noch schlimmer ergeht es ihm, wenn er schließlich am Höhlenausgang angelangt ist und im grellen Sonnenlicht die »reinen Ideen« selbst anzublicken in der Lage ist: »Müßte der derart Verschleppte nicht voll Schmerz und Wut sein?«. Möglicherweise kehrt der Verschleppte *deshalb* um, weil er es im Sonnenlicht nicht aushalten kann.

Die Schau der reinen Idee ist, auch das sagt uns das Gleichnis, sehr gefährlich, und noch gefährlicher ist es, wenn man meint, im Besitze der absoluten Wahrheit zu sein und sich dort häuslich einzurichten versucht. Von zwei Seiten droht also Gefahr: in der Tiefe der Höhle hört man das Murmeln der Gefesselten; dort ist Schein und Sein – das Seiende mit dem Sein – identisch, das Normale, das Wahre und jede Aufklärung weckt Aggressionen; am Höhlenausgang aber droht die alles versengende einzige Sonne (der absoluten, reinen Idee), die differenzlose Einheit, in die man nur unter großer Gefahr blicken kann. Das eine Mal ist das Wissen das Gewöhnliche (die Meinungen der »doxa«), das andere Mal das Außergewöhnliche (die reine Idee der »episteme«). Beide aber sind gleichermaßen, aus ihrer Sicht, Wissende! Dazwischen aber wandert Sokrates, der Nichtwissende, hin und her, denn was bleibt übrig? Der Weg, die Bewegung dazwischen. Die Umkehr, die Umwendung als Prozess. Dabei kommt der Wanderer am Feuer (der menschlichen Vernunft, der

Künste und Wissenschaft) vorbei – in mittlerer Lage zwischen bloßem Scheinwissen und absolutem Wissen[23] –, und legt Holz nach, oder er setzt sich dazu, um sich zu wärmen und mit anderen darüber zu beraten, was gut und vernünftig ist. Der Weg der Erkenntnis und der Bildung führt, recht verstanden, zu keinem Höhlenausgang mehr. Er ist die Bewegung der geistigen Umwendung selbst, und er hat seine Mitte am Feuer. Hier – in Raum 2 – findet die Verschränkung von doxa (Raum 1) und episteme (Raum 3) statt. Die Höhlenmetapher, mit ihrem Feuer in der Mitte, symbolisiert den geschützten Ort, an dem sich Bildung vorzugsweise ereignet (im oikos des bewohnten Hauses, in der Schule, in der Akademie), nämlich im Halbdunkel der »geographischen Isolation«. Pädagogik verdankt sich vorzugsweise einem Mangel: »dem durch Dunkel und Sichtarmut verhängten Ausschluß unmittelbarer Erfahrung«[24].

Die edukativ induzierte Bewegung in diesem Halbdunkel – und daran wird kein Zweifel gelassen – hat mit einer Reihe von Schwierigkeiten zu kämpfen. Es sind die Schwierigkeiten jeder pädagogischen Aufklärung, und sie lassen sich an diesem Gleichnis veranschaulichen. Betrachten wir deshalb noch einmal den Weg von Raum 1 über Raum 2 zu Raum 3 und fragen, warum er so schwer ist. Warum ist er so steinig, so steil und so schwierig? Um diese Frage zu beantworten, schlage ich vor, die Entwicklung von Raum 1 über Raum 2 zu Raum 3 ontogenetisch und phylogenetisch zu interpretieren: Sowohl in der Individualentwicklung als auch in der menschlichen Stammesgeschichte beginnt alles in der konkreten und sinnlich wahrnehmbaren Welt, in der man handelt – also in der »Handlungswelt«. Erst dann entwickelt sich die Welt der Gedanken, in der wir uns zunächst analog zum Raum 1 die Dinge bildlich vorstellen. Also können wir hier von der »Vorstellungswelt« sprechen. Diese Deutung wird im Höhlengleichnis dadurch nahegelegt, dass

23 Die »mittlere Lage« ist schon bei Platon – und später dann bei seinem Schüler Aristoteles in seiner Theorie der Mitte – der deutlich hervorgehobene, ideale Aufenthaltsort für den Pädagogen. Im Höhlengleichnis ist es Raum 2, der diese Mitte zwischen Raum 1 und Raum 3 darstellt, der Ort, an dem die »Künste und die Wissenschaft« gepflegt werden. Allerdings kommt die Bewegung zwischen Raum 1 und Raum 3 hinzu, denn ohne diese Bewegung könnte man gar nicht feststellen, wo die Mitte ist. Bildung hat also ein Zentrum und ist eine Bewegung, ein Prozess.

24 Blumenberg 1989 a.a.O. S. 148.

hier im Raum 2 die »Gestelle« vor einem Feuer herumgetragen werden und durch dessen Licht als »Vor-Stellungen« die realen Dinge künstlich abbilden. Auch wenn wir bei der Interpretation des »Feuers« als Wissenschaft bleiben, ist dies eine Welt der vorletzten Dinge (also der Bilder, Metaphern, Modelle, Hypthesen usw.), die auf eine dahinterliegende allgemeine Wahrheit verweisen. Sie zu erkennen fällt uns besonders schwer und verlangt langjährige Übung (erst mit 40 Jahren erreicht nach Platon der Wächter sein Ausbildungsziel des Philosophen!). Schließlich entwickelt sich (phylo- und ontogenetisch) erst sehr spät die Fähigkeit, abstrakt zu denken, also beim Denken auf bildliche Vorstellungen ganz zu verzichten und (dieses Beispiel gibt Platon selbst) z.B. mit mathematischen Räumen zu denken. Das kann man, so mein Vorschlag, als »Abstraktionswelt« bezeichnen.

Dass nun die Bewegung der Bildung von der Handlungswelt über die Vorstellungswelt zur Abstraktionswelt schwer fällt und gleichermaßen notwendig ist, zeigt uns das Höhlengleichnis sehr anschaulich. Sie ist schwer, weil sie uns zwingt, den Raum temporär zu verlassen, an den wir evolutionär am längsten angepasst sind und der uns deshalb am vertrautesten ist – den Handlungsraum. Der nun folgende Schritt in den Vorstellungsraum wird erleichtert durch seinen analogen und/oder bildlichen Charakter (»Gestelle«, »Gebilde«). Auf diese Hilfe müssen wir verzichten, wenn wir schließlich zum Abstraktionsraum vorstoßen, denn hier geht es um ein Operieren in einem abstrakten Raum. Unser Vorstellungsvermögen versagt hier, weil man so, wie man nicht in die Sonne schauen kann, auch nicht z.B. den abstrakten Zahlenraum der Mathematik oder die abstrakten Begriffe der Logik direkt und bildlich anschauen kann. Trotzdem ist es notwendig, dass Bildung diesen Weg vom Konkreten zum Abstrakten geht, von der Praxis zur Theorie, denn nach Plato sind die entscheidenden Wahrheiten abstrakt.

Das Höhlengleichnis hat eine pessimistische Pointe und will doch sagen: Bildung ist nicht unmöglich! Wie aber ist sie möglich? Wie ist diese geistige Umwendung (im Sinne der antiken Philosophen) möglich? Diese Frage ist ein der pädagogischen Ideengeschichte wie ein Orgelton dauerhaft unterlegtes Grundmotiv, das uns noch vielfach begegnen wird. Wie lautet die Antwort der antiken Philosophen? Schon die Sophisten haben sich an dieser Frage die Zähne ausgebissen und mussten sich (wie etwa im Dialog »Protagoras«) immer wieder die Frage (der Philosophen) gefallen lassen: Ist

»Tauglichkeit« überhaupt lehrbar? Die Frage spitzt sich noch zu, wenn wir unter Tauglichkeit nicht nur ein bloßes Faktenwissen verstehen, sondern einen guten Charakter bzw. die Tugendhaftigkeit selbst. Die Tugend, so lautet eine interessante Antwort, kann – so die Übersetzung – »angebildet« werden – also nicht »ausgebildet« und nicht »gebildet«, sondern »angebildet«, also gewissermaßen *angeregt* werden. Im Grunde bedarf es dazu nur der – uns schon aus dem Alten Ägypten vertrauten – Bedingungen: der *Natur* (also Begabung) und der *Übung*. Weil es gerade um die Ablösung der ausschließlich auf Natur begründeten Privilegien des attischen Adels geht, nimmt es nicht Wunder, dass die Sophisten i.a. dabei der Übung mehr als der Natur zutrauten (also pädagogische Optimisten) waren.

Kommen die Philosophen darüber hinaus? Eine andere Antwort auf die Frage, wie Bildung im Sinne des Sokrates trotzdem als möglich gedacht werden kann, findet sich im Dialog »Protagoras«. Platon diskutiert dort die schwierige Frage nach der Lehrbarkeit von Tugend (bzw. der moralischen Gesinnung). Die Antwort, die sich herausschält, lautet kurz gesagt: Es ist relativ einfach, bloßes Faktenwissen zu vermitteln, aber sehr schwer, wenn nicht gar unmöglich, Tugend – im Sinne einer stabilen guten Gesinnung – (durch eine Art Werterziehung) erfolgreich zu lehren. Während Sokrates hierbei eher den pädagogischen Pessimisten abgibt, deutet sein Dialogpartner Protagoras eine optimistische Variante an. Den Erfolg hat wohl kein Pädagoge in der Hand, aber wenn er »göttliche Hilfe« bekommt, kann es klappen. Im Mythos von »Prometheus und Epimetheus« ist es Zeus, der Mitleid mit dem Menschengeschlecht hat und deshalb Hermes beauftragt, den Menschen die *Scham* und das *Recht* zu überbringen. Damit eine Gesinnungserziehung glückt, bedarf es also etwas, was dem Pädagogen unverfügbar ist – und das ist es, was das Prädikat »göttlich« wohl zum Ausdruck bringen soll –, und dieses Etwas hat eine innere und eine äußere Seite: Die Scham (das Gewissen) ist gewissermaßen der innere und das Recht der äußere Boden, den es zu pflegen und zu kultivieren bedarf, damit das zarte Pflänzchen der guten Gesinnung unter der Obhut des Pädagogen wachsen kann (allerdings ohne Garantie auf eine immer glückliche Ernte). Die »Scham« beschreibt die subjektiven, das »Recht« die objektiven Bedingungen, die das Glücken eines Bildungsprozesses als Umwendung zur »Tugend« wahrscheinlich machen kann.

3.2.3 Aristoteles

Von Aristoteles (384–322) sind nur Fragmente erhalten – man schätzt etwa ein Fünftel seiner Schriften. Trotzdem ist sein Einfluss (auf die abendländische Geistesgeschichte) groß und wohl nur mit Platon, seinem Lehrer, vergleichbar. Dass er ein Schüler Platons war, macht verständlich, dass der Übergang nicht abrupt, sondern fließend ist und es viele gemeinsame Positionen insbesondere des späten Platons mit denen des Aristoteles gibt. So schwächt etwa Platon in seinem Spätwerk »Nomos« (Gesetze) die Rigidität seiner (archischen) pädagogischen Utopie ab und betont stattdessen den pädagogischen Wert der Gewohnheit (der Sitten und der Gesetze). Dieser schimmert wohl schon im Höhlengleichnis durch, wird allerdings dort vor allem als Bildungshindernis gesehen (nämlich dort, wo sie in ihrer Starrheit die Bildung als Umwendung behindern). Aristoteles dagegen sieht die Gewohnheit realistischer, nicht nur als Voraussetzung, sondern auch als Chance für Bildung.

Trotz vieler Gemeinsamkeiten, hier interessieren vor allem die Unterschiede, die neuen Akzente, die Aristoteles setzt. Vorweg: Der neue Akzent besteht vor allem darin, dass Aristoteles im Gegensatz zu Platon in der Unterscheidung von Sein und Seiendem das Seiende gegenüber dem Sein aufwertet und damit die sinnlich wahrnehmbare Welt wieder in den Blick nimmt. Damit wird auch die Erziehung wie sie *ist* und nicht nur wie sie sein *sollte* deutlicher wahrgenommen und in seine breiten philosophischen Überlegungen einbezogen. Darüber hinaus gelang Aristoteles eine theoretische Grundlegung der Wissenschaft in einem System distinkter Begriffe, die bis in die Gegenwart hinein wirksam bleiben sollte. Dass dies auch für die Pädagogik gilt, werden wir vor allem an deren handlungstheoretischem Selbstverständnis (und ihrer teleologischen Logik) herausarbeiten. Nun aber im Einzelnen und der Reihe nach.

1. Die Aufwertung des Seienden geht einher mit einer neuen und präziseren Bestimmung der Unterscheidung von Sein und Seiendem. Während bei Platon die Allgemeinbegriffe Ideen bezeichnen, die immer schon in der menschlichen Vernunft verborgen liegen und nur durch Wiedererinnerung in Form einer theoretischen Schau erkannt werden und in Form einer *Deduktion* auf den besonderen Fall des Seienden bezogen werden können, betont Aristoteles, dass es keine Erkenntnis geben kann, die nicht zunächst der sinnlichen Wahrnehmung entstamme. Platon vertritt erkenntnistheoretisch

einen (geistigen) Idealismus, Aristoteles dagegen einen (empirischen) Realismus. Er nimmt also erkenntnistheoretisch eine Position ein, die später als Empirismus bezeichnet werden sollte. Man könnte deshalb – wenngleich aus didaktischen Gründen etwas holzschnittartig vereinfacht – sagen, dass Platon der Stammvater der Geisteswissenschaften, Aristoteles der Stammvater der Naturwissenschaften ist.

Durch diese damit vorgenommene Aufwertung des Seienden wird das Sein nicht geleugnet; es wird ihm allerdings eine andere Bedeutung gegeben. Das Sein entsteht nach Aristoteles durch zunehmende (gedankliche) Abstraktion von zunächst sinnlich gegebenen Eindrücken, also durch *Induktion*. Das Nachdenken und Finden des Allgemeinen – das auch bei Aristoteles – ausschließlich das Ziel der Wissenschaft sein kann, bekommt damit eine neue Verankerung und eine neue Richtung. Es wird verankert in der wahrnehmbaren »seienden« Realität (also in dem, was im Höhlengleichnis als Scheinwissen verdächtigt wird) und es sucht das Gemeinsame, das »Allgemeine« durch ein zunehmendes Weglassen von Unterschieden im Denken.

Der induktive Ansatz des Aristoteles hat zur Folge, dass das Seiende seine Würde zurückerhält und der Blick des Philosophen auf das beobachtbare äußere Phänomen gelenkt wird. Dieser nüchterne Blick auf das Besondere bringt einen realistischen Akzent in seine Ausführungen. Das gilt nicht zuletzt auch dort, wo es um Erziehung bzw. Pädagogik geht. Schon Aristoteles kommt nicht umhin, bei der Beobachtung der pädagogischen Kommunikation seiner Zeit ganz nüchtern eine gewisse Unklarheit und Unsicherheit über die Frage, was denn nun die richtige Erziehung sei, festzustellen. In den beiden letzten Büchern seiner »Politik« geht er von dieser einfachen und bis heute wohl zutreffenden Feststellung aus und kommt zu dem Ergebnis: Es gibt viele »Ansichten hinsichtlich der Frage, was man den jungen Menschen beibringen soll im Hinblick auf die Tugend und auf das vollkommene Leben«[25].

2. Was Aristoteles im Anschluss an diese einfache Feststellung leistet, ist vor allem die Präzisierung einer Reihe wichtiger begrifflicher Unterscheidungen. Möglicherweise steht dabei die Einsicht dahinter, dass die beobachtete Uneinigkeit und Unklarheit über das Wesen der Erziehung (ihrer Ziele und Methoden) nicht dadurch

25 Zit. nach Ballauff 1969, S. 116.

behoben werden kann, dass man sich nur lautstark in diesen Streit einmischt und Partei ergreift, sondern zunächst die sprachlichen Voraussetzungen dadurch klärt, dass man die dabei gebrauchten Begriffe untersucht und definiert. Die erste wichtige Unterscheidung betrifft die Einteilung der »Tauglichkeit« als allgemeines Ziel jeder Erziehung in eine *Tauglichkeit des Intellekts* und eine *Tauglichkeit des Charakters*. Die erste Form von Tauglichkeit wird als »*dianoetische*«, die zweite als »*ethische*« bezeichnet. Man könnte hier vielleicht, in unserer heutigen Sprache, von *kognitiver Bildung* und von *moralischer Bildung* sprechen. Es ist auch Aristoteles klar, dass eine dianoetische Erziehung relativ leicht, eine ethische Erziehung aber sehr schwer, wenn nicht gar unmöglich ist. Das gilt zumindest dann, wenn wir damit die intentionale Erziehung meinen. Wenn ethische Erziehung glückt – auch das dürfte das Ergebnis einer nüchternen Beobachtung sein –, dann ist das meistens die Folge einer Gewöhnung von Kindheit an (nicht aber einer absichtlichen Erziehung oder durch natürliche Entwicklung).

3. Eine weitere wichtige Unterscheidung trifft Aristoteles zwischen dem *Wissenden* und dem *Gebildeten*. Sie baut auf der Unterscheidung von dianoetischen und ethischen Kompetenzen auf, ist aber mit ihr nicht deckungsgleich. Der Wissende besitzt viel »Wissen über den Gegenstand«, und das schließt auch das Wissen über seine Ursachen ein. Aber was ist der Gebildete? Durch welche Haltung ist er gekennzeichnet? Die Antwort lautet (in Kurzfassung): »Es gehört … zum Wesen des angemessen Gebildeten, dass er treffend zu unterscheiden vermag …«. Es ist also das Unterscheidungs- und Differenzierungsvermögen, das den Gebildeten vom bloß Wissenden unterscheidet. Dieses Vermögen bezieht sich letzten Endes (das zeigt der Zusammenhang des Zitates) auf die Unterscheidung von gut und böse – er ist also ein »tauglicher Beurteiler«. Das Unterscheidungs- und Urteilsvermögen schließt das Bewertungsvermögen ein. Der Gebildete ist also der Mensch, der fähig ist, das, was man wissen kann, in einen größeren Zusammenhang zu stellen und daraufhin zu beurteilen, ob es richtig oder falsch, gut oder böse, vorziehungswürdig oder vermeidensbedürftig ist. Damit wird klar, dass Wissen einerseits nicht der Gegensatz von Bildung, sondern dessen Voraussetzung ist, andererseits aber Bildung ein über das Wissen deutlich hinausgehendes »Vermögen« bezeichnet.

4. Woher aber kann dieses Vermögen kommen? Oder in den Worten von Aristoteles gefragt: Wie wird man zu einem »wertvollen

Menschen« »geformt«? Kann die geforderte »Umformung« durch »Argumentation« (im Rahmen einer absichtlichen Erziehung) geleistet werden? Es ist bezeichnend für den pragmatisch denkenden Aristoteles, dass er vor übertriebenen (pädagogischen) Hoffnungen warnt: »Es ist ja nicht möglich, jedenfalls nicht leicht, das, was so lange mit dem Wesenskern verhaftet war, durch das Wort zu wandeln. Wir müssen uns wohl bescheiden …«[26] – und zunächst die zur Verfügung stehenden Möglichkeiten einer Erziehung vor Augen halten. Es sind drei »Ansichten« darüber, was hier bei (der Erziehung) eine Rolle spielt, nämlich die »*Naturanlage*«, die »*Gewöhnung*« und die »*Belehrung*« (vgl. NikEth 1179b).

Was die Naturanlage betrifft, ist diese »göttlich« bzw. »zufällig« – soll heißen: … ist eine vorgefundene Voraussetzung, die Erziehung überhaupt erst ermöglicht und über die wir (Pädagogen) nicht verfügen können, sie »fällt« uns gewissermaßen von außen »zu«. Also bleiben noch die Gewöhnung und die Belehrung als jene Erziehungsfaktoren, die der »menschlichen« Verfügungsmacht anheimgestellt sind. Welche dieser beiden Faktoren ist wichtiger (i.S.v. einflussreicher)? Wieder ist es bezeichnend, dass Aristoteles den Blick für die Realitäten nicht verliert und antwortet: Was die »geistige Tauglichkeit« betrifft, geschieht deren Bildung »überwiegend durch Belehrung« – (und Übung); was aber (die viel wichtigere) »gesinnungsmäßige Tauglichkeit« betrifft, kann diese wohl nur durch Gewohnheit entstehen. Das belehrende Wort dagegen hat hier wohl kaum den entscheidenden Einfluss – es sei denn, die »vorherige Gewöhnung (hat) dazu bereitgemacht …, sich in Zuneigung und Haß vom Edlen leiten zu lassen, bearbeitet wie ein Stück Land, das den Samen nähren soll« (1179b 28 f.). Also kommt alles darauf an, schon in der Kindheit und Jugend die richtigen Grenzen zu ziehen. Damit rücken – im Unterschied zu den Sophisten, aber auch zu Platon – Kindheit und Jugend in den Vordergrund des pädagogischen Interesses.

5. Es ist möglicherweise der Einfluss Platons, der Aristoteles dazu führt, nun nicht (wie zu erwarten) die Familie als Erziehungsfaktor aufzuwerten (sie wird gleichwohl als »ursprünglich« bewertet), sondern den Staat. Es ist nämlich der Staat, der die Gesetze macht, die

---

26 Aristoteles: Nikomachische Ethik. Stuttgart 1969, 1159 b 6 f. Ich zitiere im Folgenden im Text nach der üblichen Zitierweise (der Berliner Akademie-Ausgabe von 1831).

jene Grenzen setzen, innerhalb derer die Familien ihre Kinder (qua Gewöhnung) erziehen: »Daher muß schon die früheste Erziehung und müssen die Beschäftigungen festgelegt werden durch das Gesetz; denn wenn sie einem ganz vertraut werden, empfindet man sie nicht mehr als drückend« (1179b 35).

Aristoteles plädiert damit für eine Bildung unter staatlicher Aufsicht. Der Staat hat qua Gesetzgebung mehr Macht als ein Familienvater, Strukturen zu bestimmen, die Kinder und Jugendliche zwingen, die richtigen Gewohnheiten anzunehmen, und er tut dies durch Gesetze. Die staatliche Gesetzgebung wird also unter pädagogischer Perspektive gesehen – ein heute etwas ungewöhnlicher Gedanke: »die Gesetzgeber suchen die Bürger durch Gewöhnung zu veredeln, und dies ist die Tendenz eines jeden Gesetzgebers« (1103b). Der Staat ist also (ganz analog zu Platon) auch und vor allem eine pädagogische Instanz, auch wenn sein Einfluss nur indirekt ist, weil er den Rahmen bestimmt, innerhalb dessen sich die Erziehung (zur Gewöhnung an das gute sittliche Leben) vollzieht. Aristoteles unterscheidet hier zwischen den »Geboten (und Verboten) des Vaters« und den »Geboten (und Verboten) des Staates« (in Form von Gesetzen) (1162a). Beide gleichermaßen (bzw. analog) bilden für die Erziehung ein (ethisches) »Ordnungsprinzip, das auf sittlicher Einsicht und Vernunft beruht«.

6. Die Erziehung (bzw. Bildung) selbst wird von Aristoteles folgenreich unter dem Begriff der »Handlung« subsumiert (nun nicht des Staates, sondern einzelner Menschen). Damit man von einer Handlung reden kann, müssen fünf Kriterien erfüllt sein: 1. das Wissen (über die in unserer Macht stehenden Möglichkeiten), 2. die Überlegung und Abwägung der Alternativen, 3. die Antizipation des Zieles, das erreicht werden soll, 4. die Entscheidung selbst und 5. schließlich die Ausführung der Handlung (vgl. 1113 und 1113a). Handlung setzt also nicht nur das (bewusste!) Wissen von Alternativen voraus, sondern auch die Macht, eine Entscheidung (eine Selektion) daraus zu treffen und in eigeninduzierte Bewegungen zu überführen. Diese Bestimmung des Handlungsbegriffes ist für die Pädagogik von überragender Bedeutung geworden. Eine Pädagogik, die sich – wie überwiegend auch heute noch – als Handlungswissenschaft versteht, impliziert damit zwei nicht unproblematische Festlegungen, nämlich einmal die (von Aristoteles gar nicht vorgesehene) Abwertung funktionaler Erziehung – durch Gewöhnung bzw. die Blickverengung auf die intentionale

Erziehung – und zweitens die (meist unreflektierte) Übernahme jener Kriterien, an denen Aristoteles den Handlungsbegriff »aufgehängt« hat, nämlich: »Bewusstsein«, »Wissen«, »Macht« und »Zielbezug«.

Alle diese vier Kriterien sind, auch wenn es uns heute so scheinen mag, nicht selbstverständlich und nicht unproblematisch. Weder muss (wie Aristoteles ja selbst immer wieder betont hat) Erziehung immer bewusst ablaufen, noch setzt eine gelingende Bildung per se immer Wissen, ja nicht einmal Macht voraus, und nicht zuletzt lässt sich Bildung durchaus auch ohne Zielbezug erklären. Ich will den letzten Punkt etwas näher beleuchten, weil man an ihm exemplarisch die mit der Übernahme eingehandelten Probleme deutlich machen kann. Der zentrale Begriff, den Aristoteles hierbei für den Zielbezug des Handelns einführt, ist der der »Teleologie«.

7. Teleologisches Denkens ist zielbezogenes Denken (»telos« – das Ziel) und bezieht sich auf das innere Ziel, auf das hin sich ein Lebewesen selbst entwickelt. Alle natürlichen Dinge – so die antike Naturphilosophie – streben ein »telos« an, denn die Natur ist »zweckmäßig« geordnet. Dieses Ziel ist dem Lebewesen schon von Beginn an als Keim mitgegeben und wird erst durch die (optimale) Entwicklung erreicht. Damit wird deutlich, dass Aristoteles seine Handlungstheorie einer Naturteleologie unterordnet und die handelnden Menschen als Lebewesen begreift, die sich nur in einem von anderen Lebewesen unterscheiden, nämlich darin, dass sie *auch* ihre Ziele selbst setzen können.

Das alles erscheint uns heute selbstverständlich, ist es aber nicht. Aristoteles selbst diskutiert flüchtig eine Alternative, nämlich diejenige von Empedokles, der die Zweckmäßigkeit der Natur – lange vor Entstehung der Evolutionstheorie – »evolutionstheoretisch« erklärt: Zufällige Veränderungen werden nach Maßgabe ihrer Nützlichkeit durch Vererbung erhalten. Aristoteles lehnt diese Erklärung ab und mit ihm alle jene, die in den nächsten zweitausend Jahren aristotelisch denken sollten (also auch die Pädagogen!). Stattdessen versteht sich nun der Pädagoge handlungstheoretisch und das heißt immer auch: teleologisch. Der bewusste Akt der Zielsetzung impliziert damit nicht nur eine Abwertung der unbewussten Anteile von Erziehungsprozessen, sondern tendiert auch dazu, die »bösen« Folgen pädagogischer Handlungen auszublenden, sind doch die Ziele per definitonem immer »gut«. Wer bewusst und rational überlegt und entscheidet, wird nämlich immer »das Beste« wählen.

8. Die Sprengkraft der zentralen Frage, wie Erziehung/Bildung möglich ist, wenn das Erziehen als Handlung verstanden werden muss, wird von Aristoteles dadurch entschärft, dass er das erzieherische Handeln nicht als ein herstellendes Handeln versteht, sondern zwischen »poiesis« (herstellendes Machen, Hervorbringen), »praxis« (verständigungsorientiertes Handeln/Reden) und »theoria« (verstehende Schau der allgemeinen Idee) unterscheidet und Erziehung primär als »Praxis« begreift[27]. Erziehung muss bzw. kann also gar nicht Bildung »hervorbringen«, sondern ereignet sich durch Gewohnheit und Belehrung auf der Basis eines gemeinsamen verständigungsorientierten Handelns. Verständigung muss schon vorausgesetzt werden, damit Erziehung gelingen kann. Sie selbst kann aber nur der Edukandus selbst hervorbringen (»autopoiesis«).

9. Die kritische Frage eines Parmenides, wie etwas sein und gleichzeitig nicht sein könne (nämlich das Erziehungsziel im Augenblick der Erziehung), beantwortet Aristoteles mit der Unterscheidung von »actus« und »potentia« (bzw. »energeia«) und »dynamis«): Das angestrebte Erziehungsziel ist noch nicht erreicht im Sinne von actus, aber als Möglichkeit qua potentia schon im Educator schlummernd. Erziehung ist also eine Bewegung (durch Handeln) in der Zeit, die – wenn sie glückt – das verwirklicht, was zunächst nur als bloße Möglichkeit (»qua potentia«) vorhanden ist. Damit erklärt Aristoteles den Anfang von Erziehung und Bildung durch eine Unterscheidung, auf die in der Folge noch häufig – und bis heute – zurückgegriffen werden sollte.

Aristoteles war ein Universalgelehrter, der natürlich nicht nur über Erziehung nachgedacht hat. Eine Vielzahl weiterer Gedanken haben einen nur indirekten Einfluss auf das pädagogische Denken

27 Auf dem Hintergrund der aristotelischen Unterscheidung von »poiesis« (herstellendes Machen), »práxis« (verständigungsorientiertes Handeln) und »théoria« (erkennendes Schauen) hat sich die Pädagogik in einer breiten Traditionsspur in der Regel zur »práxis« geschlagen – mit der Nebenfolge, dass sich Erziehen nicht als »Machen« und nicht als »Erkennen«, sondern als »Reden« versteht – als eine spezifisiche Form der Kommunikation (vgl. NikEth Buch VI, 1140).

ausgeübt, und wir können deshalb auf sie nicht ausführlich eingehen, sondern sie bestenfalls kurz erwähnen: so etwa

- die syllogistische Logik, die allem pädagogischen Argumentieren bis heute zugrunde liegt;
- seine Definitionstheorie, die – zwischen »tertium comperationis« (dem Vergleichsgesichtspunkt) und »differentia specifica« (dem Unterscheidungskriterium) unterscheidend – zumindest gelegentlich auch in erziehungwissenschaftlichen Texten gebräuchlich ist;
- seine »Theorie der Mitte«, die einen Maßstab für Erziehungsziele gibt und gleichzeitig doch der Jugend das Recht zum Auspendeln der Extreme (in Maßen) erlaubt u. a. m.

Aristoteles wurde nach seinem Tod schnell wieder vergessen und erst 300 Jahre später (von Andonika von Rhodos) wiederentdeckt, dann im christlichen Mittelalter jedoch wiederum vollständig vergessen, um dann erst schließlich in der Scholastik (über islamische Philosophen) seinen Siegeszug in das philosophische und pädagogische Denken anzutreten. Wir übergehen diese Rezeptionsgeschichte – und natürlich auch viele wichtige anderen Denker, die eher eine vermittelnde Position (zwischen Platon und den Sophisten) einnehmen, wie z.B. Isokrates. Es ist unübersehbar, dass die Positionen Platons und Aristoteles' miteinander verwandt, aber keineswegs deckungsgleich sind. Es sind wahrscheinlich gerade die herausgearbeiteten Kontraste, die zwischen Platon und Aristoteles bestehen, die einen anregenden Spielraum für die weitere Evolution der (philosophischen und pädagogischen) Ideen ergaben.

3.3 Römische Antike und Stoa

Wir haben bisher die *griechische Antike* mit ihren für die Pädagogik wichtigsten Denkern kennengelernt, nicht aber die *römische Antike*. Sie ist durch die Ausdehnung des Römischen Reiches über den gesamten Mittelmeerraum hinweg (orbis romanis) eine fruchtbare Verbindung mit der griechischen Antike eingegangen und hat diese damit erhalten und verändert. Wir werden uns im Folgenden mit einer Philosophie beschäftigen, die die römische Antike – genauer gesagt: deren geistige Elite – etwa zwischen 300 v. Chr. und

300 n.Chr. prägte und deren Einfluss bis heute nur mit der von Platon und Aristoteles vergleichbar ist: der Stoa[28].

Die stoische Schule, um 300 v.Chr. in Athen gegründet und nach der Säulenhalle (»Stoa poikile«) benannt, die Zenon aus Kittion von der Stadt gemietet hatte, ist eine Brücke zwischen der griechischen und der römischen Antike, zwischen den Vorsokratikern und den Philosophen und zwischen der Antike und dem Christentum. Weil ihre grundlegenden Prinzipien auch von vielen großen Denkern der Neuzeit – wie etwa Kant, von Platen, Goethe – vertreten werden und bis heute einen großen, wenngleich auch mehr latenten Einfluss besitzen, kann man sogar sagen: Sie ist (auch) eine Brücke zwischen dem Altertum und der Neuzeit. Stoiker waren Sklaven (wie Epiktet) und Kaiser (wie Marc Aurel), Arme und Reiche. Diese vermittelnde Leistung erbringt die Stoa nicht – wie man vielleicht zunächst vermuten mag – durch einen dürftigen Eklektizismus, der mal hier mal dort etwas aufgreift und zu einer Art geistigen Flickenteppich zusammenfügt, so dass jeder das Seinige wiederentdecken kann. Vielmehr ist eine eigenständige und überaus originelle Grundmelodie in der Vielzahl der angeschnittenen Themenbereiche unüberhörbar.

Dabei ist es gar nicht einfach zu sagen, was die Stoa eigentlich ist. Eine Philosophie? Eine Weltanschauung? Eine Lebensform? Eine Menschheitsmoral? Eine Grundstimmung? Ein Lebensgefühl? Die Antwort kann nur lauten: alles gleichermaßen. Und deshalb vermochte die Stoa etwas, was nur wenige Philosophien vermochten: auch zwischen Theorie und Praxis zu vermitteln und den Anspruch mit der Wirklichkeit zu versöhnen. Ich vermute, dass die Stoiker u.a. deshalb so erfolgreich waren, weil sie in einer historischen Situation, die durch die unversöhnliche Spannung zwischen hochentwickeltem Denkvermögen einerseits und der unterentwickelten politischen und wirtschaftlichen Lebenssituation andererseits gekennzeichnet war, ein attraktives Angebot machten, das diese

28 Zur Geschichte der Stoa, ihren verschiedenen Phasen und Vertretern, findet sich ein knapper Überblick bei W. Weinkauf: Die Philosophie der Stoa. Ausgewählte Texte. Stuttgart 2001, S. 9–52. Vgl. auch Ballauff 1984 a.a.O., S. 131–171. Ausführlicher bei M. Pohlenz: Die Stoa. Geschichte einer geistigen Bewegung. Göttingen 1992 (7). Als Einführung empfehle ich allerdings einen Primärtext – Marc Aurels »Selbstbetrachtungen« (ich zitiere ihn im Folgenden in der Ausgabe Stuttgart 1957).

tiefe Kluft zu überbrücken erlaubte. Es ist ja aus der weiten Distanz des fernen Beobachters betrachtet auch eine bemerkenswerte Diskrepanz zwischen der hochentwickelten hybriden antiken Philosophie, die – was ihren Tiefsinn und ihre Differenziertheit betrifft – wohl vergeblich ihresgleichen sucht und die Grundlagen der gesamten abendländischen Philosophie und Pädagogik legte, und den oft erbärmlichen Umständen, in denen die meisten Menschen damals leben mussten. Selbst der äußere Reichtum und Luxus der kleinen privilegierten Schicht konnte, wenn es denn die Umstände oder der Kaiser so wollten, von heute auf morgen in der Verbannung, in der Armut oder gar im Tod enden.

Vielleicht bedurfte es da erst des römischen Weltreiches, um diese Kluft zumindest der Intelligenz gewahr werden zu lassen, denn in dem Maße, wie die äußere Macht des militärisch und politisch so erfolgreichen Imperiums wuchs, wurde die Machtlosigkeit des philosophischen erfolglosen Denkens um so deutlicher wahrnehmbar. Schon Platon musste ja seine diesbezüglichen Hoffnungen (auf politischen Einfluss) noch während seines Lebens begraben und seine späten Formulierungen dazu kann man nur als zynisch charakterisieren. Waren es doch nicht die Philosophen, die – wie Platon erhoffte – herrschten, sondern allzuoft blutdürstige Tyrannen und/oder ungebildete Emporkömmlinge.

1. In diese Situation hinein musste eine Offerte attraktiv wirken, die diese Beschränkungen nicht nur als einen Nachteil, sondern im Gegenteil (geradezu) als eine Chance für das sittliche und gebildete Leben bestimmt. Man könnte dieses Angebot so formulieren: »Das Leben ist so wie es ist. Kümmere Dich um das, was du verändern und verbessern kannst, was in deiner Macht steht – es ist wenig genug –, und lass das, was du nicht verändern kannst – es ist das Meiste –, so wie es ist. Dann wirst du ein zufriedenes Leben in heiterer Gelassenheit führen«. Diese Maxime klingt nur auf den ersten Blick schlicht und irgendwie resignativ. Erst auf den zweiten Blick wird ihre dynamische Bedeutung erkennbar, denn nicht Resignation ist angesagt, sondern aktive Lebensbewältigung und das in zweierlei Hinsicht.

Zum einen geht es in der stoischen Ethik des »Sein-Lassens« um den aktiven Verzicht auf eine beliebte, aber trügerische Hoffnung, nämlich auf die Hoffnung, Einfluss nehmen zu können auf äußere Umstände, die nicht in unserer Macht stehen. Das ist schwer, denn wir neigen dazu, uns störende Umstände zu kritisieren und verändern zu wollen (also normativ zu erwarten). Sie einfach »sein zu lassen« und daraus zu lernen (also kognitiv zu erwarten), muss deshalb ausdrücklich gelernt und bewusst herbeigeführt werden. Seinlassen-Können ist deshalb oft schwerer, als in blinden Aktionismus zu verfallen. Zum andern geht es um eine aktive Auseinandersetzung mit demjenigen, was in unserer Macht steht. Und was steht in unserer Macht? Unsere Gedanken, unser Wollen, unsere Gesinnung, unsere Absichten – in den Worten von Epiktet: »Vorstellung, Trieb, Begierde, Abneigung, mit einem Wort: alles, was zu uns gehört, worüber wir also verfügen«[29]. Diese Aktivität richtet sich also nicht mehr (oder nur noch am Rande) auf die Politik der Politeia[30], also auf das »äußere Reich«, sondern auf das »innere Reich« – auf die Pflege der inneren sittlichen Gesinnung und Bildung (denn nur diese steht in unserer Macht)[31].

Folglich geht es den Stoikern vor allem um das eigene »Ich« in seiner situativen Bewährung im Hier und Jetzt. Weil weder Vergangenheit noch Zukunft »in meiner Macht« stehen, erfüllt sich die Gegenwart im gelebten Augenblick des Hier und Jetzt – im »kairos« – und nicht in einer fernen und abstrakten Zukunft[32]. Um diesen »kairos« nicht zu verfehlen, bedarf es der ständigen »Selbstprüfung«, »Selbstbildung«, »Selbstkontrolle« – und »Selbsterziehung«. Es ist ein »innerer Kampf«, den die Stoiker führten, vor allem mit den eigenen Trieben und Gelüsten. Hier deutet sich eine folgenreiche asymmetrische Bewertung an, die wir schon von Platon kennen: die Abwertung des Leibes (und seiner natürlichen Bedürfnisse) und die Aufwertung des Geistes (seines Denkens und seiner Gesinnung). Der Leib – so eine drastische Formulierung,

29 Weinkauf 2001 a.a.O. S. 216.

30 Es gibt Ausnahmen; dazu gehören etwa Cicero (der vermutlich mehr als nur ein Sympathisant ist und den man deshalb zu Recht zu den Stoikern rechnen darf), aber auch Seneca, beides zeitweise einflussreiche Politiker der Kaiserzeit. Marc Aurel war Caesar, also Mitregent, später Kaiser (vgl. Weinkauf 2001 a.a.O., S. 23 ff.).

31 »Epimetheus: Wie vieles ist denn dein?/Prometheus: Der Kreis, den meine Wirksamkeit erfüllt! Nichts drunter und nichts drüber!« (Goethe: Prometheus, 1. Akt, Bd. IV, 1982 a.a.O. S. 178).

32 »Jeder Zustand, ja jeder Augenblick ist von unendlichem Wert, denn er ist der Repräsentant einer ganzen Ewigkeit«, so Goethe zu Eckermann (J. P. Eckermann: Gespräche mit Goethe. Band I. Berlin o.J., S. 63).

die Epiktet zugeschrieben wird – ist nur »kunstvoll gemischter Kot«[33].

Das Ziel der Stoiker war es, ein sittliches Leben im Einklang mit der Natur und ihrem »logos« zu leben und dabei jenen Zustand der inneren Zufriedenheit und heiteren Gelassenheit zu erreichen, den die Stoiker »apátheia« bzw. »ataraxia« (»*Ataraxie*«) nannten. Es ist ein Zustand des inneren Glücks, der sich unabhängig von äußeren Umständen weiß und nur unzureichend mit »*Apathie*« übersetzt werden kann, weil dieser Begriff in unserem heutigen Verständnis nicht mehr die aktiven und kämpferischen Implikationen der Stoiker transportiert. Das Ertragen und Entsagen – »justine et abstine« – sollte, wie schon gesagt, durchaus als eine aktive Form des Lebens interpretiert werden. Das Glück der Stoiker gründete nicht darin, alles zu besitzen, was man haben will, sondern nichts mehr zu wollen, was man besitzen kann. Deshalb konnten sie, streng genommen, von niemand zu etwas gezwungen werden und nichts verlieren, denn was man verlieren kann, hat man nie besessen. Die Stoiker waren sich der Konsequenzen dieser Maxime durchaus bewusst und schreckten vor den konkreten Folgen dieser Lebensmaxime nicht zurück: »Sage nie von einer Sache: ich habe sie verloren, sondern: ich habe sie zurückgegeben. Ein Kind ist dir gestorben: du hast es zurückgegeben…«[34].

Erleichtert wird diese große Haltung durch eine – so würden wir heute sagen – fast konstruktivistische Erkenntnistheorie. Nach stoischer Meinung sind es nämlich nicht die Dinge selbst, sondern nur die Meinungen, die wir von ihnen haben, die uns beunruhigen[35]. Während wir über die Dinge kaum oder gar keine Macht haben, besitzen wir über unsere Meinung Gewalt, und folglich bekommen wir damit eine Möglichkeit des selbstgestaltenden Umgangs mit negativen Erfahrungen. Diese Haltung war damit nicht nur eine

33 Zitiert nach Ballauff 1969 a.a.O., S. 162.

34 Epiktet, zit. nach Ballauff 1969 a.a.O. S. 159. »Verlust ist nichts anderes als Verwandlung«, heißt es bei Marc Aurel in seinen Selbstbetrachtungen (9. Buch, 35) und kann, wie die Erziehung beweist, Gewinn sein.

35 »Nicht die Dinge beunruhigen die Menschen, sondern ihre Meinungen über die Dinge«, sagt Epiktet, und er fährt fort: »So ist zum Beispiel der Tod an und für sich nichts Schreckliches …«, und Seneca pflichtet ihm bei (vgl. Ballauff 1969 a.a.O., S. 160 f.; Weinkauf 2001 a.a.O., S. 217).

Form zu leben, sondern auch zu sterben, konnte doch auch der Tod nicht schrecken. Der Tod ist etwas Natürliches und für alle Menschen unvermeidbar, deshalb ist es sinnlos, ihn zu fürchten. Das Leben ist im Sinne der Stoiker dann gelungen, wenn man zu sterben gelernt hat. Den Tod zu erlernen, wird von Seneca geradezu als »eine großartige Sache« bezeichnet[36].

2. Die Beschränkung auf das, was in unserer Macht steht, hatte zur Folge, dass die Stoiker das Subjekt – das Ich – aufwerteten, denn nur dieses war (in beschränktem Maße) der willentlichen und aktiven Veränderung zugänglich. Die Stoiker mündeten mit dieser Engführung auf das Ich jedoch nicht im Solipsismus – also jener Theorie, die nur das eigene Ich und seine Bewusstseinsinhalte als wirklich gelten lässt. Das hatte mehrere Gründe, deren wichtigste sind wohl folgende:

- Die Stoiker entdeckten, dass jeder Mensch dieses »Ich« besitzt und die Menschen gerade darin gleich sind, dass sie ein unverwechselbares Inneres besitzen. Paradoxerweise implizierte gerade die radikale Beschränkung auf das individuelle Ich die Erkenntnis der Gleichheit aller Menschen und damit die Ausweitung der Beobachtungsperspektive auf die gesamte Menschheit. M.a.W.: Die Stoiker erblickten (gut platonisch) hinter dem Individuellen das Allgemeine – und das heißt: hinter den (einzelnen) Menschen die (ganze) Menschheit. Schließlich muss man davon ausgehen, dass jeder Mensch – sei er nun Sklave oder Kaiser, Mann oder Frau, Kind oder Erwachsener, Reicher oder Armer – ebenso ein Ich besitzt. Die Stoiker haben deshalb nicht nur für eine *Gleichberechtigung* von Männern und Frauen in der Bildung plädiert[37], sondern auch den aufregenden Gedanken eines allgemeinen Weltbürgertums gedacht und die Grundlagen eines frühen *Kosmopolitismus* entwickelt. Überliefert sind die stolzen Worte, die die Stoiker (Epiktet)

36 Denn »Wer sterben gelernt hat, hat verlernt, in sklavischer Abhängigkeit zu leben, er steht über aller Macht, zumindest aber außerhalb« (Weinkauf 2001 a.a.O., S. 307).

37 Vgl. insbesondere Musonius: Über die Erziehung (zit. nach Weinkauf 2001 a.a.O, S. 234–238), wo er zu dem Schluss kommt, »dass in Hinblick auf die Tugend das männliche und weibliche Geschlecht auf gleiche Weise erzogen werden müssen« (hier 237).

Sokrates in den Mund legten, nämlich niemals zu einem, der uns fragt, was für ein Landsmann wir sind, zu sagen: ein Bürger von Athen oder Korinth, sondern »ein Bürger der Welt«! Und Marc Aurel unterscheidet zwischen Familienliebe, Vaterlandsliebe und der allgemeinen Menschheitsliebe (der »caritas generis humani«)[38]. Mit der Unterscheidung der zwei Vaterländer ist eine weitere wichtige Unterscheidung in die Geistesgeschichte Europas eingedrungen, nämlich jene von »Bürger« und »Mensch«. Die Idee der »humanitas«, auf der noch heute die Menschenrechte beruhen, ist überwiegend wohl nicht christlichen, sondern stoischen – also, wenn man so will, »heidnischen« – Ursprungs.

- Ein Weiteres kommt hinzu und verhindert den drohenden Solipsismus, nämlich die Einsicht in die Aufgehobenheit in ein größeres harmonisches Ganzes. Bei den Stoikern ist das die enge Verbindung von physis und logos, also von Natur und ihrem vernünftigen Urgrund, die dem einsamen Ich seine Verlorenheit nimmt und ihm stattdessen eine Richtung für die Bildung seiner selbst gibt. In der Natur, die in einem weiteren Sinne als »Kosmos« verstanden wurde, wird das Maß für das richtige Leben gesehen, insofern in ihr die göttliche Vernunft des »logos« zum Ausdruck kommt[39]. Ziel ist ein Leben, das im Einklang mit der Natur steht. Das *Zurück zur Natur* wird deshalb nicht nur zum Maßstab für das richtige Leben allgemein, sondern auch der richtigen Pädagogik im Besonderen. Es gelang den Stoikern, den Gegensatz von »physis« und »nomos« zusammen zu denken. Auf diesen wichtigen Punkt will ich unten noch genauer eingehen. An dieser Stelle genügt es, an die Einbindung des

38 Der Kaiser, der ständig in aller Welt unterwegs ist, um an den Rändern seines Reiches die Aufstände niederzuschlagen, schreibt: »… es macht nichts aus, ob man dort oder hier lebt, vorausgesetzt, daß man überall lebt wie ein rechter Bürger des Weltstaates« (Aurel 1957 a.a.O. 10 Buch, S. 15). Vor dem »Gottesstaat« des Augustinus sollten die Stoiker den »Weltstaat« entdecken (vgl. M. Landmann: De homine: der Mensch im Spiegel seines Gedankens. Freiburg 1962, S. 101 f.).

39 Das Prädikat »göttlich« bezeichnet hier keine transzendentale Aufhängung des Kosmos – die Vorstellung eines transzendentalen Gottes war den Stoikern unbekannt, sondern ist Ausdruck einer pantheistischen Weltsicht.

Ichs in einen kosmischen Naturbegriff zu erinnern, der ein Normbegriff mit starkem Wertakzent war[40].

Man kann sich gegen seine Natur wohl auflehnen und sie temporär verfehlen, aber nicht auf Dauer, denn sie ist alles, und man kann sie deshalb nur in dem Rahmen strapazieren, der von ihr selbst vorgegeben ist. Letztlich ist auch jede Auflehnung nur in einer von ihr selbst gesetzten Grenze möglich (auch die Müllkippe ist ein Teil von ihr![41]). So wie ein angeleinter Hund sich gegen die Gangrichtung sträuben kann, ohne sie aber verhindern zu können, so kann auch der Mensch sich seiner Physis wohl entgegensträuben – letzten Endes aber vergeblich. Die Natur – bzw. der in ihr herrschende logos – gibt auch dem Menschen die Richtung vor, in der sich sein Leben im Großen und Ganzen entwickelt. Man kann diese Richtung nicht verändern, aber man kann sie aktiv annehmen oder sich sträuben und das Maß dadurch verfehlen. Die Stoiker unterscheiden hier die Erkenntnis des telos (als Erfassung), seine Aneignung (katalepsis) und die aktive Zueignung (oikeiosis) – in den metaphorischen Worten von Zenon: Erfassen – Heranziehen – Festhalten. Diese Dreiteilung erinnert an die Logik der Evolutionstheorie und nimmt sie in gewisser Weise vorweg: Variation (als Erfahrung einer Differenz) – Selektion (als Ergreifung einer Möglichkeit) – Stabilisierung (als deren Festigung und Auf-Dauer-Stellung).

3. Von besonderer Bedeutung geworden ist eine Leistung der Stoiker, die man kaum hoch genug einschätzen kann, und die ich im Vorbeigehen schon kurz erwähnt habe: Es gelang den Stoikern, eine

---

40 Auf eine in der Pädagogik wichtige Unterscheidung will ich wenigstens in einer Fußnote hinweisen: Die äußere Wahrnehmung erscheint als »aistesis« – davon kommt unser Begriff der Ästhetik – und erfordert eine Art »sinnliche Bildung«. Die innere Wahrnehmung ereignet sich in Form von Denken (»lógos«) und erfordert eine »sittliche Bildung«, wenn es sich in seinem ethischen Anspruch entfalten soll. Dieses Vermögen kann aber nur »geweckt« bzw. »hervorgerufen«, nicht aber von außen »hergestellt« werden.

41 Ein Gedanke, den R. Spaemann (in seiner Ethik des »Sein-Lassens«) wieder aufgreift, wenn er schreibt: »Auch die gänzliche Zerstörung dieser Biosphäre auf diesem Planeten durch den Menschen kann ja als naturgeschichtliche Transformation verstanden werden. Eine Müllhalde ist – so gesehen – nicht unnatürlicher als eine Bergquelle« (R. Spaemann: Philosophische Essays. Stuttgart 1983, S. 36).

zum ersten Mal bei den frühen Sophisten nachweisbare Antithese von »physis« und »nomos« – wenngleich auch nicht bruchlos – miteinander zu verbinden und pädagogisch fruchtbar zu machen. Beide Begriffe werden in der frühen Ideengeschichte des 5. Jahrhunderts vor Chr. bis in die Spätphase der Stoa im 3. Jahrhundert n. Chr. nicht immer in identischer Weise verwendet und akzentuiert[42]. Im Großen und Ganzen wird jedoch mit »physis« die angeborene Natur in einem weiteren Sinne (also auf alle Lebewesen bezogen) verstanden, während mit »nomos« das allgemein Geltende von (menschlichen) Sitten, Gebräuchen bis hin zu staatlich gemachten Gesetzen gemeint wird. Mit dieser Unterscheidung hat die pädagogische Ideengeschichte eine zentrale begriffliche Differenz gewonnen, die vielleicht gerade wegen ihrer Gegensätzlichkeit bis heute nachwirkt. Sie ist nicht unproblematisch, denn sie wird zunächst als Antithese (etwa bei Hippokrates) eingeführt, die zwei sich widersprechende Ursachen für Unterschiede meint, ohne zu sagen, wie nun die Einheit dieser Differenz erklärt werden kann.

Zweifellos haben sich zunächst die Sophisten auf die Seite des nomos geschlagen, denn sie waren als pädagogische Optimisten von der Veränderbarkeit und Verbesserbarkeit des Menschen durch Bildung überzeugt. Die physis aber war unveränderlich vorgegeben, nur nomos der Veränderbarkeit zugänglich. Damit wurden sie aber (von den Philosophen) kritisierbar, die (zu Recht) fragten, wo denn der allgemeingültige Maßstab der Vernunft hergeholt werden kann, der es erlaubt, aus der Vielzahl der verschiedenen Sitten und Gebräuche das Angemessene auszuwählen. Die Antwort der Philosophen kennen wir schon. Die der Stoiker war nun eine etwas andere. Sie lautete: Den Maßstab erkennen wir in der physis, also in der unwandelbaren Natur. Damit wurde das Kriterium des Richtigen in der kontingenten Erziehung fest verankert in etwas Nichtkontingentem, Unwandelbarem und Allgemeinem. Allerdings gelang dies nur insofern, als der Natur eine allgemeine, höhere Vernunft zugeschrieben wurde, die es zu erkennen und »nachzusprechen« gilt – in dem was die Griechen »logos« nannten. Logos ist die Vernunft, die sowohl in der physis als auch im nomos zum Ausdruck kommen kann – aber nicht muss. Es geht also darum, sie zu erkennen, sich

42 Vgl. die schon erwähnte philologische Untersuchung von Heinimann 1987 a.a.O

für sie zu entscheiden, sie festzuhalten und in Erziehung zu übersetzen.

Erziehung sollte von nun an in der Spannung von Anlage (physis) und Umwelt (nomos) gedacht werden und immer auf der Suche und Bestimmung des »logos« sein. Die Stoiker glaubten noch, dass die Natur dem Menschen bei seiner Geburt die Seele als eine »tabula rasa« mitgebe, die er im Verlaufe seines Lebens durch Erziehung mit »nomos« beschreiben soll (dabei soll möglichst »logos« die Hand führen). Dass damit Erziehung und Bildung einen zentralen Stellenwert erhalten – wenngleich auch mit einem Akzent auf »Selbsterziehung« – versteht sich fast von selbst. Kein Wunder, dass die Stoiker deshalb auch aufmerksam dem »logos« der menschlichen Natur große Aufmerksamkeit schenkten und wichtige Beiträge zur Entwicklungsbiologie und -psychologie lieferten. U.a. findet sich bei ihnen zum ersten Mal in dieser Deutlichkeit die Anerkennung des Prinzips Eigennutz – sprich: der menschlichen Eigenliebe – als unhintergehbare Voraussetzung jeglicher Erziehung und deren Überwindung durch den reziproken Altruismus[43]. Das gesamte Leben des Menschen rückt als Bildungsprozess in den Blick, und die später u.a. von Goethe immer wieder paraphrasierte Erkenntnis, wonach das »ganze Leben bildet«, lässt sich auf die Stoa zurückführen. Auch die sogenannte Hebdomadenlehre, nach der das menschliche Leben in Sieben-Jahres-Schritte eingeteilt wird (ein Ordnungsprinzip, auf das noch Rudolf Steiner zurückgreifen sollte), findet sich zum ersten Mal bei den Stoikern.

4. In der Vorstellung eines Kosmos, der als Ganzes harmonisch seine Teile aufeinander bezieht, nehmen die Stoiker den *Systembegriff* der Moderne vorweg, und zwar sowohl, was seine funktionalistische Verknüpfung, als auch was seine optimistische Weltsicht betrifft. *Funktionalistisch* kann man das Denken der Stoiker deshalb bezeichnen, weil in ihrem Naturverständnis alles funktional aufeinander bezogen wird. So heißt es etwa schon bei Chrysipp in der »alten Stoa«: »Alles außer der Welt, ist um eines anderen willen geschaffen, die Pflanzen und die Saatfrüchte, die der Boden erzeugt, um der Tiere, die Tiere um des Menschen willen, die Pferde zum Reiten, die Ochsen zum Pfügen, die Hunde zum Jagen und Wachen,

43 »So werde also nicht müde, deinen Nutzen zu vermehren, indem du den Nutzen der anderen förderst«, heißt es lapidar bei Marc Aurel (zit. nach Weinkauf 2001 a.a.O. S. 247).

das Schwein zur Ernährung. Der Mensch selbst aber ist geboren, um die Welt bewundernd zu betrachten und nachzuahmen«[44]. Noch Marc Aurel in der Spätphase der Kaiserzeit teilt diese Meinung: »Alle Dinge sind miteinander verknüpft, und fast nichts ist einander fremd. Alles Geschaffene ist in der Welt harmonisch einander zugeordnet«[45].

Optimistisch ist diese Weltsicht deshalb, weil die Verbindung der Teile zu einem Ganzen – wie das letzte Zitat zeigt – als *Harmonie* gedacht wird. Hier schimmert schon deutlich der (erst viel später von Leibniz formulierte) Gedanke einer Welt durch, die als beste aller möglichen Welten erkannt und nobilitiert wird. In ihr kann es letztlich kein schlechthin Böses geben, denn jedes Schlechte oder Böse hat die Funktion, das Gute zu ermöglichen. Selbst die Raubtiere haben ihren Nutzen darin, dass sie uns Menschen zur Tapferkeit erziehen und »die Wanzen haben ihren Nutzen, indem sie uns nicht zu lange schlafen lassen, und die Mäuse mahnen uns zum Aufpassen, damit wir die Dinge nicht nachlässig aufbewahren«[46]. Wenn Leibniz viele Jahrhunderte später die Theodizeefrage diskutiert, sollte er auf die stoische Logik dieses Argumentes zurückgreifen. Die Ordnung der Welt ist funktional und hierarchisch, Gott die erste Ursache und der Mensch ihr letzter Zweck – ein Gedanke, der lange noch nachklingen wird und noch in der modernen Anthropozentrik seinen Ausdruck findet. Trotz ihrer Verankerung in der »physis« begründet die Stoa den Gedanken der Sonderstellung des Menschen – wenngleich auch (das darf man nicht vergessen) eingebunden in die in ihm herrschende Vernunft des logos.

5. Weil die Natur als Harmonie gedeutet wird, kann sie auch den Maßstab für das richtige Leben abgeben – sofern sie selbst das Ziel in jeder Bewegung enthält. Der normative Begriff der physis, von

44 Zit. nach Ballauff 1969 a.a.O., S. 140. Man beachte die Folgerung. Der Schluss aus den Prämissen geht nicht in Richtung »Herrschaft« (wie später in der christlich-jüdischen Vorstellung des Menschen als Herrscher über die Natur), sondern um »bewundernde Betrachtung und Nachahmung«!

45 Zit. nach Weinkauf 2001 a.a.O. S. 129.

46 Chrysipp zit. nach Ballauff 1969 a.a.O., S. 140. Der heutzutage im ökologischen Land- und Gartenbau geläufige Satz »Die Mäuse und die Wanzen gehören auch zum Ganzen« bringt – so gesehen – eine stoische Weisheit zum Ausdruck.

dem schon die Rede war, wird damit durch einen teleologischen Begriff der Natur (den wir schon von Aristoteles kennen) begründet. Naturdenken ist deshalb bei den Stoikern *teleologisches Denken*. Alles Natürliche lässt sich durch ein selbstorganisiertes Streben nach seinem optimalen Ziel bestimmen, bei dem es erst zur Ruhe kommt. Der Baum, die Pflanze, das Tier und auch der Mensch sind in Bewegung und wachsen keimhaft aus einer Anlage zu deren Entfaltung. Dieses (natur)teleologische Denken überschneidet sich mit den Vorstellungen des Aristoteles. Noch stärker als bei Aristoteles ist die Teleologie aber bei den Stoikern ein Prinzip des gesamten Kosmos, in dem auch das menschliche Leben eingebettet ist.

Erst im »telos« erfüllt sich das Seiende als Sein. Deshalb kann man sagen, dass die Stoiker in dieser Hinsicht eher an Platon anknüpften, wenngleich auch mit einem praktischen Akzent. Denn das Sein ist im Seienden als Bewegung aktiv und gibt ihm nicht nur den Maßstab, sondern auch dem menschlichen Handeln seine Richtung. Es ist also nicht – wie bei Platon – die theoretische Schau des Seins und die aufklärende Rückkehr des Höhlenwanderers, sondern die *praktische Selbstaufklärung und Selbstverwirklichung*. Der Stoiker, der an den Eingang der Höhle gelangt und das Sein schaut, kehrt nicht um, sondern versucht sein Leben neu einzurichten, frei und autonom zu leben und sich auf das Wesentliche zu beziehen, und dieses Wesentliche ist die sittliche Einsicht im richtigen Leben. Unwesentlich ist das Seiende vor der Höhlenwand. Der Stoiker hält wohl viel von der Erziehung und der Bildung – er ist aber, was die sittliche Bildung betrifft, in erster Linie ein Selbsterzieher. Sein Motto könnte lauten: Wer die Welt verändern will, möge bei sich selbst beginnen! (… und er ist ausreichend beschäftigt!).

Die Stoa ist ein großartiger Lebensentwurf, eine Philosophie, die in viele Gebiete der theoretischen Wissenschaft und der praktischen Lebensvollzüge Auswirkungen hatte und (noch) hat. Es fällt schwer, die stoische Lehre nicht mit Bewunderung, ja nicht mit einer gewissen Rührung zur Kenntnis zu nehmen[47]. Mit Ausnahme der christlichen Religion vermochte wohl keine weitere Denkbewegung eine solch große, tiefgreifende und langanhaltende Resonanz im praktischen Leben vieler Menschen zu erzeugen wie die Stoa. Allerdings

47 Man lese etwa die berühmten Selbstbetrachtungen »An sich selbst« (»Ta eis heauton«) des Kaisers Marc Aurel, der 180 n.Chr. im Feldlager vor Wien an der Pest starb.

ist sie – und das im Gegensatz zum Christentum – wohl überwiegend die Lebensform einer geistigen Elite geblieben. Der Anspruch der Stoiker, über den Dingen zu stehen, nur das als bildend zu akzeptieren, was groß und extrem ist und Leid, Alter und Tod nicht zu fürchten – das und vieles andere mehr ist wohl nichts für die breite Masse. Die große Gesinnung eines reich entwickelten und gebildeten Ichs wird von großen Geistern – den »Lieblingen der Götter« – erwartet und diese verachten ein Leben im Mittelmaß (deren überlebensdienliche Funktion Aristoteles gerade betont hatte).

Der große Stoiker Goethe sollte diese Erkenntnis einmal so formulieren[48]:

»Alles geben die Götter, die unendlichen,
Ihren Lieblingen ganz:
Alle Freuden, die unendlichen,
Alle Schmerzen, die unendlichen, ganz.«

48 In einem Brief an die Gräfin Auguste zu Stolberg (J. W. Goethe: Gedichte. Eine Auswahl. Stuttgart 1962, S. 64).

4 Das christliche Mittelalter

Die Zeitalter der Stoa und des Christentums scheinen sich zeitlich zu überlappen, denn die große Zeit der (römischen) Stoa geht in allen Zeitrechnungen bis etwa 300 Jahre nach Christi Geburt. Aber das ist ein zu vordergründiger Trugschluss, denn das Christentum als die Europa dominierende Bildungsmacht beginnt – streng genommen – nicht im Jahre Null, sondern erst im 4. und 5. Jahrhundert n.Chr. Wir gehen deshalb auch in diesem Zusammenhang von einer etwas anderen Zeiteinteilung aus als gewöhnlich und rechnen die antike paideia-Tradition (einschließlich der Stoa) bis etwa zum 5. Jahrhundert n.Chr. und lassen das Mittelalter dementsprechend erst danach beginnen (zwischen 400 und 500 n.Chr. bis 1400 und 1500 n.Chr.). Auch diese Einteilung ist relativ willkürlich und selbstverständlich die eines nachträglichen Beobachters[1]. Aber sie wird an Daten der Realgeschichte festgemacht: Im Jahre 410 erobert Alerich mit seinen Goten Rom; 476 n.Chr. bricht das (west-)römische Reich unter dem Ansturm der Hunnen im Osten und der Germanen im Norden endgültig zusammen, und wenige Jahre später, im Jahre 529 n.Chr. wird schließlich die letzte platonische Akademie (nach ihrer über 900 Jahre alten Geschichte) von dem nun christlichen Kaiser geschlossen, während im gleichen Jahr Benedict von Nursia den Mönchsorden der Benediktiner gründet. Jetzt erst beginnt das, was wir als »christliches Mittelalter« bezeichnen wollen. Aber es ging ihm eine – etwa 400-jährige – Vorlaufsphase voraus, in dem die neue Religion mit der alten antiken paideia-Tradition um die Vorherrschaft rang. Sie beginnt mit der Geburt des historischen Jesus und geht schließlich mit dem Sieg des Christentums im römischen Reich in die Herrschaftsphase der christlichen Kirche über. Dieser Vorlaufsphase, in der die neue Zeit des Christentums als europäische Bildungsmacht geboren

---

1 So wie der Begriff »Mittelalter« ein Begriff ist, der erst im 17. Jahrhundert gebräuchlich wird. Er lässt sich seit Christoph Cellarius 1685 nachweisen.

wird, wollen wir uns jetzt zuwenden und beginnen zunächst mit dem Religionsstifter.

4.1 Der historische Jesus und der kerygmatische Christus

Die historisch-kritische Forschung geht heute – von wenigen Ausnahmen abgesehen – davon aus, dass Jesus, auf den sich Christen als Religionsstifter beziehen, als eine historisch existierende Person wohl tatsächlich gelebt hat[2]. Dieser wurde unter Kaiser Augustus (37 v.–14 n. Chr.) etwa 6/4 v. Chr. wahrscheinlich in Nazareth, also im damals zum römischen Weltreich gehörenden Judäa, geboren[3], und er starb – wie auch sein Bruder Jakobus – durch Verurteilung eines gewaltsamen Todes zwischen 27–34 n. Chr. als etwa (Ein- oder Zweiund)Dreißigjähriger. Sein öffentliches Wirken beschränkte sich auf wenige Jahre vor seinem gewaltsamen Tod (so dass wir paradoxerweise über sein Leben nur durch seinen Tod wissen). Das ist auch schon alles, was historisch belegbar ist, und das ist sehr wenig Wissen über einen so bedeutenden Menschen, der wie kaum ein anderer das Leben und Denken in Europa (und der Welt) verändert und geprägt hat[4].

Man muss sich zunächst vor Augen halten, dass es zu Zeiten des historischen Jesus von Nazareth kein Christentum gegeben hat, son-

---

2 Vgl. G. Theißen, A. Merz: Der historische Jesus. Göttingen 1996.

3 Gelegentlich wird darauf hingewiesen, dass es wahrscheinlich kein Zufall ist, dass die christliche Religion gerade im römischen Reich entstanden ist. Nach einer launigen Sotisse, die in Vatikankreisen zirkulieren soll – und nur deshalb darf man sie hier zitieren, beweist sie doch, dass der beste Humor immer noch der ist, der auf eigene Kosten geht –, muss Jesus ein Italiener gewesen sein (bekanntlich ist seine Vaterschaft unsicher), »denn nur ein italienischer Junge bleibt bis 30 bei seiner Mutter wohnen; nur eine italienische Mutter glaubt, dass ihr Sohn Gott sei, und nur ein italienischer Junge kann sich vorstellen, dass seine Mutter Jungfrau ist«.

4 Sie ist so dürftig, dass selbst Theologen – wie etwa Rudolf Bultmann – meinten, dass man über seine Person und sein Leben »so gut wie nichts mehr wissen« könne (zit. nach Theißen/Merz 1996, S. 216). Im übrigen ist die historische Existenz vieler Gestalten fraglich: Mose, Homer, Siegfried, Robin Hood, Eulenspiegel usw.

dern die christliche Religion erst durch die große Resonanz einer bestimmten religiösen Kommunikation zu einer Zeit entstanden ist, da Jesus schon lange nicht mehr lebte. Man muss es deutlich sagen: Jesus von Nazareth war kein Christ, sondern ein Jude, ein jüdischer Charismatiker, der in einer für das jüdische Volk sehr unruhigen und durch die römische Okkupation krisenhaften zugespitzten Zeit eine kleine Schar von Anhängern um sich sammelte – ein Wanderprediger unter vielen. Als er gestorben war, hinterließ er einige wenige Anhänger, die ihm nachtrauerten. Diese frühen Christen waren nichts anderes als eine kleine jüdische Sekte unter vielen anderen auch. Erst viel später, etwa nach zwei- bis dreihundert Jahren, tritt das Christentum als äußerst dynamische Bildungsmacht um den Mittelmeerraum seinen Siegeszug in die ganze Welt an. Man muss deshalb zunächst einmal deutlich zwischen dem »*historischen Jesus*« (von dem wir fast nichts mehr wissen) und dem Jesus des Glaubens – dem »*kerygmatischen Jesus*« (wie er im Neuen Testament und der Lehre der christlichen Kirche bezeugt wird) – unterscheiden.

Die entscheidende Frage lautet: Wie konnte aus dem historischen Jesus von Nazareth der kerygmatische Jesus, der Christus (»christos« griech. = der Gesalbte) des Glaubens werden? Werfen wir, bevor wir uns an die Beantwortung dieser Frage machen, einen Blick auf die wissenschaftliche Quellenlage. Sie ist dürftig und vor allem theologisch verfärbt. Das älteste erhaltene Evangelium ist das Markusevangelium, das erst im 3. Jahrhundert seine kanonische Form gefunden hat. Es geht vermutlich auf Textelemente zurück, die um das Jahr 70 von einem (oder mehreren) gläubigen Christen geschrieben worden sind. Auch alle anderen Synoptiker sind im großen zeitlichen Abstand vom historischen Jesus verfasst worden, außerhalb Palästinas und in einer anderen (nämlich griechischen) Sprache. Es gibt kein Dokument eines unmittelbaren Zeitzeugen, und es gibt auch keine von Jesus selbst hinterlassene Schrift. Die unmittelbare Wirkung des historischen Jesus gründete offenbar auf seiner charismatischen Rede. Er war, obwohl wahrscheinlich schriftkundig, ein Mann der mündlichen Rede, ein Rhetoriker, der seine Wirkung in der Interaktion unter (körperlich) Anwesenden entfaltete. Hier lassen sich durchaus Parallelen zu Sokrates ziehen, der ebenfalls nichts Schriftliches hinterlassen hat und gleichzeitig als Lehrer bezeichnet werden kann. Auch über Jesus wird berichtet, dass er sich mehrfach als Lehrer (»Rabbi«, so das aramäische Äquivalent zu

Lehrer) bezeichnen ließ (und selbst bezeichnet hat) und offenbar damit auch eine öffentliche »Lehre« hatte[5]. Diese Lehre und ihre Wahrheit wird im Christentum schon früh personalisiert. Nun heißt es nicht mehr: »Das … oder jenes ist die Wahrheit«, sondern »Ich (!) bin der Weg und die Wahrheit und das Leben … » (Joh. 14, 6).

Der Erfolg eines Lehrers, der ausschließlich mündlich lehrt, ist naturgemäß eingeschränkt durch die Größe seiner Zuhörerschaft, die er erreichen kann. Die Verbreitung einer durch mündliche Rede transportierte Lehre ist aber nicht nur räumlich und sozial begrenzt, sondern auch zeitlich sehr langsam, weil sie nur mündlich tradiert wird. Dabei ist ein Verdünnungseffekt der ursprünglichen Botschaft unvermeidbar, denn auch diese »Vererbung« ereignet sich in Form einer Evolution. Es bedarf der Verschriftlichung, damit eine Lehre auf dauerhafte Resonanz stoßen kann. Die ältesten Texte zu Jesus stammen nicht von den Evangelisten, sondern von Paulus[6]. Paulus, ursprünglich ein fanatischer Christenverfolger, war als jüdischer Proselyt der erste, der nun die Schriftform wählte und in mehreren Missionsreisen energisch für die neue Religion warb und mehrere nachösterliche Gemeinden gründete. Mit der Verschriftlichung erreichte Paulus einen Stabilisierungseffekt der ursprünglichen Lehre, in dem er sie pädagogisiert und auf Dauer stellte: »Was geschrieben ist, das ist uns zur Lehre geschrieben« (Röm 15, 4). Als religiöser Eiferer veränderte er nicht unwesentlich die Akzente der überkommenen Überlieferungen des historischen Jesus und konstruierte – als erster christlicher Theologe – in entscheidendem Maße den kerygmatischen Jesus[7], so dass man ihn gelegentlich zum eigentlichen Religions-

5 »Wir wissen, daß du bist ein Lehrer von Gott gekommen«, heißt es bei Joh. 3. 2. Vgl. zu Jesus als Lehrer (Rabbi) Theißen/Merz 1996 a.a.O. S. 317 ff. sowie die Untersuchung von R. Riesner: Jesus als Lehrer. Diss. Tübingen 1980. Als »Rabbi« wird Jesus in allen vier Evangelien entweder von Dritten bezeichnet oder der Begriff erscheint (teilweise in der 3. Person) als Selbstbezeichnung (vgl. etwa Mt 10, 24f., Lk 6, 40; Mt 26, 18; Mk 14, 14; Lk 22, 13).

6 Vgl. J. Klausner: Jesus von Nazareth. Seine Zeit, sein Leben und seine Lehre. Jerusalem 1952, S. 79 ff.

7 Vgl. kritisch zu Paulus und seine Folgen E. Stauffer: Mord in Gottes Namen. In: Der Monat 255, 1969, S. 31–42.

stifter des Christentums stilisierte. Der historische Jesus stand in der jüdischen Tradition der »Erfüllung des Gesetzes« (des Alten Bundes). Erst mit Paulus gewinnt die neue Religion dauerhafte Konturen. Paulus zeichnet Jesus als ein fast mythisches Wesen; dabei nimmt er – obwohl zeitlich dem historischen Jesus noch näher als die Evangelisten – kaum auf historische Überlieferungen bezug. Jesus von Nazareth verschwindet bei ihm fast vollständig hinter dem Bild, das er sich macht, dem kerygmatischen Jesus – dem »Christus«.

Paulus war aber mehr als nur der erste Autor christlicher Texte, sondern er war vor allem auch derjenige, der die christliche Lehre von *Interaktion* in *Organisation* überführte und damit stabilisierte. Die Überführung einer mündlichen in eine schriftliche Überlieferung regt die weitere Ideenevolution an, weil sie dadurch, dass sie die Varianzen auf Dauer stellt, mehr Selektionen erlaubt. Kommt noch Organisation dazu, also die regelförmige Beschränkung der Selektionen (mit Hilfe der Schrift), erhöht sich die Chance der Stabilisierung einer Ideenofferte. So etwa müssen wir uns auch den Erfolg des frühen Christentums (evolutionstheoretisch) vorstellen. Darüber hinaus muss es aber auch inhaltliche Anknüpfungspunkte an schon vorhandene und erfolgreiche Ideen gegeben haben, denn auch in der Ideenevolution setzt das Neue immer am Alten an. Halten wir uns deshalb zunächst einmal die historische geistesgeschichtliche Situation vor Augen, die der jüdische Wanderprediger aus Nazareth vorfand: eine übermächtige politische und militärische Macht (der Römer) machte sich daran, nicht nur das Land, sondern auch die Köpfe zu besetzen und die überkommene Identität der vielen Völker um das Mittelmeer und Nordafrika zu zerstören. Sowohl die Ideen der antiken Philosophen als auch der römischen Aristokraten, die paideia als auch die Stoa, waren differenzierte Konzepte einer geistigen Elite, die sich hartnäckig dagegen sträubten, bis in das einfache Volk durchzusickern. Dieses war in einer religiösen Gärung und zwischen einer Vielzahl religiöser Glaubensrichtungen aufgespalten. Viele, und nicht nur jüdische, Widerstandsbewegungen reagierten auf diese krisenhafte Herausforderung durch Beschränkung und Eingrenzung auf traditionelle Werte, auf eine messianische Erwartung und die Hoffnung auf eine Befreiung von den Römern. Jesus von Nazareth aber lehrte das Gegenteil: die Ausweitung, die Öffnung der überkommenen (religiösen) Geltungsansprüche – und machte sie damit attraktiv für alle, insbesondere für das einfache Volk, aber auch für Nichtjuden[8].

Das ist zumindest ein Akzent, der sich bei Jesus nachweisen lässt und der in seinem Gebot der Feindesliebe (der Bergpredigt[9]) seine paradoxe Zuspitzung erfuhr und in dem – vermutlich historischen – Wort »Wer nicht wider uns ist, der ist für uns« (Mark 9/40) seinen prägnanten Ausdruck findet. Dass der Ekklesiologe Matthäus daraus ein »Wer nicht mit mir ist, der ist wider mich« (Matth 12/30) machte, mag eine Verfälschung der ursprünglichen Intention des historischen Jesus bedeuten. Gleichwohl erhöhte er damit die Wirksamkeit des zugrunde liegenden religiösen Mems, denn die weitere Evolution kann von nun an auf einer kontingenten Differenz gründen und sich – je nach Bedarf – einmal auf der einen oder auf der anderen Seite einklinken. Das Christentum geht von nun an einen Weg durch die Weltgeschichte, der sowohl eine Spur des Friedens und der Sanftmütigkeit als auch eine Blutspur des gewalttätigsten Terrors sein wird[10].

Hier interessiert aber nicht bzw. nur am Rande die Realgeschichte, sondern vielmehr die Ideengeschichte, und wir kehren deshalb wieder zu der so erfolgreich gewordenen Ideenofferte des kerygmatischen Jesus zurück und fragen: Was macht das Angebot der Christen – etwa gegenüber der antiken philosophischen und stoischen Tradition der paideia – so attraktiv? Was wird übernommen? Was verändert? Was ist neu? Was alt und nur mit einem anderen Anstrich versehen? Bei der Beantwortung dieser Fragen steht nicht die theologische Frage im Vordergrund, inwieweit sich dieser Jesus z.B. in der jüdischen Tradition des alttestamentlichen Denkens verstand und diese überschritt, sondern die pädagogische Frage nach dem Kontrast zur antiken paideia-Tradition. Dieser Zugang ist möglicherweise ungewohnt, aber gleichwohl legitim, denn auch im Mittelalter dachte man in den Begriffen, die in der Antike geprägt worden waren – wenngleich nun auch ausgefüllt mit dem christlichen Programm.

---

8 »Jesus aktiviert die universalistische jüdische Tradition der Völkerwallfahrt zum Zion gegen abgrenzende Tendenzen« und öffnet sich damit dem einfachen Volk (so Theißen/Merz 1997 a.a.O. S. 143).

9 … die allerdings selbst auf älteres, u.a. von griechischen (kynischen) Wanderphilosophen verbreitetes, Gedankengut zurückgeht.

10 Vgl. (polemisch) K. Deschner: Kriminalgeschichte des Christentums. 6 Bde., Reinbek 1986–1999.

Ich will wieder der Kürze halber die Antworten thesenhaft bündeln.

1. Im christlichen Denken wird das dualistische Weltbild in der Platon-Tradition aufgenommen und fortgeführt; die antike Unterscheidung von Sein und Seiendem wird radikalisiert und in die Unterscheidung von Gott und Welt[11] übersetzt. Von nun an ist Gott das (absolute) Sein und die Welt das (relative) Seiende. Gott aber ist nicht mehr von dieser Welt, sondern ihr transzendent. Die binäre Unterscheidung von Transzendenz und Immanenz, die hier zum Ausdruck kommt und zum binären Code modernen Religionsverständnisses werden sollte, ist radikaler als jene von Sein und Seiendem, weil sie den Zusammenhang der antiken Kosmologie, in dem Sein und Seiendes gleichermaßen aufgehoben sind, zerreißt[12]. In letzter Konsequenz heißt dies: Die Welt wird gottlos.

Von diesem Axiom ausgehend, konnten nun zwei unterschiedliche, ja gegensätzliche Akzente gesetzt und die künftige Entwicklung dementsprechend in zwei entgegengesetzte Richtungen gehen: Weltabwendung (bzw. Weltflucht) oder Weltzuwendung (bzw. Weltüberwältigung). Beide Wege lassen sich mit diesem theologischen Axiom begründen (vgl. Abb. 7).

Weg 1	*Weg 2*
Weltabwendung	Weltzuwendung
Weltflucht	Weltgestaltung
Weltrückzug	Welthinwendung
Mensch als Sünder	Mensch als Ebenbild Gottes
hin zum deus primus	Mensch als deus secundus
Welt als Jammertal	Welt als Bewährung
sinnenfeindlich	auch sinnenorientiert
↓	↓
Mittelalter	Neuzeit

Abb. 7: Die zwei möglichen Wege des christlichen Glaubens

11 Bzw. in der Sprache der mittelalterlichen Theologie: in »Gnade« und »Natur«.

12 »Während das wahre Sein der Welt den Griechen göttlich ist, kennt erst das Christentum einen Gott schlechthin außer der Welt. Platos Ideen und die Proportionen der Pythagoreer verwandeln sich in Gottes schöpferische Gedanken …« (W. Kamlah: Die Wurzeln der neuzeitlichen Wissenschaft und Profanität. In: Deutsche Zeitschrift für Philosophie 51, 2003, Heft 4, S. 662).

(1) Weltflucht: Weil gut platonisch das Sein als Gott die positive, die Welt als das Seiende die negative Seite der Unterscheidung ist, wird jede Form von Frömmigkeit, die auf dem Weg zu Gott ist, zur Weltflucht und jede Bildung zur Anleitung, die Welt zu überwinden: »Der Mensch als Erdenbürger hat von der Welt zu lassen, um in seine himmlische Heimat zurückzukehren. Auf Erden bleibt er Wanderer und Schüler, Beauftragter und Asket, der sich an kein Seiendes verliert und keins, mit dem er es zu tun bekommt, als Habe beansprucht.«[13] Der Fromme lebt in der Welt wie in der Fremde – entfremdet, und versucht sie deshalb so schnell wie möglich (als Pilger) wieder zu verlassen. Bei dieser »Wegbewegung« von der Welt können die ersten Christen anknüpfen an die platonische Abwertung und die stoische Relativierung alles Seienden und sie noch radikalisieren. Es ist diese Richtung, die das Christentum mehrheitlich in den ersten tausend Jahren seiner europäischen Herrschaft einschlagen sollte – mit erheblichen Auswirkungen auf die Bildung Europas.

(2) Erst in der (beginnenden) Neuzeit sollte man sich an eine andere Implikation dieser binären Schematisierung erinnern und sie in dem Maße zulassen, wie die technischen Möglichkeiten dazu zur Verfügung gestellt werden: Weil die Welt gottlos wird, wird sie entheiligt – sprich: profan – und damit frei für die menschliche Überwältigung[14]. Jetzt gilt es, sie untertan zu machen und über sie zu herrschen – im expliziten Auftrag Gottes: »Seid fruchtbar und mehret euch, und füllet die Erde, und machet sie euch untertan, und herrschet über die Fische im Meer und über die Vögel unter dem Himmel und über alles Getier, das auf Erden kriecht« (1. Mose 18)[15]. Hier kommt ein anderes Naturverständnis zum Ausdruck als wir es bisher aus der Antike kennen gelernt haben; weder ist es – wie in der vorhochkulturellen Zeit – magisch-mytisch, noch ist es – wie in der

13 Ballauff 1969 a.a.O. S. 309.

14 Das Weltverhältnis kann jetzt »technisch« bzw. »instrumentell« werden, denn: »Die christliche Entgöttlichung der Welt also ermöglicht wiederum erst eine großzügige und unbekümmerte Entwicklung des technischen Umgangs mit der Natur« (Kamlah 2003 a.a.O. S. 665).

15 »Untertan-machen« (Gen. 1, 28) – das bedeutet im historischen Kontext: »den Fuß auf etwas setzen zum Zeichen der Herrschaft, Unterwerfung durch Krieg, Unterjochung, Versklavung, Vergewaltigen von Frauen, treten, trampeln, in den Boden stampfen« (vgl. A. Auer: Umweltethik. Düsseldorf 1985 (2), insbesondere S. 215).

Antike – teleologisch geheiligt. Stattdessen wird es theologisch zur Herrschaft freigegeben, nachdem zuvor das Heilige sich in den Himmel verflüchtigt hat[16].

2. Diese Radikalisierung der Unterscheidung von Sein und Seiendem in Gott und Welt hat, aus funktionalistischer Sicht, Vor- und Nachteile. Einen gewissen Vorteil kann man darin sehen, dass jetzt das menschliche Leben gewissermaßen einen »doppelten Boden« erhält – oder anders gesagt: jeder tief religiöse Mensch, der an einen transzendenten Gott (mit seinen Versprechungen) glaubt, hat ein zweites Leben (potentiell) in Aussicht. Damit wird das Leben im Seienden erträglicher, wenngleich es auch unter Umständen schwer, schmerzhaft und leidvoll ist. Diese (protreptrische) Trostfunktion kann erhebliche praktische Bedeutung für die Lebensbewältigung haben. Dazu kommt, dass unter Umständen nicht nur das Leben mit seinen Kümmernissen, sondern auch das Überleben selbst zur Disposition gestellt und um des Glaubens willen geopfert werden kann.

Im christlichen Mythos des Opfertods Jesu für die menschlichen Sünder und seiner Auferstehung und Himmelfahrt nach drei Tagen kommt deutlich diese Logik zum Ausdruck. Dieser Mythos, der vor allem von Paulus profiliert worden ist, mag für Nichtchristen immer schon merkwürdig, ja abstrus, wenn nicht gar völlig unverständlich gewesen sein – denn warum sollte ein (allmächtiger) Gott auch erst eine kleine Sünde zulassen, dann gnadenlos diese Sünde in alle folgenden Generationen vererben und völlig Unschuldigen zurechnen, um dann seinen »Sohn« zu schicken, damit dieser qualvoll »stirbt zur Erlösung« von dieser Schuld? Aber er impliziert eine allgemeine evolutionstheoretisch plausible Logik, die man so umschreiben kann: Das »Überleben« geistiger Meme – und die christliche Religion ist ein solches Mem – wird wahrscheinlicher, wenn ihre menschlichen Vertreter um derentwillen freiwillige Handicaps auf sich nehmen, denn sie zeigen damit – im Rahmen einer Signalselektion – an, dass es ihnen ernst ist.

---

16 Vermutlich aus einer anderen Quelle stammend findet sich in 1. Mose 2,15 ein alternatives Naturverständnis, das zu einem verantwortlichen Umgang mit der Natur aufruft: »Und Gott der Herr nahm den Menschen, und setzte ihn in den Garten Eden, daß er ihn baute und bewahrte.« Wieder ist es die Kontingenz einer Differenz, die ideengeschichtlich fruchtbar werden sollte.

Das dahinter stehende Handicap-Prinzip ist aus der Verhaltensforschung (insbesondere im Rahmen der sexuellen Selektion) inzwischen gut beschrieben und erkärt worden und läuft immer darauf hinaus, dass wichtige Signale auf Beobachter glaubwürdiger wirken, wenn sie mit freiwilligen Handicaps garniert werden[17]. Bei der Verbreitung religiöser Meme ist es deshalb funktional, wenn ihre Vertreter solche freiwilligen Formen von Selbstbehinderungen auf sich nehmen. Dabei gilt: je größer das Opfer, um so glaubwürdiger das Mem. Ein Opfer an Geld und Zeit kann schon wirken – allerdings nur sofern sichergestellt ist, dass man dabei beobachtet wird; der freiwillige Verzicht auf die Erfüllung der eigenen Sexualität in Form einer zölibatären Lebensweise ist sicherlich sehr schwer, weil es der eigenen Natur widerspricht – und gerade deshalb noch ein besseres Medium, das die Glaubwürdigkeit und die Ernsthaftigkeit der eigenen Glaubensüberzeugung zum Ausdruck bringt. Wenn aber gar das eigene Leben geopfert wird und man zum Märtyrer für die Glaubensüberzeugung wird, hat man die schwerste Form der Selbstbehinderung gewählt, die es gibt – allerdings mit dem größten Effekt. Dieses letzte Opfer impliziert einen starken, ja unerschütterlichen Glauben an die Richtigkeit der eigenen Überzeugung und hat eine starke Wirkung bezüglich des Weiterlebens dieser Überzeugung (qua Mem)[18].

Wir finden diesen Effekt ansatzweise schon bei Sokrates, der sich selbst den Giftbecher gibt. Die Glaubwürdigkeit seiner pädagogischen Überzeugung wird – schon bei Platon, dann aber bei allen künftigen Beobachtern – erheblich gesteigert (und wir werden diesem Mechanismus bei der Verbreitung von Ideen noch häufig begegnen). Viel deutlicher tritt dieser Effekt jedoch bei der christlichen Religion hervor, und das nicht nur bei der Überführung des historischen Jesus in den kerygmatischen Jesus, sondern auch und vor allem in der frühchristlichen Zeit der Christenverfolgung im römischen Reich. In dieser Phase ging es darum, ob diese kleine

---

17 Vgl. A. Zahevi/A. Zahevi: Signale der Verständigung. Das Handicap-Prinzip. Frankfurt a.M./Leipzig 1998.

18 Das (biologische) Leben wird damit zum Mittel instrumentalisiert, um einen anderen (nämlich: memetischen) Zweck zu erreichen. In diesem Sinne hat Augustinus gar nicht so Unrecht, wenn er betont, »daß der Tod, der sicherlich das Gegenteil des Lebens ist, zum Mittel wurde, um in das Leben einzugehen« (Augustinus: Gottesstaat a.a.O., S. 853).

jüdische Sekte – wie viele andere auch – wieder aus dem kollektiven Gedächtnis verschwindet oder zu einer Weltreligion wird, die u.a. auch die Erziehungsvorstellungen vieler Generationen prägen sollte. Die vielen Märtyrer, die um ihres Glaubens Willen gestorben sind, können auf Respekt, Achtung, ja Bewunderung hoffen, haben sie doch damit – im Rahmen der Signalselektion – das Teuerste geopfert, was es – im Rahmen der natürlichen Selektion – gibt: das eigene Leben. Damit haben sie aber das »Überleben« ihres religiösen Glaubens (qua Mem) wahrscheinlicher gemacht. Wir finden dieses interessante Phänomen in der Ideengeschichte nicht gerade selten – vor allem aber bei der Evolution religiöser Ideen (bzw. religiöser Meme). Den Grund kennen wir inzwischen: Man kann im Zirkuszelt gewagtere »Todessprünge« wagen, wenn man unter sich ein »Netz« weiß. Dieses Prinzip der Optimierung des religiösen Memtransports ist so erfolgreich, dass es auch noch heute immer wieder angewendet wird (z.B. von islamistischen Selbstmordattentätern)[19].

Es ist klar, dass nur aus der fiktiven Sicht des »Mems« dieses Handicap-Prinzip, das auch im frühen Christentum vielfach Anwendung gefunden hat, einen Vorteil bedeutet, weil es sein »Weiterleben« wahrscheinlicher macht. Aus Sicht des einzelnen Menschen (des »Phäns«), der dieses Opfer bringt, ist es natürlich ein Nachteil. Es widerspricht dem Imperativ der natürlichen Selektion, der da lautet: Tu alles, um möglichst lange und gut zu (über)leben! Hier wirkt offenbar der Imperativ der memetischen Selektion stärker, und dieser lautet: Tu alles, um diese (oder jene) Idee glaubwürdig zu machen, sie zu verbreiten und ihren Einfluss auf Dauer zu stellen! Das religiöse Mem muss deshalb nicht nur in der Transzendenz abgesichert sein, sondern auch zusätzlich in der Immanenz mit weiteren Versprechungen besonderer Gratifikation und der Androhung fürchterlicher Strafen bereitstellen (himmlischer Lohn, hohes Ansehen, Verlockung des ewigen Lebens im Paradies einerseits und Bestrafung, Androhung von ewigen Höllenqualen und anderen teuflichen Strafen andererseits).

19 Aus dieser Sicht haben die islamistischen Selbstmordattentäter möglicherweise zugleich unrecht *und* recht, wenn sie glauben, durch ihre Aufopferung »ewiges Leben im Paradies« zu verdienen: unrecht bezogen auf die Selektionseinheit »Phän«, recht bezogen auf die Selektionseinheit »Mem«.

Die skeptische Frage, mit welchem Recht das subjektiv Geglaubte (qua subjektive Wahrheit) auch den Anspruch auf objektive Wahrheit erheben kann, wird in vielen Religionen ähnlich beantwortet, nämlich indem man diese gefährlche Frage möglichst gar nicht entstehen lässt. Eine Vielzahl funktionaler Äquivalente dient der Absicherung des Glaubensmems, z. B.:

- Über *Gemeindebildung* wird die mögliche Interaktion auf Gleichgesinnte eingeschränkt;
- durch *Rituale* wird das kritische Weiterfragen abgeblockt und die vorhandene Energie auf die Wiederholung gleicher Handlungsformen gelenkt;
- durch Beschränkung der Tradierung des Glaubensmems auf eine dem Volk unbekannte Sprache – hier *Latein* (genauer: das Latein der Kirchenväter) – werden hemeneutische Abweichungen sozial begrenzt;
- durch Monopolisierung der Schlichtung von hermeneutischen Streitfragen durch die *Orthodoxie* einer hierarchischen Kirche wird die unvermeidliche Heterogenität der Meinungen kanalisiert;
- durch *Mission* werden nichtkompromissfähige Elemente der eigenen Glaubensüberzeugung von Innen nach Außen verlagert[20].

20 Der Glaube an einen absoluten transzendenten Gott wird zwangsläufig sozial diskriminierend und neigt deshalb zur aggressiven Abwehr gegen Anders- bzw. Nichtgläubige bzw. zu Versuchen ihrer Überwältigung: »Der Bezug auf Gott suggeriert absolute Kriterien, die nicht kompromißfähig sind, sondern bei allen auftauchenden Kontroversen sozial diskriminierend wirken: nur eine der Parteien kann Recht haben« (N. Luhmann: Die Religion der Gesellschaft. Frankfurt a.M. 2000, S. 49). Das beginnt schon 381 als Theodosius die christliche Religion zur Reichsreligion erhebt: »Alle Völker des Reichs sollten die Religion annehmen, die der Apostel Petrus den Römern gepredigt hat. Ein katholischer Christ ist nur, wer die Trinitätslehre der Bischöfe Damasus von Rom und Alexander von Alexandrien akzeptiert. Alle anderen sind Ketzer und unterliegen der göttlichen Strafe, dann aber auch der, die Wir nach dem Willen Gottes zu verhängen uns entscheiden. Auch die kleinsten Abweichungen von den kirchlichen Glaubens- und Sittengesetzen sind crimina publica und werden unnachsichtig bestraft« (aus dem Codex Theodosianus 16 passim).

Alle diese (und andere) Elemente finden sich auch in der für das Christentum so schwierigen Phase der Selektion in den ersten vier Jahrhunderten. Unter diesen Umständen konnte dem christlichen Glauben in Europa die Überführung in die Stabilisierungsphase gelingen. In dem Maße, wie diese Sicherungssysteme versagen, sollte sich dann – allerdings viel später – das moderne Denken (wenngleich auf der Basis der überkommenen antiken und christlichen Vorgaben) entfalten.

3. Zweifellos hat diese Radikalisierung von Sein und Seiendem in der Trennung von Gott und Welt auch Nachteile. Man könnte sie mit der saloppen Frage zum Ausdruck bringen: Was geht mich ein Gott an, den es »nicht gibt«? Der vor allem von den christlichen Gnostikern, aber auch von Augustinus und vielen Anderen deutlich zum Ausdruck gebrachte Gedanke, dass Gott »gegenweltlich« bzw. »außerweltlich« gedacht werden müsse, findet sich schon bei den antiken Philosophen, etwa bei Plotin. Er impliziert eine rein negative Theologie, in der Gott nur mit negativen Prädikaten umschrieben werden kann: »unerkennbar, unnennbar, gestaltlos, grenzenlos, ja nichtseiend«[21]. Ein rein transzendenter Gott qua Sein kann nicht seiend sein; er ist nicht mehr Teil der Welt, und nur in dieser können »Es-gibt-Sätze« sinnvoll sein. Man müsste diese Paradoxie deshalb – in den Worten des evangelischen Theologen Manfred Metzger – präziser so formulieren: »Einen Gott, den es gibt, gibt es nicht!«. Gott bleibt letztlich nicht nur unbegreiflich, sondern – so kann man im Rückkehrschluss deduzieren – man kann auch sicher sein, dass alles, was man begreifen kann, alles Mögliche sein kann, nicht aber Gott[22]. Wenn dem aber so ist, dann besteht die Gefahr, dass ein solcher Gott für die Menschen – weil viel zu weit weg bzw. durch einen unüberbrückbaren Hiatus getrennt – nichts mehr bedeuten kann; ein solcher ferner Gott kann den Menschen nichts mehr sagen. Er wäre irrelevant.

Der radikale Bruch zwischen immanenter Welt und transzendentem Gott, den das Christentum in seinem Gottesbegriff transportiert, bedarf – damit die Unterscheidung von Sein und Seiendem fruchtbar

21 Zit. nach Ballauff 1969 a.a.O., S. 266).

22 »Wenn du etwas begreifst, so ist es nicht Gott« (»si comprehendis, non est Deus«), lautet der häufig zitierte Satz von Augustin aus einer seiner Predigten (vgl. J. Disse: Kleine Geschichte der abendländischen Metaphysik: von Platon bis Hegel. Darmstadt 2001, S. 125 f.).

bleibt – einer Vermittlung. Diese Vermittlung wird logisch durch den Wiedereintritt der Unterscheidung in eine Seite der Unterscheidung geleistet, also durch ein »re-entry« – eine, wie wir schon wissen, evolutionär beliebte, weil ökonomische Technik der Differenzierung. Das heißt: Die Unterscheidung »Gott – Welt« wird auf Seiten der Welt wiederholt. Gott kommt in der Welt wieder vor: als *Jesus Christus* – der einzige Mittler zwischen Gott und den Menschen[23]. Der kerygmatische Jesus ist die personifizierte Einheit der Differenz von Sein und Seiendem, der Mittler zwischen Gott und den Menschen, gleichzeitig »Gottessohn« und »Menschensohn«[24] – in den Worten von Augustinus: »ein Mittelwesen …, das nicht nur Mensch, sondern auch Gott ist«[25].

Mit Christus wird die radikale Trennung von Gott und dem Menschen nicht nur überbrückt, sondern auch fruchtbar gemacht. Mit Jesus Christus, dem kerygmatischen Jesus, wird die Brücke ins Jenseits geschlagen und das Göttliche wieder in die Welt eingeführt. Gott wird Mensch – und folglich kann auch der Mensch wieder göttlich werden, wenngleich auch nur in seinem Geiste. Weil Gott körperlos ist, ist der menschliche Körper etwas zu Überwindendes. Diese hier zum Ausdruck kommende Leibfeindlichkeit der frühen Christen ist von diesen nicht erfunden, aber radikalisiert worden. Sie wird uns noch lange verfolgen[26]. Nur im menschlichen Geist können wir, auf welche Art auch immer, die göttliche Erleuchtung erfahren und Gott erkennen. Der Kreuzigungstod Jesu ist aus dieser Sicht nicht nur eine barbarische, entsetzliche Hinrichtungsmethode der römischen Besatzungsmacht, sondern gleichzeitig Symbol der

---

23 So Augustinus in »De civitas dei«. Augustinus sollte in seiner Trinitätslehre eine etwas differenzierte Argumentation entfalten und Gott nicht nur als Substanz, sondern als Relation bzw. als Beziehung definieren (als Beziehung zwischen Gott, Christus und Heiligem Geist).

24 Wie er sich selbst mehrfach bezeichnet und in der Regel damit einfach den Menschen (im generischen Sinne) meint (vgl. Theißen/Merz 1996 a.a.O. S. 470 ff.). Im übrigen haben schon die alten Ägypter ihren Pharao als ein Wesen definiert, das halb Mensch und halb Gott ist.

25 Augustinus, A.: Der Gottesstaat. De civitate dei. 1. Band – Buch IX. Paderborn u.a.. 1979, S. 591.

26 Ihre Wurzeln lassen sich schon deutlich in den Evangelien finden, z.B. bei Johannes: »Habt nicht lieb die Welt noch was in der Welt ist, denn alles, was in der Welt ist, das ist des Fleisches Lust und der Augen Lust und hoffärtiges Leben« (1. Joh 2, 15).

Abwertung, ja Vernichtung des Leibes ob seiner Weltverlorenheit[27]. Das Göttliche im Menschen ist, wenn überhaupt, nur in seinem Geiste, nicht in seinem Körper zu finden. Dieser gehört der Welt, der Welt des Seienden, an und ist deshalb etwas, was man überwinden muss (und deshalb steinigen, kreuzigen … oder rädern kann) – damit im Kontrast dazu der (heilige) Geist des Göttlichen um so heller leuchte. Damit wird auch die Natur (physis) zu einem sekundären Zeichen abgewertet: ein Zeichen der göttlichen Schöpfungskraft.

Der Mensch wird damit, je nach dem, abgewertet oder aufgewertet: Abgewertet dann, wenn man den Mythos des Sündenfalls und der Vertreibung aus dem Paradies (1.Mose 3) zugrundelegt und den Menschen in seiner Verfallenheit sieht; aufgewertet, wenn man stattdessen den Mythos der Gottesebenbildlichkeit (1.Mose 1, 27) in den Vordergrund rückt. Eine Pädagogik im Horizont des Sündenfalls wird zwangsläufig gehemmt, ja gelähmt sein von der Aussichtslosigkeit aller Bemühungen, denn alles hängt von der aus Sicht des Menschen völlig willkürlichen Gnade Gottes ab. Eine Pädagogik im Horizont der Gottesebenbildlichkeit wird dagegen früher oder später aktiv die Welt und ihre Menschen zu verändern (zu verbessern) versuchen, denn der Mensch wird damit zum »zweiten Gott« (deus secundus) geadelt. Wir sehen hier wieder einmal, dass es nicht die Kausalität der Ideen, sondern die Kontingenz von Alternativen ist, die die weitere Evolution der Ideen anregt, und müssen im Folgenden herausarbeiten, wie das im Einzelnen die weitere Entwicklung der pädagogischen Ideengeschichte bestimmt hat.

4. Wie aber kommt das Göttliche, das aller christlichen Erziehung letztes Ziel ist, in den Geist des Menschen? Die Antwort, die die Christen bis heute geben, lautet: allein durch *Glauben*. »Fides/Glaube erschließt allein den Zugang zum Christentum«, so die zusammenfassende Anwort des Clemens von Alexandria – und folglich ist »alle philosophische Bildung nutzlos«. Diese Antwort dürfte in letzter Konsequenz ein Schlüssel für den ungeheuren Erfolg der christlichen Religion im ersten Jahrtausend ihrer Herrschaft in Europa gewesen sein. Bildung bedarf jetzt nicht mehr der

27 Die Werke des »Fleisches« sind nach Paulus »Hurerei, Unreinigkeit, Üppigkeit, Abgötterei, Zauberei, Feindschaft, Hader, Eifersucht, Zorn, Zwietracht, Ketzerei, Neid, Trunksucht, Völlerei und dergleichen« (Gal 5, 19f.).

mühsamen Umwendung, des Aufstiegs, der langjährigen philosophischen Studien oder der harten Schule stoischer Selbstkontrolle. Bildung im Sinne der Christen bedarf jetzt nur noch des Glaubens. Der Glaube ist die Eintrittskarte in das neue Leben, und deshalb rückt der Glaube in den Mittelpunkt der christlichen Frömmigkeit. Welchen prominenten Stellenwert der Glaube in der christlichen Religion besitzt, kann man schon daran erkennen, wie häufig der Begriff gebraucht wird: Obwohl das Alte Testament über dreimal so umfangreich wie das Neue Testament ist, erscheint in ihm der Begriff »Glaube« nur siebenmal, dagegen im Neuen Testament über 109-mal! Analog wird das Verb »glauben« im Alten Testament nur 11-mal, im Neuen Testament jedoch 97-mal gebraucht[28].

Nicht Wissen, sondern Glauben steht jetzt am Beginn des Bildungsprozesses. An die Stelle des mühsamen Weges der paideia, an deren Anfang die bloße Meinung (doxa) und an deren Ende schließlich das Wissen (episteme) steht, beginnt der christliche Pilger mit dem Akt des Glaubens. Glauben (pistis) steht vor dem Wissen (gnosis) und macht dieses erst möglich.

Man kann diese entscheidende Umpolung auch anders umschreiben und sagen: An die Stelle der »Er-Ziehung« tritt die »Er-Lösung«; statt den mühsamen Weg des Umwendens und Emporziehens in Richtung Erkenntnis, der metaphorisch im antiken paideia-Verständnis enthalten ist, zu gehen, gibt es nun die Loslösung von den Fesseln der Sünde durch einen Gnadenakt als Belohnung für den Akt des Glaubens, der – ganz ähnlich wie bei Paulus – als ein spontanes Bekehrungserlebnis verstanden wird. Das neue Leben ist jetzt nicht mehr Produkt harter Arbeit, sondern ein Geschenk, ein Gnadenakt. Es bedarf keiner langwierigen Bildungsprozesse mehr, sondern nur der Zustimmung zu einem Glaubensakt. Es gibt kein mühsames Hinaufschleppen zum Höhlenausgang mehr; es genügt das Bekenntnis zu einer Wahrheit, die als Offenbarung Gottes geglaubt werden musste, um als solche überhaupt wahrgenommen zu werden.

Das ist natürlich für das einfache Volk attraktiver als der mühsame Bildungsprozess der antiken paideia, zu dem es in der Regel wohl eh keine Einladung erhielt. Trotzdem muss man davon ausgehen, dass es in den ersten Jahrhunderten nach dem Tode des historischen Jesus erhebliche (geistige) Kämpfe zwischen den intellektuellen

---

28 Vgl. Biblisches Nachschlagewerk zur Jubiläumsbibel. Stuttgart 1964, S. 287 ff.

Vertretern der neuen Religion und denen der alten antiken paideia-Tradition gegeben hat. Dabei war die Bandbreite der Methoden sicher ebenso vielfältig und groß wie das damit erreichte Ergebnis. Es dürfte von der reinen Polemik, dem Spott, der Kritik und der Apologetik über die Vereinnahmung (durch »Umarmung«) bis hin zur Überwältigung und der vollständigen Assimilierung gegangen sein. Ich will an zwei »Kirchenvätern«, nämlich Augustinus und Thomas von Aquin, im Folgenden einige dieser diffizilen Argumentationsvarianten herausarbeiten.

5. Erziehung wird damit, zumindest im frühen Christentum, schwieriger, denn nachdem man auf die alten Antworten der Antike auf die Frage nach ihrer Möglichkeit verzichtet hatte, musste man eine neue Antwort auf die nun radikalisierte Frage finden. Radikalisiert ist die Frage nach der Möglichkeit von Erziehung deshalb, weil sie jetzt auf die zentrale Frage zuläuft: Wie kann man zum Glauben erziehen, wenn dieser im Geiste des Menschen wohnt und göttlich – und damit frei – ist? Die antike Tradition der paideia hat die analoge Frage nach der sittlichen Charaktererziehung weniger emphatisch – gewissermaßen eine Etage tiefer angesiedelt – und meistens mit einem »Es ist sehr schwer, aber nicht unmöglich« beantwortet. Im frühen Christentum wird durch die radikalisierte Trennung von Gott und Welt bzw. Gott und Mensch eine Antwort auf die Frage, wie man zu Gott kommen kann, erschwert. Auch wenn man den »Glauben« als Brücke, als ein Medium der Vermittlung, einführt, wird das Problem nicht kleiner, sondern nur verschoben auf die Frage nach der Möglichkeit einer Erziehung zum Glauben.

Die Antwort des Christentums auf diese zentrale Frage lässt sich in eine metaphorische und eine systematische unterteilen. Ich will zunächst die metaphorische (biblische) Antwort rekonstruieren und die systematische zurückstellen, weil diese wegen ihrer Differenziertheit eine gewisse Breite der Darstellung erforderlich macht und deshalb am Beispiel der Kirchväter erarbeitet werden soll.

Es ist üblich, bei neuen Problemformulierungen diese (zunächst) metaphorisch einzupacken und dabei mit vertrauten Bildern zu arbeiten. Erziehung wird etwa als ein »Hinlenken« (zur Wahrheit Gottes) oder als eine »Erweckung« bezeichnet und in ein soziales Verhältnis überführt, das pädagogischer Art ist. Das Verhältnis von Gott zum Menschen wird als ein pädagogisches bezeichnet, als ein Verhältnis von »Vater und Sohn«, »Lehrer und Schüler«, »Meister und Lehrling«, »Hirte und Schafen«, »Steuermann und Schiff«. In diesen Zusammenhang muss auch die Bezeichnung »Rabbi« (für den historischen Jesus) gestellt werden. Erleichtert wird diese pädagogische Metaphorik durch die Personalisierung Gottes in Jesus Christus. Im Umweg über den »Sohn Gottes« gewinnt auch Gott als »Vater« den Status einer (natürlich im jüdischen Monotheismus selbstverständlichen: singulären) Person. Dementsprechend wird das pädagogische Verhältnis von Gott und Mensch auch mit den vertrauten pädagogischen Methoden von Lob und Strafe bzw. Belohnung und Bestrafung beschrieben. Als Lohn des Glaubens winkt der Himmel mit seinem Paradies, als Strafe des Unglaubens und der Sünde die Hölle mit ihrer Verdammnis. Die Drohung mit der Hölle und die Verlockung mit dem Paradies ist hier keine juristische, sondern primär eine pädagogische Methode (der Bekehrung).

Die pädagogische Metaphorik muss die radikale Transzendenz Gottes, wie sie im christlichen Gottesbegriff impliziert wird, zwangsläufig verfehlen. Vermutlich aus pädagogischen Gründen kann auf sie nicht verzichtet werden, denn sie plausibiliert etwas Unanschauliches sehr anschaulich durch Bezugnahme auf ein vertrautes und bekanntes Bild, das jeder kennt. Dementsprechend wird auch das Verhältnis der Gläubigen zueinander als ein pädagogisches gedacht und entlang der Nähe zu Gott (als dem ersten Lehrer) hierarchisiert: »Und Gott hat gesetzt in der Gemeinde aufs erste die Apostel, aufs andere die Propheten, aufs dritte die Lehrer, darnach die Wundertäter, danach die Gaben, gesund zu machen, Helfer, Regierer, mancherlei Sprachen« (1 Kor. 12, 28). Das hierarchische Verhältnis zwischen Gott und Welt wird hier in die Welt hinein verlängert und als ein pädagogisches Verhältnis stilisiert.

Dabei geht allerdings der radikale Hiatus von Sein und Seiendem verloren und wird stattdessen in eine rigide Kirchenhierarchie überführt, bei der die Vermittlung von Selektionsunterscheidungen nur noch in der Kategorie von »Befehl« und »Gehorsam« gedacht werden kann. Dieser Preis wird aber offenkundig von denjenigen, die diesen Gedankengang weiter verfolgen und auch verwenden, gerne bezahlt, denn sie erhalten dafür einen Gegenwert – die Ermöglichung christlicher Erziehung. Nur so kann man die christliche Glaubenserziehung dann begründen, denn diese spielt sich nun einmal im Seienden dieser Welt (und nicht) im Himmel ab. (Religiöse) Erziehung wird in diesem Kontext als möglich gedacht und in ein dynamisches Verhältnis von Gehorsam (pístis) und Glaube (fides) überführt. Der Glaube stellt sich eher ein – so die

Hoffnung –, wenn zunächst der Gehorsam (gegenüber den Lehrern der Kirchenhierarchie) an deren Stelle tritt. Christliche Erziehung in dieser Traditionslinie ist deshalb in erster Linie Gehorsamkeitserziehung. Dass es auch eine ganz andere Traditionslinie im Christentum gibt – nämlich jene, die sich nicht im Seienden der Welt, sondern im Sein des Gottes einklinkt – und Erziehung/Lehre/Bildung dementsprechend durch menschliche Lehrer als unmöglich erklärt, sei hier schon erwähnt, aber erst bei Augustinus im Zusammenhang erklärt.

An dieser Stelle will ich die Rekonstruktion einiger wichtiger Elemente bzw. Implikationen der frühchristlichen Theologie abbrechen und daran erinnern, dass die christliche Religion ideengeschichtlich ein überaus erfolgreiches Mem geworden ist und nicht nur für Europa eine kaum zu überschätzende Bedeutung auch und gerade für das pädagogische Selbstverständnis gewonnen hat. Dabei waren die Voraussetzungen für einen Erfolg nicht gerade günstig. Zumindest nicht auf den ersten Blick. Denn die christliche Religion musste sich nicht nur gegen eine Vielzahl funktional äquivalenter (religiöser) Ideen durchsetzen, sondern auch gegen die bis dato dominante antike Paideia-Tradition behaupten. Die christlichen Theologen (bzw. Kirchenväter) haben früh diesen Kampf aufgenommen. Im Rückblick kann man wohl sagen, dass sie dabei nicht nur große Teile des antiken (nun: heidnischen) paideia-Denkens abgelehnt und ersetzt, sondern auch schlicht übernommen und neu »angemalt« haben, so dass man hinter der »Tünche« kaum noch das Original sehen kann. Die Extreme reichten von der totalen Ablehnung – so etwa bei Theophilos, der alle griechische Philosophie, Wissenschaft und Kunst für völlig wertlos hielt –, bis hin zu ernsthaften Versuchen einer Versöhnung der beiden Weltanschauungen (wie z.B. beim frühen Augustinus). Paulus Warnung (aus dem Kollosserbrief 2, 8) dürfte nicht ohne Grund geschrieben worden sein: »Sehet zu, daß euch niemand täusche (verführe) durch die Philosophie«. Vor allem die in der griechischen Philosophie weit verbreitete Skepsis gegenüber absoluten Wahrheitsansprüchen und ihre allgemeine Toleranz in Bezug auf Wahrheitsucher sollte auf viele Christen wie ein Defizit wirken: »Nachlesetrauben alles und Geschwätz und Schwalbenzwitscherschulen und Kunstverdreher« – so lautete deshalb der bildreiche Vorwurf von Tatian an die griechischen Philosophen mit ihrer Vielfalt an Meinungen und Positionen[29].

29 Zit. nach Ballauff 1969 a.a.O. S. 286.

Geschickter als die totale Ablehnung der (antiken) Philosophie sollte sich aber die Transformation und Assimilation der überkommenen Weltanschauung erweisen. Die neue christliche Religion hat durchaus auf schon vorhandene Motive der antiken Philosophie aufbauen können, diese übernommen und weiterentwickelt. Dabei kam ihr entgegen, dass in dieser Übergangszeit (0–400 n.Chr.) das Denken der römisch-griechischen Spätantike und der Stoa eine Reihe von Denkern hervorbrachte, die Akzente setzen, die dem christlichen Denken sehr nahe kamen. Einer dieser Denker war *Plotin* (205–270), ein Neuplatoniker, Gründer und Leiter einer platonischen Philosophenschule in Rom. Er vertrat einen monistischen Denkansatz. Dabei ist das Axiom »Alles geht von einem aus« problemlos religiös zu übersetzen in »Alles geht von Einem aus« (nämlich von Gott) und damit hoch anschlussfähig an eine monotheistische Religion, zumal dieses »Eine« von Plotin als einzige Ursache von allem, unkörperlich, eigenschaftslos und geistig gestimmt wurde. In seiner Ethik plädierte er für die Loslösung von der sinnlich-körperlichen Welt und verband dies mit dem Gedanken des Aufstiegs. In einer Art Stufengang der moralischen Entwicklung beginnt die erste Entwicklungsstufe mit der »Reinigung« der Seele vom Bösen und der Entwicklung individueller und sozialer Tugenden; in einem zweiten Schritt soll das Gute verstandesmäßig erkannt werden und die dianoetischen Tugenden entwickelt werden; schließlich erreicht der Meister dann das »Einswerden mit dem Ur-Einen«. All das lässt sich im christlichen Denken ohne viel Aufwand integrieren und religiös interpretieren – beginnend beim Gottesverständnis bis hin zu einer Ethik, die die Frömmigkeit ins Innere der Seele legt und aufsteigt bis hin zu einer mystischen Verschmelzung in der Erkenntnis des Einen Gottes.

Förderlich für eine Fruchtbarmachung des antiken philosophischen Denkens für die christlichen Denker waren aber nicht nur begriffliche und gedankliche Unterscheidungen, sondern auch eine sich in der Spätphase der Antike, insbesondere in ihren skeptischen Varianten, herausbildende Toleranz gegen Andersdenkende. Schon das Höhlengleichnis lässt sich dahingehend interpretieren, dass es keinen *direkten* Anblick des Guten geben kann, sondern nur im Lichte der Sonne die Unterscheidung von gut und böse (analog zu Licht und Schatten) erkennbar wird. Diese Relativierung des Guten als (letzte) Idee (des Seins) und seine Überführung in ein »Gutförmiges« impliziert in gewissem Sinne eine tolerante Haltung, geht es doch um die Suche nach der einen Wahrheit und nicht um den endgültigen Wahrheitsbesitz. Zumindest ist das *ein* Akzent in Platons Seinslehre (es gibt, ich gebe es zu, auch andere, dem widersprechende Akzente). Bei den spätantiken Denkern, die vor allem in der Tradition der Stoa dachten, wird dieser Gedanke aufgegriffen und ausgebaut. Schon bei *Cicero* (106 v.Chr.–43 n.Chr.), dem einflussreichen römischen Rhetor, Politiker und Denker, der in seinen Werken zwischen griechischem und römischem Denken, zwischen Rhetorik und Philosophie vermittelte, lässt sich diese Toleranz in der Wahrheitsfrage nachweisen. Sie verbindet sich bei ihm mit einer skeptischen Grundeinstellung, die von der Unmöglichkeit einer *objektiven* Wahrheitserkenntnis ausgeht und deshalb zu einer kritischen Überprüfung der Geltungsansprüche – in Gedanken und durch eine sorgfältige Berücksichtigung der Gegenargumente – aufruft. Diese gegen jeden Dogmatismus gerichtete Einstellung bestimmt Weisheit nicht als *Wahrheitsfindung*, sondern als unabschließbare *Wahrheitssuche*.

Diese tolerante Haltung kommt den ersten christlichen Denkern entgegen, denn sie können sie – wie jede neue »Philosophie« – in Anspruch nehmen – und gleichzeitig überschreiten. Wie das? Wer zugibt, die Wahrheit nicht zu besitzen und sie stattdessen zu suchen, verzichtet auf die Sicherheit des richtigen Wissens und setzt sich der Unsicherheit einer ständigen und mühsamen Suche danach aus. Er verzichtet damit auf den ruhigen und befriedigenden Zustand seiner Seele, der in der Gewissheit der einen Wahrheit gründet und nimmt dafür den Zweifel an jedem Wahrheitsanspruch in Kauf. Dass das »Suchen an sich«, so Plotin, auch ohne Finden »überaus erstrebenswert« sei – das scheint doch eine sehr heroische Haltung zu sein, die schwerlich universalisierbar ist. Zweifel ist nämlich ein unangenehmer Zustand, den auf Dauer nur Wenige ertragen können; deshalb versuchen die meisten Menschen, Unsicherheit wieder schnellstmöglich in Sicherheit dadurch zu überführen, dass sie ihre Überzeugungen auf Inseln absoluter Sicherheiten retten[30]. Die philosophische Haltung des auf Dauer gestellten Zweifels scheint deshalb nur für eine Minderheit attraktiv zu sein, für eine kleine geistige Elite. Das Christentum kann sich dagegen mit seinem Angebot, die eine

30 Diesen Gedankengang hat Chr. S. Peirce ausführlicher begründet. Vgl. Ch. S. Peirce: Die Festigung einer Überzeugung und andere Schriften. Frankfurt a.M. 1985.

absolute »göttliche« Wahrheit im Angebot zu haben, für viele Menschen vorteilhaft von der skeptischen Philosophie der Spätantike absetzen. Wir werden dieses Motiv auch bei großen christlichen Denkern – etwa bei Augustinus – wiederfinden können.

Wie die Transformation ursprünglich antiker Argumente in christliche Gedankengänge im Einzelnen vor sich ging, kann hier nicht in der gebotenen Differenziertheit beschrieben werden. Ich will nur ein paar wenige Andeutungen entlang von Stichworten machen:

- »apatheia«: von Stoikern *im* Leben angesiedelt wird es von den Christen *nach* dem Leben gedacht; im Leben bedeutet das einen ständigen Kampf gegen die »páthe«, also die Sünden der Begierden, der Leidenschaften des Leibes;
- »physis«: »Natur« wird als Gegenbegriff zu Gnade gebraucht und damit abgewertet – bis hin zu einem »Natur ist schlecht«; sie kann deshalb kein Maßstab mehr für gelingendes Leben sein;
- »episteme«: in der antiken Philosophie eine Zielperspektive im Leben, im Christentum nach dem Leben bei Gott angesiedelt;
- »idola«: Platons Ideen werden vom Christentum singularisiert und transzendiert: nur Gott allein ist letztlich das Sein, das reine Sein;
- »kairos«: bei den Stoikern der fruchtbar gemachte Augenblick im Jetzt und Hier, den man aktiv gestaltet; im Christentum ein Gottesgeschenk in einem ekstatischen Bekehrungserlebnis;
- »pathé«: der gnostische Kampf gegen die Begierden des Körpers, der Sünde der Begierden, wurde fast nahtlos in den christlichen Kampf gegen die fleischliche Sünde überführt;
- »koinonia«: der gnostische Kosmopolitismus wurde vom Christentum in einen universellen Anspruch überführt[31];
- »Drei-Räume-Lehre«: Die platonischen drei Räume (im Höhlengleichnis), die den körperlichen Handlungsraum, den geistigen Vorstellungsraum und den ideellen Abstraktionsraum symbolisieren (und sich in ähnlicher Weise auch im platonischen

31 Mit einem Missionsbefehl, der vermutlich nicht dem historischen Jesus zugerechnet werden kann, sondern erst in der frühkirchlichen Gemeindetradition entstanden ist und kanonisiert wurde (vgl. J. Krause, A. K. Treml: Kulturkontakt anno dazumal: Deutsche Missionsschulen in Afrika und Asien. Bilder aus der Geschichte interkultureller Erziehung. Hamburg 1999 (Beiträge aus dem Fachbereich Pädagogik 2/1999).

Staatsaufbau wiederfinden lassen), werden in der göttlichen Trinität gespiegelt bzw. in den Begriff des »dreieinigen Gottes« überführt (Christus – Heiliger Geist – Gott).

Wir sehen: Vielfach setzt das Christentum auf der Basis der antiken Philosophie neue Akzente. Aber selbst dort, wo sich das neue christliche Denken *gegen* die antike Tradition wendet und sie konterkariert, gebraucht sie deren überkommenen begrifflichen Distinktionen.

Die Kritiker der neuen christlichen Religion waren zahlreich und kamen insbesondere aus den gebildeten Schichten der in der antiken und stoischen Philosophie geschulten Denker. Für diese musste die von den frühen Christen vorgenommene Abwertung der philosophischen Bildung und die Aufwertung des Glaubens wie ein rotes Tuch gewirkt haben. Sätze wie diese: Man möge »den Herrn in der Einfalt seines Herzens suchen« (Weisheit 1,1) oder »Selig sind die Armen im Geiste; denn ihrer ist das Himmelreich« (Matth 5, 3) oder »Alle philosophische Bildung ist nutzlos« (Clemens von Alexandria) wurden als Ausdruck der Dummheit der Christen und damit ihrer Unbildung interpretiert. Eine eindrucksvolle Kritik an diesem christlichen Denken der »Unbildung« hat Kelsos im Jahre 178 n.Chr. unter dem Titel »Alethés Lógos« vorgelegt[32]. Er kritisiert hier vor allem die im frühen Christentum weit verbreitete Abneigung gegen die philosophische Bildung und die Wertschätzung des »geistig Armen«, der (dummen) Kinder und der Priviligierung des bloßen Glaubens. Dummheit, so Kelsos, ist Voraussetzung und Folge des christlichen Glaubens, und Dummheit ist es, die reiche antike philosophische Tradition des paideia-Denkens zu vergessen oder gar zu verschmähen. Unbildung ist geschichtsloses Denken, und nur auf diesem Hintergrund könne man den ungeheuer dummen Anspruch erheben, »göttliche Weisheit« zu vermitteln – ein Anspruch, den nicht einmal Sokrates und Platon erhoben haben (denn er würde ja die volle Erkenntnis des Seins – also den Blick direkt in die Sonne – implizieren!). Deshalb sei das Christentum eine Religion für die Dummen, die Kinder, die Sklaven, die Weiber, die niederen Stände – also der Ungebildeten. Kelsos über die Christen: »Indem sie selbst eingestehen, daß solche Leute ihres Gottes würdig sind, machen sie deutlich, daß sie sowohl den Wunsch als auch die einzige Möglichkeit besitzen, nur die einfältigen und proletarischen und stumpfsin-

32 Vgl. Ballauff 1969 a.a.O. S. 253 ff.

nigen Menschen, die Sklaven und Weiber und kleinen Kindern zu überzeugen«.[33]

Möglicherweise hat Kelsos hier in der Tat einen Grund für den anfänglichen Erfolg des christlichen Ideen beschrieben, denn es kommt der Verbreitung einer Idee entgegen, wenn sie nicht an den hohen Hürden einer aufwändigen kognitiven Bildung scheitern kann, sondern stattdessen den bloßen Glaubensakt verlangt. Wissen verlangt harte Arbeit (des Lehrens und Lernens), Glauben kann man ohne diesen mühsamen Umweg sofort. Es sind deshalb zunächst die kleinen Leute, die Erniedrigten, »Beleidigten« und »Beladenen«, die in die frühchristlichen Gemeinden drängen, also jene, denen es nie gelungen ist oder denen es nie vergönnt war, die Höhen der griechischen Bildung zu erklimmen. Im Umkehrschluss kann man daraus schließen, dass es den Vertretern der antiken paideia-Tradition (einschließlich der Stoikern) nicht gelungen ist, ihren elitären Anspruch einer philosophischen Bildung für die freien Bürger zu transzendieren und das gemeine Volk mehrheitlich zu erreichen. In diese Lücke hinein sollte das Christentum mit seiner Erlösungsreligion drängen und sich gegen eine Reihe von anderen zeitgenössischen religiösen Angeboten (wie etwa die Heilslehren der tausendnamigen Isis, der Göttermutter Kybele, des phrygischen Attis, der ägyptischen Serapis und des Sonnenkults für Mithras) erfolgreich behaupten.

4.2 Der Kirchenvater: Augustinus

Der Übergang vom antiken paideia-Denken in das christlich-mittelalterliche Denken lässt sich beispielhaft an Augustinus veranschaulichen. Augustinus ist in diesem Zusammenhang mehrfach von besonderem Interesse: Zum einen deckt sich seine Lebenszeit (354–430) ziemlich genau mit der Endphase jener Epoche, die ich als Übergangsphase bezeichnet habe[34]. Der endgültige Sieg der christlichen Religion im römischen Reich spiegelt sich in Augustinus Übertritt zum christlichen Glauben wider. Im Leben des Augustinus lässt sich

33 Zit. nach Ballauff 1969 a.a.O. S. 255.

34 Eine kurze Übersicht über sein Leben (und Werk) findet sich bei W. Geerlings: Augustinus. Leben und Werk. Eine bibliographische Einführung. Paderborn 2002, S. 27 ff.

in der vorausgehenden Zeit eine intensive Auseinandersetzung zwischen den beiden großen Denkströmungen dieser Zeit – der antiken Philosophie und des christlichen Glaubens – nachweisen. Die Rekonstruktion dieser besonderen Entwicklung an einem Fall vermag deshalb beispielhaft eine allgemeine Entwicklung zu veranschaulichen – und das auf hohem Niveau, denn Augustinus war ein gelehrter und scharfsinniger Denker, der sich sowohl in der antiken Tradition der Rhetorik als auch der Philosophie (insbesondere des Neuplatonismus) bestens auskannte und auch die neue christliche Lehre – nachdem er sie kennengelernt hatte – differenziert zu denken, zu entfalten und zu bereichern vermochte, so dass er zu einem der wichtigsten Kirchenväter der neuen Religion werden sollte. Die vielfach geäußerte Kritik am Christentum, sie sei ja nur eine Religion für Dumme, ist hier wahrlich fehl am Platze. Schließlich gibt es noch einen weiteren Grund, sich hier gerade mit Augustinus zu beschäftigen: Er ist Verfasser eines Buches, das den Titel trägt »Über den Lehrer« (»De magistro«), in dem die neue christliche Sicht an der für die Pädagogik schlechthin zentralen Frage nach der Möglichkeit menschlichen Lehrens idealtypisch erprobt wird. Diese Fragestellung, die Augustinus am Beginn des Mittelalters behandelte, sollte am Ende des Mittelalters Thomas von Aquin wieder aufgreifen und (unter dem gleichen Titel) mit neuen Akzenten versehen behandeln. So mag es vielleicht gelingen, auf der Basis des Gleichen die Unterschiede herauszuarbeiten, die einen Epochenwechsel eingleitet haben.

Mit Augustinus beginnt die Epoche der *Patristik*, der frühen christlichen Kirchenväter, die in der Auseinandersetzung mit der antiken Philosophie die theologischen (und pädagogischen) Grundlagen des neuen Denkens formulierten. Diese Zeit der Patristik dürfte etwa vom 2./3.–8. Jahrhundert gehen. Idealtypisch gesehen kann man sagen, dass die Kirchenväter dieser Zeit – wir werden es bei Augustinus noch genauer sehen – in den Begriffen Platons dachten, also vom Platonismus bzw. Neuplatonismus beeinflusst waren. Wir werden später, am Ende des Mittelalters angekommen, die Zeit der *Scholastik* noch kennen lernen (12.–14. Jahrhundert) und uns einem der prominentesten scholastischen Theologen zuwenden: Thomas von Aquin. Die Scholastiker waren vor allem von (bzw. vom wiederentdeckten) Aristoteles beeinflusst. So zeigt sich, dass auch die wichtigsten christlichen Denker selbst dort, wo sie kritisch um eine Synthese zwischen griechischer Philosophie und christlicher Offenbarung rangen, in den begrifflichen Kategorien der antiken Philosophen dachten. Das gesamte christliche Mittelalter – an seinem Beginn und an seinem Ende – denkt letztlich in den begrifflichen Kategorien der antiken Philosophie, und das nicht nur dort, wo sie verändert, sondern selbst dort, wo sie abgelehnt und überschritten werden.

Das lässt sich an Augustinus beispielhaft veranschaulichen. Sein intellektuelles Denken ging einen weiten Weg, der mit dem Studium der klassischen Rhetorik begann, sich der damals weit verbreiteten Weltreligion des Persers Mani (»Manichäismus«) näherte, um dann – für kurze Zeit – sich einer skeptischen Variante des Platonismus (die er durch ein Studium an einer platonischen Akademie kennen lernte) zuzuwenden. Über den Bischof Ambrosius lernt er schließlich den christlichen Glauben kennen. Nach einem heftigen geistigen Ringen und einem eindrücklich beschriebenen Bekehrungserlebnis kommt es 386 zur Konversion und ein Jahr später zur Taufe. 391 wird er zum Priester und 395 zum Bischof (von Hippo) geweiht. In diesen wenigen Worten wird deutlich, dass sich in diesem 76-jährigen Leben wie in einem Zeitraffer die Veränderungen des geistigen Denkens der mittelalterlichen Vorlaufsphase widerspiegeln. Ausgangspunkt ist die platonische Zweiweltentheorie, die Augustinus wie selbstverständlich benützen und neu und – etwa bei seiner Annäherung an das manichäische Denken – radikaler denken wird.

Seinen Weg vom antiken zum christlichen Denken begann Augustinus als Platonist (bzw. Neuplatonist). Der Platonismus mit seinem dualistischen Weltbild der Zwei-Reiche-Lehre besitzt eine ganz besondere Affinität zum religiösen Denken der Christen und sollte sich deshalb als so anschlussfähig an das neue Denken erweisen, dass Augustinus einmal so weit ging zu sagen, dass die Platoniker nur wenige Worte und Ansichten zu ändern brauchten, um Christen zu sein (»De vera religione«). Die platonische Zwei-Reiche-Lehre kommt dem christlichen Denken nicht nur nahe, weil es nur einen kleinen Sprung braucht, um ihn in die Unterscheidung von Gott und Welt – bzw. eines »Gottesstaates« (»civitas dei«) und eines »Teufelstaates« (»civitas diaboli«) (vgl. Abb. 8)[35] – zu über-

35 So die binäre Unterscheidung in seinem Hauptwerk »Über den Gottesstaat« (»De civitate Dei«), in der er mit dem Gottesstaat nicht die sichtbare Kirche meint, sondern eine geistige Kirche jenseits der Geschichte (vgl. Abb. 8). Die Realgeschichte der Menschen wird als Unheilsgeschichte abgewertet.

Abb. 8: Dieser zeitgenössische Stich zeigt die beiden Welten (Staaten, Städte) des Augustinus: die Welt des Guten (Gottes) auf der linken und die Welt des Bösen (des Satans) auf der rechten Seite. Die Differenz beruht nun nicht mehr auf einem »Dahinter« (wie noch bei Platon), sondern auf einem »Gegenüber«. Das falsche und das richtige Leben sind nicht mehr Teile des einen Lebens, sondern stehen sich unversöhnlich gegenüber.

setzen, sondern auch, weil die asymmetrische Bewertung attraktiv schien. Das menschliche Streben soll schon bei Platon vom Seienden, also von der vergänglichen Welt, zum Sein, also zum ewigen Allgemeinen, zum Göttlichen gehen. Das christliche Denken, auch das des Augustinus, übernimmt diese Wertung (die wir auch bei den Stoikern vorgefunden haben) und interpretiert sie religiös: Es geht darum, Gott näher zu kommen und Gott ist das Sein[36]. Weil schon bei Platon das Sein ausschließlich geistig ist, sollte auch die von Augustinus geprägte christliche Anthropologie nicht nur die binäre

36 Augustinus zitiert in diesem Zusammenhang die Sinaioffenbarung Gottes an Mose: »Ich bin, der ich bin« – und übersetzt diese (scheinbare?) Tautologie mit: Ich bin das Sein. In seinem Werk sollte er noch häufig Gott mit Sein bezeichnen.

Einteilung (von Sein und Seiendem) übernehmen und den Menschen in Körper und Geist einteilen, sondern auch assymetrisch werten: Es geht darum, das Körperliche zu überwinden und das Geistige Gott näher zu bringen. Wie bei Platon soll das menschliche Streben danach gehen, die sichtbare Sinneswelt des Seienden zu verachten und stattdessen die unsichtbare geistige Welt des Seins zu lieben, lassen sich doch nur in dieser geistliche und ewige Wahrheiten finden. Das (unsichtbare, geistige) »Innen« (intus) ist höherwertiger als das (sichtbare, reale) »Außen« (foris). Das sollte die weitere anthropologische und pädagogische Ideengeschichte erheblich beeinflussen.

Wie schon erwähnt, hatte sich das Denken Augustinus für kurze Zeit dem Skeptizismus zugewandt, also einer Form des kritischen Denkens, das es letzten Endes für unmöglich hielt, das reine Sein direkt zu erkennen. Bei Platon selbst ist dieser Punkt mehrdeutig geblieben. Dort, wo er das wahre Sein des Guten als bloß »gutförmig« umschreibt und im Höhlengleichnis den direkten Blick in die Sonne nicht für möglich oder als nicht entscheidend hält, nähert er sich eher dem skeptischen Denken. Das war nun eine Stelle im Platonismus, der von den Skeptikern noch ausgebaut wurde – und nicht anschlussfähig an das christliche Gottesverständnis war. Schließlich war Gott die geoffenbarte absolute Wahrheit des Seins schlechthin. Augustinus, der selbst auf der Suche nach letzter Gewissheit war, hat in mehreren Denkanläufen sich mit dieser Frage beschäftigt und schließlich eine für das christliche Denken interessante »Lösung« gefunden.

Schon in einer frühen Schrift, deren Abfassung in die Zeit noch vor seiner Konversion fällt, aber sie schon gedanklich vorbereitet, entwickelt er den Grundgedanken. Im Titel dieser Schrift kommt der apologetische Charakter zum Ausdruck »Gegen die Akademiker«[37], denn mit »Akademiker« waren die antiken Philosophen (insbesondere die Platoniker) gemeint. Aber Augustinus ging es nicht nur um Apologetik, sondern auch um Versöhnung zwischen den beiden Denkweisen, deshalb betont er auch die Gemeinsamkeiten – etwa dort, wo es beiden Schulen letztlich um die Wahrheit geht. Aber er arbeitet auch den Punkt heraus, an dem sich Christen von Philosophen unterscheiden, nämlich in der Überzeugung, dass die Philosophen die Wahrheit wohl suchen, aber nicht finden können,

37 Vgl. Graeser 1992 a.a.O., S. 246–266.

während Christen im Gegensatz dazu die Wahrheit schon gefunden haben. Und wo? Natürlich nur im Innern des Menschen, in seinem Geiste, denn alle äußere Welt ist vergänglich und zufällig. Noch bleibt Augustinus eng an Platon, wenn er dabei betont, dass dort, wo Rauch auch Feuer sei – sprich: wo ein Abbild auch ein Urbild sei – und man folglich von der subjektiven Gewissheit eines Gottes auf dessen objektives Sein schließen könne. Aber er bereitet durch die Nobilitierung innerer Zustände als Quelle der Wahrheit einen Gedanken vor, der erst in der Neuzeit in seiner radikalen säkularen Fassung des modernen Subjektdenkens seine ganze Sprengkraft entfalten sollte.

Noch deutlicher wird diese Aufwertung des Subjekts in der Schrift »De vera religione«. Die Abkehr von der äußeren Welt und die Einkehr in das eigene innere Ich wird hier als Königsweg göttlicher Erleuchtung gesehen und gleichzeitig die skeptische Relativierung durch ein Argument entkräftet, das sehr modern erscheint (und erst über seine säkulare Variante bei Descartes weltberühmt wurde). Es lautet: Alles Wissen kann durchaus eine Täuschung sein; aber inmitten dieser Unsicherheit, ob es wahr oder falsch ist, bleibt doch eines absolut sicher: dass *ich* es bin, der diese Zweifel hat. Dass ich selber bin, kann als absolut sichere Erkenntnis inmitten aller zweifelhaften Erkenntnis gelten[38]. Noch schließt Augustinus diesen Gedanken von der unbezweifelbaren (objektiven) Form jeder Erkenntnis auf den (subjektiven) Inhalt seiner Erkenntnis (nämlich Gottes) kurz und bleibt hier im christlichen Denken des Mittelalters verhaftet, aber es braucht nur wenig, um in seiner Logik der Aufwertung des Subjekts die Moderne deutlich durchschimmern zu sehen.

Wenngleich diese Nobilitierung des inneren Ichs fortschrittlich anmutet und die skeptische Variante der Neuplatoniker überzeugend in seine Schranken weist, sollte Augustinus sich damit an anderer Stelle ein Problem einhandeln, das man etwa so umschrei-

38 »Doch ohne das Gaukelspiel von Phantasien und Einbildungen fürchten zu müssen, bin ich dessen ganz gewiss, dass ich bin, erkenne und liebe. Bei diesen Wahrheiten machen mir die Argumente der Akademiker keinerlei Sorge. Mögen sie sagen: Wie, wenn du dich täuschst? Wenn ich mich täusche, bin ich ja. Denn wer nicht ist, kann sich auch nicht täuschen; also bin ich, wenn ich mich täusche…« (Augustinus: Gottesstaat 11. Buch).

ben kann: Wenn alleine das innere Ich Quelle jeder (göttlichen) Wahrheit ist, wie kann es dann überhaupt noch von außen »belehrt« werden? Damit sind wir bei der für die Pädagogik zentralen Frage angelangt, nämlich: Wie ist nach diesem christlichen Verständnis von Wahrheitsfindung alleine im Innern des Ichs Erziehung noch möglich? Augustinus behandelt diese Frage in seiner Schrift »Über den Lehrer« (»De magistro«)[39] und spitzt sie zu auf die Frage: Wie ist Lehren durch Worte möglich? Diese Verengung auf Worte mag vielleicht mit seiner rhetorischen Ausbildung zusammenhängen und der aus der Antike uns schon wohlvertrauten Wertschätzung überzeugender Rede. Möglicherweise hängt sie aber auch mit der Entstehungsgeschichte der Schrift zusammen, denn es handelt sich um eine in Dialogform abgefasste Lehrschrift, die als letzte der frühen Schriften Augustinus die Phase der philosophischen Auseinandersetzungen mit den »Akademikern« abschließt und die Konversion zum christlichen Glauben nicht nur vorbereitet, sondern inhaltlich schon vollzieht.

Das Besondere an diesem Werk ist, dass es einen Dialog wiedergibt, den Augustinus mit seinem damals 15-jährigen Sohn Adeodatus vermutlich im November des Jahres 386 auf dem Landgut eines Freundes bei Mailand geführt hat. Augustinus war damals 33 Jahre alt. Zwei Jahre später wurde das Werk, vermutlich in Rom, fertiggestellt. Zu diesem Zeitpunkt war Adeodatus, der hochbegabte und von seinem Vater inniggeliebte Sohn, schon tot. Es handelt sich hier also um einen jener kostbaren Vater-Sohn-Dialoge, die aus der pädagogischen Ideengeschichte mehrfach erhalten sind, und denen allen gemeinsam ist, dass das Pädagogische dabei nicht nur *Inhalt*, sondern auch *Form* der Erörterung ist, handelt es sich doch dabei um die Grundform des »pädagogischen Bezugs« – im educativen Verhältnis eines Elters zu seinem Kind. Augustinus spricht in seinen Lebenserinnerungen (»Bekenntnisse« 9. Buch) von seinem (einzigen) Kind in der Erinnerung mit einer Mischung aus Liebe, Achtung und Erstaunen. Vor allem dessen Begabung löst beim Vater ein »erschreckendes Gefühl« aus. In der Tat ist der Text des Dialogs – wenn er auch nur andeutungsweise so stattgefunden hat – nicht nur ein ergreifendes Dokument einer Vater-Sohn-Beziehung, sondern beweist auch eine außergewöhnliche

39 A. Augustinus: Der Lehrer (De magistro). Übertragen und eingeleitet von C. J. Perl. Paderborn 1974.

Frühbegabung des fünfzehnjährigen Sohnes. Dieses Erschrecken gründet wohl in der wahrgenommenen Diskrepanz zwischen der wahrgenommenen Hochbegabung des Kindes einerseits und dem Gefühl des Versagens bei der Erziehung als Vater andererseits. Offenbar hat sich Augustinus zunächst wenig um seinen Sohn gekümmert; erst mit dem Erreichen der Pubertät wollte Augustinus ihn »in Deiner Lehre erziehen«[40] und plante deshalb umfangreiche – sich an den »sieben freien Künsten« orientierende – Lehrschriften. Zu spät, wie der frühe Tod des Sohnes dann zeigte. Sowohl diese Kluft zwischen der fehlenden Erziehung einerseits und der trotzdem hochentwickelten Begabung des Kindes andererseits, als auch der frühe Verlust seines einzigen Kindes mögen Gründe dafür gewesen sein, dass Augustinus als Erklärungsprinzip (für beide Phänomene) letztlich nur noch Gott (genauer gesagt: Christus) annimmt.

Man kann den Inhalt des Dialogs in Kurzform so wiedergeben: Auf die Frage, wie ein Lehren durch (gesprochene) Sprache möglich ist, wird – nach vielen sprachphilosophischen Umwegen schließlich – die Antwort gegeben: Das kann kein menschlicher Lehrer, sondern nur Christus, der im »Innern unserer Seelen wohnt«: »Über die Dinge in ihrer Gesamtheit aber, die wir verstehen sollen, befragen wir nicht eine von außen her zu uns dringende, sondern die von innen her unsern Geist regierende Wahrheit, und Worte können uns höchstens zu dieser Befragung anleiten. Jener aber, der da befragt wird, lehrt, und das ist der, von dem es heißt, daß er im inneren Menschen wohnt (Ep II, 16 f.), ist Christus, das ist die unwandelbare und ewige Weisheit Gottes« (11. Kap, 38).

Dass es keine menschlichen Lehrer geben könne oder anders formuliert: dass ein Lernen durch Lehren nicht ohne die Prämisse Gott erklärt werden könne, mag auf den ersten Blick befremdlich vorkommen, ja geradezu als eine unsinnige Behauptung erscheinen, denn sie kommt von einem Lehrer, der die Unmöglichkeit einer mündlichen Belehrung gerade in Form einer mündlichen Belehrung begründet. Man muss deshalb die paradoxe Logik ent-

40 »Wir nahmen ihn in unsre Gemeinschaft auf, er war genauso alt wie wir in deiner Gnade, wir sollten ihn in deiner Lehre erziehen. Und so sind wir getauft worden …«, schreibt er in seinen »Bekenntnissen« (6. Buch, S. 400).

falten, um sie fruchtbar zu machen. Augustinus begründet zunächst seine These – und ich formuliere sie recht frei in meinen eigenen Worten – damit, dass er auf etwas Unzweifelhaftes hinweist, nämlich dass der Klang gesprochener Worte nichts mit dem Inhalt gemeinsam hat und die Wahrheit einer Behauptung deshalb auch nicht durch eine Rede von »außen« (also vom Lehrer) nach »innen« (also in den Schüler) gelangen kann. Lehren kommt von außen, Lernen aber von innen. Wie aber kann die Vermittlung erklärt werden?

Die Virulenz dieser Frage wird auf dem Hintergrund der platonischen Unterscheidung von innerem Sein und äußerem Seienden vor allem durch die christliche Radikalisierung erreicht, denn zwischen Innen, dem ewigen Sein der Seele, und Außen, dem vergänglichen Sinnlich-Wahrnehmbaren, gibt es nun keine Überschneidung mehr. Die menschliche Lautsprache aber gehört eindeutig zur äußeren Welt des Sinnlich-Wahrnehmbaren. Von ihr kann es im radikalen Sinne einer auf die Transzendenz ihres Gottesbegriffes bezogenen Religion keine direkte Brücke mehr zum Göttlichen geben – es sei in Form eines »re-entrys« – personalisiert in Jesus Christus. Christus ist auch hier die Brücke, die zwischen Außen und Innen vermittelt und zwar als einziger Lehrer, der die Seele des Menschen von innen belehrt hat. Dieser kann dann, möglicherweise von außen angestoßen, sich dessen erinnern und in dem Maße, wie diese Erinnerung von einem göttlichen Licht beleuchtet (illuminiert) wird, findet Lernen statt. Augustinus Illuminationstheorie geht also von einer Lichtmetaphorik aus, in der das Lernen durch ein göttliches Licht erklärt wird. Weil dieses Licht von innen kommt (und nicht von außen), kann es auch keinen menschlichen Lehrer geben. Es bleibt dabei: »Einer nur ist euer Lehrer, der Christus«[41].

Damit findet eine radikale Abwertung nicht nur der antiken Rhetoriktradition (durch einen gelernten und erfolgreichen Rhetor) statt, sondern der gesamten antiken paideia-Tradition, in der die Bildung als Ermöglichung einer reflexiven Umwendung für möglich –

41 Nach Matth. 23, 8–10: »Aber ihr sollt euch nicht Rabbi nennen lassen: denn einer ist euer Meister, Christus; ihr aber seid alle Brüder …«. Noch im »Gottesstaat« (XIV, 7) sollte Augustinus diese – zur Rhetoriktradition konträre – Position vertreten, wenn er schreibt: »Daß die Welt an Christus glaubt, hat nur die Kraft Gottes, nicht Überredungskunst bewirkt«.

für schwer –, aber nicht für unmöglich gehalten hat. Augustinus radikalisiert die traditionelle Kritik der Philosophen an der sophistischen Rhetoriktradition noch einmal, schüttet damit – wenn man mir dieses Bild erlauben will – das Kinde mit dem Bade aus, denn damit wird jeglicher Bildung (von außen) der Boden entzogen und alleine Gott die Ehre eines Erziehers attachiert. Um Wahrheit zu verstehen, bedarf es jetzt zunächt des Glaubens an diesen Gott; das Verstehen ist dann (möglicherweise) Folge davon. Das vielzitierte Apriori des Augustinus lautet deshalb: »Wenn ihr nicht glaubt, werdet ihr nicht verstehen.«[42] Alle Wahrheit, sei es die philosophische oder die religöse Wahrheit, ist letztlich ein Geschenk des Glaubens.

Auf dem Boden des Glaubens ist dann Lernen insofern möglich, als der Schüler die von Christus gelehrte »innere Wahrheit« betrachten und sich ihrer wieder erinnern kann: »Also bleibt denen, die sich ihre Schüler nennen, nichts anderes übrig, als bei sich selbst zu prüfen, ob das, was man ihnen gesagt hat, wahr ist, das heißt, sie müssen, soweit ihre Kräfte reichen, jene innere Wahrheit betrachten. So erst werden sie lernen.«[43]

Wir finden in dieser Antwort des Augustinus auf die für jede Pädagogik grundlegende Frage nach ihrer Ermöglichung zeitbedingte, mittelalterliche Elemente und solche, die zeitlos scheinen und in hohem Maße anschlussfähig an ein modernes Verständnis von Lehren und Lernen sind. Mittelalterlich erscheint uns aus heutiger Sicht sicher der Bezug auf den Glauben und Gott (bzw. Christus) als einzige Ermöglichung von Lernen durch Lehren. Wir brauchen aber nur »göttlich« durch »das, was wir derzeit (noch) nicht wissen bzw. nicht erklären können«, zu ersetzen, dann haben wir ein durchaus modernes Verständnis von Erziehung. In der Tat sind Worte »äußerlich« und in hohem Maße »zufällig« bzw. »willkürlich« und korrelieren nicht mit dem Inhalt, geschweige denn mit der Wahrheit. Um über Worte belehren zu können, muss es schon etwas im Innern des Schülers geben, an das der Lehrer anknüpfen kann. Aufgrund der Radikalisierung von Sein und Seiendem bzw. von Innen und Außen kann im christlichen Verständnis keine Brücke zwischen Immanenz und Transzendenz mehr gedacht werden – auch nicht zwischen Lehren und Lernen.

42 Zit. nach c. J. Perl (Vorwort zu Augustinus 1974, S. XVII).
43 Augustinus 1974 a.a.O. S. 97.

Augustinus muss deshalb auf »Christus« als Brückenprinzip rekurrieren, um ein Lernen durch Lehren noch erklären zu können (und damit auf den Glauben an ihn). Diese theorietechnische Schwierigkeit, etwas wieder zusammenfügen zu können, was man zunächst radikal getrennt hat, wird in der Geistesgeschichte ein Dauerproblem bleiben – und das auch dort, wo sie schon lange, wie etwa bei Kant, säkularisiert worden ist (ich werde darauf zurückkommen)[44].

Anschlussfähig an die Moderne ist sicherlich der radikale Subjektbezug, der unvermeidbar in der Aufwertung des »Innen« gegenüber dem »Außen« enthalten ist und in dem Augenblick, als die Bindung an das Göttliche als überflüssige Hypothese behandelt wird, zur grandiosen Figur des modernen autonomen Subjekts nobilitiert werden sollte. Dieser Subjektbezug ist bei Augustinus an vielen Stellen seines Denkens hervorgehoben – etwa bei der Begründung von Gewissheit und Wahrheit, aber auch bei der Ermöglichung von Lernen durch Lehren – und wird bei ihm vor der Übersteigerung in Selbstermächtigung durch seine theologische Bindung geschützt. All das wird die Moderne radikal verändern, wenngleich auch auf dem Boden der begrifflichen Unterscheidungen, die Augustinus vorgedacht hat.

Vorerst aber sollte Europa für Jahrhunderte im »dunklen Mittelalter«[45] versinken, und auch hierfür dürfte Augustinus als Vordenker gelten und deshalb daran nicht »unschuldig« sein. In seinen späten Schriften (als konvertierter Christ und Bischof) sollte er nämlich einen Gedankengang entwickeln, der sich für die weitere Entwicklung Europas geradezu lähmend ausgewirkt hat[46]. Das Sein Gottes im Verständnis von Augustinus wird durch die Negation alles Seienden charakterisierbar, also auch durch ein Handeln, das wir Men-

---

44 Augustinus als Bischof kommt später nicht umhin, die Möglichkeiten einer (missionarischen) Glaubens-Erziehung positiver zu sehen und eine Reihe von praktischen Ratschlägen zu geben (vgl. De doctrina Christiana – Die christliche Bildung. Stuttgart 2002, insbesondere 4. Buch).

45 Der Begriff ist nicht unproblematisch – zumindest aus Sicht der Mediävisten. Sie neigen dazu, das »Mittelalterloch« (Flasch) eher den Beobachtern zuzuschieben (vgl. Flasch 2003 a.a.O. S. 18).

46 Das ist natürlich als Wirkungsattributierung solange eine Wertung, als sie nicht nachweisbar ist, und empirisch nachweisbar dürfte eine solche weitreichende Behauptung nicht sein.

schen nach unserer Vernunft nicht verstehen – allenfalls glauben – können. Es ist in der Logik dieses Gedankens, dass dann auch Gottes Gnade für uns Menschen willkürlich erscheint, und in einem für uns völlig unbegreiflichen Akt der Auswahl einige wenige Menschen ins Paradies, viele aber in die Hölle schickt – und zwar völlig unabhängig ihrer moralischen Verdienste oder Verfehlungen. Dieses Gottesbild sollte sich im lateinischen Westen des ehemaligen Römischen Reiches schnell verbreiten.

Bei dem Versuch, diese merkwürdige Wahl Gottes als gerecht zu legitimieren, verfiel Augustinus (ab 397) auf die Theorie der Erbsünde, d.h. er interpretiert 1. Gen. 3, in dem der Sündenfall Adams und Evas und die Vertreibung aus dem Paradies geschildert wird, als einen göttlichen Fluch, durch den Adams Sünde über den Weg der geschlechtlichen Fortpflanzung in allen Generationen weiter vererbt wird[47]. Die Erbsünde ist eine Schuld, die alle Menschen – auch die kleinsten Kinder (!) – in Adam und Eva begangen haben. Der kleinen Zahl der Auserwählten, die in den Himmel kommen, steht die große Zahl der ewig Verdammten in der Hölle gegenüber.

---

47 »Strafe ohne Ende« ist angesagt (Gottesstaat S. 851). Augustinus hat seine Erbsündelehre im 13. Kapitel seines »Gottesstaates« entwickelt, dann aber vor allem in Auseinandersetzung mit Bischof Julian von Eclanum zugespitzt und in seinen (späten) antipelagianischen Schriften entfaltet. Es ist im übrigen bemerkenswert, dass Augustinus mit seiner Argumentation hier in theologischem Gewande eine Art Selektionstheorie entwickelt, die in seiner Logik an den Darwinismus erinnert: Die ersten Menschen stehen vor einer Wahl (Varianz) und wählen eine, nämlich die verbotene Möglichkeit, aus (Selektion); die dadurch entstandene Schuld wird geschlechtlich (!) auf alle weiteren Generationen vererbt (Stabilisierung bzw. Reproduktion). Augustinus geht dabei explizit von einem Gattungsbegriff des Menschen aus: »Im ersten Menschen also war das ganze Menschengeschlecht, das durch das Weib in die Nachkommenschaft übergehen sollte, vorhanden« (De civitate S. 851). Damit rückt die gesamte Phylogenese in den Blick (»die aus dem ersten Menschen stammende ununterbrochene Nachkommenschaft« 857), und er kann damit die geschlechtliche »Weiterzeugung« der Eigenschaft »sündig« plausibilisieren. Augustinus benützt die Begriffe »traicere« bzw. »traicio« = hinüberbringen/überleiten, »transire« = übergehen und »propagiere« bzw. »propagatio« = fortpflanzen/Fortpflanzung. Es handelt sich also um eine Art Vererbung erworbener Eigenschaften (und damit um eine lamarckistische Evolutionstheorie).

So etwas wie eine Verdienstfrömmigkeit, die den Himmel als einen gerechten Ausgleich für frommes Verhalten verspricht, kann es in diesem Gedankengang nicht geben; Gottes Gnade ist willkürlich[48].

Die Folgen dieser menschenverachtenden Gnadentheologie sind m. E. prekär gewesen[49], denn jede aktive Weltverbesserung – auch jede pädagogische Menschenverbesserung – bleibt sinnlos angesichts eines Gottes, der seine Gunst völlig unabhängig von menschlicher Frömmigkeit verteilt, und wird deshalb unterlassen. Augustinus Denken brachte nicht nur eine »folgenreiche Depotenzierung von Vernunft und ethische Selbstbestimmung«[50], sondern auch und vor allem einen Rückfall in eine Art frühchristlichen Fatalismus, der jede Weltverbesserung (auch durch pädagogisches Handeln) über tausend Jahre lang blockieren sollte. Für die Pädagogik kommt erschwerend hinzu, dass Augustinus die Strafe aus ihrem (uralten) pädagogischen Kontext entriss, ihr stattdessen eine theologische Funktion zuschrieb und sie damit legitimierte. Während bei den Denkern der Platon-Tradition Strafe nur als eine pädagogische legitim war, gewinnt bei Augustinus die Strafe nun eine nichtpädagogische Funktion: sie dient in Form der ewigen Höllenstrafe[51] alleine dazu, die Größe und Singulariät Gottes zu unterstreichen, eines Gottes, den man nicht mehr mit menschlichen Prädikaten beschreiben oder verstehen kann.

Von den anfangs geschilderten zwei Wegen sollte das christliche Europa deshalb in den nächsten Jahrhunderten fast ausschließlich den ersten gehen: Weltflucht, Rückzug in das eigene Ich – oder ins monastische Ideal des Mönchtums. Die Welt verbessern war sinnlos, denn die vererbte Schuld konnte damit keinen Deut abgetragen werden. Alles Schlechte und Böse dieser Welt aber, jede Hungersnot

48 Vgl. zur Augustinischen Gnaden- und Erbsündelehre von K. Flasch: Die Logik des Schreckens. Augustinus Gnadenlehre von 397. Mainz 1995 (2).

49 Flasch verwendet eine eindrucksvolle Metapher, wenn er Augustinus Gnadenlehre als einen »Stachel im Fleisch Europas« (Flach 2003 a.a.O. S. 207) bezeichnet.

50 Flasch 2003 a.a.O. S. 207.

51 »... bei der es auf eine Besserung der Bestraften nicht mehr ankomme« (K. Flasch: De civitate Dei. In ders. (Hg.): Hauptwerke der Philosophie Mittelater. Stutgart 1998, S. 28).

und jede Tyrannenherrschaft konnte als gerechte Strafe Gottes für diese Schuld gewertet werden[52].

Werfen wir deshalb jetzt einen kurzen Blick auf die europäische Realgeschichte, weil nur dadurch der Mangel an Ideengeschichte erklärbar wird. Europa, so kann man wohl sagen, versinkt ab dem 5. Jahrhundert etwa sechshundert Jahre lang – mit einer Ausnahmephase unter Karl dem Großen (ich komme darauf noch zu sprechen) – in das, was häufig als »dunkles Mittelalter« bezeichnet wird[53]. Mit der Metaphorik des »Dunklen« will man nicht nur sagen, dass wenig aus dieser Zeit bekannt ist[54], sondern auch, dass Europa kulturell verarmt und im Vergleich zu seinem schon erreichten Standard zurückfällt. Staatliche Strukturen beginnen, unter dem Ansturm der Hunnen im Osten, der Normannen im Norden, der Mohammedaner im Westen und Südosten, zu zerfallen. Selbst die Kunst der elementaren Kulturtechniken Lesen und Schreiben zieht sich immer mehr hinter Kirchenmauern zurück. Nur im geistigen Reich der Kirche, an Bischofsitzen, in Klöstern und Pfarreien verstand man noch zu

---

52 »Eadem spectamus astra, commune caelum est, idem nos mundus involvit« – Wir erblicken dieselben Sterne; der Himmel ist uns gemeinsam; dasselbe All umgibt uns. Mit diesen Worten wendete sich der römische Präfekt (und Zeitgenosse Augustinus) im Jahre 384 an Ambrosius, den mächtigen christlichen Bischof von Mailand, um ihn zu bitten, den Tempel der Victoria – ein einst von Augustus geweihtes Heiligtum – wieder öffnen zu dürfen. Der Appell an die (religiöse) Toleranz – ein letztes Aufbegehren der antiken Welt, in der sie üblich war – blieb vergeblich. Schon ein Jahr später wurden (in Trier) die ersten christlichen Ketzer nach der Folter hingerichtet, und im Jahr 415 wurde die »heidnische« Philosophin Hypatia, Leiterin der griechischen Akademie in Alexandria, von einem christlichen Pöbelhaufen überfallen, in die nächste Kirche gezerrt und gesteinigt.

53 Z.B. bei K. Burdach: Reformation, Renaissance, Humanismus. Zwei Abhandlungen über die Grundlage moderner Bildung und Sprachkunst. Darmstadt 1963 (3), insbesondere S. 124.

54 Eine These, die (zu Recht) von Mediävisten bestritten werden darf – und wird. Selbst für die Pädagogik muss man sie relativieren; z.B. führt Ballauff (1969 a.a.O. S. 315 ff.) noch eine ganze Reihe wichtiger Denker des frühen Mittelalters und des Hochmittelalters auf, von denen allerdings keiner den Rang eines pädagogischen Klassikers erreicht hat (Hieronymus, Boethius, Cassiodor, Isidor von Sevilla, Benedict von Nursia, Gregor der Große, Beda Venerabilis, Hugo von St. Victo, Johannes von Salisbury, Alain de Lille, Vincenz von Beauvais u.a.m.).

lesen und zu schreiben und rettete so die Schrift, das Lateinische, durch die Wirren der Zeit.

Dieser beispiellose Niedergang der Kultur in Europa ließ die Bildungslandschaft Europas zu einer Zeit verdorren, als andere Hochkulturen in der Welt aufblühten. Während Europa kulturell verarmte und die antiken Philosophen, Platon, Aristoteles und alle anderen – als Heiden geschmäht –, langsam in Vergessenheit geraten, entsteht in China das Reich der Sui-Dynastie (581–618) und der buddhistische Mönch Jingwan beginnt das gesammelte Wissen auf Steinplatten einzugravieren. Diese Arbeit wird nach seinem Tode bis 1669 fortgesetzt, so dass insgesamt über 14.278 Steintafeln mit 3572 Bänden buddhistischer Schriften noch heute erhalten sind. In den zwanziger Jahren des 7. Jahrhunderts entsteht im arabischen Raum mit Mohammed eine junge, aggressive Religion, die bald auch auf europäischen Raum expandierte und schon Mitte des 8. Jahrhunderts in vielerlei Hinsicht – wissenschaftlich und technisch – Europa kulturell überholte.

In dieser »dunklen« Zeit sollte in Europa auch die Weiterentwicklung pädagogischer Ideen brachliegen. Dort, wo sie noch gepflegt werden, ziehen sie sich hinter dicke Klostermauern zurück. Diesem Rückzug in eine räumliche und geistige Isolation schwebt das *monastische Ideal* vor, dem die Weltflucht christlicher Frömmigkeit Struktur und Richtung gab. Ein Leben nach diesem monastischen Ideal versuchte die »drei große Versuchungen« des Menschen (nach christlichem Verständnis) – nämlich: Hören, Sehen, Reden – und jede Willensäußerung des »Fleisches« (wie etwa die Sexualität) dadurch zu überwinden, dass es sich im Kloster rigide räumlich isolierte. Durch diese »geographische Isolation« wird das an und für sich Unwahrscheinliche – nämlich in der Welt qua Weltflucht weitgehend ohne seine natürlichen Sinne und Bedürfnisse zu leben – wahrscheinlich gemacht. Eine solche räumliche Isolierung ist, wie ein Blick in die Evolution der Lebewesen beweist, immer schon ein geeignetes Mittel zur Erzeugung unwahrscheinlicher Strukturen gewesen[55]. Auf dem Hintergrund der allgemeinen Wertschätzung des rein geistigen, göttlichen Seins und der Abwertung des »fleischlichen« Seienden der Welt erschien ein solches Leben frommer und wohlgefälliger zu sein als das der gewöhnlichen Menschen. Deshalb

55 Vgl. dazu A. K. Treml: Evolutionäre Pädagogik. Eine Einführung. Stuttgart 2004, S. 239 ff., sowie ders. 2005 a.a.O.

wurden die Mönche (und Nonnen) – trotz ihrer menschlichen Fehlbarkeiten – lange Zeit als eine Zwischenform zwischen Mensch und Engel betrachtet – und damit zu einem allgemeinen Erziehungsziel stilisiert.

Die bisher eingenommene Perspektive der Beobachtung des Mittelalters und seine Bewertung als einer »dunklen« und »finsteren« Zeit – Goethe spricht in seiner Italienischen Reise einmal von der »niederen« Zeit – ist einseitig und (mindestens) ergänzungsbedürftig, denn es ist die Perspektive der frühen Humanisten, die ein Interesse daran hatten, das überkommene Alte abzuwerten, um das Neue – die Wiederentdeckung des antiken harmonischen Welt- und Menschenbildes – in einem umso helleren Licht erscheinen zu lassen[56]. Es mag ein wenig so gewesen sein wie beim Übergang von den Sophisten zu den Philosophen. Auch damals wurde um des Kontrastes willen das Alte ab- und das Neue aufgewertet. So ist die Zeit der Sophisten und die Zeit des Mittelalters gleichermaßen bis heute eine Zeit, die durch die dunkle Brille ihrer Kritiker gesehen (und abgewertet) wird. Die Prädikatisierung des Mittelalters als »dunkel« und »finster« ist der Hintergrund einer anderen Metapher, nämlich der »Aufklärung«. In dieser Metaphorik wird das Bild einer aufgehenden Sonne nach einer langen Nacht gemalt, und damit gleichzeitig eine deutliche Bewertung transportiert. Man muss das wissen und seine Funktion durchschauen, um seinem Charme nicht zu erliegen. Gleichwohl sind solche Bewertungen selbst ein Teil der Ideen, die in der Kulturgeschichte evoluieren und sich über lange Zeit stabilisieren konnten, weil sie offenbar einen Vorteil haben – und sei es nur der, dass wir über Differenzen und Kontraste besser erkennen können, was es gar nicht gibt.

56 Vgl. E. Garin (Hg.): Geschichte und Dokumente der abendländischen Pädagogik. Reinbek 1964, S. 283 f.

5 Vom »dunklen Mittelalter« zur »zweiten Aufklärung« im Humanismus

5.1 Die karolingische Bildungsreform: Karl der Große

Aus dieser Zeit des »dunklen Mittelalters« ragt eine Gestalt heraus, die auch in diesem Zusammenhang (in dem es um die pädagogische Ideengeschichte geht) unbedingt erwähnt werden muss: Karl der Große. Das, was wir von ihm wissen, deutet auf eine heterogene Persönlichkeit hin: grobschlächtig, gewalttätig und mitleidlos gegenüber seinen Feinden, großzügig in der Liebe zu seinen vielen Frauen und seinen Freunden, ungebildet (die überwiegende Zeit seines Lebens war er Analphabet, erst im Greisenalter lernte er – in seinen schlaflosen Nächten – mühsam das Lesen und Schreiben) und gleichzeitig wiss- und lernbegierig, ein brutaler Kriegsherr und ein kluger und geschickter Organisator seines Reiches, vor allem aber ein großer Bildungsreformer, dem das »dunkle Mittelalter« (vorübergehend) ein helles Licht verdankt, das noch lange nach seinem Tode nachleuchten sollte.

Es ist immer schwer, wenn nicht gar unmöglich, einen kausalen Zusammenhang zwischen Ideen- und Realgeschichte zu bestimmen. So auch hier. Und trotzdem ist der Zusammenhang einer Idee, nämlich Augustinus »Gottesstaat«, einerseits mit dem Versuch Karls des Großen, durch reale Poltik diese Idee zu verwirklichen, offensichtlich (wenngleich auch sicher nicht durch eine kausale Attributierung zu bestimmen). Karl hat sich Augustinus »De civitas Dei« immer wieder vorlesen lassen und offenbar war das in diesem Buch geschilderte göttliche Reich dasjenige, was Karl in seinem politischen Handeln vorschwebte und das er durch seine Realpolitik zu verwirklichen suchte. Anders ließe sich die verwegene Mischung von unbedingter, skrupelloser und gewaltsame Energie einerseits und dem Bestreben, die verwüstete Bildungslandschaft Europas wieder aufzubauen, andererseits kaum erklären. Noch Karls Großvater Karl Martell verhinderte in der Schlacht von Poitiers (732) das weitere

Vordringen einer anderen, inzwischen in weiten Teilen des (heutigen) Europas festsitzenden großen Bildungsmacht, nämlich des Islams. Karl sollte es nicht gelingen, sein Reich nach außen in diese Richtung zu vergrößern. Noch im Jahre 778 sollte Karl bei seinem Feldzug gegen das Omaijadische Emirat von Cordoba eine empfindliche Niederlage einstecken müssen (»Rolandslied«). Erfolgreicher (aus seiner Perspektive) war die Unterwerfung der heidnischen Sachsen und eine geschickte Heiratspolitik, die ihm die Kontrolle mehrerer Länder ermöglichte.

Aber all das hat kaum seinen Tod überdauert. Was lange Zeit überdauert und möglicherweise Folgen bis heute hat, das waren Karls Bestrebungen, die niederliegende Bildungslandschaft wieder aufzubauen – hier erwies er sich in der Tat als »der Große«. Dazu berief er die klügsten Ratgeber der Zeit an seinen Hof – sie arbeiteten vor allem in seiner kaiserlichen hohen Schule (ab 781), der Hofakademie, Vorläufer der spätmittelalterlichen Universitäten. Karl reformierte mit ihrer Hilfe nicht nur die staatliche Verwaltung, sondern vor allem auch das Schulwesen und die »Wissenschaft«. Man spricht hier zu recht von einer »karolingischen Reformzeit« bzw. einer »karolingischen Renaissance«. Meist in Form von Rundschreiben an die Geistlichen des Reiches versucht Karl »die Werkstatt der wissenschaftlichen Bildung, die durch die Untätigkeit unserer Vorfahren fast verödet ist, wiederherzustellen«[1].

Es ist eine besondere Art von Klugheit – ja eine, die möglicherweise evolutionär weitaus erfolgreicher ist als die gewöhnliche –, wenn man dazu in der Lage ist, die Klugheit Anderer sich zunutze zu machen. In dieser Hinsicht war der – schulisch ungebildete – Karl in der Tat klug. Unter seiner Herrschaft entstand wieder ansatzweise ein effizientes Schulwesen (insbesondere von Kloster- und Domschulen), das auf den »Lehrplan des Abendlandes«[2] aufbaute, und dieser Lehrplan sollte seit dieser Zeit bis weit hinein in die Neuzeit – also über 1000 Jahre lang – zwei inhaltliche Schwerpunkte haben: die christliche *Bibel* und die antiken »*sieben freien Künste*«, die »septem artes liberales« (vgl. Abb. 9). Im Mittelpunkt der »artes« stand zu Zeiten des Karolingerreiches die »Grammatik«

1 So, wörtlich zitiert, aus einem Rundschreiben vermutlich aus dem Jahre 789 (zit. nach Garin 1964 a.a.O. S. 91).

2 Vgl. J. Dolch: Lehrplan des Abendlandes. Zweieinhalb Jahrtausende seiner Geschichte. Darmstadt 1982.

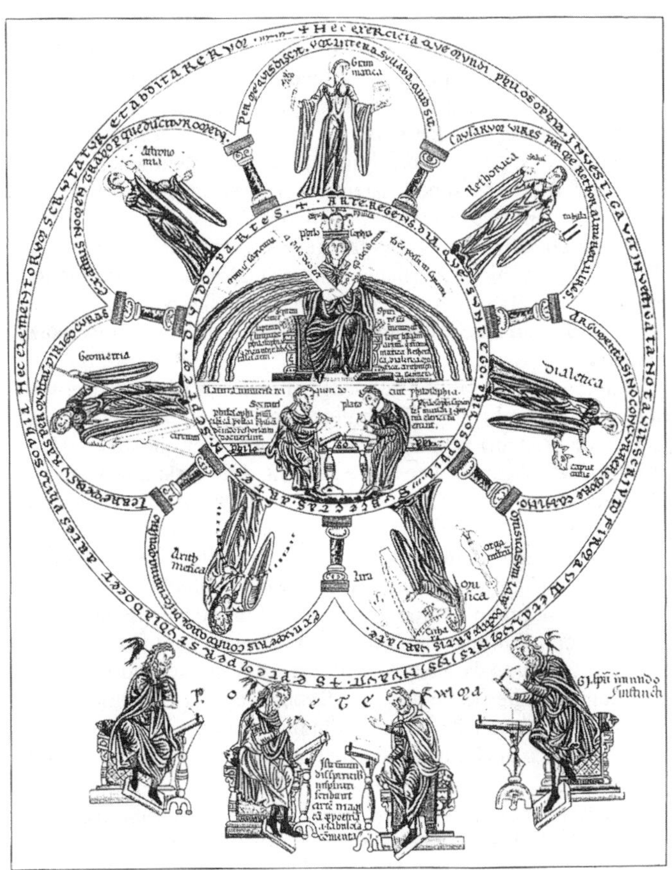

Abb. 9: Die sieben freien Künste (»septem artes liberales«) in einer (verschollenen) Handschrift des Herrad von Hohenburg (Hortus deliciarum um 1170, ehem. Staatsbibliothek Straßburg)): In der Mitte die Philosophie, darunter sitzen Sokrates und Platon sich gegenüber (Ethik, Physik und Rhetorik lehrend); rings im Kreis sind in Arkaden die sieben freien Künste dargestellt: Grammatic (mit Buch und Rute!), Rhetorica (mit Schreibstift und Tafel), die Dialectica (mit Hundekopf), die Musica (mit Harfe), die Arithmetica (mit Zählschnur), die Geometrica (mit Messstab und Zirkel) und die Astronomie (mit Glaszylinder).

in Form der lateinischen Sprache. Das Latein hatte wohl die Wirren des frühen Mittelalters überlebt, wenngleich auch mehr schlecht als recht[3] und war dazuhin im fränkischen Vielvölkerstaat regional in unterschiedliche Formen zerfallen. Unter Karl wurde das Latein der Kirchenväter (der Patristik) – wohlgemerkt: nicht der römisch-antiken Philosophen – zur Grundlage einer einheitlichen Verwaltung und Bildung. Neben Latein als Verwaltungs- und Bildungssprache begann Karl der Große auch, die Volkssprachen zu fördern (z.B. durch Sammeln wichtiger Texte). Damit wurde Karl zum Schöpfer eines mittelalterlichen und frühneuzeitlichen Bilingualismus[4], denn neben den vielen regionalen Volkssprachen entstand mit dem Latein eine gemeinsame Sprache der (kleinen) Bildungsschicht.

Damit wurde zumindest auf der Ebene der Sprache eine Entwicklung möglich, die über Differenzierung (Nationalsprachen) und Inklusion (Latein) schließlich in einer größeren geistigen Macht mündete, die man ab dem Jahre 732 (im Abwehrkampf gegen die Araber) immer häufiger als »Europa« bezeichnen sollte. So wurde der Traum des Karl, nämlich ein christliches Weltreich mit der Zielrichtung auf den Augustinischen Gottesstaat[5] gleichzeitig wahr und nicht wahr. Nicht wahr wurde er dort, wo er realpolitisch oder geographisch definiert wurde, wahr in einem ideengeschichtlichen Sinne, denn Europa (was immer wir auch darunter verstehen mögen) ist zumindest eines: ein durch das antike und christliche Denken geprägtes kollektives Gedächtnis, auf das Kommunikation zurückgreifen kann[6]. Dieser Kommunikationspool grenzt sich unvermeidlich auch durch die Abgrenzung gegen andere kulturelle

---

3 Um 750 n.Chr. waren auch die Kleriker häufig zu keinem guten Latein mehr in der Lage – wie ein erhalten gebliebener Briefwechsel zwischen Papst Zacharias und dem Missionar Bonifatius beweist. Da heißt es z.B. »Baptizo te in nomine patria et filia et spiritus sancti« (statt »patris et filii«!) – was soviel heißt wie: »Ich taufe dich im Namen das Vaterland und die Tochter und des heiligen Geistes« (zit. nach Fuhrmann 2002 a.a.O. S. 15).

4 Das ist die These von M. Fuhrmann: Die »saure Schularbeit«. Eine Geschichte der europäischen Schule. In: Universitas 54 (7/1999), 637, S. 667–678.

5 Das ist die These bei Weimer 1964 a.a.O. S. 25.

6 Vgl. R. Schröder: Einheit der Vielfalt. Europa – was ist das? In: FAZ 14.8.2001, Nr. 187, S. 7.

Gedächtnisse ab, und doch scheint es für die weitere Entwicklung und Herausbildung kennzeichnend zu sein, dass es sich – vielleicht bedingt durch seine geographische Mittellage – nie gegen dieses Andere vollständig abgeschottet hat, sondern immer wieder dazu in der Lage war, die Differenz von fremd und vertraut in Lernen zu überführen. Karl der Große hat dieses Prinzip in einer ganz persönlichen Mischung (von normativem Erwarten und kognitivem Erwarten) gelebt – wenngleich auch in den Grenzen des christlichen Denkens – und wurde deshalb vielleicht zu Recht von seinem späteren Biographen als »Pater Europae«, als Vater Europas, bezeichnet.

Dieses geistige Europa ist nicht nur durch den antiken Lehrkanon der »septem artes liberales« – spätestens seit der karolingischen Bildungsreform (Karls des Großen) – geprägt worden, sondern auch (und damit komme ich zum zweiten curricularen Schwerpunkt des europäischen Schulsystems) durch die *Bibel.* Es ist hier an der Zeit – wenigstens im Vorübergehen –, auf die große Bedeutung der Bibel als dem zentralen Bildungsgut der europäischen Schulen hinzuweisen. Man könnte etwas vereinfacht sagen: Die europäischen Bildung vollzieht sich von nun an für lange Zeit in Form der lateinischen Sprache und am Inhalt der Bibel. Über tausend Jahre hinweg wird die Bibel zum ersten und wichtigsten »Schulbuch«. Der Inhalt dieses Buches prägt von nun an das Denken und die Vorstellungen aller Generationen – und man muss jetzt wohl sagen: bis vor wenigen Jahren[7]. Die große Resonanz dieses Buches in Europa bis hinein ins 20. Jahrhundert erklärt sich wohl nicht alleine aus der zentralen Stellung einer »Buchreligion«, sondern auch aus der Tatsache, dass es für die Menschen grundlegende Bedürfnisse befriedigt. Es erzählt anschaulich, bildhaft, lehrreich und eindrucksvoll Geschichten, in denen sich die Leser mit ihren Probleme und Fragen wiederfinden können, und gibt Antworten, die man – wie auch immer – übernehmen oder ablehnen, an denen man aber seine Persönlichkeit entwickeln kann. Sehr schnell verdinglichen sich die biblischen Geschichten in Literatur, bildender Kunst und in Musik, werden von einer zur anderen Generation durch Erziehung tradiert und bilden so

7 Vgl. M. Fuhrmann: Die Bibel – ein gefährdetes Element der Kultur. In ders. 2002 a.a.O. S. 90 ff.

zeitlich eine Kontinuität und räumlich eine abgrenzbare Einheit, die wir im Rückblick als »christlich-europäische« Kultur stilisieren können.

Die europäische Kunst, Musik und Literatur arbeitet seitdem mit Anspielungen und Verweisungen auf die antike Mythologie und Philosophie und auf diese biblischen Geschichten. Wer weder die antiken, noch die biblischen Geschichten mehr kennt, der wird weder die Werke Johann Sebastian Bachs noch Friedrich Schillers oder Johann Wolfang von Goethes in der Fülle ihrer Verweisungen verstehen können, denn sie wimmeln geradezu von allegorischen Andeutungen auf diese Überlieferungsinhalte. Der Reichtum europäischer Geistesgeschichte bleibt demjenigen verschlossen, der die antiken und die biblischen Geschichten nicht mehr kennt. Ich weiß, diese Gedanken greifen der weiteren Entwicklung weit voraus; aber sie müssen an irgend einer Stelle zum Ausdruck gebracht werden, und warum nicht hier, da es um die erste große europäische Bildungsreform geht, in der Karl der Große dem »Lehrplan des Abendlandes« mit seinen beiden curricularen Schwerpunkten der Antike und der Bibel (wenngleich auch mit der deutlichen Prärogative auf der Bibel) seine prägende Gestalt gibt?

Der Blick auf die vielen pädagogisch bedeutsamen Impulse, dic von Karls des Großen (Bildungs-)Reformen ausgingen, dürfen allerdings nicht vergessen lassen, dass die Didaktik dieser Zeit eine rein rezeptive war. Das Erlernen z.B. der lateinischen Sprache z.B. begann mit dem Auswendiglernen des (unverstandenen) lateinischen Psalters und endete in einem theologischen Fachstudium, dem eigenes kritisches Denken völlig fremd war, ging es doch nur um das unkritische Nach-Denken eines dogmatisch vorgegebenen Buchwissens. Dementsprechend waren die Methoden hart und bestanden großteils aus »Rute und Stock« und dem Versuch der totalen Unterwerfung unter den Willen des Lehrenden. Diese autoritäre Didaktik entstand nicht willkürlich, sondern ist Ausdruck einer Theologie, die ihre Wahrheit als absolute begreift, die sich in Form der göttlichen Offenbarung zeitlich der Lehre voraus weiß. Wo die Wahrheit aber absolut ist und am Anfang steht, kann ein nachträgliches Lernen, das sich darauf bezieht, nur rezeptiv-mimetisch sein. Eine solche autoritative bzw. autoritäre Didaktik ist eindimensional – sie kennt nur eine Richtung, denn sie geht von »oben« nach »unten«, von Gott zur Kirche, vom Kaiser zum Volk, vom Lehrer zum Schüler.

Als der Kaiser gestorben war, zerfiel das unter seinen Söhnen aufgeteilte Reich schnell wieder. Um die Jahrtausendwende war Europa in der Breite seiner Bevölkerung wieder ein weitgehend bildungsarmes, wenn nicht gar bildungsfreies Land. Nur im geistlichen Stand hinter wenigen Klostermauern wurde die klein gewordene Flamme der Bildung noch erhalten. Das Leben der normalen Menschen war meist grausam; Hungernöte plagten nicht nur die verarmten Bauern, Krieg und Terror ging von den Grenzen aus: im Norden von den Wikingern, im Osten und Süden von den Hunnen und den Magyaren; Unterdrückung auch im Frieden durch die »Herren«, den bewaffneten Adel oder in der Familie durch den Vater; die Kleriker erpressten ihren »Zehnten«; Kriegsdienst und Sklavenhandel waren alltäglich. Weil das Wissen, etwa das Heilwissen der Antike, verloren gegangen war, blühte der Aberglaube der Zauberer und der Alchimisten[8]. In der Kirche hatte das monastische Ideal zu einer völligen Verteufelung des Leibes und seiner Bedürfnisse, insbesondere der Sexualität, geführt. Gleichwohl verlangten die unterdrückten Gefühle ihre Befreiung und die Befriedigung der Bedürfnisse – sei es dadurch, dass z.B. selbst die Päpste ein ausschweifendes Leben mit Mätressen führten, sei es dadurch, dass die Kleriker die »fleischlichen Sünden« en detail schilderten. Lange Verzeichnisse des Verbotenen waren beliebte Lektüre. Das im Jahr 1012 erschienene »Decretum« des Burchard von Worms zählte 194 Perversionen auf, von der Sodomie bis zum Sex mit Nonnen. Dem Interesse am Verbotenen konnte so nachgegeben werden, indem man es detailliert beschrieb und gleichzeitig als Sünde brandmarkte[9]. Im Begriff der Sünde hat die christliche Kirche – wie andere Religionen auch – in Form eines binären Codes einen theologisch legitimen Weg gefunden, über das Positive *und* das Nega-

---

8 Vgl. z.B. die aus heidnischer Zeit stammenden und noch bis ins 10. Jahrhundert als Abwehrmittel gegen böse Geister und Krankheiten gängigen »Merseburger Zaubersprüche« (»ben zi bena, bluat zi bluoda, lid zi geliden, sose gelimida sin!«).

9 Eine Theorietechnik, die natürlich nicht nur im Mittelalter verwendet wurde. Wir werden noch sehen, dass eines der erfolgreichsten Bücher von Comenius im 17. Jahrhundert (nämlich »Das Labyrinth der Welt und das Paradies des Herzens«) nach diesem Muster gestrickt ist – und u.a. deshalb so erfolgreich wurde.

tive zu kommunzieren – und so die weitere Ideenevolution im Modus des Möglichen zu erhalten.

Um die Jahrtausendwende findet also keine Weiterentwicklung der pädagogischen Programmatik statt. Dafür sind die Bedingungen des Überlebens zu hart und zu unsicher. Die Beschäftigung mit Ideen und ihre reflexive und kommunikative Weiterentwicklung setzt neben der Beherrschung der Kulturtechniken zumindest die Befriedigung der Grundbedürfnisse voraus – eine Voraussetzung, die zu dieser Zeit nur noch an wenigen Orten, meist an Klöstern und Bischofssitzen, gegeben war. Die beiden christlichen Großreiche, das »Heilige Römische Reich« (mit einer Bevölkerung von etwa 35 Millionen) und das »Byzantinische Reich« (mit etwa 20 Millionen Menschen) waren kulturell verarmt und ständig bedroht, und zwar militärisch und kulturell, von anderen Großreichen. Das Wikingerreich (1 – 2 Mill. Menschen) im heutigen Skandinavien und Russland, und die Islamischen Kalifate (etwa 60 Mill. Menschen), die einen Großteil des heutigen Spanien umfassten, waren dabei die unmittelbaren Nachbarn. Isolierter und entfernter waren das Indische Reich (etwa 50 Mill. Menschen) und das Song-Reich in China (mit über 75 Mill. Einwohnern). Die Kontakte zu diesen fernen Reichen waren damals noch wenig entwickelt und nur durch vereinzelte reisende Kaufleute gegeben. Das alles waren Kulturen, die andere Religionen und teilweise eine weitaus höhere Kulturentwicklung aufzuweisen hatten.

Für die weitere Entwicklung Europas (auch seiner geistigen, ideengeschichtlichen Entwicklung) bedeutsam geworden ist vor allem eine dieser angrenzenden Kulturen: die der islamischen Kalifate. Der Einfluss des Islams auf die europäische Ideengeschichte ist (vor allem für das 11. und 12. Jahrhundert) in der historischen Fachliteratur unbestritten[10]. Der Islam ist die jüngste der drei abrahamitischen Religionen und vermutlich alleine schon deshalb für die christliche Mission schwer oder gar nicht erreichbar, denn Mohammed, der Prophet, konnte die jüdische und christliche Religion als Vorstufen zur eigentlichen Religion des Islam stilisieren. Wie der christliche Glaube erhebt auch der Islam einen universellen Absolutheitsanspruch. Im Unterschied zum Christentum verzichtete der

10 Vgl. (zum Folgenden) den Überblick bei G. Herchert: Vom Einfluß des Islams auf die europäische Denkgeschichte. In: Vierteljahresschrift für Wissenschaftliche Pädagogik Heft 2/2003, S. 206–221.

Islam jedoch i.a. bei seinen unterworfenen Völkern – gegen Tribut – u.a. auf (Zwangs-)Missionierung und konnte durch diese praktische Toleranz die heterogenen Spannungen von Vielvölkerstaaten relativ gut kanalisieren und sie sogar für sich nutzen, denn islamische Gelehrte sollten die Kenntnisse und Techniken der anderen Kulturen übernehmen und damit eine geistige Vormachtstellung erringen.

Wir sehen hier eine evolutionäre Logik am Werke, die wir schon flüchtig bei Karl dem Großen kennengelernt haben: Nützlicher als das Nichtlernen der Mächtigen (das bekanntlich bis zur Vernichtung des Andern gehen kann) kann unter Umständen das Lernen von Andern sein. Aber bei Karl begrenzte sich die Neugier und die Lernfähigkeit auf die besten Denker der eigenen, christlichen Religion. Die islamischen Gelehrten weiteten dieses Prinzip auf Angehörige anderer Religionen aus und übernahmen zunächst vor allem praktische Kenntnisse, später zunehmend auch theoretisches (sprich: philosophisches) Wissen aus der chinesischen, indischen, persischen oder antiken Kultur, speicherten es schriftlich mit Kommentaren und lehrten dieses Wissen weiter an eigenen Gelehrtenschulen. So kam es, dass zu der Zeit, als im christlichen Europa die Erinnerung an Aristoteles erlosch, diese in islamischen Gelehrtenschulen erhalten blieb. Wie wir wissen, ist Aristoteles der wohl wichtigste Denker für die induktiv beobachtend vorgehende Naturwissenschaft geworden. Während in der christlichen Welt der Neuplatonismus der Patristik die Naturbeobachtung hemmte, wenn nicht gar verhinderte, konnten die auf Aristoteles geschulten islamischen Denker die Welt, und den Menschen, beobachten und dabei in einigen erfahrungswissenschaftlich begründeten Naturwissenschaften und in der ärztlichen Kunst erstaunliche Fortschritte machen.

Bedeutsamer für unseren Zusammenhang war aber die Rezeption der philosophischen Schriften des Aristoteles. Erst über islamische Gelehrte und ihre Kommentare zu Aristoteles wurden dessen Schriften wieder aus dem Arabischen ins Lateinische übersetzt und setzten damit eine Differenz frei, die die Dinge in Bewegung bringen und schließlich – etwa ab 1100 – zu einem geistigen Neuansatz führen sollte, der auch für die pädagogische Ideengeschichte wichtig geworden ist: die *Scholastik*.

5.2 Apologetik und Logik: die Scholastik

Wie kommt es nach dieser langen Zeit der Agonie zu einem (Wieder-)Aufblühen des geistigen Denkens und damit indirekt auch des Nachdenkens und Reflektierens von pädagogischen Ideen? Es ist naheliegend zu vermuten, dass auch geistige Mutationen ähnlich wie genetische Mutationen am Bestehenden ansetzen und graduelle Unterschiede bilden, die dann unter Umständen, wenn sie nützlich sind, erhalten bleiben. Das Neue (und Überraschende) entsteht durch zunächst kleine Abweichungen vom Alten (und Vertrauten). Was aber bringt die bestehenden alten Verhältnisse in Bewegung? Eine Vermutung könnte lauten: In der Zeitdimension die Wiederentdeckung eines vergessenen Alten und in der Raumdimension und Sozialdimension die Kontakte mit dem Fremden. Zumindest für die Scholastik lässt sich diese Vermutung plausibilisieren, denn die Scholastik entsteht im Zuge der wiederentdeckten Schriften des Aristoteles und der Kontakte mit der damals hochentwickelten islamischen Kultur.

Beides, die Wiederentdeckung des Aristoteles und die Kontakte mit dem Islam, gehören eng zusammen, denn die Entdeckung des lange vergessenen Aristoteles ereignet sich über arabische Übersetzungen und Kommentare[11]. Die Kontakte zu der fremden Kultur nahmen nach dem Tode Karls des Großen kontinuierlich zu, und sie verliefen aus beiderlei Sicht keineswegs immer glücklich. Gewalt war wohl die Regel. Im Jahr 1070 eroberten türkische Seldschuken Jerusalem. Gut 100 Jahre später begannen dann die christlichen Kreuzzüge (mit dem offiziellen Ziel der Wiedereroberung des Grabes von Jesus Christus in Jerusalem). Sie sollten bis Ende des 13. Jahrhunderts gehen. 1453 wird das christliche Konstantinopel türkisch und damit islamisch. Alle diese hier nur knapp angedeuteten Ereignisse der Realgeschichte verstärkten den Kontakt zu den Mohammedanern. Fruchtbar wurde dieser aber wohl nur dort, wo an die Stelle einer gewaltsamen auch eine geistige Auseinandersetzung trat. Das geschah überall dort, wo es bei der interkulturellen Berührung mit dem Anderen der fremden Kultur nicht bei den eigenen normativen Erwartungen blieb, sondern man auch in der Lage war, kognitiv zu erwarten und von der anderen Kultur zu lernen. Genau das ist of-

11 Insbesondere der arabischen Gelehrten Avicenna (980–1037) und Averroes (1126–1198).

fenbar in dieser unruhigen Zeit geschehen, so dass viele Anregungen kultureller und technischer Art aufgegriffen wurden[12] und eine geistige Auseinandersetzung mit dem Islam begann. Das ereignete sich z.B. dort, wo christliche Gelehrte (also Mönche, Magister oder Bischöfe) die arabischen Übersetzungen aristotelischer Werke lasen, ins Griechische oder Lateinische zurückübersetzten und sich mit den arabischen Kommentaren kritisch auseinandersetzten. Das geschah aber auch dort, wo christliche Denker sich apologetisch mit den arabischen Autoren auseinandersetzen – und diese von der Überlegenheit der christlichen Lehre überzeugen wollten. Auf Unverständnis bei den islamischen Gelehrten stieß nämlich eine ganze Reihe von christlichen Dogmen, vor allem die Lehre von der Inkarnation Gottes, von der Erbsünde und die Trinitätslehre[13]. Deshalb bedurfte es der Widerlegung der Einwände, der apologetischen Erklärung der eigenen Dogmen und der subtilen Überzeugungsarbeit.

Apologetik, also Verteidigung der eigenen Überzeugung mit der Absicht, den Andersdenkenden zu überzeugen, ist eine Form, die Unruhe, die von der Differenz ausgeht, die in der Erfahrung des Fremden gründet, wieder in Ruhe zu überführen. Christliche Denker des Hochmittelalters versuchten nun, die Einwände der arabischen Gelehrten gegen den christlichen Glauben zu widerlegen und die Überlegenheit der eigenen Religion zu beweisen. Man kann das durchaus als eine Form produktiver (geistiger) Unruhe bezeichnen. Aber wie sollte man dabei am besten vorgehen? Es genügt hier nicht, bloß rechthaberisch aufzutreten und den eigenen Glauben als den einzig richtigen appellativ zu beschwören, denn man musste damit

12 Ein Großteil der »Erfindungen« des Hochmittelalters gingen auf Lernprozesse im Kontext dieser Kulturkontakte zurück, wie z.B.: Brille, Papier, Knöpfe, Unterhose, Gabel, Schubkarre, Wasser- und Windmühlen, Räderuhren usw. (vgl. Chr Frugoni: Das Mittelalter auf der Nase. Brillen, Bücher, Bankgeschäfte und andere Erfindungen des Mittelalters. München 2003).

13 Alle diese zentralen Dogmen sind theologisch schwer zu begründen. Die Trinitätslehre z.B. findet sich in keinem der Evangelien; sie ist nicht biblischen Ursprungs. Noch Augustinus, der ein Buch über die Trinitätslehre geschrieben hat, ist dabei nicht in der Lage zu erklären, was sie genau bedeute. Wie sollte man sie dann gar Andersgläubigen verständlich machen können? Je unverständlicher die Glaubensinhalte sind, um so mehr bedarf es ihrer unbewussten Aneignung – durch christliche Sozialisation.

rechnen, dass die Andersdenkenden gleichermaßen von der Richtigkeit ihrer Religion überzeugt sind. Wenn man nur rechthaberisch auf den Unterschiede (auf die differentia spezifica) im *Inhalt* beharrt und auf die christlichen Autoritäten verweist, wird man wenig Erfolg bei seiner pädagogischen Überzeugungsarbeit haben, denn es sind ja gerade Inhalt und »auctoritas«, die in den Augen der islamischen Denker kritisiert werden. Klüger ist es, wenn man dabei einen Umweg über ein Gemeinsames (über ein tertium comperationis) geht, denn dann holte man den Andersdenkenden an einem ihm vertrauten Ort ab. Ein solches »tertium« aber ist die *Form* des menschlichen Denkens und der ihr innewohnenden sprachlichen Vernunft. Sie war, nachdem die antike Tradition der rhetorischen Kunst weitgehend verkümmert war, formal zu dieser Zeit bei den arabischen Gelehrten – vor allem in der islamischen Rechtslehre – weiter entwickelt als in den christlichen Klöstern. Christliche Gelehrte, durchdrungen von der alleinseligmachenden Wahrheit der christlichen Offenbarung, haben nun begonnen, sich ihrer Tradition der Dialektik wieder zu erinnern und zusätzlich die Logik des Aristoteles zu studieren (der, wie wir schon wissen, der Begründer der Begriffslogik, der Syllogistik, ist) und bei ihren apologetischen Bemühungen zu gebrauchen.

Es waren die klügsten Köpfe ihrer Zeit, die sich dieser Auseinandersetzung stellten und mit rationalen Methoden der formalen Vernunft den einzigartigen Inhalt des christlichen Glaubens systematisch zu reformulieren und zu beweisen versuchten, um dann mit einer strengen, syllogistischen Beweisführung (auf aristototelischer Grundlage) den islamischen Adressaten zu überzeugen. Dabei wurde der Glaube selbst, also der Inhalt der christlichen Religion, keinen Augenblick bezweifelt. Die *»auctoritas«* der heiligen Texte blieb für die Scholastiker sakrosankt. Die Entwicklung der formalen Vernunft, der *»ratio«*, die dabei aber als ein pädagogisches Medium in zunehmendem Maße Anwendung fand, hatte zur Folge, dass nun eine eigene Denkströmung entstand, die auf hohem Niveau argumentierte und für die bald die engen Mauern der Klöster zu eng waren. Es entstanden die ersten Universitäten (in Bologna, Paris, Oxford, Salerno – auch im deutschen Sprachraum: Prag 1348, Wien 1365, Heidelberg 1386, Köln 1388, Erfurt 1392 u.a.m.)[14], und die

14 Vgl. F. X. Thalhofer: Unterricht und Bildung im Mittelalter. München 1928, S. 67–85.

alten Kloster- und Domschulen dienten vermehrt nur noch der Vorbereitung auf das Universitätsstudium.

Die Universitäten lehrten nach antikem Muster (in einem Studiengang mit zunächst 6 Jahren) die sieben »artes liberales« – das Trivium »Grammatik – Rhetorik – Dialektik« und das Quadrivium »Arithmetik – Geometrie – Astronomie – Musik«. Aufbauend auf diesem Studium an der »Artistenfakultät« konnte dann an einer der drei höheren Fakultäten weiterstudiert werden: Theologie, Recht oder Medizin. Diese Institutionalisierung der höheren Bildung durch die Universitäten ist der äußere Ausdruck einer beginnenden geistigen Bewegung, deren Vertreter vor allem durch die Form ihrer Lehre schon damals als »Scholastiker« bezeichnet wurden. Die Bezeichnung »Scholastik« für diese geistesgeschichtliche Epoche ist allerdings erst im 18. Jahrhundert entstanden. Der Begriff geht auf das griechische »schola« zurück (von dem auch unser Begriff der Schule abstammt) und bedeutet dort ursprünglich: Muse, Studium, Zeit haben für etwas ....[15]. Im übertragenen Sinne der Scholastik wird das Wort aber meistens im Sinne von »einer bestimmten Schule angehörend« verwendet (also so, wie wenn wir heute sagen: diesen oder jenen kann man der Habermas-Schule zurechnen). Das Charakteristische dieser Schule der Scholastik ist wohl Zweierlei[16]: Erstens die Verwendung spezifischer formal-rationaler Methoden der Argumentation bzw. der Beweisführung und zweitens die Aufwertung der Philosophie als neben der Theologie gleichberechtigte »Wort-Wissenschaft«. Beide Charakteristika der Scholastik haben auch bedenkliche Seiten gezeigt, nämlich dort, wo sie zu einem reinen Formalismus und einer Beschränkung auf die Hermeneutik der »verba« herabsanken. Es scheint oft so gewesen zu sein, dass die logische und rhetorische Form, und nicht mehr der Inhalt, im Mittelpunkt der

---

15 Vgl. zum Begriff der Scholastik: Ritter/Gründer 1992 a.a.O. (Bd. 8) Sp. 1332 ff.

16 Das ist natürlich eine Verkürzung. Der geistige Aufbruch, der in der Scholastik begann, hatte eine Reihe weiterer Veränderungen des Denkens zur Folge, die auch für die pädagogische Ideengeschichte bedeutsam wurden – hier aber nicht differenziert entfaltet werden können. Ein Beispiel dafür ist Abaelards Neudefinition von »Sünde«: Von Sünder kann man nach diesem Scholastiker nur sprechen, wenn eine »Zustimmung zum Bösen« gegeben ist. Das aber wendet sich ausdrücklich gegen die Augustinische Erbsündelehre und dynamisiert das Subjektdenken.

subtilen Auseinandersetzungen der universitären Sophisten standen. Dort, wo überhaupt noch Inhalte behandelt wurden, blieb ihre Erörterung auf die »verba« und ihre hermeneutische Auslegung beschränkt. Das ausschließliche Interesse richtete sich dann auf »verba non res«, auf die Worte und nicht die Dinge (der Welt)[17].

Es mag vielleicht auch das Interesse der frühen Humanisten gewesen sein, ihre unmittelbaren Gegner abzuwerten und als formale Wortzauberer zu enttarnen, die zu diesem weit verbreiteten Urteil geführt hat und – ganz ähnlich wie beim Wort »sophistisch« – die Bezeichnung »scholastisch« zu einem Schimpfwort verkommen ließ. Dass diese Abwertung zumindest als Pauschalurteil unangemessen ist, beweist ein Blick auf den wohl bekanntesten Scholastiker – Thomas von Aquin.

5.3 Neuaristotelisches Denken: Thomas von Aquin

Thomas von Aquin (1225–1274), Schüler von Albertus Magnus, des ersten großen Aristotelikers im christlichen Mittelalter, ist in unserem Zusammenhang nicht nur wegen seiner stupenden Gelehrsamkeit und seiner großen und langanhaltenden philosophischen Resonanz von Bedeutung, sondern auch und vor allem, weil er zwischen 1256 und 1259 – im Rahmen einer größeren Abhandlung über »Quaestiones disputatae de veritate« – ein Thema (Quaestio XI) behandelte, das in den Mittelpunkt die pädagogischen Frage nach der Möglichkeit von (menschlicher) Unterrichtung rückt. Thomas sollte dieser gelehrten Abhandlung den Titel geben: »Über den Leh-

17 »Man las nicht das ›Buch der Natur‹, sondern das Buch an Stelle der Natur, man studierte nicht den menschlichen Körper, sondern den Kanon des Avicenna, nicht die Sprache der Menschen, sondern den Priscian, nicht die Welt, sondern Aristoteles, nicht den Himmel, sondern Ptolemäus. (…) Zwischen dem Denken und den Dingen erhob sich, wie eine immer dichtere und undurchdringlichere Mauer, der Berg der Texte, der Kommentare, der Kommentare zu den Kommentaren« (Garin 1964 a.a.O. S. 22, 24). All das muss uns vertraut vorkommen, denn es ist die Methode, die noch heute in der Erziehungwissenschaft – insbesondere in Qualifikationsarbeiten – beliebt und weit verbreitet ist.

rer« (»De magistro«) und damit an das gleichnamige Werk von Augustinus, das dieser neunhundert Jahre zuvor geschrieben hat, erinnern[18]. Der Vergleich dieser beiden (gleichnamigen) Werke – das eine am beginnenden, das andere am ausgehenden Mittelalter geschrieben – erlaubt es, auf der Basis der gleichen Fragestellung die Unterschiede deutlich zu machen und die neuen Akzente herauszuarbeiten, die Thomas von Aquin setzt.

Bevor wir uns aber dem Inhalt zuwenden, will ich auf die Form dieses Textes hinweisen, denn Scholastik ist, wie schon erwähnt, auch eine spezifische Form der Argumentation. Neben der »lectio«, der kommentierenden Vorlesung, ist es die »disputatio«, das Streitgespräch, das für die scholastische Lehre charakteristisch ist. Das gegenseitige Prüfen der Argumente wurde analog zur Zeugenüberprüfung im Gerichtsverfahren verstanden und machte in seiner kritischen Überprüfung auch vor Autoritäten nicht Halt. Die Scholastik ist so gesehen eine nicht unwichtige Voraussetzung der (zweiten) Aufklärung. »De magistro« ist in seiner Form die schriftliche Form einer solchen artifiziellen Disputation und damit unterscheidet sich die Schrift deutlich von der gleichnamigen Arbeit des Augustinus (der lange und scheinbar unsystematische Umwege über zeichenphilosphische Fragen geht, bevor er die Ausgangsfrage beantwortet). Mit Hilfe der aristotelischen Logik (insbesondere dessen Syllogistik) wird der Wahrheitsanspruch von Thesen begründet oder widerlegt. Das geschieht vor allem dadurch, dass eine These begründet oder widerlegt wird, indem die Argumente dafür und dagegen (»sic et non«) ausführlich erörtert und gegeneinander abgewogen werden und sodann die eigene Position rational bewiesen wird. Gegenargumente werden ausdrücklich erwähnt (und nicht durch selektive Wahrnehmung ausgeblendet) und sorgfältig geprüft, bevor sie verworfen werden. Man kann darin eine hochentwickelte pädagogische Methode der Überzeugungsarbeit sehen, die Bewunderung verdient und noch lange nach Thomas von vielen Philosophen (bis hin zu Leibniz und zu Kant) beherrscht wurde und erst in der Sprachanalytischen Philosophie des 20. Jahrhunderts eine Weiterentwicklung erfuhr.

Was nun den Inhalt der Abhandlung betrifft, beginnt Thomas zunächst mit der augustinischen Lehrmeinung und arbeitet dann auf

18 Thomas von Aquin: Über den Lehrer (De magisto). Lateinisch – deutsch. Hg. G. Jüssen u.a. Hamburg 1988.

aristotelischer Grundlage und in ständiger Auseinandersetzung mit arabischen Kommentaren (insbesondere des Avarroes) diskursiv seine davon unterschiedliche Auffassung heraus. Diese ist es, die hier alleine interessiert, weil sie schließlich hoch anschlussfähig an das moderne (pädagogische) Denken werden sollte. Ich werde deshalb keine hermeneutische Exegese des gesamten Werkes – mit all seinen distinkten Verzweigungen – wagen, sondern mich auf wenige, aber wichtige Gesichtspunkte beschränken[19].

Augustinus begründete die Unmöglichkeit einer menschlichen Unterrichtung vor allem durch den Zeichencharakter der Sprache. Für Thomas aber ist die Sprache nicht nur ein Zeichen (dessen Semantik man entweder schon kennt oder aber nicht kennt und dann aber nicht mehr sagen kann, wie Neues gelehrt und gelernt werden kann), sondern die äußere Form einer allgemeinen menschlichen Vernunft. Diese menschliche Vernunft, die allen Menschen gleichermaßen von Natur aus zukommt, ist durch allgemeine apriorische Strukturen gekennzeichnet, die jedem konkreten Sprechen bzw. Schreiben vorausliegen. Neben der allgemeinen Erkenntnisfähigkeit selbst denkt Thomas hier schon bestimmte apriorische Strukturen als Bedingung der Möglichkeit von Erkenntnis (z.B den Satz vom Widerspruch), die nahe an das herankommen, was viel später dann Kant in seiner Transzendentalphilosophie präzisieren sollte. Weil diese allgemeine Vernunft nicht immer aktualisiert wird, sondern als Bedingung der Möglichkeit jeder Aktualisierung gegeben ist, spricht Thomas von einer »möglichen Vernunft« (»intellectus possiblis«), die erst bei Bedarf konkret aktualisiert wird (»intellectus agens«). Wir haben hier also eine wichtige Unterscheidung von »Möglichkeit« und »Aktualisierung«, die später in

19 Es ist erstaunlich, dass dieses doch schon am Titel eindeutig als pädagogisch identifizierbare Werk zu der pädagogischen Grundfrage schlechthin von den Philosophen und den Theologen viel und differenziert reflektiert wurde, bei den Pädagogen aber kaum auf Resonanz gestoßen ist (vgl. die wenigen Anmerkungen bei Ballauff 1969 a.a.O. S. 419 ff.). Vielleicht weniger erstaunlich, aber doch bemerkenswert, ist es, wenn Philosophen die pädagogische Relevanz des Werkes übersehen und stattdessen »erkenntnistheoretische und naturphilosphische, ethische und anthropologische, metaphysische und theologische Aspekte« (so die Hg. G. Jüssen, G. Krieger und J.H.J. Schneider in Aquin 1988 a.a.O. S. IX) – nicht aber pädagogische! – in den Mittelpunkt ihrer Interpretionen und Kommentare rücken.

der pädagogischen Ideengeschichte mehrfach variiert und unterschiedlich benannt werden sollte (von Potenz und Aktus bis zu Anlage und Umwelt).

Diese mögliche Vernunft ist wohl eine Art »schlafendes Vermögen«, das es erst zu »wecken« gilt; aber es hat (z.B. im Schüler) die Form eines Erkenntnisvermögens, das teleologisch auf Vollendung hin angelegt ist. Die Möglichkeit zur Erkenntnis (von Welt) ist also nicht nur passiv, sondern aktiv gegeben und drängt nicht nur zu ihrer Aktualisierung, sondern auch zu ihrer Verbesserung bzw. ihrer Vollendung in einem zu sich selbst zur Ruhe kommenden »telos«. Dazu bedarf es aber der Erfahrungen, die der Mensch in der äußeren Welt macht, denn ohne diese würde das Vermögen eine nutzlose, weil nur theoretische Möglichkeit bleiben[20]. Der Mensch ist also keine einsame Monade, eine Art System ohne Umwelt, sondern immer ein System in einer Umwelt, und diese (Um)Welt kann einmal die Form direkter Erfahrungen von Sachen oder aber die Form von Erfahrungen von Erfahrungen anderer Menschen annehmen. Diese letzte Form der indirekten Erfahrung von Welt (indirekt deshalb, weil sie auf den Erfahrungen anderer Menschen aufbaut) nennt Thomas nun »Lehre« oder »Unterricht«. Durch den Unterricht kann der Schüler Erfahrungen von der Welt machen, die andere Menschen gemacht haben und die der Lehrer durch ein Sagen oder ein Zeigen vermittelt[21]. Das ereignet sich als

20 Vgl. den Kommentar dazu: »Die menschliche Vernunft ist verwiesen an die Erfahrung, aus der die Inhalte des Erkannten herrühren, ihr also von außen zukommen« (Aquin 1988 a.a.O., S. 125), und etwas missverständlich fährt der Text fort: »An die Stelle der Erfahrung tritt die Lehre. Sie muß dann auch ihren Weg von außen nehmen« (dito). Der Grundgedanke findet sich schon in der karolingischen Zeit – etwa bei Alkuin, dem Leiter der Hofschule unter Karl dem Großen. Dieser sollte einmal eine schöne Metapher formulieren: »Der Feuerstein hat zwar von Natur aus das Feuer in sich, aber es springt erst heraus, wenn man ihn anschlägt. So ist auch im menschlichen Geist das Licht der Erkenntnis von Natur aus angelegt, wenn es aber nicht durch anhaltende Bemühung eines Lehrers befreit wird, dann bleibt es verborgen wie der Funke im Stein« (zit. nach Garin 1964 a.a.O. S. 93).

21 Sagen und Zeigen sind die beiden didaktischen Grundformen, die schon Thomas anführt: »Die Tätigkeit der Lehrers besteht nun darin, dem Schüler bestimmte Zeichen vorzulegen, z.B. sprachliche oder deiktische« (Aquin 1988 a.a.O. S. 75; vgl. auch Treml 2000 a.a.O. S. 86 ff.).

ein soziales Geschehen (zwischen mindestens zwei Menschen, einem Lehrer und einem Schüler) und wird dort, wo es institutionell stabilisiert wird (etwa in der Schule oder in der Universität), als »disziplina« bzw. »doctrina« gelehrt.

In mehrfacher Hinsicht setzt Thomas hier – im Vergleich zur Tradition der Patristik – neue Akzente:

1. Durch den Begriff einer allgemeinen, der Sprache zugrunde liegenden, natürlichen menschlichen Vernunft kann Thomas die Ausgangsfrage nach der Möglichkeit menschlicher Lehre weitaus positiver sehen als Augustinus. Ein Lehrer kann einen anderen Menschen (Schüler) unterrichten, denn beide haben – wenngleich auch individuell verschieden – Teil am Licht der allgemeinen menschlichen Vernunft. Das Allgemeine dieser Vernunft liegt der je konkreten Erfahrung zugrunde.

2. Diese menschliche Vernunft ist Teil der allgemeinen menschlichen Natur und besteht aus zwei unterschiedlichen Vermögen: zum einen aus der keimhaft angelegten Fähigkeit, selbsttätig zu lernen. Dieses Vermögen ist wohl nur im Modus der Möglichkeit vorhanden, drängt aber zu seiner Verwirklichung (»Vollendung«). Das »schlafende« bzw. »wartende Vermögen« (»potentia passiva«) will durch eine Erfahrung von außen geweckt und entfaltet werden (»potentia activa«), um sich dann selbsttätig durch »aktive Kraft« zu verwirklichen.

3. Diese Erfahrung kann aus einer direkten Erfahrung der Sachen selbst oder aus der Erfahrung einer Lehre (durch einen Lehrer) bestehen. Lehren bedeutet sprachlich oder deiktisch die Erfahrungen der Erfahrungen anderer Menschen zu repräsentieren. Das ist in der mittelalterlichen Gesellschaft, in der es um die Weitergabe der Wahrheit durch Tradition geht und nicht (oder nur am Rande) um die Produktion neuer Erkenntnisse, von großer Bedeutung. Lehren ist eine soziale Tatsache, die der »Hilfestellung von Mitmenschen« bedarf.

4. Der Stellenwert Gottes wird hier bei Thomas im Vergleich zu Augustinus deutlich eingeschränkt – nämlich auf den möglichen Verstand (und damit auf die Ermöglichung der Bedingungen für Erziehung). Dieser kommt qua »potentia passiva« von Gott, und zwar so – dieses Bild gebraucht Thomas selbst – wie Gott die Möglichkeit geschaffen hat, durch Feuer Wärme zu erzeugen. Die Überführung dieser (göttlichen) Möglichkeit in Wirklichkeit aber liegt in menschlicher Verantwortung. So wie der Mensch auf der Basis der

»göttlichen« Naturgesetze selbst ein Feuer anmachen kann, um Wärme zu erzeugen, so kann auch ein Lehrer durch seinen Unterricht einen Schüler lehren (und ihm ein »Feuer« des Geistes anzündet).

5. Ist die »potentia passiva« gegeben, bedarf es nicht mehr einer »inneren göttlichen Ansprache« bzw. einer »göttlichen Illumination«, damit aus Lehren ein Lernen wird, sondern der Selbsttätigkeit des Schülers: »… so gilt auch, daß ein Mensch in einen anderen Wissen nur aufgrund der Selbsttätigkeit von dessen naturhaft angelegter Vernunft bewirken kann, und genau das heißt ›Lehren‹«[22]. Lehren ist damit weder ein göttliches noch ein menschliches (herstellendes) Machen oder Übertragung von Wissen, sondern Anregung der Selbsttätigkeit – analog zur ärztlichen Kunst der Anregung der Selbstheilungskräfte eines Kranken: »Wie man also vom Arzt sagt, daß er die Gesundheit im Kranken nur aufgrund der Eigentätigkeit seiner Natur bewirkt, so gilt auch, daß ein Mensch in einem anderen Wissen nur aufgrund der Selbsttätigkeit von dessen naturhaft angelegter Vernunft bewirken kann, und genau das heißt ›Lehren‹. Daher kann man zu Recht sagen, daß ein Mensch einen anderen etwas lehrt und also sein Lehrer ist.«[23]

Die alte Frage nach der Möglichkeit von Erziehung (Lehre, Unterricht) wird von Thomas damit im Vergleich zu Augustinus viel optimistischer gesehen. Gott zieht sich zurück auf die Ermöglichung und der Mensch tritt selbstbewusst in die Verwirklichung von Lehren und Lernen. Nur noch die Voraussetzungen im Schüler qua »intellectus possibilis« (sprich: als Begabung vorgefunden und unbeeinflussbar) sind gottgegeben. Die Verwirklichung aber ist Aufgabe des Menschen. So installiert Thomas zwei »Ursachen« für Erziehung: eine »causa prima« = Gott (als Ermöglichungsgrund) und eine »causa secunda« = Mensch (als Verwirklichungsgrund), reichert diese Vorstellung noch mit einer Aufwertung des praktischen Lebens (»vita activa«) gegenüber dem bislang dominierenden kontemplativen

22 Aquin 1988 a.a.O. S. 21.

23 Aquin 1988 a.a.O. S. 21. Lehre »ist die Verwirklichung der Erkenntnisfähigkeit des Lernenden, und zwar derart, daß dieser sich kraft seiner eigenen Vernunft auf das ihm durch die Lehre vermittelte Wissen bestimmen kann« (so der Kommentar zu Aquin a.a.O., S. 126).

Leben (»vita contemplativa«) an[24] und bereitet damit das dynamische Menschenbild eines »deus secundus« vor (das dann allerdings erst im 17. Jahrhundert von Comenius ausformuliert werden sollte).

Erziehung, Lehre, Unterricht rücken damit verstärkt in den Verantwortungsbereich des Menschen, wenngleich dieser das angestrebte Ergebnis nicht poietisch determinieren kann, denn dazu bedarf es der Selbstätigkeit des Schülers, des »intellectus agens« im Modus des Lernens. Dadurch erfüllt sich kraft seiner eigenen Vernunft die natürliche Bestimmung eines lern- und belehrbaren Menschen: »Der Einzelne vermag kraft seiner Vernunft eigenständig Wissen zu erwerben, es anderen mitzuteilen, sich in diesem Vernunfterkennen selbst zu vollenden und gerade dadurch jenes Glücks teilhaftig zu werden, von dem seine Natur die letztlich erfüllende Bestimmung erhält.«[25]

Es ist rückblickend erstaunlich, dass im zu Ende gehenden (Hoch)Mittelalter die Frage nach der Möglichkeit von Erziehung (durch Lehre) die klügsten Köpfe dieser Zeit beschäftigt hat. Nicht nur Thomas von Aquin, sondern auch eine Reihe anderer Denker (wie z.B. Heinrich von Gent, Philipp der Kanzler, Albert der Große, Siger von Brabant u.a.) haben die pädagogische Frage nach der Möglichkeit von Erziehung und Unterricht immer wieder aufgegriffen, neu entfaltet und zu beantworten versucht – und noch bis Kant und Hegel tief ins 18. und 19. Jahrhundert hinein sollte dies immer wieder geschehen. Das hat sich inzwischen gründlich verändert. Mir ist kein zeitgenössischer Philosoph von Rang bekannt, der pädagogische Grundlagenprobleme heutzutage in den Mittelpunkt seiner philosophischen Reflexionen stellte[26]. Damals aber war das anders

---

24 Die »theoretisch-betrachtende Lebensform (ist wohl) Grund und Ursprung des Lehrens .., wie z.B. das Feuer nicht die Erwärmung selbst ist, sondern ihr Ursprung. Das betrachtende Leben erweist sich aber als Prinzip des tätigen, sofern es letzteres lenkt, wie umgekehrt das tätige Leben Voraussetzungen für das betrachtende schafft« (Aquin 1988 a.a.O.. S. 73).

25 Aquin 1988 a.a.O. S. 127 f.

26 Keine Regel ohne Ausnahme. Man muss hier Niklas Luhmann ausnehmen, der, obwohl Soziologe, hier durchaus zu den Philosophen gerechnet werden darf. Im übrigen muss man gegenwärtig, wenn man die einschlägigen Kongressprogramme und die Flut an Fachliteratur betrachtet, den Eindruck gewinnen, dass auch (viele) Erziehungswissenschaftler sich mit allem Möglichen, nur nicht (mehr) mit Erziehung beschäftigen.

und kann als Indikator für die Bedeutung der Pädagogik als Traditionsvermittler angesehen werden – oder besser gesagt: als Anzeichen für das Problematischwerden pädagogischer Lehre qua Traditionsvermittlung. Es bedurfte dazu eines äußeren Anstoßes, nämlich der geistigen Herausforderung durch die islamische Philosophie und die arabischen Übersetzungen und Kommentare des Aristoteles – aber auch der Bereitschaft und des Mutes einiger großer christlicher Denker (wie Anselm von Canterbury, Petrus Abaelardus, Roger Bacon, Albertus Magnus und Thomas von Aquin), sich dieser Herausforderung zu stellen und von den Griechen und den Arabern zu lernen.

5.4 Die nominalistische Befreiung: Wilhelm von Ockham

Kurz nach Thomas von Aquins Tod sollte ein anderer Denker des ausgehenden Hochmittelalters geboren werden, dessen Denken wohl keineswegs um pädagogische Fragen kreiste, der allerdings der heraufdämmernden Moderne entscheidende Impulse geben sollte: Wilhelm von Ockham (ca. 1280 – ca. 1348). Wir müssen ihn hier vor allem deshalb – wenngleich auch nur im Vorübergehen – berücksichtigen, weil er der Entstehung des modernen Subjektdenkens, auf dem die moderne Pädagogik wie selbstverständlich aufbaut, grundlegende Impulse gegeben hat[27].

Schon am Verlauf seines Lebens lässt sich exemplarisch veranschaulichen, wie der Kampf des alten Denkens mit dem neuen Denken verlief. Ockham, ein in England geborener Franziskanermönch, hatte nämlich zeitlebens Ärger mit seiner Kirche. Obwohl alle Bedingungen für den Magister der Theologie erfüllend, hat er diesen Titel nie erhalten. Stattdesen wurde er mehrfach der Ketzerei angeklagt und musste fliehen. Er floh 1328 nach München an den Hof von Ludwig von Bayern, der ebenfalls mit dem Papst im Streit lag, und starb dort, vermutlich an der Pest, um 1348. In diesen wenigen Worten ist ein reiches geistiges Leben aufgehoben, so dass man durchaus zustimmen kann, wenn Ockham »als ein wichtiger Vordenker der Neuzeit« (Disse) bezeichnet wird.

---

27 Vgl. zu Ockham: Disse 2001 a.a.O. S. 177 ff.

Das neue Denken lässt sich an der Erörterung eines Problems verdeutlichen, das aus heutiger Sicht merkwürdig exotisch vorkommen mag: das sog. »Universalienproblem«. Dieses Problem wurde in der scholastischen Philosophie im ausgehenden Mittelalter heftig und kontrovers diskutiert, so dass es in die Philosophiegeschichte als »Universalienstreit« eingegangen ist. Es geht dabei um die Frage, ob Allgemeinbegriffe etwas Konkretes (in der Welt) bezeichnen, oder ob sie bloß Redewendungen sind, die ohne realen Bezug zu konkreten Dingen auskommen können. Man kann ja durchaus z.B. fragen, was eigentlich der Begriff »Kind« oder »Erziehung« bezeichnet. Anders gefragt: Was ist die Referenz der Begriffe? Vermutlich besteht noch Einigkeit darüber, dass Eigennamen – wie z.B. Alfred K. Treml – eine konkrete, in der Welt vorkommende (oder vorgekommene) Entität bezeichnen. Aber schon die Frage, was »Rotkäppchen« (auch ein Eigenname!) bezeichnet, ist nicht mehr so eindeutig zu beantworten. Richtig schwierig wird es jedoch bei Allgemeinbegriffen, die – per definitionem – Aussagen über ein Allgemeines machen, wie z.B. »Schule« oder »Bruchrechnen« oder »Curriculumreform«.

Durch die Studien der antiken Philosophen waren den spätmittelalterlichen Denkern zwei Antworten auf die Ausgangsfrage vertraut: Platon vertrat seinen bekannten Begriffsrealismus, in dem alle Allgemeinbegriffe (qua Seiendes) die Idee (qua Sein) bezeichnen. Durch die Prärogative des Seins wurde dabei sogar die naive Alltagsvorstellung konterkariert, wonach es nur Konkretes, nicht aber Abstraktes »gibt«. Im Platonismus »gibt es« eigentlich nur die Realität der Ideen, alle Einzeldinge des Seienden sind nur unvollkommende und uneigentliche Andeutungen dieses Seins. Aristoteles vertrat dagegen – wie schon erwähnt – einen gemäßigten Realismus, der davon ausging, dass den Allgemeinbegriffen wohl ursprünglich konkrete Einzeldinge zugrundliegen, dann aber Merkmale davon abstrahiert werden und zu einem neuen Allgemeinen geistig zusammengefügt werden. Ockham nun begründete in seinen sprachphilosophischen Studien eine weitere, dritte Position im Universalienstreit, die als »Nominalismus« in die Philosophie eingegangen ist – und die, wie wir schon wissen, in ihren Grundzügen schon den Sophisten und den Stoikern vertraut war. Seine Antwort auf die Ausgangfrage lautete: Begriffe bezeichnen nichts (Konkretes), sondern sind freie Konstrukte des menschlichen Geistes zum besseren Verständnis. Es sind wohl Zeichen, aber diese »gibt« es nur im menschlichen Geist, denn sie »bezeichnen« keine reale Dinge der Welt mehr. Reale Existenz und Allgemeinheit schließen sich aus. In der Welt gibt es immer nur Einzeldinge; nur im menschlichen Geist gibt es Allgemeines. Welt und Denken treten damit auseinander und der Weltbezug des Denkens kann von nun an nicht mehr als Abbildung begriffen werden. Die überkommene Vorstellung von Wahrheit als einer Übereinstimmung von Satz und Welt (»adaequatio rei et intellectus«) muss damit aufgegeben werden, und an die Stelle tritt die Vorstellung, dass Wahrheit dann gegeben ist, wenn sich Subjekt und Prädikat auf den gleichen Gegenstand beziehen lassen. Warum sollte der Nominalismus für das (pädagogische) Denken der Neuzeit wichtig werden?

Das (sprachphilosophische) Denken beginnt mit dem Nominalismus sich aus dem Korsett einer starr vorgegebenen Ontologie zu befreien. Der Mensch entdeckt sich selbst als Konstrukteur seiner immer sprachlich verfassten Wirklichkeitsvorstellung und wird tendenziell zu jenem »fabricator mundi« bzw. zum »Demiurgen« – zum aktiven Welt(um)gestalter –, der schließlich in der grandiosen Figur des modernen, säkularen Subjekts mündet.

Damit die Vielzahl der Möglichkeiten des »deus secundus« nicht in einem undurchdringlichen Chaos mündet, hat Gott – und später der Mensch – in seiner Weisheit ein Kriterium gebraucht, das die Komplexität zu reduzieren erlaubt: das von Ockham zum ersten Mal formulierte Extremalprinzip, das unter dem Namen »*Ockhamsches Rasiermesser*« bis heute kolportiert wird, lautet: »entia non sunt multiplicanda praeter necessitate« oder »non sunt multiplicanda entia sine necessitate« – sinngemäß bedeutet das: Mache möglichst wenig ontologische Annahmen (über die Welt)! Dahinter steht der (theologische) Gedanke, dass Gott nichts Überflüssiges geschaffen hat und deshalb bei seiner Schöpfung nach einem ökonomischen Sparprinzp vorgegangen ist[28]. Dieses als »Ockhamsche Rasiermesser« bekannt gewordene Prinzip erlaubt es bis heute, die Vorstellung

28 Evolutionstheoretisch gesehen ist das nichts anderes als das im theologischen Gewande daherkommende »ökonomische Sparprinzip« der Evolution – das Grundprinzip der natürlichen Selektion (vgl. Treml 2004 a.a.O. S. 193 ff.).

einer radikalen Allmacht und Freiheit, die mit dem Nominalismus plötzlich denkbar wird, durch Rückführung auf möglichst wenig Voraussetzungen zu beschneiden und zu begrenzen.

Das Allgemeine steht damit nicht mehr ein für allemal fest, ist jedoch gleichwohl als eine Form des Sprechens über die Welt unverzichtbar. Zwischen Sprache und Welt muss also eine unaufhebbare Differenz gedacht werden. Das Allgemeine ist dem Besonderen, Individuellen, immer transzendent und kann von diesem nie vollständig erreicht werden – m.a.W.: Der Anspruch des Allgemeinen, wirkliches Allgemeines zu sein, kann nicht bewiesen, aber auch nicht widerlegt werden[29]. Gleichwohl ist es eine hilfreiche und folgenreiche Unterstellung, denn sie vermag uns vor einem totalitären Denken zu schützen, das das Wort umstandslos mit der Sache identifiziert. Diese naive Identifizierung ist gefährlich, weil sie den sprachlichen Anspruch ontologisch verankert glaubt und andere Weltbeschreibungen nicht als Alternative anerkennt, sondern der Dummheit oder dem bösen oder verstockten Willen des Anderen zuschreibt – wie die Geschichte der religiös motivierten Gewalt beweist – mit fatalen, schrecklichen Folgen.

Stattdessen müssen wir den Bezug von Sprache zur Welt als offen und gestaltbar denken. Diese offene Haltung, die sich gerade dem Fehlen einer absoluten Gegebenheit (des einen Allgemeinen) verdankt, verbietet jede Abschließung und jede dogmatische Behauptung des Wissens. Auch die Anstrengungen der Erziehung und der Bildung bleiben damit auf ihre kulturellen und sprachlichen Kontexte relativiert und legitimieren keinen Absolutheitsanspruch mehr.

Die Bedeutung dieser sprachphilosophischen Positionierung des Wilhelm von Ockham für das Denken der nun heraufdämmernden neuen Zeit (»Neuzeit«), macht es legitim, dass wir einen kleinen Umweg gehen und in einem Exkurs das Neue im Kontrast zum Alten an einem literarischen Beispiel – Umberto Ecos »Name der Rose« – noch einmal aus einer anderen Sicht herausarbeiten.

---

29 Vgl. die nach wie vor aktuelle und subtile Studie zu diesem Problemkreis von Fr. Kümmel: Über den Anspruch des Allgemeinen, wirkliches Allgemeines zu sein. In: Zeitschrift für philosophische Forschung, Band 24, 1970, Heft 2, S. 224–252.

5.5 Exkurs: Nicht die Rose, sondern »Der Name der Rose«

Ein Blick im Vorübergehen auf Umberto Ecos Roman ist vor allem aus didaktischen Gründen nützlich, denn in der Vielzahl der historischen Ereignisse und Meinungen läuft man leicht Gefahr, den roten Faden zu verlieren. Da ist es legitim, einen kurzen Umweg zu gehen und aus der dadurch gewonnen Distanz die Verlaufsgeschichte der einflussreichen Semantik im Übergang vom mittelalterlichen zum (beginnenden) neuzeitlichen Denken besser in den Blick zu bekommen. Der Nachteil liegt auf der Hand: Ecos Schrift ist kein Buch der historischen Fakten, sondern ein Roman – genauer gesagt: ein Kriminalroman – und damit fiktionale Literatur. Die Vorteile aber überwiegen: Ein Roman erzählt narrativ eine Geschichte konkreter Akteure und kommt damit unserer Neigung entgegen, vor abstrakten Zusammenhängen lieber in Geschichten konkreter Menschen auszuweichen. Der fiktionale Zugang erlaubt es dem Autor, komplexe und lange Entwicklungen wie in einem Zeitraffer zu bündeln und zu vereinfachen. Kontraste können durch den Einbau dialogischer Elemente dramaturgisch zugespitzt und damit besser erkennbar gemacht werden.

Genau dies geschieht in diesem Roman des italienischen Erfolgsautors in den verschiedenen Sinndimensionen[30]:

- in zeitlicher Hinsicht beschränkt sich der Roman auf eine Woche des Jahres 1327;
- in räumlicher Hinsicht ist die Handlung, von wenigen Seiten abgesehen, begrenzt auf einen Ort, ein Kloster in den oberitalienischen Alpen;
- in sozialer Hinsicht sind die (wiedererkennbaren) Akteure begrenzt auf eine überschaubare Anzahl (die sich u.U. idealtypisch noch einmal auf zwei Personen als die beiden Gegenspieler verkleinern lässt);
- und in sachlicher Hinsicht ist es möglich, den Inhalt weitgehend auf die Beobachtung einer Differenz zu beschränken, nämlich auf den Übergang vom mittelalterlichen zum neuzeitlichen Denken.

30 U. Eco: Der Name der Rose. München 1984 (29).

Dieser Übergang interessiert uns hier vor allem. Er wird in diesem Buch veranschaulicht an dem spezifischen Umgang der beiden Hauptakteure – die sich als unversöhnliche Gegenspieler gegenüberstehen – mit dem Verhältnis von Wirklichkeit und Zeichen – oder anders gesagt: von Welt und Wort. Dass dieses Verhältnis im 14. Jahrhundert problematisch wurde, haben wir schon bei Wilhelm von Ockham kennengelernt, und deshalb können wir nahtlos an dieser Thematik anknüpfen[31]. Schon ein flüchtiger Blick auf Autor und Titel des Buches erhärtet den Verdacht, dass es in diesem Buch (auch) um den Zeichencharakter sprachlicher Wirklichkeitskonstruktionen geht (und nicht nur, wie im gleichnamigen Film um Morde im Schweinebottich): Der Autor, der ein Buch über das Mittelalter schreibt, weil er – so seine Aussage in einem Interview – hier zu Hause ist, während er die Gegenwart nur aus dem Fernsehen kenne, ist von Beruf Professor für Semiotik, also der Wissenschaft von den Zeichen, und der Titel heißt »Der Name der Rose« (»Il nome della rosa«). Warum nicht einfach »Die Rose«? Wir erinnern uns an Ockhams Nominalismus und des damit zum Ausdruck kommenden Auseinandertretens von Objektebene (der individuellen Dinge) und der Metaebene (der sprachlichen Dinge, der Universalien). Erst dieses Auseinandertreten macht es möglich, sich von der vorgegebenen Ontologe christlicher Wirklichkeitskonstruktion zu befreien und neue Welten zu konstruieren. Darin kommt das neue, moderne Denken zum Ausdruck, das im Roman hart gegeneinander kontrastiert wird, so dass man idealtypisch das alte Denken dem neuen Denken gegenüberstellen kann.

Auf der einen Seite ist hier die alte, mittelalterliche Welt, idealtypisch verdichtet dargestellt an dem alten und blinden »Seher« Jorge von Burgos. Man beachte die Prädikate: Er ist alt, weil seine christlichen Ideale aus der Vergangenheit kommen und alt sind, und er ist blind, weil der christliche Glaube keiner äußeren Sinne bedarf, um die heilige Ordnung der Welt zu erkennen. Auf der anderen Seite verkörpert William von Baskerville die neue Zeit der heraufdämmernden Moderne, und er ist ein Franziskanermönch aus England, Schüler von Roger Bacon (einem frühen englischen Naturforscher)

31 Vgl. zum Folgenden A. K. Treml: Der Name der Rose. Selbstverständnis und Verhängnis der modernen Wissenschaft in Umberto Ecos Roman. In: Universitas 41 (1986), Nr. 12, S. 1306–1319.

und Wilhelm von Ockham (!), und er ist natürlich nicht blind, sondern – im Gegenteil – mit einem Vergrößerungsglas (einer Brille) ausgestattet, um die Welt noch genauer betrachten zu können[32].

Das Alte wird schon im ersten Satz des Romanes auf den Punkt gebracht: »Im Anfang war das Wort, und das Wort war bei Gott, und Gott war das Wort. Das selbige war im Anfang bei Gott, und so wäre es Aufgabe eines jeden gläubigen Mönches, täglich das einzige eherne Faktum zu wiederholen, dessen unumstößliche Wahrheit feststeht« (S. 17). Das ist Mittelalter mit seiner auf göttliche Offenbarung zurückgehenden Geschichtsmetaphysik, deren Wahrheit man nur durch Wiederholung erhalten kann. Eine Pädagogik, die darauf aufbaut, führt einen »fortwährenden Krieg gegen die Kräfte des Vergessens, des Feindes der Wahrheit« (S. 53). Ein Forschen nach neuen Wahrheiten kann es hier nicht geben; Neugier ist verpönt und Fortschritt deshalb unmöglich – bestenfalls die verzögerte Bewahrung der ursprünglichen Wahrheit. Jorge von Burgos bringt diese alte Position in einer fulminanten Rede zum Ausdruck, deren Kernsätze wie gemeißelt sind: »Doch zur Arbeit, zur Arbeit unseres Ordens und insbesondere dieses Klosters gehört – und zwar als ihr Wesenskern – das Studium und die Bewahrung des Wissens. Ich sage Bewahrung und nicht Erforschung, denn es ist das Proprium des Wissens als einer göttlichen Sache, daß es abgeschlossen und vollständig ist seit Anbeginn in der Vollkommenheit des Wortes, das sich ausdrückt um seiner selbst willen. Ich sage Bewahrung und nicht Erforschung, denn es ist das Proprium des Wissens als einer menschlichen Sache, daß es vollendet und abgeschlossen worden ist in der Zeitspanne von der Weissagung der Propheten bis zu ihrer Deutung durch die Väter der Kirche. Es gibt keinen Fortschritt, es gibt keine epochale Revolution in der Geschichte des Wissens, des gibt nur fortdauernde und erhabene Rekapitulation« (S. 509).

Wie ganz anders dagegen nimmt sich das Verhalten des William von Baskerville aus, des Vertreters des neuen Denkens. Sein Adlatus schreibt in der Erinnerung: »Was Bruder William tatsächlich

32 Daneben gibt es eine Reihe weiterer Hauptpersonen, z.B. den Inquisitor, der die Wahrheit mit glühenden Eisen zwingen will, Adson von Melk, der Beobachter und Berichterstatter – und das Mädchen (vielleicht die Rose) als Symbol der (verloren gehenden) unmittelbaren und deshalb namenlosen Naturerfahrung.

suchte, wußte ich damals nicht, und um die Wahrheit zu sagen, ich weiß es noch heute nicht. Mir scheint fast, er wußte es selber nicht recht. Was ihn antrieb, war einzig sein nimmermüdes Streben nach Wahrheit, gepaart mit seinem steten und fortwährend von ihm selbst genährten Verdacht, daß die Wahrheit nie das sei, was sie in einem gegebenen Augenblicke zu sein schien« (S. 21). Diese moderne Umstellung vom Besitz auf die Suche der Wahrheit ist begleitet von der kritischen Prüfung aller überkommenen Geltungsansprüche, denn »Gott will, daß wir unsere Vernunft gebrauchen, um viele dunkle Fragen zu lösen, deren Lösung uns die Heilige Schrift freigestellt hat. Und wenn uns jemand eine Meinung vorträgt, sollen wir prüfen, ob sie akzeptabel ist, bevor wir sie übernehmen, denn unsere Vernunft ist von Gott geschaffen, und was ihr gefällt, kann Gottes Vernunft schlechterdings nicht mißfallen« (170).

Das scheint auf den ersten Blick einen Verlust zu bedeuten, denn an die Stelle der sicher geglaubten göttlichen Wahrheit, die aus der Vergangenheit kommend von Anfang an da ist, rückt die unsichere Suche nach der Wahrheit, die in der Zukunft – also am Ende – vermutet wird. Der Selektionsvorteil dieses modernen Wahrheitsverständnisses ergibt sich aus zweierlei: zum einen aus den prekären Folgen (und Nebenfolgen) des alten religiösen Wahrheitsverständnisses und zum anderen wegen der Vorteile bei der Lösung von Problemen. Die Nachteile der alten Vorstellung einer absoluten »göttlichen« Wahrheit werden in diesem Buch deutlich herausgearbeitet: »der Teufel ist nicht der Fürst der Materie, der Teufel ist die Anmaßung des Geistes, der Glaube ohne ein Lächeln, die Wahrheit, die niemals vom Zweifel erfaßt wird« (S. 607). Und warum? Weil derjenige, der sich der göttlichen Wahrheit sicher weiß, auch nicht davor zurückschreckt, sie mit schrecklichen und unmenschlichen Methoden durchzusetzen. Die Kreuzzüge, die Inquisition, der fromme Gesinnungsterror – all das waren die entsetzlichen Formen fanatischer Glaubensgewissheit. In Anbetracht des religiösen Terrors (der nicht nur historisch im mittelalterlichen Christentum zum Ausdruck kommt, sondern auch heute noch – etwa in Form islamischen Bombenterrors – seine hässliche Fratze zeigt) ist deshalb die Warnung des William von Baskerville nach wie vor zeitgemäß: »Fürchte die Wahrheitspropheten, Adson, und fürchte vor allem jene, die bereit sind, für die Wahrheit zu sterben: Gewöhnlich lassen sie viele andere mit sich sterben, oft bereits vor sich, manchmal für sich« (624)[33].

In einer Zeit, in der sich der soziale Wandel zur Neuzeit langsam, aber sicher ankündigt und beschleunigt, wird dieses überkommene religiöse Wahrheitsdenken zunehmend dysfunktional und kann nur noch mit der Inkaufnahme eines immer höheren Blutzolles erhalten werden. Dagegen steht nun die neue Freiheit des Denkens, das den Wahrheitsbegriff verzeitlicht und pluralisiert. Dessen Leistungsfähigkeit zeigt sich u.a. auch bei der Aufklärung von Mordfällen in einem alten Kloster. William und sein Adlatus glauben, des Rätsels Lösung in der labyrinthischen Bibliothek des Klosters zu finden und schleichen sich direkt eines Nachts in das verbotene Terrain – und kommen dabei fast ums Leben. Erst als William sich in seine Kammer zurückzieht und gewissermaßen damit einen Umweg über das Nachdenken geht und sich in den Baumeister des Labyrinthes hineinversetzt – und das heißt: Theorien (bzw. Hypothesen) über das noch Unbekannte entwirft –, kommt er bei der Aufklärung seiner Fälle weiter. Er überprüft diese Theorien durch Beobachtung – und löst so schließlich die Fälle. Nicht im direkten Daraufzugehen auf die rätselhaften Dinge der Welt, sondern im Zurücktreten von ihnen und dem Nachdenken über seine möglichen Konstruktionspläne beginnt das neue Denken.

Ein längeres Zitat veranschaulicht dieses neue und erfolgreichere Denken in Kontrast zum althergebrachten Denken geradezu idealtypisch:

»Mit einem Male begriff ich die Denkweise meines Meisters, und sie schien mir recht unähnlich der eines Philosophen, der von ehernen Grundprinzipien ausgeht, so daß sein Verstand gleichsam die Vorgehensweise der göttlichen Ratio übernimmt. Ich begriff, daß William, wenn er keine Antwort hatte, sich viele verschiedene Antworten vorstellte. Und das verblüffte mich sehr.

»Aber dann«, wagte ich zu bemerken, »seid Ihr noch weit von der Lösung entfernt …«

---

33 Es ist in der Tat so, dass viele Menschen für Ideen sterben (mussten und müssen), aber auch, dass man Ideen statt Menschen sterben lassen kann. Systemtheoretisch gesprochen bedeutet dies: Phäne und Meme sind füreinander gegenseitig Umwelt und evoluieren auf unterschiedlichen Emergenzniveaus.

»Wir sind ihr bereits ganz nahe«, entgegnete William heiter, »ich weiß nur noch nicht, welcher.«

»Demnach habt Ihr nicht eine einzige Antwort auf alle Fragen?«

»Lieber Adson, wenn ich eine hätte, würde ich in Paris Theologie lehren.«

»Und in Paris haben sie immer die richtige Antwort?«

»Nie«, sagte er fröhlich, »aber sie glauben sehr fest an ihre Irrtümer.«

»Und Ihr«, bohrte ich weiter mit kindischer Impertinenz, »Ihr begeht nie Irrtümer?«

»Oft«, strahlte er mich an, »aber statt immer nur ein und denselben zu konzipieren, stelle ich mir lieber viele vor und werde so der Sklave von keinem.«

Ich hatte allmählich den Eindruck, dass William überhaupt nicht ernsthaft an der Wahrheit interessiert war, die bekanntlich nichts anderes ist als die Adaequatio zwischen den Dingen und dem Intellekt. Statt dessen amüsierte er sich damit, so viele Wahrheiten wie möglich zu ersinnen!« (S. 391 f.).

Woher aber kommt diese neue Freiheit des Denkens, die sich zu seiner Bewahrheitung einem ständigen und unabschließbaren Prozess der Wahrheitsfindung aussetzt? Es ist die Antwort des Wilhelm von Ockham: Die Zeichen befreien sich aus ihrer Verklammerung mit der Sache. In dem Maße, wie die Verbindung von Wort und Sache, von Sprache und Welt, in die freie Verfügungsmacht des modernen Subjekts übergeht, wird der Mensch zum zweiten Gott, der die Schöpfung wiederholt. Deshalb beginnt das Werk wohl mit der Erinnerung an den Schöpfungsakt: »Im Anfang war das Wort und das Wort war bei Gott, und Gott war das Wort« (S. 17). Der weitere Fortgang der Ereignisse verdeutlicht aber, dass nun das Wort menschlich wird und damit die zweite Schöpfung (der Welt) in die Verantwortung des Menschen übergeht, denn es ist sein unveräußerliches »souveränes Recht« »den Dingen Namen zu gehen« (S. 453): »So daß wohl gewiß das Wort nomen von nomos kommt, das heißt Gesetz; werden die nomina doch von den Menschen ersonnen ad placitium, also aufgrund freier und gemeinsamer Übereinkunft« (S. 453).

Wahrheit, ursprünglich (bei Aristoteles) verstanden als Übereinstimmung des Gesagten mit der Wirklichkeit, verliert damit ihre ontologische Verankerung in einer externen Umwelt und wird zu einem sprachinternen Verhältnis (zwischen Objekt- und Metasprache): »Ich habe nie an der Wahrheit der Zeichen gezweifelt, Adson, sie sind das einzige, was der Mensch hat, um sich in der Welt zurechtzufinden. Was ich nicht verstanden hatte, war die Wechselbeziehung zwischen den Zeichen« (S. 625). Dass damit die Erkenntnis von Wahrheit zunehmend schwierig wird, weil sie in der Wechselbeziehung zwischen den Zeichen gefangen bleibt, lässt sich an diesem Buch selbst erkennen, über das der fiktive Verfasser Adson zu Beginn schreibt: »Was er vor sich hat, ist die deutsche Übersetzung meiner italienischen Fassung einer obskuren neugotisch-französischen Version einer im 17. Jahrhundert gedruckten Ausgabe eines im 14. Jahrhundert von einem deutschen Mönch auf Lateinisch verfaßten Textes« (S. 10).

All das muss Auswirkungen auf die Pädagogik haben – einer Pädagogik, die bislang immer von der göttlichen Offenbarung ausging, die es am Bildungsgut der Bibel erfahrbar machte und deshalb ex cathetra lehren konnte. Auch die biblische Offenbarung wird von nun als »Text« gelesen (der einen menschlichen Autor und eine lange menschliche Geschichte hat). Nicht nur die Natur (wie bisher[34]), sondern auch die Bibel – wie jedes andere Bildungsgut auch – wird in ihrem Zeichencharakter erkennbar und damit als kontingent problematisierbar. Die Welt wird zum Buch, und das Buch wird zur Welt – besser gesagt: zum Spiegel der Welt. Die Realität wird als sprachlich konstruiert durchschaut und droht damit hinter ihrem Zeichencharakter zu verschwinden. Selbst die Rose verschwindet hinter ihrem Namen: »Stat rosa pristina nomine, nomina nuda tenemus« – »Die Rose von einst steht nur noch als Name, uns bleiben nur nackte Namen« (S. 635).

In dem Maße, wie Erziehung (von Menschen durch Menschen) wieder als möglich gedacht wird, wird ihr Bildungsgut problematisch, weil kontingent. Das Geschäft der Erziehung wird damit gleichzeitig leichter und schwieriger.

Das Aufblühen eines neuen Denkens in einigen Klöstern und (vor allem) an den neu gegründeten Universitäten, das wir an einem (verdichteten) literarischen Beispiel veranschaulicht haben, dürfte sich im 14. Jahrhundert fast ausschließlich im engen Rahmen theologi-

34 »Alles Geschaffene ist also Zeichen von Gottes Wort«, heißt es noch bei Nikolaus von Kues (Die belehrte Unwissenheit. Hamburg 1977, S. 79). Jetzt aber kann man denken: Alles was es gibt, ist ein Zeichen für das vom Menschen Geschaffene!

scher oder philosophischer Diskurse bewegt haben. Man sollte dabei nicht übersehen, dass die neuen Ideen es schwer hatten, sich gegen die dominanten alten Ideen durchzusetzen, denn diese gaben keinesfalls freiwillig ihre Macht auf. Weil die herrschenden Ideen in der Regel die Ideen der Herrschenden sind, konnten sich damals die alten Ideen mit der Macht der herrschenden Kirche (im Verbund mit der politischen Macht des Staates) noch lange behaupten. In der Realgeschichte waren es in der Regel nicht die Vertreter des alten Denkens, sondern die des neuen Denkens, die verbrannt wurden[35].

An den Universitäten und in den Klöstern dominierten noch lange Zeit die Verwalter der alten Ideen und wussten ihre Interessen auch geistig nicht ohne Erfolg zu verteidigen. So wird z.B. Nikolaus von Kues noch um 1440 das alte augustinische Loblied auf den Glauben singen, der sich die Vernunft wohl zunutze machen, aber gleichwohl sie beherrschen soll und das gegenseitige Verhältnis (gegen Neuerer wie Thomas von Aquin) wieder zurechtrücken: »Wenn ihr nicht glaubt, werdet ihr nicht erkennen.« Der Kuesaner war sich durchaus im Klaren darüber, dass es gefährlich werden kann, wenn man den Glauben vor den Richterstuhl der Vernunft zwänge. Deshalb gründete er lieber die Vernunft auf den Glauben und den Glauben nicht auf Wissen, sondern (im Gegenteil) auf die »Unwissenheit« – auf die »gelehrte Unwissenheit«[36]. Der Glaube, so Nikolaus, sei »unbegreiflich«, »schlicht«, »dem Wissen verborgen« – kurz: den Glauben kann man nur glauben.

5.6 Der Verdienstadel: Ritterliche Erziehung

Neben den Universitäten, an denen auf hohem Niveau der Kampf der Ideen ausgetragen wurde, gab es zu dieser Zeit des ausgehenden Hochmittelalters noch zwei weitere neue Bildungsmächte, an denen wir nicht achtlos vorbeigehen dürfen: die *Ritterschaft* und das *Bürgertum*. Ritter waren Lehnsträger der Fürsten und (vor allem) des Kaisers. Ihre Lehen waren (meistens) eine Belohnung für eigene

35 Das ist natürlich eine Anspielung sowohl auf das Ende des Romans von Eco als auch auf die vielen mutigen neuen Denker, die – wie z.B. Giordano Bruno – auf dem Scheiterhaufen endeten.

36 So der Titel seines Werkes (1977 a.a.O.).

Leistung in den Kreuzzügen, die sie durch vieler Herren Länder geführt hatten. Während die Theologen und Philosophen an den Universitäten mit abstrakten Ideen kämpften, kämpften die Ritter in fernen Ländern mit konkreten Feinden – was übrigens beides gleichermaßen (lebens-)gefährlich sein konnte. Weltkenntnis und Stolz auf erworbene Leistung führten zu einem Selbstbewusstsein, das sich nicht der Tradition und der Kirche, die diese verwaltete, verdankte und in einer eigenen Professionsethik zum Ausdruck kam. Im Mittelpunkt der bis heute unter den Begriff der »Ritterlichkeit« subsumierten Tugenden standen: Tapferkeit (im Kampf), Großmut (gegen besiegte Feinde), Mäßigung (der eigenen Leidenschaften), heitere und gelassene Lebensnorm (»hoher muot«), höfliche Umgangsformen (in Gesellschaft), Treue (gegenüber dem Kaiser), Hilfsbereitschaft und Mitleid (gegenüber den Armen und Kranken) sowie eine besondere Art der zuvorkommenden Dienstbarkeit gegenüber den Frauen.

Diese letztgenannte Form des sozialen Umgangs mit Frauen fand eine artifizielle Ausdrucksweise in der sog. »hohen Minne«: Ein Ritter trat als Bewunderer, Diener, Unterhalter und Beschützer einer (meist verheirateten) edlen Dame auf. Daraus entwickelte sich der Minnesang[37], und aus diesem wiederum schließlich die Lyrik der »niederen Minne«, bei deren Themen es um die einfache und schlichte Liebe zu einem Mädchen geht[38]. Für die pädagogische Ideengeschichte ist dies nicht nur deshalb bedeutsam, weil hier erste, aber deutliche Spuren des beginnenden Individualismus zum Ausdruck kommen, auf dem die moderne Pädagogik aufbaut, sondern auch, weil daraus das deutsche Volkslied werden sollte, das – ebenso wie die gleichzeitig entstandenen großen Volksepen (wie z.B. das

---

37 Und – nebenbei gesagt – auch das langsam beginnende (deutsche) Nationalgefühl. Der Text unseres (von Hoffmann von Fallersleben gedichteten) »Deutschlandliedes« dürfte in seinem Grundmotiv und vielen Formulierungen auf Walther von der Vogelweides Lied »Ir sult sprechen willkomen« zurückgehen. Von Nationen sollte man seit dem Konzil von Konstanz (1414) sprechen, weil dieses sich in »nationes« organisiert hat.

38 Walther von der Vogelweides »Lied von der Linde« ist ein schönes Beispiel dafür: »Under der linden/an der heide/da unser zweier bette was/da mugt ir vinden/schöne beide/gebrochen bluomen unde gras/vor dem walde in einem tal, tandaradei/schöne sane diu nahtegal.

Nibelungenlied und das Gudrunlied) – für viele Jahrhunderte zu einem (nichtreligiösen) Bildungsgut sui generis wurde.

Nach der Rückkehr von den Kreuzzügen zwang das enge, aber gesellige Leben auf den Burgen zur Ausprägung eines sittlichen Verhaltens, das die alten rauen Formen in eine verfeinerte Bildung überführte. Analog zu den an den Universitäten gepflegten »septem artes liberales« eines theoretischen Lebens formierten sich »septem probiates«, also sieben »Vollkommenheiten«, eines praktischen Lebens als Ritter. Was musste ein richtiger Ritter können? Die Antwort muss lauten: 1. Schwimmen, 2. Reiten, 3. Pfeilschießen, 4. Fechten, 5. Jagen, 6. Schachspielen und 7. Versemachen und auf der Laute singen[39].

Dass die ritterlichen Ideale ausdrücklich als Erziehungsziele für den ritterlichen Nachwuchs formuliert wurden (die in einem vierzehnjährigen Ausbildungsgang extensionaler Erziehung vom Pagen bis zum Knappen erreicht werden sollten), beweist u. a. das schöne Lied »Gregorius« des Hartmann von Aue, in dem ein Vater dem Sohn seine wichtigsten Erziehungsziele ans Herz legt: getreu, stetig, mild und demütig sein, gegenüber den Herren stark und mutig, zu den Armen gut sein, die Frauen ehren, Fremde dir geneigt machen, sich lieber bei den Klugen (anstatt bei den Dummen) aufhalten – und »vor allen dingen minne got«.

Das neue Selbstgefühl der Ritter, das auf eigene Leistung aufbaute, konstituierte ein neues Verhältnis zur Welt. Die Professionsethik wurde damit im wörtlichen Sinne »weltlich«. So heißt es programmatisch bei Gottfried von Strassburg: »Wir die zer werlde haben muot!« – Wir sind diejenigen, die zur Welt Mut haben! Folglich erwarb man sich die eigene Bildung nicht mehr nur durch Pflege der Innenwelt, sondern durch »Er-fahrung« der äußeren Welt. Lange Abenteuer und Irrfahrten galt es im Dienste der »ere« zu bestehen, um die rittliche Läuterung der eigenen Menschlichkeit zu erreichen. »Rat« und »lere« von außen waren dabei nicht unwillkommen, aber der Schwerpunkt der Selbsterziehung lag in der »Teilhabe« und Bewältigung eines praktischen Lebens, das – eine alte traditionelle Metaphorik aufgreifend – sich als Pilgerschaft verstand, aber nun nicht mehr durch die innere, sondern durch die äußere Welt[40].

---

39 Vgl. zur ritterlichen Erziehung und Ausbildung Thalhofer 1928 a.a.O., S. 85 ff.

40 Vgl. zu Parzival als Beispiel: Ballauff 1988 a.a.O., S. 441 f.

5.7 Die neue Schicht: das Bürgertum

Diese Weltzugewandtheit hat etwas durchaus Modernes an sich, auch wenn sie hier zunächst bei den »alten Rittersleut« zum Ausdruck kommt. Aber die Ritterschaft verblühte nach Beendigung der Kreuzzüge und dem Aufkommen der Feuerwaffen (qua Fernwaffen), die aus den Werkstätten Oberitaliens kamen, recht schnell und machte einer dritten Bildungsmacht Platz, die nun gleichfalls dem praktischen Leben zugewandt war – und dauerhaften Erfolg haben sollte: das Bürgertum. Es sind aus dieser Zeit des (ausklingenden) Hochmittelalters keine großen »Ideen« des Bürgertums bekannt, die einen unmittelbaren Einfluss auf die pädagogische Ideengeschichte hatten. Aber der mittelbare (latente) Einfluss ist umso größer. Man muss sich vor Augen halten, dass die subtilen Diskurse der scholastischen Theologen mit all ihren Spitzfindigkeiten (z.B. über die Frage nach dem Wesen der Engel) in ihrer Resonanz eng begrenzt blieben (weitgehend auf den universitären Lehrbetrieb). Auch die neuen Akzente einer weltzugewandten ritterlichen Erziehung blieben auf die wenigen Prozent der Bevölkerung beschränkt, die auf Burgen oder an adeligen Höfen lebte. Die Bevölkerung Europas bestand aber überwiegend aus einer bäuerlichen Landbevölkerung, die – arm an Rechten, Besitz und Bildung – mit dem nackten Überleben beschäftigt war.

Dazu kommt, dass der Faktor Arbeit in der pädagogischen Ideengeschichte bislang keine (große) Rolle gespielt hat. Bildung war seit der frühen Antike überwiegend durch die Abwesenheit des harten Zwangs zur Arbeit – und dementsprechend ihrer bis zur Verachtung reichenden Diskriminierung – gekennzeichnet und deshalb primär allgemeine Menschenbildung (d.h. keine Berufsbildung). Am ausgehenden Mittelalter blühte jedoch das Gewerbe auf (insbesondere die Webkunst, der Tuchhandel, der Gewürz- und Salzhandel), organisatorische Verbesserung von Arbeitsabläufen und technische Erfindungen – neu oder wiederentdeckt, wie z.B. die Dreifelderwirtschaft, der Beetpflug, das Pferdekummet, der Dreschflegel, die Windmühle, das Spinnrad – verbesserten die ökonomische Entwicklung und konzentrierten sich um und in den Städten. Die Arbeitsteilung, die Organisation des Zunftwesens und die Vernetzung der höheren Produktivität der einzelnen Gewerke produzierten den Bedarf spezifischer nützlicher und berufsbezogener Kompetenzen. Hier ist insbesondere das Lesen und das Schreiben (in lateinischer und in deutscher Sprache), aber auch das elementare Rechnen zu nennen (Adam Ries(e)!)[41]. Dieser Bedarf kann nicht mehr in den Klosterschulen mit ihrer fast ausschließlichen Beschäftigung mit Latein (und Theologie) befriedigt werden und führt deshalb zur Einrichtung städtischer »Schreibschulen« (sog. »Winkel- oder Klippschulen«)[42].

Das scheint auf den ersten Blick eine realgeschichtliche Entwicklung zu sein; zumindest dürfte der Zusammenhang zur Ideengeschichte nicht unmittelbar auf der Hand liegen. Aber jede Veränderung in der realen Sozialgeschichte kann in ihrer Praxis als angewandte Theorie (und damit als Teil einer Ideengeschichte) interpretiert werden. Die Veränderungen, die sich hier in der Ideengeschichte andeuten, betreffen die Aufwertung der Kategorie »Nützlichkeit« in der Bildung und den Beginn einer Ausdifferenzierung von (Allgemein)Bildung und berufsorientierter (Aus)Bildung. Dass die weltzugewandte »Nützlichkeit« überhaupt eine pädagogische Bedeutung bekommen konnte, setzt voraus, dass die Tradition eines (antiken und mittelalterlichen) Bildungsverständnisses, das sich ausschließlich als Selbstentfaltung eines von Arbeit befreiten Geistes versteht, porös wird. Das geht nicht bruchlos vor sich, wie sich beispielhaft an der Kritik des monastischen Ideals veranschaulichen lässt.

Dem entstehenden »Erwerbsadel« in der Ritterschaft und im städtischen Bürgertum musste der großteils parasitäre Lebenswandel des Klerus ein Dorn im Auge sein. Die Mitglieder der Kurie erschienen unersättlich, machthungrig und geldgierig, die (Bettel)mönche als vollgefressen, faul, verlogen und heuchlerisch. Kein Wunder, dass deshalb auch das dahinterstehende monastische Ideal kritisiert wurde – so etwa von Poggio Bracciolini in einem etwa 1429 verfassten Dialog, aus dem deutlich das Selbstbewusstsein eines auf seine eigene Arbeit stolzen städtischen Bürgertums spricht[43]: »Es wende mir keiner von jenen Heuchlern, Schmarotzern, Ungeschliffenen, die unter dem Deckmantel der Religion auf der Jagd nach Speisen

41 Das erste deutsche Rechenbuch erschien 1483, das zweite 1500. Aber schon 1350 wurde das – über 500 Seiten dicke – »Buch der Natur« des Konrad von Magenburg veröffentlicht, das erste naturwissenschaftliche Lehrbuch in deutscher Sprache.

42 Vgl. Thalhofer 1928 a.a.O., S. 97 ff.

43 Zit. nach Ballauff 1988 a.a.O., S. 522 f.

herumlaufen, ohne zu arbeiten und sich abzumühen, und den anderen Armut, Verachtung der irdischen Güter predigen, etwas dagegen ein! Wir werden unsere Städte nicht mit diesen Scheinmenschen erbauen können, die im vollkommensten Müßiggang ihr Leben durch unsere Arbeit fristen.«[44]

Das mönchische Bildungsideal verliert langsam aber sicher seine Allgemeingültigkeit als Bildungsideal für alle und sinkt zu einer Professionsmoral herab. Gehorsam, Enthaltsamkeit, Armut, Demut, Weltverachtung, das ständige Bewusstsein eigener Sündhaftigkeit und asketische Selbstkasteiung – all diese Markierungen der monastischen Lebensweise kontrastierten hart mit den neuen bürgerlichen Tugenden des Fleißes und der Arbeit, die zweckorientiert und effizient ist. Ist die monastische Lebensschule durch den Kult des Silentiums (des Schweigens), die scholastische Schule durch den Geist des Fragens geprägt, so ist die Schule des sich formierenden städtischen Bürgertums durch den Geist des ökonomischen Handelns und der Weltzugewandtheit geprägt. Neben das Ideal der »vita contemplativa« tritt nun gleichberechtigt das Ideal der »vita activa«[45].

Die an Universitäten gelehrte Scholastik, das auf den Burgen gepflegte Rittertum und das sich in den Städten formierende Bürgertum sollten alleine das ausgehende Mittelalter noch nicht in die moderne Zeit führen. Dafür war die Menge ihrer Vertreter alleine schon zahlenmäßig zu klein und deshalb ihre Resonanz beim einfachen Volk zu gering. Auch wenn schließlich das Bürgertum (auf längere Sicht gesehen) den Sieg davontragen sollte, bedurfte es zuvor noch weiterer einschneidender Ereignisse, um die sog. »take-off-Phase« der Moderne in ihrer Breitenwirkung einzuläuten.

---

44 Die Kritik hatte durchaus eine reale Entsprechung im mittelalterlichen Lebensstil der Mönche. Skelettanalysen zeigen, dass die meisten Mönche Übergewicht hatten, ja – in einer Zeit, in der Hungersnöte für die Bevölkerung eher die Regel als die Ausnahme waren – an Fettsucht litten. In Verbindung mit Bewegungsarmut waren Folgekrankheiten, wie Arthritis und Diabetes, üblich.

45 »Ich werde den erst für den wahren Mann erklären, der beiden Lebensarten (...) in angemessener Weise gerecht wird und beide in sich vereinigt«, heißt es bei Albertis (zit. nach Ballauff 1988 a.a.O., S. 525).

5.8 Die zweite Aufklärung im Humanismus

Wie schon mehrfach, wird auch hier, wo es um den »Humanismus« geht, der Begriff selbst erst von späteren Beobachtern geprägt. Es war wohl F. J. Niethammer, der 1808 zum ersten Mal den (substantivierten) Begriff gebrauchte – als pädagogischer Fachbegriff zur Abgrenzung gegenüber der Philantropie. Die Bedeutung, die sich schließlich durchsetzte und auch in unserem Zusammenhang Anwendung findet, ist jedoch eine andere und wurde noch später von G. Voigt 1889 geprägt: »Humanismus« ist danach eine Gelehrtenbewegung der Renaissancezeit, die das antike Menschenbild zu erneuern trachtete[46]. Der Begriff des Humanismus ist Programm, und deshalb gar nicht ungeschickt gewählt, denn in ihm kommt der damit vollzogene Wandel von einer theozentrischen zu einer anthropozentrischen Weltsicht unmittelbar zum Ausdruck. Nicht mehr der jüdisch-christliche Gott steht hier als »Lehrer« im Mittelpunkt, sondern die – wohlgemerkt: »heidnische« – Antike wird als klassische Lehrmeisterin nobilitiert.

Diese Differenz zur dominierenden christlichen Weltsicht des Hochmittelalters wird im Humanismus durchaus unterschiedlich betont. Die Spannweite reicht von Versuchen, das christliche und das antike Denken miteinander zu versöhnen, bis hin zu deutlichen, ja polemischen Abgrenzungsversuchen. Der »christliche Humanismus« hatte durchaus großen Einfluss auf die Profilbildung des humanistischen Denkens. Ein christlicher Humanist, nämlich Enea Silvio Piccolomini (1405–1464), sollte 1485 sogar zum Papst gewählt werden (Pius II); ein anderer, nämlich Melanchthon, sollte die Reformation Luthers mit den Bildungs- und Gestaltungsformen des antiken Humanismus versöhnen (dazu später mehr). Allerdings war mit der Aufwertung des wiederentdeckten antiken Menschenbilds eine Differenz zwischen christlichem und heidnischem Denken eröffnet und fruchtbar gemacht, die über die theologischen Dispute der Scholastiker hinausgingen – und das in mehrfacher Hinsicht:

1. Während im gesamten christlichen Mittelalter die Philosophie als Magd der Theologie betrachtet (und damit abgewertet) wurde und erst die Scholastiker vereinzelt eine Gleichwertigkeit des religiösen Glaubens und des philosophisch-rationalen Denkens postuliert

46 Vgl. das Stichwort »Humanismus« im Historischen Wörterbuch der Philosphie, hg. von J. Ritter (Basel, Stuttgart 1974), Band 3: G-H, Sp. 1217 ff.

haben, sollten bei den Humanisten nun die Philosophie die »pool position« erringen. Nicht mehr die Theologie, sondern die Philosophie wird von einzelnen Humanisten zur »Königin der Wissenschaften« erhoben. Das kritische (Nach)Denken und Rekurrieren auf die Bedingungen von Geltungsansprüchen war geschult nicht nur an der aristotelischen Syllogistik, sondern auch am Ockham'schen Nominalismus. Ontologische Fragen traten nun zurück (sie wurden als nicht entscheidbar behandelt) und stattdessen rückten erkenntnistheoretische Fragen in den Mittelpunkt des Interesses. Wenn Wahrheit ein Verhältnis zwischen den Zeichen (und nicht mehr zwischen Realität und Sprache) wird, ist es nur konsequent, dieses Verhältnis als souveräne menschliche Schöpfung zu bestimmen und auf seine Rationalität hin zu untersuchen. Damit aber wird die Philosophie aufgewertet, denn diese ist die Hüterin des rationalen Denkens, geschult an den literarischen Studien der antiken Klassiker – der »litterare humanaei« (Erasmus von Rotterdam).

2. Wie in der Kunst der Renaissance rückt auch in den Werken der Humanisten der Produzent als Künstler oder Gelehrter in seiner Individualität in den Vordergrund. Man kann hier geradezu von einem »Individualisierungsschub«[47] sprechen, der von den Humanisten ausgelöst wurde. Im Bewusstsein der eigenen unverwechselbaren Individualität bricht sich ein neues Selbstbewusstsein Bahn, das seine Würde nicht mehr – wie in der ständischen Gesellschaft des 15. und 16. Jahrhunderts üblich – als Geburtsadel, sondern als Geistessadel zurechnet[48]. Nicht durch Geburt und Herkunft, sondern durch Arbeit und Leistung wird der gesellschaftliche Status erworben. Hier kommt schon deutlich der Anspruch auf die Anerkennung eines – individuell zurechenbaren – Leistungsprinzips zum Ausdruck, der erst viel später zur Grundlage der modernen Gesellschaft werden sollte.

---

47 Vgl. Chr. Treml: Humanistische Gemeinschaftsbildung. Hildesheim 1989, S. 11 und passim.

48 Dieses Selbstbewusstsein erprobt und entwickelt sich selbst im Gegenüber zu den verehrten klassischen Autoren, die nicht nur einfach blind »imitiert« werden sollten: »Du drückst dich nicht wie Cicero aus, sagt jemand. Na und? Ich bin ja nicht Cicero, ich drücke deshalb mich selbst aus« (so Paolo Cortesio 1489 in seinem Werk »De hominibus doctis«, zit. nach Garin 1966 a.a.O. S. 247).

3. Der Humanismus war nicht nur eine geistige Haltung, die einen prägenden Einfluss auf die Renaissancekultur ausübte; sondern mehr, nämlich der Versuch, nicht nur zur Gelehrtheit zu erziehen, sondern zu einem besseren und höheren Menschsein zu verhelfen und diese höhere Lebensform selbst zu leben. Die klassische antike Tradition gab eine Fülle von Beispielen (exempla), an denen man das gute Leben durch Nachahmung (imitatio) erlernen kann. Gleichzeitig versuchten die Humanisten, diese Theorie eines höheren (antiken) Menschseins auch in der eigenen Lebenspraxis zu verwirklichen, und das heißt vor allem, sich selbst und andere zu zivilisieren und zu kultivieren. Der Verfeinerung des – an den antiken Schriften geschulten – Denkens entsprach analog dazu eine Verfeinerung der Sitten. Die angestrebte Charakterbildung sollte auch das Verhalten zivilisieren. Um dieses Ziel zu erreichen, erprobten die Humanisten – die im deutschen Sprachraum räumlich sehr verstreut waren – verschiedene Formen des sozialen Verbindung, u.a. in Form von Sodalitätsgründungen (eine Art temporärem Zusammenleben von Gleichgesinnten) und der Pflege sozialer Netzwerke, die in einer gepflegten Geselligkeit und einem intensiven Schriftwechsel zum Ausdruck kam. Zum andern wurde durch eine rege Publikationstätigkeit versucht, den Zivilisierungsprozess als allgemeinen Bildungsprozess nach außen zu tragen. Erfolgreich waren damals vor allem sog »Manierenschriften«, die – wie der Name schon sagt – auf die Zivilisierung der alltäglichen Manieren zielten[49]. Die humanistischen Autoren scheuten sich nicht, einfache Erziehungsratschläge zu geben[50].

---

49 Wahrscheinlich das erfolgreichste Bändchen stammte von Erasmus von Rotterdam und hat den Titel »De civilitate morum puerilium«. Schon zu Lebzeiten des Autors gab es über 30 Auflagen, bis zum 18. Jahrhundert erschienen über 131 Auflagen – ein Zeichen dafür, dass die Schrift einen großen Bedarf deckte (vgl. Chr. Treml 1989 a.a.O., S. 100).

50 Etwa wie man zu Tische sitzt, wie man isst, wie man sich beim Essen benimmt u.a. Das schließt die deftige Kritik an barbarischem Verhalten ein: »Wenn die berauschten Bayern an ihren Tischen sitzen, gibt es kein Gespräch außer obszönen Reden, für die man sich schämen muß« (Konrad Celtis zit. nach Chr. Treml 1989 a.a.O., S. 116). Gleichwohl gab es natürlich auch berühmte bayerische Humanisten, wie z.B. der aus Abensberg stammende Aventinus, der sich nicht nur um die (bayerische) Geschichtsschreibung verdient gemacht hat.

4. Der Humanismus kann als Teil jener Entwicklung identifiziert werden, die Norbert Elias als »Prozeß der Zivilisation« bezeichnet hat[51] und der eingebettet war in eine sozio-kulturelle Evolution zwischen dem 15. und 18. Jahrhundert, die das Verhältnis von Mensch und Natur neu einjustierte: der Beherrschung der äußeren und der inneren Natur als Voraussetzung ihrer aktiven und anthropozentrischen Veränderung. Dazu bedurfte es der Kontrolle der eigenen natürlichen Impulse und Triebe (also der inneren Natur), und das ist es, was die »Manierenpädagogik« der Humanisten unmittelbar intendierte[52]. Das humanistische Erziehungsprogramm ging darüber weit hinaus und intendierte eine umfassende Charakterbildung, die ein neues (zivilisiertes und kontrolliertes) Verhältnis zur (äußeren und inneren) Natur installierte[53].

5. Damit rückt fast automatisch auch die menschliche Natur – insbesondere des Menschen Körper – in den Blick, und zwar nicht nur als Objekt der Zivilisierungsbemühungen, sondern auch als Teil des ganzen Menschen, der der Kultivierung (der »Pflege«) bedarf. Das Menschenbild der Antike war, wie wir schon gesehen haben, sicher nicht einheitlich, aber sowohl in seiner frühen hellenistischen als auch in seiner späten römischen Form ein Bild des ganzen Menschen: als Einheit von Geist und Körper. Die im christlichen Mittelalter tradierte Körper- bzw. Leibfeindlichkeit wird

---

51 N. Elias: Über den Prozeß der Zivilisaiton. Soziogenetische und psychogenetische Untersuchen. Bd. I: Wandlungen des Verhaltens in den weltlichen Oberschichten des Abendlandes, Bd.II: Entwurf einer Theorie der Zivilisation. Frankfurt 1977 (3).

52 Ein Beispiel: Zu einer Zeit, in der es üblich war, dass alle aus einem Topf aßen, war der pädagogische Rat des Erasmus, sich vor dem Essen die Hände zu waschen und die Speisen nicht mit der ganzen Hand zu greifen, sondern nur mit drei Fingern, ein erster Schritt der Distanzierung zum Objekt (der Begierde); der zweite (spätere) Schritt sollte dann erst die Einführung des Essbestecks sein. Die zivilisierte Einverleibung der äußeren Natur bedarf also zunächst der Distanzierung und damit der Kontrolle seiner inneren Natur.

53 »Die Herstellung eines aggressionsfreien Raumes, die damit verbundene Zurückhaltung der Affekte, die Einübung von Friedfertigkeit, Konzilianz und Umgänglichkeit sind per definitionem Ziele des humanistischen Erziehungsprogrammes. Es geht also nicht nur um die Verfeinerung der Sitten und die Verbesserung der Manieren …, sondern, … um »Charakterbildung« … (Chr. Treml 1989 a.a.O, S. 105).

damit tendenziell überwunden – möglicherweise auch befruchtet durch die ritterlichen Ideale des körperlich gestählten Menschen. Der gesunde Körper und seine Pflege, etwa in Form von Leibesübungen, wird jetzt (wieder) pädagogisch gefordert und findet in der Renaissancekunst seine idealisierte bildliche Form (dazu später mehr).

6. Die Humanisten konnten sich nicht mehr an der Kirche orientieren; sie besaßen also keine haltgebende Organisation. Zum großen Teil war es so etwas wie eine »gepflegte Interaktion« von Gleichgesinnten. Zu ihrer Stabilisierung bedurfte es identitätsstiftender Markierungen, die nichtklerikaler Art waren. Diese Leerstelle nahm bei den Humanisten zum einen die idealisierte Antike ein[54], zum andern aber die kontrafaktische Idee der »patria« – des Vaterlands, der deutschen Nation – und das zu einem Zeitpunkt, da es noch lange keine deutsche Nation gab[55]. Das hatte zum einen eine rückwärtsgewandte Suche nach den eigenen Wurzeln – der eigenen Geschichte (z.B. »Karl der Große« als »Deutscher«) – zur Folge, zum anderen eine idealisierte Stilisierung der eigenen Nation mit geradezu utopischen Elementen.

7. Die Zeit als Bedingung menschlicher Entwicklung wird von den Humanisten wieder entdeckt und dementsprechend rückt die Geschichte der eigenen Kultur wie auch die Entwicklung des Individuums in ihr Interessenfeld. Am Ende des Mittelalters hatten die Italiener vergessen, wer ihre Vorfahren waren und entdeckten im Horizont der humanistischen Bewegung erst im 14. und 15. Jahrhundert wieder, dass nicht die Juden, sondern die alten Römer ihre Vorfahren waren[56]. Zur gleichen Zeit entdeckten die Humanisten wieder, dass der Mensch nicht als Erwachsener, sondern als Kind sein Leben beginnt und dementsprechend rückt die frühe Entwicklung des Individuums in zunehmendem Maße in den Mittelpunkt ihres Interesses:

---

54 Die antike Rückwendung kommt auch in der Mode zum Ausdruck, seinen Namen griechisch oder lateinisch zu gebrauchen, also z.B. sich »Melanchton« statt »Schwarzerde«, »Comenius« statt »Komensky« zu nennen.

55 Diesen (oft unterbelichteten) Aspekt arbeitet Chr. Treml 1989 a.a.O., S. 155 ff. heraus.

56 Vgl. Fr. Paulsen: Geschichte des gelehrten Unterrichts auf den deutschen Schulen und Universitäten vom Ausgang des Mittelalters bis zur Gegenwart. Leipzig 1919 (3), insbesondere S. 11.

die Kindheit. Für die pädagogische Ideengeschichte sollten vor allem die Entdeckung der Kindheit, deren seelische Empfindungen und die Berücksichtigung der individuellen Anlagen und Neigungen – kurz: des Menschen Natürlichkeit als Voraussetzung für Lehren und Lernen – bedeutsam werden. Dass Kindheit eine eigenständige Lebensphase ist, die einer ihr gemäßen pädagogischen Behandlung bedarf, das betonte vor allem Johannes Gerson (1363–1429). Seine Forderung einer »kindgemäßen Erziehung« war seiner Zeit weit voraus, denn es sollte noch lange eine lehrerzentrierte Erziehungsvorstellung dominieren. Gerson glaubte jedoch an das Gute im Kind und plädierte für einen vertrauensvollen und freundlichen pädagogischen Umgang mit ihm: »Man muß daher alle Hoheit ablegen und mit den Kindern ein Kind sein«[57]. Sein Ratschlag war deutlich: »Ein Mann, den sie hassen und fürchten, wird ihr Vertrauen nie gewinnen, sondern nur der wohlwollend, aufrichtig und freundlich Gesinnte.«[58]

Durch die genauere Beobachtung des Kindes wurde den humanistischen Pädagogen auch eine Reihe lernpsychologischer Erkenntnisse zuteil, so z.B. die didaktische Bedeutung der Lust und der Freude als Belohnung für eine Leistung. Weil Lust »Ziel und Preis der Handlung« und »göttliche Belohnung unseres Wirkens« ist, kann sie didaktisch eingesetzt werden. Ein Lernen, das Freude macht und an deren Ende als Belohnung die Lust winkt, ist wirksamer als ein Lernen, das sich nur pädagogischer Drohungen und Angst verdankt. Für denjenigen, der diese Erkenntnis einmal gewonnen hat, muss der Zustand der damaligen Schule ein Gräuel gewesen sein. Und in der Tat finden sich deutliche Spuren einer deftigen Schul- und Lehrerkritik – etwa bei Erasmus von Rotterdam, der ironisch-gebrochen schrieb:

»Obenan stehen die Schulmeister (Grammatici). Das wäre, weiß der Himmel, eine Klasse von Menschen, wie sie unglücklicher, geplagter, gottverlassener nicht zu denken ist (...) Nicht fünffacher Fluch nur, wie der Grieche sagt, nein hundertfacher lastet auf ihnen: mit ewig knurrendem Magen, in schäbigem Rock sitzen sie in ihrer Schulstube – Schulstube sage ich? Sorgenhaus sollte ich sagen, besser noch Tretmühle und Folterkammer – inmitten einer Herde von Knaben und werden früh alt vom Ärger, taub vom Geschrei, schwindsüchtig von Stickluft und Gestank (...). Man möchte es

57 Zit. nach Ballauff 1988 a.a.O., S. 431.

58 dito

nicht eine Schule, sondern eine Folterstube nennen, so schallt es von Ruten- und Stockschlägen; außer Geschrei und Schluchzen und grausamen Drohungen wird da nichts gehört.«[59] Kein Wunder, dass auch die alten Methoden des Lateinunterrichts kritisiert wurden: Das »Doctrinale« des Alexander de Villa Dei – entstanden um 1200 – war wohl schon aus didaktischen Gründen in Versform geschrieben; aber es bestand aus über 2600 Hexametern, und diese mussten stur auswendig gelernt werden! Man kann sich noch heute vorstellen, was das für eine Plackerei war. Erasmus von Rotterdam begann stattdessen lateinische Dialoge in didaktischer Absicht zu komponieren, die von alltäglichen Situationen der Schüler ausgingen – wenn man so will: eine erste Form schülerorientierter Didaktik (vgl. Abb. 10)[60].

8. Mit der Aufwertung des Lernenden und seiner Bedürfnisse wird ein neues Temporalverständnis bedeutsam, das den Entwicklungsbegriff in den Vordergrund spült. Nicht nur das Leben des Individuums, sondern auch das der Kultur wird in seiner Geschichtlichkeit erkannt. Geschichte wird nicht mehr nur als (religiöse) Verfallsgeschichte gedeutet, sondern in zunehmendem Maße auch als ein Erfahrungsschatz, der durch neue Erkenntnisse akkumuliert werden kann. Die neue Zuwendung zur Welt – und zwar zur Außenwelt – hatte auch zur Folge, dass die *Arbeit* einen neuen Stellenwert erhielt: Arbeit war nicht mehr nur die Tätigkeit der Sklaven, der unfreien Bauern und der landlosen Handwerker, wie das seit der Antike gängige Ideologie war, sondern wird zunehmend als Produktionsmittel erkannt. Die Bedeutung für die Pädagogik liegt auf der Hand: Erst wenn die Arbeit wertgeschätzt wird, muss man auch die für sie benötigten Kompetenzen lehren. Dies wird vom städtischen Bürgertum in zunehmenden Maße gefordert und von Humanisten theoretisch begründet. Die klassische Muße wird nur noch als »wissenschaftliche Muße« (in den Schulen und Universitäten) zugelassen, die »verdrossene Untätigkeit« aber abgelehnt und stattdessen – wie etwa bei Jacob Wimpfeling (1450–1528) in seinen 20 Gesetzen für die Jugend – die »Verachtung des Müßigangs und der Trägheit« und die »Wirtschaftlichkeit« zu Maximen der richtigen Lebensführung erhoben.

---

59 Zit. nach Ballauff 1988 a.a.O., S. 599, 600.
60 Beispiele finden sich bei Ballauff 1988 a.a.O. S. 58 ff.

Abb. 10: Der unter dem Namen »Wolfsunterricht« bekannt gewordene Fries an der ehemaligen Nikolauskirche des Freiburger Münsters U.L. Frau (um 1200) zeigt plastisch und differenziert – quasi in Form eines mittelalterlichen Comics – die Probleme einer didaktischen Vermittlung von Wissen: der Magister (Mönch) belehrt den Schüler, der als Wolf dargestellt wird, mit einem Buch in der einen und der Rute in der anderen Hand. Der Schüler (qua Wolf) ist jedoch auf die Befriedigung seiner natürlichen (tierlichen!) Bedürfnisse aus und wendet den Kopf (bzw. seine Aufmerksamkeit) dem Beutetier des Wolfes zu, einem Schaf (1. Bild). Erst als die Rute des Lehrers zuschlägt, wendet der Schüler sich dem Lehrer zu – offenbar bedarf der Unterricht einer extrinsischen Motivation; der Lehrer zeigt mit seiner linken Hand auf seinen Kopf, um die geistige (nicht natürliche) Leistungserwartung zu verdeutlichen (2. Bild). Gelungen ist der Unterricht erst, wenn die Lehre internalisiert worden ist, wenn also der Lehrer, nun als androgyne Figur vom konkreten Lehrer abstrahiert dargestellt, auf dem Tier sitzend mit seiner Zeigehand im Rachen des Tieres verschwunden ist (3. Bild). Die Dauerhaftigkeit dieses didaktischen Problems wird durch das geflochtene Tau (mit einer Seele in der Mitte!) symbolisiert, auf dem sich der Lernprozess ereignet; die Erinnerung daran haben wir noch im Begriff des »Curriculums« bewahrt.

Sicher der bedeutendste und wirkmächtigste Humanist war der schon mehrfach erwähnte *Desiderius Erasmus von Rotterdam* (1466–1536). Seine zahlreichen Schriften über Erziehung und Unterricht zeigen, wie stark im Humanismus gerade pädagogische Probleme in den Mittelpunkt des Interesses rücken. Die Veränderung bzw. Verbesserung der menschlichen Lebensumstände erhofften die Humanisten offenbar vor allem über den Umweg einer besseren Erziehung und Bildung. Energisch wirbt Erasmus für die Überzeugung, dass die Jugend möglichst frühzeitig eine bewusste und sorgsame Erziehung erfahren solle[61]. Mit scharfen Worten kritisiert er die weit verbreitete Vernachlässigung der kindlichen Erziehung in den Familien und in den Schulen. Er begründet dabei die Aufwertung der Pädagogik mit Argumenten, die es wert sind, auch heute noch gehört zu werden:

- Eltern werden in gewissem Sinne in und durch ihre Kinder »unsterblich« und sollten sich deshalb einer sorgfältige Erziehung befleißigen. In ihren Kindern leben sie weiter, und deshalb lohnt es sich, in ihre Erziehung zu investieren.
- Menschen »werden nicht geboren, sondern gebildet«. Mit diesem Topos erinnert Erasmus daran, dass es mit der Geburt allein noch nicht getan ist. Das kleine neugeborene Wesen bedarf von Natur aus der Zuwendung, der elterlichen Sorge und der Erziehung.
- »Die Natur«, indem sie dir ein Kind schenkt, »übergab dir nichts andres als eine rohe Masse; es ist deine Sache, der fügsamen und zu Allem bildsamen Materie die beste Form zu geben: wenn du es unterlässest, erhältst du eine Bestie, wenn du sorgsam bist, erhältst du so zu sagen einen Gott« (8). Die natürliche Materie muss durch Erziehung erst ihre Form erhalten – Erziehung ist »Formgebung«, »Bildung«.
- Erziehung und Unterricht sollen möglichst auf Strafe, insbesondere auf körperliche Strafen, verzichten und Freude machen; viel mehr als mit Angst kann man mit (pädagogischer) Liebe sein Ziel erreichen (23 ff.). Viele Jahrhunderte vor dem schließlich im öffentlichen Bildungswesen durchgesetzten Gewalttabu wirbt Erasmus hier für eine gewaltfreie Erziehung und ihr wirkungsvolleres Äquivalent: pädagogische Liebe.
- Erziehung soll *mit* der Natur und nicht *gegen* sie arbeiten; deshalb soll sie altersgemäß und neigungsgemäß vorgehen (32 ff.).

---

61 Vgl. D. E. v. Rotterdam: Vortrag über die Notwendigkeit, die Knaben gleich von der Geburt an in einer für Freigeborne würdigen Weise sittlich und wissenschaftlich ausbilden zu lassen (1529). Hg. v. A. Israel. Zschopau 1879. (Man beachte, wie man damals noch in der Lage war, aussagekräftige (Buch)Titel zu formulieren!)

Das ist ein Plädoyer für eine individualisierte Erziehung, die das einzelne Kind mit seinen Besonderheiten wahrnimmt und in der Erziehung berücksichtigt.

Man wird bei der Lektüre dieser Schrift von Erasmus auch heute noch an ein Goethe-Worte erinnert, das der Herausgeber in seinem Vorwort erwähnt: »Alles Gescheite ist schon einmal gedacht worden« (V), denn die Argumente kommen uns vertraut vor; sie werden in reformpädagogischen Kontexten bis heute immer wieder gebraucht (allerdings meist ohne dass man sich ihrer Herkunft erinnert)[62]. So gesehen kann man die pädagogische Seite des Humanismus durchaus als »erste Reformpädagogik« bezeichnen.

Dieses reformpädagogische Gedankengut ist eingebettet in eine aufklärerische Hoffnung auf die Vernunft, so dass man vom Humanismus zu Recht als der »zweiten Aufklärung« sprechen kann. In vielen seiner Schriften sollte die erst viel später einsetzende (dritte) Aufklärung (des 18. Jahrhunderts) in nuce vorweggenommen werden. Deren Programm – die Anerkennung von erhobenen Geltungsansprüchen alleine aus allgemein nachvollziehbaren Gründen der Vernunft (und nicht aus heiliger Tradition) – wird von Erasmus offen und mutig in Anspruch genommen, etwa wenn er schreibt: »Es ist ja viel leichter, mit Bullen und Scheiterhaufen zu siegen als mit Gründen«[63].

Seine Eloquenz und sein Mut, selbst – und das heißt: unabhängig der kirchlichen Gängelbande – zu denken, brachte ihm jedoch nicht nur eine große und langanhaltende Resonanz bei den europäischen Gelehrten ein, sondern auch erhebliche Kritik, ja Verfolgung, von Seiten des Klerus und der traditionellen kirchlichen Denker. Interessant ist die Stoßrichtung dieser Kritik, denn es sind vor allem zwei Vorwürfe, derer sich Erasmus immer wieder erwehren musste. Sie lauteten: Was er verträte, wäre »weltlich-heidnisch«, und es wäre »neu«.[64] Dass die unmittelbar an die (vorchristliche) Antike anknüpfenden Humanisten als »heidnisch« geschmäht wurden, war zu erwarten; dass nun auch mit dem Argument, es wäre »neu«, kritisiert

62 Vgl. H. Rumpf: Erasmus von Rotterdam. In: H. Scheuerl (Hg.): Klassiker der Pädagogik. Band 1. München 1979, S. 15–31.

63 In einem Brief vom Dezember 1520 (zit. nach Rumpf 1969 a.a.O., S. 19).

64 Vgl. dazu Ballauff 1988 a.a.O., S.575 f.

wurde, mag auf den ersten Blick überraschend – und erklärungsbedürftig – sein.

An dieser, aus unserer heutigen Sicht, doch sehr merkwürdigen Kritik lässt sich aber die Umpolung der Temporalstrukturen im beginnenden neuzeitlichen Denken exemplarisch veranschaulichen, denn in diesem gewinnt nun die Neugierde auf das Neue die Oberhand über die Angst vor ihm. Der Begriff der »Neuzeit« bringt diese Umpolung auch sprachlich zum Ausdruck, denn die Neuzeit ist nicht nur die Zeit, die gegenüber dem Alten neu ist, sondern auch die Zeit, in dem – zum ersten Mal in der Kulturgeschichte – mit dem (riskanten) Generalverdacht gearbeitet wird, das Neue sei besser als das Alte. Das Risiko dieses neuen Denkens ist erheblich. Deshalb muss man fragen, welchen Selektionsvorteil es in dieser Zeit hat, so zu denken.

6 Vom 15. bis zum 17. Jahrhundert: Zeit der Unruhe und der Erneuerung

Evolution bedarf der Differenzen, um über Selektionen am Bestehenden Veränderungen vorzunehmen. Eine Grunddifferenz, die uns immer wieder begegnete, ist jene von Sein und Seiendem. Sie erscheint in Form einer Vielzahl von Bezeichnungen – im christlichen Mittelalter etwa als Gott und Welt (bzw. Gott und Mensch, Natur und Gnade). Auch an der Schwelle vom Mittelalter zur beginnenden Neuzeit entsteht das Neue durch kleine Veränderungen am Alten, durch Akzentsetzungen und Akzentverlagerungen an der Grundoperation des Denkens. So akzentuiert der *Humanismus* in der Unterscheidung von Gott und Mensch – wie der Name schon sagt – die Seite des Menschen[1]. Um diese Akzentverlagerung fruchtbar zu machen, muss auch sie wieder als Differenz behandelt werden. Das geschieht dadurch, dass in Form eines re-entrys der Mensch zu sich selbst in ein reflexives Verhältnis tritt: Der Selbstbezug wird vor allem als Selbsterfahrung und Selbstgestaltung zu einer Form des modernen Subjekts und Bildung dementsprechend zu einer bestimmten Art, sich zu sich und zur Welt zu verhalten: »Der Gebildete ist derjenige, der sich zu sich selbst verhält. Er nimmt immer

1 »Omnium rerum homo mensura« (Der Mensch ist das Maß aller Dinge) – dieser Satz des Protagoras kann als programmatische Überschrift über den Humanismus gelten. Im Begriff des Humanismus steckt der lateinische Begriff »homo« (Mensch), der selbst wiederum (wahrscheinlich) auf »humus« (Erde) zurückgeht. So gesehen wird der Mensch schon in der Antike, dann aber wieder im Humanismus als das Wesen definiert, das »auf der Erde lokalisiert« ist – und nicht, wie die Götter, im Himmel. Während die Antike den Menschen damit eine Zwischenstellung zwischen Tieren und Göttern zuweist – und dementsprechend zwei verschiedene Anthropologien ermöglicht: im Vergleich zu den Göttern eine pessimistische, im Vergleich zu den Tieren eine positive –, greift der Humanismus die positive Variante auf und leitet die Wende von einer theozentrischen zu einer anthropozentrischen Weltsicht ein.

den Umweg über sich selbst, er kehrt immer zu sich selbst zurück. Alles dient seiner Selbstentfaltung und Selbstgestaltung«[2].

Auch das Weltverhältnis geht damit immer den Umweg über den reflexiven Menschen. Erkenntnis von Welt wird damit auf die Bedingung seiner Möglichkeit des Erkennens durch den Menschen zurück bezogen. Das gilt für Naturereignisse, die zum Gegenstand der Erkenntnis werden[3], vor allem aber für kulturelle Werke, denn diese sind – per definitonem – vom Menschen gemacht. Auch die alten Texte, ja selbst die Bibel werden nun als Menschenwerk interpretiert. Damit wird ein nichtautoritativer Umgang möglich, der die Autorität der Alten nicht mehr für sakrosankt nimmt, sondern sich einer historisch-kritischen Erforschung öffnet. Aus heutiger Sicht ist der moderne offene Weltbezug offenkundig. Das ist ein Akzent, der im weiteren Verlauf der Entwicklung nicht nur selektiert, sondern (etwa in der modernen Wissenschaft) auch stabilisiert werden sollte.

6.1 Einheitsdenken: die Mystik

Man kann nun aber das Verhältnis von Gott und Mensch auch ganz anders akzentuieren, um die alten Verhältnisse zum Tanzen zu bringen – etwa dadurch, dass man nun nicht den Akzent auf den Menschen, sondern auf Gott setzt und die Differenz von Gott und Welt als Einheit weiterbehandelt. Das scheint zunächst eine recht altmodische Variante religiöser Metaphysik zu sein, die dazu noch den Nachteil besitzt, paradox zu sein (denn eine Differenz als Einheit zu behandeln, impliziert in diesem Falle die Unterscheidung als Differenz, um überhaupt kommunizierbar zu sein). Dass diese merkwürdige Form der Akzentsetzung aber durchaus anschlussfähig an

2 Ballauff 1988 a.a.O., S. 511.

3 Die Pest sollte ab 1345/49 in Europa etwa die Hälfte der Bevölkerung hinwegraffen – ein ungeheurer Angstfaktor für das mittelalterliche Leben. Trotzdem gelingt es Boccaccio 1350 die Pest zum Gegenstand einer genauen Beobachtung zu machen, und er erwähnt dabei auch die üblichen religiösen Formen (Zeremonien, Gebete), damit umzugehen – aber als eine Methode unter anderen. Religiöse Erklärungen stehen gleichberechtigt neben astrologischen Deutungen und der Schilderung der hilflosen Aktionen der Ärzte (vgl. Flasch 2003 a.a.O. S. 143 f.).

modernes Denken sein kann, beweist ihre Ausprägung in der *Mystik* (des 14. und 15. Jahrhunderts). Die Mystik des Hochmittelalters gründet im Leiden an den Differenzen und versucht es durch ein Einheitsdenken zu bewältigen. »Einssein mit Gott!«, heißt die programmatische Formulierung, die etwa bei dem wohl bekanntesten Mystiker dieser Zeit, Meister Eckard, mehrfach zu finden ist. Dass sie ganz radikal nicht als Annäherung oder Mimesis, sondern wirklich als Einswerdung einer Differenz gemeint ist, beweisen viele Formulierungen, z.B.: »Die Seele will nicht gleich, sondern eins sein mit Gott«[4]. Diese »unio mystica« (Gottgleichheit) sollte durch Temporalisierung der in ihr eingebauten Paradoxie fruchtbar werden, weil dadurch die Einheit wieder in Differenzen überführt werden kann.

Wenn der Mensch gottgleich wird, dann – so muss man den Gedanken in seiner radikalen Konsequenz zu Ende denken – wird er selbst zu Gott – und bekommt damit ein ganz neues Verhältnis zur Welt, nämlich eben als ein Gott, der die Welt immer wieder neu erschaffen kann. Die Befreiung der Mystik von dem dominierenden binären bzw. dualen Weltbild des Mittelalters gelingt also nur scheinbar. Die Loslösung der Welt, die die Mystiker propagierten, hatte nämlich nur ein neues Weltverhältnis zur Folge. Die absolute Loslösung der Welt, die man beim Umweg über Gott erhält, ist Voraussetzung für einen ganz neuen Weltbezug, der durch gottähnliche Freiheit und Souveränität gekennzeichnet ist. Der »Tod des Menschen«, der von den Mystikern proklamiert wurde, sollte so – paradoxerweise – in seiner letzten Konsequenz den »Tod Gottes« zur Folge haben. Die Auslöschung des Menschen in der »unio mystica« sollte so zur »Vergottung« des Menschen führen.

Diese eigentümliche paradoxe Figur des mystischen Denkens ist nicht auf den ersten Blick erkennbar. Betrachten wir deshalb ein kurzes Beispiel: »Gott ist der Tod des Menschen, darum bedeutet, sein Leben in Gott zu finden, nichts anderes als das immer neue Aufgeben jedes beständigen, sichernden Haltes. Die Welt in Gott besitzen heißt nichts als: sich abfinden mit ihrer Nichtigkeit, kein einzelnes Seiendes behalten wollen, wenn es denn vergehen soll.«[5] Wird zunächst die Differenz von Gott und Mensch noch einmal radikal als unüberbrückbarer Gegensatz bestimmt (das Eine ist der Tod des Andern), wird ihre Überwindung als Auslöschung der einen Seite

4 Meister Eckard, zit. nach Ballauff a.a.O. 1969, S. 460.

5 Meister Eckard, zit. nach Ballauff a.a.O. 1988, S. 464.

durch Überführung in die andere proklamiert: Es geht darum, dass der Mensch (!) sich vom Menschen (und seinem Seienden der Welt) ganz verabschiedet und gewissermaßen auf die andere Seite der Unterscheidung (Gott) flüchtet. Das heißt aber: der Mensch wird zu Gott und die Welt »nichtig«. Alles in der Welt ist aus göttlicher Perspektive vergänglich, kann also zu nichts werden, kann aber auch neu geschaffen werden. Der Mensch, der zuvor in die Rolle Gottes geschlüpft ist, hat nun die freie »göttliche« Souveränität, alles Seiende in der Welt als »nichtig« bzw. als »vergänglich« zu behandeln. Diese neue Freiheit bezieht sich aber nicht nur auf die äußere, sondern auch auf die innere Welt des Menschen. Beide Referenzen werden von den Mystikern als »Bildung« (»bildunga«) bestimmt[6]. Der Mensch wird Gott, denn der Tod des Menschen hat seine Wiederauferstehung als Gott zur Folge. Das aber ist das Programm der Moderne (wenngleich auch in einer alten religiösen Sprache).

Diese Vergottung des Menschen ist eine Vermenschlichung Gottes, weil sie die zugrundeliegende Differenz zum Verschwinden bringt und wird nur dort fruchtbar, wo sie in der Welt wiederum als Differenz eingeführt wird. Das geschieht bei den Mystikern explizit bei der Begründung ihres Ansatzes: Nicht in Büchern, sondern in den tiefen Erfahrungen des Ichs, das alleine als Geist bestimmt wird, »der frei macht«, gründet die mystische Erfahrung. Damit aber wird gerade das zu Überwindende, nämlich der Mensch als Subjekt, zum Grund seiner eigenen Überwindung proklamiert und auf ein Verhältnis des Menschen zu sich selbst begründet. Implizit wird die neue Einheit dort als Differenz behandelt, wo der Mensch dann Gott ist und in einem neuen Weltverhältnis alles Seiende frei und souverän als veränderbar behandelt.

Dass die Mystik damit neue und gefährliche Konsequenzen impliziert, das war der damaligen Kirche durchaus bewusst – und das nicht nur deshalb, weil die »unio mystica« keinen Umweg über das Priestermonopol der (katholischen) Kirche mehr benötigte und stattdessen dem religiösen Schwärmertum Tür und Tor geöffnet wird (denn die klerikale Kontrolle der Kirche fiele weg). Deshalb wurden die Mystiker von der Kirchenhierarchie bekämpft und das nicht nur abstrakt: Die Mystikerin Margarete Porete aus dem Hen-

6 Vgl. G. Dohmen: Bildung und Schule. Bd. 1: Der religiöse und der organologische Bildungsbegriff. Weinheim 1964.

negau wurde 1310 in Paris als rückfällige Ketzerin auf dem Scheiterhaufen verbrannt.

6.2 Gelehrte Unwissenheit: Nikolaus von Kues

Statt auf »Einheit« kann man auch auf »Ähnlichkeit« setzen. Diese weitere, dritte Möglichkeit, das Verhältnis von Gott und Mensch neu zu akzentuieren, lässt sich idealtypisch an Nikolaus von Kues – latinisiert: Nicolaus Cusanus – (1401–1464) veranschaulichen. Der Vorzug dieser Prädikation ist offensichtlich: Wenn der Mensch nur ähnlich, nicht aber identisch mit Gott ist, dann bleibt die Differenz von Mensch und Gott fruchtbar und die Gefährlichkeit einer mystischen Gottesidentität prinzipiell gebannt. Während die Mystiker im Bewusstsein, Gott »zu sein«, Gefahr laufen, keine Grenzen und Hemmungen mehr in der Welt zu kennen (und deshalb bis heute zu einem intoleranten totalitären Fundamentalismus neigen), bleibt in der Theologie des Cusaners immer noch ein göttlicher Vorbehalt eingebaut: Der Mensch ist wohl gottähnlich, aber er ist nicht Gott. Gott selbst, als das schlechthinige Sein, bleibt letztlich unerkennbar. Jede Aussage über ihn sagt deshalb mehr über denjenigen aus, der sie äußert, als über Gott selbst. So wie sich das Sein versteckt, so wie man nicht direkt in die Sonne schauen kann, so ist auch Gott nichtsagbar.

Gleichwohl gibt es indirekte Indikatoren der Existenz Gottes, so dass es nicht unbedingt des re-entrys durch Jesus Christus bedarf. Es ist das Bild, das Gott von sich nach außen verlagert und im Menschen geschaffen hat. Das Sein Gottes kann wohl nicht »gesagt«, aber »gezeigt« werden, nämlich über das Bild, das er im Menschen von sich selbst gemacht hat. Diese imago-dei-Theorie geht in Anlehnung an Gen. 1 davon aus, dass der Mensch nach dem Bilde Gottes geschaffen ist und deshalb das Gottsein bildhaft widerspiegelt. Zwischen dem Original und dem Bild gibt es wohl keine Gleichheit, geschweige denn eine Identität, aber es gibt Ähnlichkeit. Diese Ähnlichkeit ist keine äußerliche, sondern eine des »Wesens«. Diesem Wesen ist man dort am nächsten, wo es um die einzigartige Qualität Gottes und des Menschen geht: aus dem Geiste etwas zu erschaffen. Wie Gott Schöpfer der Natur ist, so ist der Mensch Schöpfer seiner geistigen und kulturellen Welt: »Wie Gott der Schöpfer des in Wirklichkeit Seienden und der natürlichen Formen ist, so ist der Mensch Schöpfer des gedanklich Seienden und der künstlichen Formen. Diese sind nichts als Ähnlichkeiten seines Geistes, so wie die Geschöpfe Ähnlichkeiten des göttlichen Geistes sind. So hat der Mensch einen Geist, der hinsichtlich des Schaffens eine Ähnlichkeit des göttlichen Geistes ist. Daher schafft er Ähnlichkeiten der Ähnlichkeiten des göttlichen Geistes, wie die äußeren kunstmäßig verfertigten Gestalten Ähnlichkeiten der inneren natürlichen Wesensform sind.«[7]

Das bedeutet vor allem: Der Mensch kann unter Umständen wie Gott sein und die Welt in Teilbereichen neu erschaffen, aber es bleibt dabei die Verantwortung vor Gott erhalten. Gott selbst bleibt letztlich unerkennbar, denn jede Aussage über das Sein Gottes würde ja voraussetzen, selbst ein Gott zu sein. Die »gelehrte Unwissenheit« ist sich jedoch nicht nur seines Nichtwissens über das Sein Gottes, sondern auch des vollständigen Wissens über das Seiende der Welt bewusst. Dieses ist ja Gottes Schöpfung und deshalb miteinander – wie ein System – verbunden, so dass im Erkennen des Einzelnen immer das wohl Ganze miterkannt werden müsste. Das aber ist unmöglich. Deshalb muss das menschliche Wissen sich immer seines Unwissens bedenken. Die alte sokratische Bescheidenheit geht hier über das bloße Wissen des Nichtwissens hinaus und wird zur selbst-reflexiven Wissenschaftstheorie. Das wissenschaftlich produzierte Wissen muss sich seiner Grenzen bewusst sein – und überflüssige Aussagen über dasjenige, was man nicht wissen kann, enthalten. Ein Gedanke, der in der Scholastik noch nicht denkbar war – dort waren z.B. Diskussionen über die Frage, ob Engel lehren oder ob Engel auf einer Nadelspitze tanzen können, gängig.

Mit Cusanus deutet sich ein modernes Prinzip der Wissenschaft an, die Selbstbeschränkung auf dasjenige, was gedanklich herstellbar und kontrollierbar ist. Weil man Gott dort am nächsten ist, wo man selbst schöpferisch tätig ist, wird die Umgestaltung der Welt – sei es in Form technischer oder aber auch pädagogischer Eingriffe – legitim. Die göttliche Schöpfung aus dem Geiste wird durch ein »reentry« auf Seiten des Menschen wiederholt und – weil göttlich – aufgewertet. Die Betonung des Bildhaften als Spiegel des göttlichen Seins stellt den Bildungsbegriff in den Mittelpunkt. Nicht nur Technik – als angewandte Mathematik, sondern auch Pädagogik – als

7 Cusanus: De beryllo 6, p. 7 (zit. nach Ballauff 1988 a.a.O., S. 559).

angewandte Bildung, sollte von nun an als göttlicher Auf[illegible] im Rahmen einer gelehrten Unwissenheit gesehen werden können.

6.3 Die halbe Befreiung: Martin Luther und die Reformation

Kommen wir nun zu einer weiteren Variante der Neubestimmung des Verhältnisses von Gott und Welt. Sie dürfte für die weitere Entwicklung die wichtigste, weil breitenwirksamste geworden sein. Man muss sich kurz noch einmal vor Augen halten, dass die subtilen Argumente der Scholastiker, der Mystiker, der Humanisten, des Cusaners und anderer Philosophen und Theologen nicht nur eingebunden waren in einem komplexen metaphysischen bzw. theologischen Rahmen und oft überwuchert sind von traditionellen Argumenten (so dass man das Neue nur schwer erkennen kann), sondern auch in einem nur sehr beschränkten Kreise der Gelehrtenwelt des ausgehenden Hochmittelalters gelesen und diskutiert worden sind. Die breite Bevölkerung konnte nicht oder kaum lesen. Ihre Bildung erfuhr sie, wenn überhaupt, über eine weitgehend orale Vermittlung – etwa im Gottesdienst durch die Predigt. Es war der sonntägliche Gottesdienst, der damals noch eine Art gesellschaftliche Inklusionsfunktion erfüllt hat: Nicht jeder konnte lesen, aber alle konnten hören – nämlich das Wort Gottes (das natürlich das Wort des Priesters war). Deshalb ist es eigentlich nicht verwunderlich, dass die eigentlich breitenwirksamen Veränderungen hier begannen (und weniger in den elaborierten und distinkten Argumenten der damaligen »Schriftgelehrten«). Dass die neuen Gedanken in den alten Kleidern der Theologie daherkamen, wird inzwischen nicht mehr verwundern. Es war jedoch eine neue technische Erfindung – nämlich der Buchdruck –, die das Neue geradezu explosionsartig auszubreiten verhalf.

1. Luthers Neuakzentuierung des Codes von Sein/Gott und Seiendem/Mensch hat die idealtypische Struktur des re-entrys: Die Unterscheidung von Gott und Mensch tritt in die eine Seite der Unterscheidung – nämlich im Menschen – wieder ein, so dass der Mensch in einen göttlichen und einen menschlichen Teil eingeteilt wird. Der Mensch lebt gewissermaßen in zwei »Welten« – in einer göttlichen und einer menschlichen Welt. Diese duale Anthropologie – auch als

Luthers »Zwei-Reiche-Lehre« bekannt geworden – ist rückwärts und vorwärts anschlussfähig: rückwärts an die duale Anthropologie der (griechischen und römischen) Antike und der frühen christlichen Kirchenväter; die anthropologische Unterscheidung von Geist und Körper (bzw. Seele und Leib) war traditionell, ja Allgemeingut. Sie findet ihre biblische Legitimation in jener Antwort des Jesus von Nazareth auf die gefährliche Frage der Herodes-Diener (ob man der römischen Besatzungsmacht Tribut zahlen solle): »Gebt dem Kaiser, was des Kaisers ist, und Gott, was Gottes ist!« (Matth. 22, V. 21.). »Vorwärts« sollte diese Theorie anschlussfähig an die moderne Anthropologie und Philosophie werden und dazu führen, dass man bis heute den Menschen in einen körperlichen und geistigen Bereich unterscheidet[8].

Luther hat seine Zwei-Reiche-Lehre 1520 in seinem Traktat »Von der Freiheit eines Christenmenschen« in Form einer expliziten Antinomie eingeführt[9]:

- These 1: »Ein Christenmensch ist ein freier Herr über alle Ding und niemand untertan«
- These 2: »Ein Christenmensch ist ein dienstbarer Knecht aller Ding und jedermann untertan«

Die Antinomie wird als scheinbare entlarvt, denn der Widerspruch verschwindet in dem Augenblick, wenn man erkennt, dass sich die Aussagen auf unterschiedliche Bereiche beziehen[10]. Luther spricht hier von »zweierlei Natur«: Wir müssen bedenken, »daß ein jeglicher Christenmensch ist von zweierlei Natur, geistlicher und leiblicher. Nach der Seele wird er ein geistlicher, neuer, innerer Mensch genannt, nach dem Fleisch und Blut wird er ein leiblicher, alter und äußerer Mensch genannt«[11]. Der (Christen-)Mensch besitzt gewis-

---

8 Ich werde an späterer Stelle zeigen, wie die kantische Philosophie (und Anthropologie) diese lutherische Zwei-Reiche-Lehre in eine säkularisierte Form überführt und damit eine säkulare Pädagogik möglich macht.

9 M. Luther: Pädagogische Schriften. Besorgt von H. Lorenzen. Paderborn 1969, S. 15–31, hier S. 15.

10 Auf diese Form der Auflösung der (logischen) Antinomie sollte später auch Kant bei der Behandlung seiner Antinomien der reinen Vernunft (in seinem berühmten Antinomienkapitel der Kritik der reinen Vernunft) zurückgreifen. Dazu später mehr.

11 dito S. 16.

sermaßen zwei Dimensionen: eine horizontale Dimension und eine vertikale Dimension (vgl. Abb. 11).

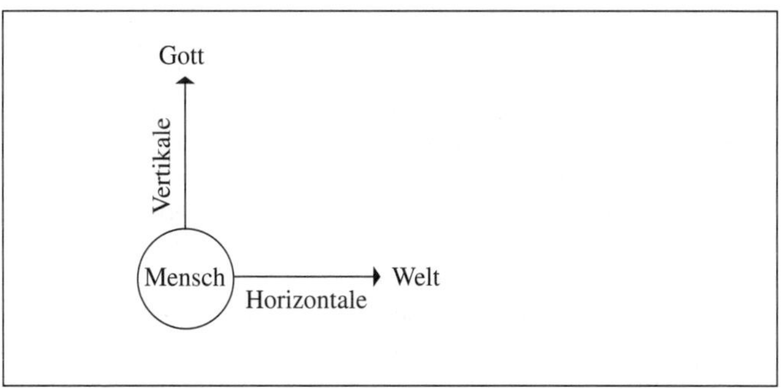

Abb. 11: Die zwei Dimensionen des lutherischen Menschenbildes

In der Horizontale ist er mit seinem Leib Teil der (seienden) Welt, also Mitglied seiner Gemeinde, seines Volkes usw. – und hier ist er »unfrei«, weil untertan der »weltlichen Obrigkeit«[12]. In der Vertikale tritt er in ein exklusives Verhältnis zu Gott, und hier ist er in einem doppelten Sinne frei: frei das Angebot der Gnade Gottes anzunehmen (und gläubiger Christ zu sein) und frei von allen weltlichen Zumutungen seinen individuellen Glauben betreffend. Der Mensch ist in seiner »Unmittelbarkeit zu Gott« aber nicht nur frei, sondern auch einsam: »Der Mensch ist vor Gott, coram deo, allein; im Glauben ist er einsam«[13]. Freiheit und Einsamkeit – geradezu prophetisch schimmert hier schon die Ambivalenz des modernen Menschen durch.

In seiner Schrift »Von weltlicher Obrigkeit« macht Luther deutlich, dass seine Lehre auch politische Konsequenzen hat. Man kann sie – etwas vereinfacht gesagt – so formulieren: Der Glaube ist *eine* Sache (Reich Christi), das Leben in einem Staat eine *andere*. Der Staat kümmert sich um die Ordnung des Diesseits und ihn gehe nicht

12 Vgl. dazu das – vor allem auf Röm 13, 1 f. – sich beziehende Traktat Luthers »Von weltlicher Obrigkeit, wie weit man ihr Gehorsam schuldig« von 1523 (abgedruckt in Luther 1969 a.a.O., S. 32–61).

13 Ballauff, Th./Schaller, K.: Pädagogik. Eine Geschichte der Bildung und Erziehung. Band II: Vom 16.–19. Jahrhundert. Freiburg, München 1970, S. 31.

an, was die Menschen an inneren Gesinnungen und Gedanken haben. Dies falle in die Gewissensfreiheit der Individuen, die von außen nicht beinflusst werden kann.

Die Implikationen dieser lutherischen Zwei-Reiche-Lehre waren beträchtlich und die Resonanz gewaltig[14]. Auch Luther selbst dürfte sich lange Zeit über die Folgen (und Folgen der Folgen) nicht im Klaren gewesen sein. Die neue Freiheit eines Christenmenschen reklamiert in Glaubensdingen eine »Unmittelbarkeit zu Gott«, die sich frei von äußerer – weltlicher und/oder kirchlicher – Bevormundung weiß. Das nobilitiert das Individuum auf eine bislang nicht dagewesene Weise[15]. Das Individuum wird zum Subjekt geadelt durch die unmittelbare Verbindung zu Gott. Der Mensch ist nicht nur Abbild Gottes, wie das in der imago-dei-Tradition immer wieder betont wird, sondern er ist das von Gott individuell betrachtete Wesen. Das Verhältnis von Gott zu Mensch wird damit für das Individuum exlusiv und bedarf keiner anderen (sozialen) Vermittlung mehr.

Das impliziert (zunächst) eine radikale Abwertung der – bislang allmächtigen – Amtskirche als Institution, die sich das Vermittlungsmonopol im Verhältnis Gott–Mensch anheischig gemacht hat. Das traditionelle Priestermonopol auf exklusiven Zugang zur göttlichen Wahrheit fällt in dem Augenblick, da jeder sich als Priester weiß und die göttliche Offenbarung selbst auslegt und interpretiert. Jeder Christenmensch ist jetzt »Priester«. Diese »allgemeine Priesterschaft« bedarf keiner Mittler mehr – keines Papstes, keiner Mönche, keiner Priester und eigentlich auch nicht der Pädagogen. Weil die göttliche Offenbarung durch die Schrift tra-

---

14 Die binäre Schematisierung von horizontaler und vertikaler Dimension sollte eine langanhaltende Resonanz haben und sich als äußerst fruchtbare Unterscheidung erweisen. Lernprozesse lassen sich verfolgen bis hin zu den (vertikalen) Autoritätskonflikten und den (horizontalen) Sinn- und Ordnungsfragen der Moderne (vgl. dazu K.-E. Nipkow: Zur Bedeutung von Luther und Comenius für die Bildungsaufgaben der Gegenwart. Konstanz 1986).

15 Am 19. 4. 1529 haben sich sechs protestantische Fürsten und 14 Reichsstände in der sog. »Speyerer Protestation« dagegen gewandt, dass Mehrheitsbeschlüsse für Glaubens- und Gewissensfragen maßgeblich sein könnten (wie von den katholischen Fürsten intendiert). Auch demokratisch konnte man der neuen (Glaubens-)Freiheit des Individuums nicht mehr beikommen.

diert ist, rückt die Bibel in den Mittelpunkt des protestantischen Gottesdienstes. »Zurück zur Schrift!« – »sola scriptura!«, bedeutet damit immer auch: Wir brauchen keine verbeamteten Schriftausleger und Interpreten mehr! Wir brauchen keine »Theo-logen« mehr! Was wir brauchen ist der direkte Zugang zur heiligen Schrift! In diesem Zurückgehen auf die Bibel schimmert noch schwach das antike logos-Denken durch, in dem die Vernunft im bedachten Wort und Schrift der Alten vermutet wird – in diesem Falle der göttlichen Vernunft, die sich in der Schrift selbst zum Ausdruck bringt.

Diese Vernunft bedarf keiner langen theologischen Studien mehr – und, in dem Augenblick, da die Bibel in die Muttersprache übersetzt ist, auch keiner Lateinkenntnisse mehr. Alle sind gleich im gleichberechtigten Zugang zur Auslegung der Heiligen Schrift. Die sozialen Unterschiede verschwinden dort, wo es um den Glauben geht: »In Christus gibt es keinen Unterschied mehr zwischen Priestern und Laien, zwischen Kanonikern und Pfarrern, zwischen Reichen und Armen, zwischen Benediktinern und Kartäusern. Stand, Rang und Orden zählen hier nicht. All diese Unterschiede bewirken auch nicht den Glauben, wie andererseits das Fehlen dieser Unterschiede noch nicht den Unglauben ausmacht.«[16]

Die (gute) Gesinnung, geschweige denn der Glaube, kann nach Luthers Auffassung nicht gelehrt werden – auch nicht durch die selbsternannten Stellvertreter Gottes auf Erden. Nur Gott allein ist Lehrer (wir kennen diese traditionelle Argumentationsfigur schon!). Es kann deshalb auch keine Verdienstfrömmigkeit geben und aller Werkgerechtigkeit wird eine Abfuhr erteilt; Wallfahrten gen Rom, Kirchen bauen, Messen stiften und alle sog. »guten Werke« (einschließlich aller Formen des Selbsthandicaps wie Zölibat, Selbstkasteiung usw.) sind nutzlos, weil es nicht auf die äußeren Werke, sondern auf den inneren Glauben – und die nichterzwingbare Gnade Gottes – ankommt. Das monastische Ideal wird folglich radikal kritisiert, die Klöster dementsprechend in den reformierten Ländern aufgelöst; die – meist scholastisch und/oder humanistisch geprägten – Universitäten werden zusammen mit ihren antik-philosophischen

---

16 B. Lohse zit. nach Ballauff/Schaller 1970 a.a.O., S. 37.

Bildungsinhalten mit drastischen Worten abgewertet[17]. Im ersten Überschwange der Reformation werden viele Schulen aufgelöst – nicht nur, weil sie meistens Klosterschulen waren, sondern auch, weil manch einer von Luthers Anhängern glaubte, es bedürfe keines Lehrens mehr, da alles Belehren alleine von Gott – von der »Pädagogie Gottes« (Luther) – ausgehe[18].

Kein Wunder, dass diese bisweilen anarchistisch anmutende Bildungsfeindlichkeit (in den ersten Jahren der Reformation) insbesondere von den Humanisten scharf kritisiert worden ist. Erasmus von Rotterdam beklagte den »Untergang der Wissenschaften« überall dort, wo »der Lutheranismus herrscht«[19]. Luther sollte über diese üblen Folgen seiner Lehre schließlich selbst erschrecken und versuchen, das Ruder herumzureißen. Nach dem weitgehenden Zerfall des katholischen Schulwesens im protestantischen Teil Deuschlands plädierte er in verschiedenen Schriften an die Stadt- und Landesherrn für die Einrichtung von Schulen und predigte wiederholt, »daß man die Kinder zur Schule halten solle« (so der Titel eines Traktats).

Ideengeschichtlich gesehen aber war diese radikale Neujustierung einer Differenz von Gott und Mensch von einer befreienden Wirkung. Das moderne Subjekt machte sich daran, selbstbewusst auch gegenüber der Welt zu werden. Beispielhaft lässt sich dieses neue (subjektive) Selbstbewusstsein an zwei Luther zugeschriebenen Handlungen veranschaulichen: an seinem Thesenanschlag an die

17 In seiner Schrift »An den christlichen Adel deutscher Nation« polemisiert Luther gegen Aristoteles – »der blinde, heidnische Meister«, von dem man nichts lernen kann, »weder von natürlichen noch geistlichen Dingen, dazu seine Meinung niemand bisher verstanden hat, und mit unnützer Arbeit Studieren, Kosten soviel edle Zeit und Seelen umsonst beladen gewesen sind… Es tut mir wehe in meinem Herzen, daß der verdammte, hochmütige, arglistige Heide mit seinen falschen Worten so viel der besten Christen verführet und genarrt hat. Gott hat uns so mit ihm geplagt um unsrer Sünden willen« (Luther 1969 a.a.O., S. 9).

18 1522 wurde die lateinische Schule in Wittenberg in eine »Brotbank« umgewandelt; Andreas Karlstadt prangerte vor seinen Hörern alle Universitätsstudien und den Erwerb akademischer Grade als sündhaft an und forderte sie auf, stattdessen lieber Ackerbau zu betreiben (vgl. F. Hofmann (Hg.): Pädagogik und Reformation. Von Luther bis Paracelsus. Berlin/Ost 1983, S. 19).

19 Zit. nach G. Mertz: Das Schulwesen der Reformation. Heidelberg 1902, S. 7.

Wittenberger Kirche und seinem trotzigen und selbstbewussten Ausruf auf dem Konstanzer Konzil: »Hier stehe ich und kann nicht anders!«. Beides sind Ereignisse, die historisch nicht gesichert sind und vielleicht so gar nicht stattgefunden haben. Gleichwohl verdichtet sich in diesen beiden (Luther zugeschriebenen) Ereignissen eine vorweggenommene moderne Attitüde: Wer einen Nagel an eine Kirchentüre einschlägt und dort kritische Thesen gegen die allmächtige Kirchenhierarchie proklamiert, der bringt allein schon dadurch – einmal ganz unabhängig vom Inhalt der Thesen – ein modern anmutendes Selbstbewusstsein eines (singulären) Individuums zum Ausdruck. Dieser Akzent wird noch deutlicher in dem Lutherwort »Hier stehe ich und kann nicht anders!«. Hier rückt das »Ich« in den Vordergrund, das selbstbewusst seinen »Standpunkt« zum Ausdruck bringt. Noch mittelalterlich aber erscheint der zweite Teil des Satzes, denn hier wird die Subjektivität noch explizit auf die Nichtkontingenz, auf das Nichtkönnen qua unverbrüchlicher Notwendigkeit begründet[20]. In diesem (zugeschriebenen) Zitat kommt die intermediäre Stellung Luthers zwischen mittelalterlichem und neuzeitlichem Denken beispielhaft zum Ausdruck.

Es dürfte die Verbreitung der lutherischen Lehre erheblich erleichtert haben, dass sie in der Horizontalen die Unterordnung unter die weltlichen Mächte forderte[21]. Während in der Vertikalen der Glaube nicht befohlen werden kann und der Mensch völlig frei, ja – um es mit Max Weber zu sagen – geradezu »einsam« ist, befindet er sich in der Horizontalen in einem »Amtsverhältnis«, und ist deshalb hier unfrei[22]. Gleichwohl produziert natürlich die neue selbstbewusste Freiheit eines Christenmenschen, der sich in einem Verhältnis der Unmittelbarkeit zu Gott weiß, eine Distanz zur Welt – eine Distanz, die sich als eine wichtige, ja unerlässliche Vorausset-

20 In der Moderne angekommen wäre erst derjenige, der ausrufen könnte: »Hier stehe ich – und kann auch anders!«.

21 Allerdings unter der wichtigen Einschränkung, dass diese gerecht ist – denn »man muß Gott (der das Recht haben will) mehr gehorchen denn den Menschen«, so Luther in seiner Schrift »Von weltlicher Obrigkeit«.

22 »Der Mensch ist vor Gott, coram deo, allein; im Glauben ist er einsam. (…) Auf Erden aber und in Beziehung auf den Nächsten ist er ›Amtsperson‹« (Ballauff/Schaller 1970 a.a.O., S. 31 f.). Auch dieses Argument sollte später Kant in seinem Traktat über den Frieden wieder aufgreifen und in eine säkulare Form überführen.

zung für eine neue und selbstbestimmte Wiederaneignung erweisen sollte. In der so gewonnenen Distanz zur Welt werden zum Einen alle vorgegebenen Vermittlungsansprüche zwischen Gott und Mensch, insbesondere dort, wo sie als »unfehlbar« apostrophiert werden, als anmaßend durchschaut. An die Stelle des Priestermonopols tritt deshalb das Selbstglauben und das Selbstdenken – auch und gerade dort, wo es um die Auslegung der Heiligen Schrift geht. Zum andern relativiert diese neugewonnene Welt-Distanz auch alle weltlichen Ansprüche – von welcher Obrigkeit auch immer. Die Zweiteilung in ein horizontales und in eine vertikales Verhältnis war ja von Anfang an nie gleichwertig – muss man doch »Gott mehr gehorchen als dem Menschen«.

2. Es ist offenkundig geworden, dass mit Luthers »Zwei-Reiche-Lehre« das Subjekt in gewisser Weise befreit wird (weil es alle weltlichen Ansprüche relativiert) und sich damit aufgewertet fühlt (denn es weiß sich von nun an in einem persönlichen Verhältnis zu Gott). Vor Gott sind alle Menschen gleich. Deshalb impliziert diese »Theo- und Anthropo-logie« nicht nur ein Gleichheitspostulat, das die vielen realen Unterschiede einer hierarchischen Stände- und Feudalgesellschaft prinzipiell kontingent macht, sondern gleichzeitig auch eine geradezu (quasi-)göttliche Würde des Ichs. Es ist diese Aufwertung des Ichs, die sich als hoch anschlussfähig an die weitere Entwicklung des modernen Subjektbewusstseins erweisen sollte. Sie war wohl, wie wir gesehen haben, in anderen geistigen Bewegungen des späten Hochmittelalters, insbesondere im Humanismus, durchaus schon angelegt und auch explizit ausformuliert worden. Ihre eigentliche Breitenwirkung jedoch erreichte diese Selbstbefreiung des Ichs erst durch die lutherische Lehre. Franz Hoffmann ist deshalb zuzustimmen, wenn er schreibt: »Mochte der an der Antike gebildeten gelehrten Elite, den Humanisten, die Überzeugung vom Wert des Subjekts, die ›Entdeckung des Ichs‹, schon vordem aufgegangen sein. Der ›gemeine‹ Mann vernahm nun in der Muttersprache von seiner Würde.«[23]

Die befreiende Wirkung der lutherischen Lehre lässt sich an einer Reihe realgeschichtlicher Veränderungen nachweisen. Das neue Frömmigkeits- und Lebensgefühl sucht sich seinen Ausdruck in einer Kulturbewegung, die alle Lebensbereiche, inbesondere aber die Kunst umfasst. Dabei kam der Lehre Luthers zuhilfe, dass

23 Hofmann 1983 a.a.O. S. 30.

gerade erst der Buchdruck erfunden war und die neuen Schriften – oft in Form von Flugschriften – schnell die Bevölkerung erreichen konnten. Damit diese sie auch lesen konnten, dazu bedurfte es einer Förderung der deutschen Muttersprache. Luthers Bibelübersetzung ins Deutsche und seine Einführung der deutschen Messe, sein deutsch geschriebener Katechismus und seine vielen – nun eben nicht mehr im gelehrten Lateinischen verfassten – Gelegenheitsschriften erscheinen in diesem Lichte geradezu als eine logische Folge aus seiner Lehre von der Unmittelbarkeit vor Gott. Der Verzicht auf die traditionellen Vermittler bedurfte der Muttersprache, denn nur diese verstand das einfache Volk. Die Folgen dieser – theoretischen und prakischen – Aufwertung der Muttersprache waren nicht nur für das Aufblühen der deutschen Volkskultur enorm.

Luther war ein Volkspädagoge, der nicht nur durch seine Theorie, sondern auch durch seine publizistische, literarische und musikalische Praxis für die weitere sozio-kulturelle Evolution in Europa sehr einflussreich wurde. Er prägte mit seiner Bibelübersetzung nicht nur die deutsche Sprache – die es bis dato als einheitlich deutsche Hochsprache gar nicht gab –, sondern damit auch das Denken vieler künftigen Schülergenerationen, die an der (deutschen) Bibel eben nicht nur ihr Sprachgefühl, sondern auch ihr Denken erlernten und schulten. Daneben ließen Luthers Choräle und Kirchenlieder ein einzigartiges Kulturgut entstehen, das die »Musica« zu einem vorzüglichen Bildungsgut machte[24]. Die neue Freiheit eines Christenmenschen hatte auf die gesamte Kunst eine gleichfalls befreiende und anregende Wirkung: Musik, Malerei, Graphik (insbesondere Holzschnitt, Kupferdruck) und Dichtkunst blühten – im förderlichen Kontext der Renaissancekunstbewegung – auf und sollten langanhaltende Wirkung entfalten (und insbesondere in der Barockkunst einen ihrer Höhepunkte erreichen).

3. Diese neue Freiheit zeitigte aber nicht nur kulturschaffende Wirkungen, sondern hatte auch eine fatale Seite, die nicht zufällig in jeder Freiheit angelegt ist. Freiheit ist per se ambivalent und kann gebraucht oder missbraucht, entfaltet oder aber unterdrückend gegen die Freiheit der Anderen gewendet werden. Sie impliziert eine Dynamik, die die Tendenz besitzt – einmal in Gang gebracht –, in

24 In seinen »Gedanken von der Musica« (1538) sollte er sprachgewaltig ein Loblied auf die Musik anstimmen, das zu singen – sprich: lesen – auch heute noch jedem Musikunterricht Ehre antun würde.

keinem Telos wieder zur Ruhe kommen zu können. Das gilt gleichermaßen im Verhältnis zur Umwelt wie zum System – sprich: im Verhältnis zu Anderen wie im Verhältnis zu sich selbst. Betrachten wir zunächst das äußere Verhältnis: Thomas Münzer (und Andere) sollte(n) die neue Freiheit auch politisch begreifen und ebenso wie viele unterdrückte Bauern gegen die Obrigkeit aufstehen. Die Bauernkriege (1502–1525) begannen – und sollten verloren gehen[25]. Die neue allgemeine Zugänglichkeit zur Heiligen Schrift und die allgemeine Priesterschaft aller Gläubigen hatte zur Folge, dass von nun an das begann, was man als »hermeneutische Bürgerkriege« bezeichnen kann: die Vielzahl der Meinungen über die richtige Auslegung der einen Heiligen Schrift. Gerade auf dem Hintergrund der Gleichheit Aller vor Gott traten die vielen Unterschiede in den Meinungen umso deutlicher hervor. Das, was im Singular formuliert wurde – das Zurück zu der *einen* Wahrheit (der heiligen Schrift) –, produzierte *viele* Wahrheiten und erwies sich als Quelle der Vielfalt, der Variation, der Wahrheit im Plural. Nach dem Wegfall der (lateinischen) Sprachbarriere und der (päpstlichen) Zentralmacht, die ex cathetra die unterschiedlichen Meinungen homogenisieren konnte, blühten die heterogenen Meinungen über die richtige Bibelinterpretation auf. Das »allgemeine Priestertum« stimulierte das Selberglauben (denn »niemand kann für einen Andern glauben«) und früher oder später auch das Selberdenken – und produzierte damit viele Glaubensrichtungen und Konfessionen.

Das alleine wäre nicht problematisch gewesen, wenn da nicht immer noch der alte (mittelalterliche) Wahrheitsbegriff – der einen absoluten und einzigartigen Anspruch erhebt – gewesen wäre und die allgemeine Überzeugung uneingeschränkt galt, die da hieß: Es kann nur eine und nur eine (absolute) Wahrheit geben! Diese damals allgemein (mit Ausnahme der klügsten Humanisten) verbreitete Überzeugung in Verbindung mit der noch herrschenden Dominanz eines ontologischen Denkens (das zwischen Zeichen und Bezeichnetem eine enge, unverbrüchliche Verbindung sieht) hatten zur Folge, dass man keine zwei – sich widersprechenden – Wahrheiten ertragen konnte (auch keine zwei Religionen oder Konfessionen). Das lutherische »… ich kann nicht anders!« drückt diese Unfähigkeit, einen kontingenten Wahrheitbegriff zu erproben, ebenso symbolisch aus wie sein wohl bekanntestes Kirchenlied »Eine feste Burg

25 Vgl. W. Zimmermann: Der große deutsche Bauernkrieg. Berlin 1978 (5).

ist unser Gott«. Warum ist Gott keine »offene Stadt« – oder ein »kleines Wäldchen in der Morgensonne«? Warum gerade eine »feste Burg«? Wer eine feste Burg braucht, der hat noch Angst vor der neuen Freiheit. Deshalb bleibt nur der Rückzug hinter die schützenden Mauern oder der mutige Angriff auf die Feinde. Die Folge der »hermeneutischen Bürgerkriege« waren deshalb sehr reale und blutige Auseinandersetzungen. Es begannen die in den unterschiedlichen religiösen Geltungsansprüchen gründenden konfessionellen Bürgerkriege, und sie sollten (gemeinsam mit der Pest) zwischen dem 15. und dem 17. Jahrhundert Europa verwüsten. Der Kampf zwischen den religiös motivierten »Rechthabern« wurde – sowohl von den Reformierten als auch von den Katholiken – gnadenlos geführt und findet in der Inquisition, der Hexenverfolgung und der Verbrennung missliebiger Ketzer ihren grauenhaftesten Ausdruck[26].

Der Augsburger Religionsfriede von 1555 versuchte – wenig erfolgreich – diese Probleme durch räumliche Segregation der Streitenden zu lösen. Erfolgreicher war das sich langsam durchsetzende Recht zur Pflege der eigenen Religion im »oikos« des eigenen Hauses. Erst Mitte des 17. Jahrhunderts, genauer gesagt: 1648 mit der Beendigung des 30-jährigen Krieges und der dann langsam beginnenden Aufklärung, sollte Europa (mehrheitlich) eine Form entwickeln, mit diesem Problem (weitgehend) gewaltfrei umzugehen und (in der Konsequenz) die Religion zur individuellen Privatangelegenheit machen[27]. Erst auf dieser Basis konnte der Nationalstaat entstehen, der auf der Basis des Gleichen (der gleichen Nation, der gleichen Rechtsgemeinschaft) die Unterschiede der Religionszugehörigkeit erhalten und garantieren kann, ohne die implizite zerstörerische Kraft ständig ausbrechen zu lassen.

Luther hat diese problematische Seite der neuen »Freiheit eines Christenmenschen« durchaus gesehen und versuchte, mit scharfen Worten diesem »Wildwuchs« entgegenzutreten[28]. Auch sollte *Phillipp Melanchton* die lutherische Reformation mit dem Humanismus – wenngleich auch nicht widerspruchsfrei, aber doch keinesfalls erfolglos – versöhnen und kultivieren und eine allgemeine Studien-

---

26 »Unbedingte Tätigkeit, von welcher Art sie sei, macht zuletzt bankrott«, hat Goethe weitsichtig erkannt (Goethe Bd 1. a.a.O. S. 517).

27 Wobei die letzte »Hexe« noch zu Goethes Zeiten verbrannt werden sollte.

28 Vgl. M. Luther: Ausgewählte Werke, Hg. H. H. Borchert, Bd. 4: Der Kampf gegen Schwarm- und Rottengeister. München u.a. 1964.

und Schulreform in den protestantischen Ländern durchsetzen, die eine übernationale Ausstrahlung bekam[29].

Gleichwohl blieb, wenn man die weitere Geschichte Europas betrachtet, das Grundproblem lange Zeit ungelöst erhalten, nämlich das Problem, das man in die Frage überführen kann: Wie kann man (die neue gewonnene) Freiheit so einschränken, dass sie *fruchtbar* – anstatt *furchtbar* – wird? Luther hat zweifellos erheblich dazu beigetragen, der neuen Freiheit des modernen Ichs, wenngleich auch auf theologischer Grundlage, eine Bresche zu schlagen. Aber war er auch in der Lage, die dadurch freigesetzen Kräfte wieder anders als traditionell (qua Tradition und Gottesbezug) einzubinden? Wenn man die nun explosionsartig einsetzende religiöse Zersplitterung, die Vielzahl von Sekten und schwärmerischen religiösen Bewegungen betrachtet, neigt man dazu, die Frage zu verneinen. Ein bloßer Appell an die Verantwortung des Christenmenschen vor Gott scheint zu wenig zu sein, wenn diese Verantwortung je individuell ausgefüllt werden kann.

Es ist deshalb auch nicht der (traditionelle) Inhalt dieser Verantwortung, sondern ihre Form, die sich als »modern« erweisen sollte: Es ist die Verlagerung der äußeren Kontrolle in die innere Kontrolle – oder in anderen Worten: die Überführung von Fremdreferenz in Selbstreferenz, die in Luthers Freiheitsbegriff angelegt ist und die sich schließlich in der Moderne durchsetzen sollte. Es ist also bei Lichte besehen nicht die Freiheit selbst (oder gar ihre Steigerung), sondern die Form ihrer (Wiederein)Bindung, die sich als anschlussfähig an die Moderne erweisen wird. So gesehen haben die frühen Kritiker gar nicht so falsch gelegen, wenn sie kritisieren, dass Luthers Lehre an die Stelle des asketischen Mönchtums, das aufs Kloster begrenzt war, nun den asketischen Puritanismus setzt, der nun unbegrenzt jedes Individuum betrifft: »Du glaubst, du seiest dem Kloster entronnen – es muß jetzt jeder sein ganzes Leben lang ein Mönch sein« (Sebastian Franck)[30]. Etwas zugespitzt gesagt: Luther befreit von kirchlicher Herrschaft – aber um den Preis, dass nun jeder seine eigene Kirche ist.

---

29 So dass Melanchthon bis heute als »Praeceptor Germaniae« geehrt wird (vgl. K. Hartfelder: Phillipp Melanchthon als Praeceptor Germaniae. Berlin 1889).

30 Zit. nach Ballauff/Schaller 1970, S. 40.

Die freigesetzten Kräfte wurden so gleichzeitig universalisiert und wieder traditionell eingebunden. Die inhaltliche Wiedereinbindung waren Versuche einer »re-formatio«, einer Rückkehr und Wiederherstellung des alten Glaubens und sollten sich langfristig als nicht anschlussfähig an die Moderne erweisen. Erst mit der Aufklärung wird es schließlich Europa gelingen, diesen weiteren und entscheidenden Schritt in die Moderne zu tun und Freiheit in einer säkularen Form als regelförmige und selbstreflexive Vernunft zu kontrollieren und damit so einzuschränken, dass sie fruchtbar werden konnte. Die entstehende Moderne wird auf zwei Säulen ruhen: der (durch das Recht) kontrollierten Freiheit und der (durch die Wissenschaft kontrollierten) selbstreflexiven Vernunft. Religionen – und der Islam scheint eine solche Religion zu sein –, denen es nicht gelungen ist, diese beiden Elemente zu entwickeln und d.h. einen »Luther« und eine Aufklärung gleichermaßen hervorzubringen, haben deshalb die Moderne verfehlt.

4. Luther hat eine ganze Reihe wichtiger, im engeren Sinne *pädagogischer* Schriften hinterlassen. Auf der Grundlage der (augustinischen Lehre) von der Erbsünde vertritt er darin eine recht drastische Methodik, die um der Liebe Willen für das Schlagen der Kinder plädiert, denn der Sohn »mus vorhin den zuchtmeister leiden, ehe er der jungker wird ym hause«[31]. In den Mittelpunkt des pädagogischen Interesses allerdings rücken Familie und die Schule; die Bedeutung dieser Erziehungsinstanzen wird hervorgehoben und für ihre allgemeine Wertschätzung und Förderung geworben[32]. Was blieb, nachdem die traditionelle Lehr- und Erziehungsinstanz, die *Klöster* (und die den Klöstern angeschlossenen Schulen) im protestantischen Europa verfallen waren, auch an Erziehungsinstitutionen noch übrig, die man an deren Stelle setzen und ausbauen konnte? Es waren die *Familie* in der Verantwortung des patres (des Vaters), die *Schule*, nun allerdings unter staatlicher (oder städtischer) Förderung – und die Universitäten (deren Wohlfahrt vor allem Melanchthon am Herzen lag). In der Frage, wie Erziehung – als Gesinnungs- bzw.

31 Mit Bezugnahme auf Sprüche 13, V. 24 »Wer die Rute schonet, der hasset sein eigenes Kind; wer aber sein Kind lieb hat, der stäubet es vielmals.« Der dahinter stehende Gedanke in einer Welt, die noch nicht den Sozialstaat erfunden hatte, war: sonst »stäubet« euch das Leben viel mehr!

32 Vgl. M. Luther: Pädagogische Schriften. Hg. von H. Lorenzen. Paderborn 1969.

Glaubenserziehung – möglich ist, nimmt Luther die uns schon vertraute Position ein: Gott allein! Erziehung kann hier nur mittelbar den Menschen ausbilden; an die Stelle der »imitatio«, der Nachahmung »guter Werke« oder religiöser Riten, tritt die »vocatio«, die Ansprache und Ermahnung. Diese Indirektheit von Erziehung unter primär elterlicher Verantwortung wird (von Luther) durch ein Bibelwort schön zum Ausdruck gebracht: »Frage deinen Vater, der wird dir's sagen, die Alten, die werden dir's zeigen« (5. Mose 32, 7). Sagen und Zeigen sind indirekte Mittel pädagogischer Beeinflussung, die das Ergebnis wohl vorbereiten, aber nicht selbst determinieren können.

Trotz vieler und wichtiger pädagogischer Schriften im engeren Sinne, glaube ich allerdings, dass der Einfluss Luthers auf die (pädagogische) Ideengeschichte letzten Endes mehr auf seine Theologie und Anthropologie zurückzuführen ist. Hier wird der unserem abendländischen Denken zugrunde liegende Code von Sein und Seiendem, der im christlichen Mittelalter in Gott und Welt überführt wurde (wobei die Welt nur ein göttliches Appendix ist), in eine neue Form überführt, bei der beide Seiten der Unterscheidung in gewissem Sinne – nämlich als horizontale und vertikale Dimension einer Beziehung – gleichberechtigt sind. Luther platzierte diese Unterscheidung mitten in dem, was den Menschen vertraut war, in ihrer alltäglichen Religiosität, und befreite sie damit »zur Hälfte« (nämlich in ihrer vertikalen Beziehung zu Gott) von allen weltlichen Abhängigkeiten. Ohne diese Befreiung wäre die weitere geistesgeschichtliche Entwicklung schwerlich denkbar – eine Entwicklung, die letztlich Religion als Privatangelegenheit in die Innerlichkeit der Individuen verlegte und eine säkulare Pädagogik nicht nur denk-, sondern auch realisierbar machen sollte.

6.4 Der neugierige Blick in die Welt: Kunst, Utopien, Entdeckungen, Erfindungen, Erneuerungen

Natürlich hat Luther nicht alleine diese Entwicklung in Gang gebracht. Wie immer arbeiten wir auch hier bei der Beobachtung einer historischen Entwicklung nicht nur mit Attributierungen und Kontrastverschärfungen, sondern auch mit Übertreibungen und Verkürzungen eines komplizierteren Sachverhaltes. Dass die Saat der lutherischen Reformation auf fruchtbaren Boden fallen konnte, dazu bedurfte es schon eines fruchtbaren Bodens, und dieser war in dieser Zeit – die man auch meistens als Renaissance bezeichnet[33] – offenbar gegeben.

Es ist aus didaktischen Gründen hilfreich, auch jetzt wieder den Blick auf die Realgeschichte zu werfen. An der Realgeschichte kann man nämlich – natürlich unterstützt durch eine (didaktisch konstruierte) selektive Wahrnehmung – idealtypisch die dahinter stehenden Ideen zeigen, die sie ermöglicht haben. Realgeschichte wird dann als eine Art Verdinglichung von Ideen interpretiert, als Praxis einer angewandten Theorie. Dieses Vorgehen ist jetzt (wieder einmal) angebracht, denn in der Zeit zwischen dem 16. und 17. Jahrhundert sollten sich die alten und die neuen Ideen heftige Kämpfe liefern, und was für uns selbstverständlich ist (nämlich die Sieger und die Verlierer), das war für die Zeitgenossen keinesfalls ausgemacht, so dass es immer die Zuschreibung eines nachträglichen Beobachters ist, der entweder das Alte oder das Neue hervorhebt, und in dem Maße etwas in den Vordergrund zieht, wie etwas Anderes in den Hintergrund gerückt wird.

In der Wende zur Moderne wird die Mittelpunktstellung Gottes im Denken und Glauben der Menschen abgelöst durch die Mittelpunktstellung des Menschen. Das theozentrische Weltbild wird allmählich in ein anthropozentrisches Denken überführt. Dabei bleibt es nicht aus, dass in zunehmendem Maße an die Stelle der Transzendenz die Immanenz – also die Welt mit ihren Menschen – in den

33 Karl Marx sollte diesen hier beginnenden Zeitraum etwa vom 15. bis zum 18. Jahrhundert die »Phase der ursprünglichen Akkumulation« nennen und ökonomisch vor allem als die Zeit der großen europäischen Raubzüge sehen (vgl. Marx, K.: Das Kapital. Kritik der politischen Ökonomie. Band I: Der Produktionsprozeß des Kapitals. Frankfurt, Berlin, Wien 1969 (6), Kap. 24, S. 659 ff.). Niklas Luhmann spricht gelegentlich von der »take-off-Phase« der Moderne (vgl. Luhmann, N.: Gesellschaftsstruktur und Semantik. Studien zur Wissenssoziologie der modernen Gesellschaft. 3 Bände. Frankfurt a.M. 1980, 1981, 1989, passim). Beide Formulierungen sollen deutlich machen, dass in dieser Zeit etwas Neues beginnt, dass der Motor der neuen Zeit jetzt gestartet wird – etwas anspruchsvoller formuliert: dass die sozio-kulturelle Evolution auf eine neue Emergenzebene übergeht. Gleichfalls metaphorisch kann man deshalb auch sagen: In der Zeit zwischen dem 15. und dem 17. Jahrhundert geht Europa mit der Moderne schwanger, und im 18. Jahrhundert wird sie geboren.

Beobachtungsradius gerät. Das wissenschaftliche Denken, das sich selbstreflexiv seiner Geltungsansprüche methodisch versichert und dazu übergeht, die Natur zu beobachten und experimentell zu zwingen, auf Fragen zu antworten, beginnt gegen das Nach-Denken der göttlichen Wahrheiten an Einfluss zu gewinnen. Die Neugier – lange Zeit als Sünde verdammt – wird zur Triebkraft der Erforschung der Welt. Das Finden und Erfinden von Neuem und Unbekanntem rückt an die Stelle der Wiederholung und der Bewahrung des Alten. Der Beobachtungsradius wird, unterstützt und ermöglicht durch viele neue technische Erfindungen, größer: Das Ferne – die Sterne über uns, die fremden Welten und Menschen jenseits der Ozeane – und das Nahe (das Individuum, das Kind, das Ich) rücken in das Blickfeld. All das, was hier nur schlagworthaft angedeutet wird, vollzieht sich in über zwei Jahrhunderten und es ist jetzt klar, dass die Pädagogik davon nicht unberührt bleiben kann.

6.4.1 Kunst

Mit dem Begriff der Renaissance verbinden wir vor allem eine bestimmte Kunstentwicklung mit dem Schwerpunkt im 16. Jahrhundert. In der Tat wird vor allem an der plastischen Kunst, der Bildhauerei und der Malerei, die neue Zeit bildlich antizipiert und symbolisch veranschaulicht. Was in der Pädagogik die innere Bildung des Menschen werden sollte, das ist in der Kunst zur äußeren Bildung geronnen. Wenn im Humanismus Bildung zu einer bestimmten Art und Weise wird, zu sich selbst und zur Welt sich zu verhalten und diesem Verhältnis eine Form zu geben[34], dann muss das in der Kunst

---

34 Präzise formuliert etwa von Pico della Mirandola (1463–94), der im Kontext des folgenden Zitates, die anthropologische Kompensationstheorie vorwegnehmend, Gott zum Menschen sagen lässt: »Wir haben dich weder als einen himmlischen noch als einen Irdischen, weder als einen Sterblichen noch als einen Unsterblichen geschaffen, damit du als dein eigener, vollkommen frei und ehrenhalber schaltender Bildhauer und Dichter dir selbst die Form bestimmst, in der du zu leben wünschst« (zit. nach Ballauff 1969 a.a.O. S. 513). Die ambivalenten Folgen dieser Selbstermächtigung sieht Mirandola deutlich, wenn er fortfährt: »Es steht dir frei, in die Unterwelt des Viehes zu entarten. Es steht dir ebenso frei, in die höhere Welt des Göttlichen dich durch den Entschluß deines eigenen Geistes zu erheben« (dito). Dass dies offenbar im Humanismus ein gängiges Argument war, beweisen die ganz ähnlichen – schon zitierten – Sätze des Erasmus (s.o.).

der Renaissance Spuren hinterlassen. In der Tat, mit der Entdeckung (oder sollte ich besser sagen: Erfindung) der *Zentralperspektive* rückt der Beobachter unweigerlich, wenngleich auch unsichtbar[35], mit in das Bild, während gleichzeitig das Beobachtete in seiner Perspektivität als kontingent erscheint. Das Bild weist nicht mehr nur auf das Abgebildete, sondern auch unweigerlich auf den Bildner, auf den Maler. Die Subjektivierung der Perspektive macht das Bild kontingent und dynamisiert die Bandbreite der Motive.

Noch die Romanik des Hochmittelalters kennt eigentlich nur eine Perspektive, nämlich die Senkrechte – also jene, die nur ein Unten und Oben kennt. Die räumliche Tiefenperspektive, also die Horizontale, fehlt. Die Kunst stand völlig im Dienste der religiösen Aussage, wonach Menschsein auf Gott bezogen ist und die Welt nur als Chiffre des Göttlichen erscheint. In den Gemälden der Renaissance begannen die Künstler eine räumliche Tiefe zu gestalten und auf die Zentralperspektive des Beobachters zu beziehen. Die Standpunktabhängigkeit der Betrachtung wurde damit transparent. Im Bereich des Betrachteten rückt die *Natur* und der individuelle *Mensch* zunehmend differenzierter in den Blick. Die in der Romanik übliche Darstellung biblischer Gestalten wird vielfach erweitert durch den Blick (meist durch ein Fenster) in eine Landschaft. Diese gewinnt immer mehr an Eigenwert und wird nun zunehmend Gegenstand der Abbildung (etwa bei Dürers »Hasen« und »Gräser« oder in Bruegels frühen Federskizzen, die er auf seiner Italienfahrt um 1550 zeichnete). Zum Vergleich kann man sich wieder an die Romanik erinnern, in der Natur, wenn überhaupt, nur ornamental erscheint und dekorativen Charakter besitzt.

Aber nicht nur die äußere Natur gerät in den neugierigen Blick der Maler (und Forscher); der Mensch selbst wird dem Menschen interessant. In der Kunst treten nun deutlich individuelle Züge in die Abbildungen, die das unverwechselbar Eigene des Menschen (im Singular) zum Ausdruck bringen. Das beginnt schon damit, dass der Künstler sich selbst als ein solches Individuum sieht (und nicht, wie

35 Nicht immer »unsichtbar«; in den beliebten Genrebildern wird im Spiegel der Beobachter – hier der Maler – selbst ins Bild gerückt (vgl. dazu S. Müller-Rolli: Bilderwelt – Spiegelwelt. Über Bilder und deren Bildungsgehalt. In: Chr. Th. Scheilke, Fr. Schweitzer, A. K. Treml (Hg.): Bildung, Glaube, Aufklärung. Zur Wiedergewinnung des Bildungsbegriffs in Pädagogik und Theologie. Gütersloh 1989, S. 37–60).

bisher, als bloßer Handwerker im Dienste der Religion) und in der gewählten Perspektive und spezifischen Darstellungsform sein Selbstbewusstsein zum Ausdruck bringt. Wie bei den Bildern, die Natur abbilden, wird auch bei Bildern, die Menschen zeigen, die (sinnliche) Erfahrung zur Lehrmeisterin. Genaue Beobachtungsstudien gingen – etwa bei Lenonardo da Vinci – der Werkgestaltung voraus. Kein Wunder, dass dementsprechend auch die anatomischen Studien des menschlichen Körpers immer detaillierter und mutiger wurden und der medizinischen und humanbiologischen Forschung neue – wenn man so will: empirische – Impulse gaben.

Es sind oft die gleichen alten – nämlich: biblischen – Motive, die auch in der Bildhauerei der Renaissance bearbeitet wurden. Interessant sind jedoch die neuen Akzente, die gesetzt werden. Nehmen wir als Beispiel die Darstellung des David – ein uraltes biblisches Motiv – und vergleichen wir drei Werke miteinander, nämlich jene von Donatello 1432, von Michelangelo 1504 und von Bernini 1623 (vgl. Abb. 12). Auffällig ist zunächst die (weitgehende) Nacktheit vor allem der beiden ersten Darstellungen. Sie knüpft, trotz biblischer Thematik, an die antike Tradition der Körperdarstellungen an und zeigt deutlich den Einfluss des Humanismus[36], der dadurch die Darstellung des Menschen aus dem sakralen (religiösen) Kontext löst (in dem dieses Motiv traditionellerweise steht). Während Donatello seinen David nach der vollzogenen Tat darstellt, fallen bei Michelangelos Werk vor allem die gigantische Körpergröße und unrealistischen Größenverhältnisse auf. Zusammen mit dem Sockel ist die Figur 5,48 m groß und zwingt jeden Betrachter zum Aufschauen. Zu groß für die idealen, und auch Michelangelo bekannten, Proportionsmaße sind Kopf (auf einem ebenfalls zu langen Hals) und Hände. Was wollte der Künstler wohl damit ausdrücken? Vielleicht das: Der Mensch wird jetzt als im Mittelpunkt und als Maßstab jeder Betrachtung gesehen, und dieser Mensch ist vor allem ein *denkendes* und *handelndes* Wesen. In seiner Hand aber hält David noch den gefährlichen Stein mit der Schleuder, und sein Blick geht ins Weite, seine Haltung ist abwartend, drohend. Wenn man weiß, wo diese Statue stand, nämlich an einem öffentlichen Platz (genauer: auf dem letzten

---

36 Cosimo der Alte, der wahrscheinliche Auftraggeber des Werkes (ein einflussreicher Fürst der Medici), rief die bedeutendsten Humanisten seiner Zeit an seinen Hof und stiftete nach dem Muster Platons eine Akademie (Philosophenschule).

noch freien Chorstrebepfeiler des Doms), und wenn man sich des biblischen Handlungszusammenhangs erinnert, dann kann man dies vielleicht zu Recht als grundsätzliche Warnung an jede staatliche Gewalt interpretieren: Es genügt der wachsame Blick des Einzelnen, sein Mut und seine Entschlossenheit, aber auch seine Bewaffnung (die notfalls auch nur aus einem Stein und einer Schleuder bestehen kann), um jedes ungerechte Gewaltregime zu beseitigen. Hier dämmert langsam das erstarkte bürgerliche Selbstbewusstsein einer auf individuelle Freiheitsrechte sich beziehenden Gesellschaft herauf (in die allerdings erst viel später demokratische Elemente eingebaut werden sollten).

Abb. 12: Links außen: David von Donatello, 1432 (Florenz, Bronze, 1,58 m); Mitte: David von Michelangelo (1504, Florenz, 4,10 m!); rechts: David von Bernini (1623 Rom, lebensgroß). Erläuterungen im Text.

Die dritte Figur (von Bernini) ist eine lebensgroße Darstellung des (nun zumindest teilweise bekleideten) David mit individuellen Gesichtszügen und einer – im Vergleich zu den anderen Figuren – deutlichen Betonung der Bewegung. Der wehrhafte, selbstbewusste und handelnde Mensch wird hier generalisiert, indem seine Maße auf die Normalgröße eines jeden schrumpfen (so dass ein jeder Beobachter in dessen Rolle schlüpfen kann). Dass etwas in Bewegung geraten ist, das bringen auch viele andere zeitgenössiche Werke zum Ausdruck, z.B. das Figurenensemble »Raub der Sabinerin«, das Giovanni da Bologna 1583 schuf. Alles an dieser Komposition ist Bewegung, Dynamik, und überwindet den Eindruck des Statischen, Ruhenden, der in Werken des Mittelalters dominierte. Ähnliches ereignet sich innerhalb weniger Jahre bei der Darstellung des Abendmals: Während bei del Dastagno 1450 und selbst noch bei Ghirlandaio 1480 die Personen noch relativ statisch am Tisch sitzen, zeigt die berühmte Darstellung des Abendmals von Leonardo da Vinci 1497/98 die dreizehn dargestellten Personen individueller – und vor allem: in Bewegung.

6.4.2 Wissenschaft

Dass etwas in Bewegung gekommen ist (weshalb man die Renaissancezeit auch gelegentlich als Zeit der Unruhe bezeichnet hat), das lässt sich auch auf dem Gebiet der Wissenschaft veranschaulichen. Ein ausgeprägter Wissenschaftsoptimismus war schon bei den Humanisten unübersehbar; von Ulrich von Hutten wird häufig sein Ausruf zitiert: »O Jahrhundert, o Wissenschaft, es ist wert zu leben!«. Es sind auch heute noch bekannte Gelehrte, die damals die Grundlagen der modernen (Natur-)Wissenschaften legen sollten, u.a. Nikolaus Copernikus, Tycho Brahe, Giordano Bruno, Galileo Galilei, Johannes Kepler, Francis Bacon. Auch hierzu müssen einige wenige Anmerkungen genügen.

Die sog. »copernicanische Wende«, die auf Niklas Koppernigk (lat. Nikolaus Copernikus) zurückgeführt wird, löste das statische Welt- und Himmelsmodell ab, das im Mittelalter dominierte (und idealtypisch noch von Dante in seiner »Göttlichen Komödie« beschrieben wird). Copernikus sollte diese weitreichende Entdeckung (des heliozentrischen Weltbildes) einer störenden Differenz verdanken, die zwischen Beobachtung und traditioneller Beschreibung des Sternenhimmels (in der aristotelischen Tradition des ptolemäischen Systems). Systematische Beobachtung der Planetenlaufbahnen einerseits und genaues Studium der antiken Planetentheorien andererseits, schließlich die Anwendung des (von Ockham vorgedachten Extremalprinzips auf das Ergebnis) in Verbindung mit der Anwendung mathematischer Berechnungen – das alles zusammen führte schließlich zu der radikalen Änderung der Beobachterperspektive. Die Folge ist eine einfachere Erklärung der Beobachtungsdaten. Das ptolemäische System war in Verbindung mit den empirischen Beobachtungsdaten Copernikus einfach zu kompliziert, als dass er sich damit zufrieden geben konnte. Im Zuge der Vereinfachung gelang ihm der Beweis, dass die Erde um die Sonne kreist[37].

Das war nicht einfach eine naturwissenschaftliche Entdeckung unter anderen Entdeckungen, sondern mehr, nämlich ein deutlicher Widerspruch zur biblischen und kirchlichen Tradition und damit auch zum traditionellen Selbst- und Weltbild des Menschen. Dieses sah sich in der biblischen Tradition im Mittelpunkt der göttlichen Beobachtung und damit auch des Sonnensystems. Die Entdeckung, dass die Erde nur ein Planet (der Sonne) ist, kann man deshalb durchaus als Kränkung des menschlichen Größenselbst (nach Gott die höchste Kreatur zu sein) bezeichnen. Kein Wunder, dass viele Zeitgenossen sich sträubten, diese Revolution des Denkens mitzumachen – und zwar nicht nur Katholiken, sondern auch Protestanten (Luther und Melanchthon!). Die empfundene Kränkung entsteht jedoch nur dann, wenn man sich als von Gott erwähltes höheres Wesen mit besonderen Vorzügen (der Gnade) sieht. Von hier aus ist der Fall an den Rand des Universums in der Tat sehr tief. Davor waren allerdings jene Humanisten gefeit, die den Menschen nicht mit Gott, sondern mit Tieren verglichen und dessen Mängelhaftigkeit betonend seine Vorzüge in der Kompensation dieser Defizite durch die menschliche Vernunft sahen[38]. Diese zweite Denkfigur sollte sich der ersten langfristig als überlegen erweisen – und bis in die Gegenwart hinein wirken.

Die Entdeckung des heliozentrischen Sonnensystems verdankt sich einer Methode, die als »wissenschaftliche Methode« bezeichnet werden kann und aus der Verbindung von theoretischen Hypothesen mit der empirischen Beobachtung besteht. Diese wissenschaftliche Methode, die exemplarisch bei Galileo Galilei studiert werden kann[39], ist mehr als nur ein induktives Sammeln von empirischen Daten (wie das etwa Francis Bacon in seiner induktiven Wissenschaftslehre propagierte). Sie verbindet eine rationalistische mit einer naturalistischen Erkenntnistheorie und wird gerade dadurch,

---

37 Vgl. (auch zum Folgenden) H. Wußing: Die Große Erneuerung. Zur Geschichte der Wissenschaftlichen Revolution. Basel u.a. 2002.

38 Vgl. das Zitat von Pico della Mirandola auf S. 204.

39 Vgl. dazu J. Mittelstraß: Neuzeit und Aufklärung. Studien zur Entstehung der neuzeitlichen Wissenschaft und Philosophie. Berlin, New York 1970.

dass sie Denken und Beobachten aufeinander bezieht, so erfolgreich. Wer nur seinem Denken vertraut, läuft Gefahr, beliebige Hirngespinste zu ersinnen; wer nur der Beobachtung vertraut, läuft Gefahr, in einem Wust an belanglosen Daten zu ertrinken. Erst die Verbindung beider Methoden sollte die großen Erfolge der modernen Wissenschaft begründen.

Die Fruchtbarkeit dieser Entdeckung einer komplementären Methodologie dürfte sich dem ursprünglichen Vorgehen der humanistischen Gelehrten verdanken, die von Aristoteles ausgehend (und von Ockhams Nominalismus ermuntert) durch Beobachtung beweisen wollten, was in den Texten der antiken Naturphilosophie zu lesen war. Es entstand so eine Vielzahl von Werken der sammelnden und beschreibenden (humanistischen) Naturforschung[40]. Fruchtbar, weil anschlussfähig an die weitere Wissenschaftsentwicklung, wurde es dann allerdings, als zwischen Text und Beobachtung ein eklatanter Widerspruch auftauchte, der mit Hilfe der Mathematik und des Experimentes (auf eine wiederholbare Art und Weise) aufgelöst werden konnte.

Dazu kamen technische Erfindungen. Die Entdeckung des heliozentrischen Systems ist ein Beispiel für die Entdeckung ferner Beziehungen, die sich nicht nur einer neuen Methode (und dem Mut, sie anzuwenden) verdankt, sondern auch diverser technischer Erfindungen, deren wichtigste hier neben dem Buchdruck vor allem das Fernrohr, das Spiegelteleskop, das Mikroskop, das Barometer und das Thermometer, der Chronometer, der Kompass und die Rechenmaschine, aber auch das Schwarzpulver sein dürften. Nicht nur das Fernrohr und das Mikroskop können als künstliche Organverstärkung interpretiert werden; mit ihrer Hilfe lassen sich sehr große und sehr kleine Entfernungen sichtbar machen. Der Beobachtungsradius der Welt wird größer. Das ist in dieser Zeit nicht nur die Beschäftigung von Wissenschaftlern geblieben; die Entdeckung ferner Welten sollte (unterstützt vom Kompass[41], vom Schwarzpulver und

40 Es entstanden enzyklopädische Werke, die von einem ungeheuren Fleiß zeugen, z.B. die seit 1599 herausgegebenen 13 Folianten der Zoologie des Aldrovandi (vgl. Kamlah 2003 a.a.O. S. 660).

41 … und einer Weltkarte, die winkelgetreu – nicht maßstabsgetreu – ist, und sich deshalb durchsetzte, weil sie – obwohl objektiv »falsch« – dadurch das Navigieren der Schiffe (im Zuge der europäischen Welteroberung) erleichterte.

einem penetranten Gefühl der Überlegenheit) zu ihrer Eroberung und Einverleibung führen und jene Phase in der sozio-kulturellen Evolution einläuten, die Karl Marx als die »Phase der ursprünglichen Akkumulation« bezeichnet hat.

Parallel zur Eroberung der äußeren sozialen Welt sollte auch die Eroberung der inneren psychischen Welt fortschreiten. Die Entwicklung einer generalisierten Affektkontrolle und die Sublimierung der natürlichen spontanen Triebe durch Kontrolle und Überführung in kulturell wertvolles Handeln sollten eine Reihe von entsetzlichen Nebenfolgen haben: Inquisition, Hexen- und Ketzerverfolgung, Religionskriege, religiöser Terror gegen Andersgläubige, Unterwerfung und Vernichtung anderer Völker und Kulturen u. a. m. sind die Stichworte, die wenigstens im Vorübergehen daran erinnern sollen, dass die Geburt der modernen Zivilisation mit heftigen Konvulsionen verbunden war und keineswegs reibungslos vonstatten ging.

Dabei verdankt sich der Siegeszug der modernen Wissenschaft eigentlich der Eroberung jener Dimension, die ich als »Welt 3« bezeichnet habe, also der Welt der reinen, unanschaulichen Ideen – vor allem in Form der Mathematik. Sie ermöglichte jene Distanz zur konkreten Natur, die eine unbedingte Voraussetzung ihrer Veränderung und Kultivierung ist[42]. Erst nachdem die Natur nicht mehr analog zum Menschen, also magisch-religiös, verstanden wurde, sondern als Form einer mathematischen Ordnung, konnten die Naturwissenschaften erblühen[43]. Hinter der sichtbaren »Welt 1« und der denkbaren »Welt 2« zog nun nicht mehr der alte Gott seine Strippen, sondern arbeitete ein kompliziertes Räderwerk, das es (qua »Welt 3«) zu erforschen gilt (vgl. Abb. 13). Die (von der Mathematik ermöglichte und unterstützte) Naturforschung, die im 15. und 16. Jahrhundert ihren Siegeszug begann, verließ die traditionellen Pfade einer ausschließlich kontemplativen theoria-Schau, öffnete sich stattdessen mit neugierigem Blick der beobachtbaren Welt in ihren vielen Details und verstand sich großteils als Teil einer Bewegung

---

42 Denn: »Nicht im Zugehen auf die Dinge, sondern mit dem Zurücktreten vor ihnen beginnt die Kultur. Erkennen, bewerten, entscheiden, formen und schöpferisches Hervorbringen – alles das hat zur ersten Voraussetzung jene Distanz, welche die Freiheit geistiger Bewegung ermöglicht« (R. Guardini: Sorge um den Menschen. Würzburg 1962, S. 59).

43 Vgl. Landmann 1962 a.a.O., S. 12 ff.

Abb. 13: Hinter der belebten Welt vermutete man mit der beginnenden neuen Zeit (»Neuzeit«), also etwa dem beginnenden 16. Jahrhundert, das (mess- und zählbare) Räderwerk einer rein physikalischen Ordnung. Dieser zeitgenössische Stich zeigt nicht nur diese neue Differenz des modernen Denkens, sondern auch die Richtung seines Interesses: Es gilt nun, das Unsichtbare und Unbekannte (das Sein), das sich hinter der sichtbaren und bekannten Welt (des Seienden) befindet, durch einen neugierigen Blick zu erforschen. Selbst die Sonne, bei Platon noch Sinnbild des Allgemeinen, wird nun ein Teil des Besonderen, das auf die allgemeinen Naturgesetze und damit auf seine technischen Bedingungen zurückgeführt werden kann (»Wanderer am Weltenrand«; Illustration in L'atmosphère Météorologie populaire von Camille Flammaraion, Paris 1888, nach einem deutschen Holzschnitt um 1503).

der allgemeinen Weltverbesserung in praktisch-poietischer Absicht, die die Macht der Menschen über die Natur vergrößert. Bacon hat diese Attitüde geradezu programmatisch in folgende (berühmt gewordene) Worte gefasst: »Es handelt sich nämlich (bei der Naturforschung, A. K. T.) nicht bloß um das Glück der Betrachtung, sondern in Wahrheit um die Sache und um das Glück der Menschheit und um die Macht zu allen Werken. Denn der Mensch als Diener und Dolmetscher der Natur wirkt und weiß nur so viel, wie er von der

Ordnung der Natur durch seine Werke oder durch seinen Ge... bachtet hat; mehr weiß er nicht, und mehr vermag er nicht. Denn keine Kraft kann die Kette der Ursachen lösen oder zerbrechen, und die Natur wird nur besiegt, indem man ihr gehorcht.«[44]

Noch war dies mehr Programm als Beschreibung – ein Versprechen, eine Hoffnung, aber kein Plan. Nur wenige Gelehrte vermochten auf diesem hohen Niveau – und natürlich in lateinischer Sprache – diesen Diskurs zu verfolgen oder gar mitzugestalten. Breitenwirksamer – nicht zuletzt auch für die Pädagogik – war deshalb im 16. und 17. Jahrhundert wohl eher eine spezifische literarische Form dieses Zukunftsoptimismus: die Utopie.

6.4.3 Utopien

Nachdem das neue Selbstbewusstsein und die Neugier auf Neues in der Raumdimension in die größten und kleinsten Entfernungen vorgedrungen und in der Zeitdimension die Vergangenheit (und damit auch die Zukunft) in den Blick gekommen war, ging man noch einen Schritt weiter und transzendierte in kühnen Entwürfen der Phantasie die reale Welt selbst. Angeregt von den wiederentdeckten antiken Vorlagen, die nun wieder bekannt gemacht wurden, begann ein Zeitalter der literarischen Utopien. Man kann unterstellen, dass den belesenen Humanisten die antiken Utopien bekannt waren – sei es Hesiods »goldenes Zeitalter«, Äsops Fabeln, Aristophanes Komödien (insbesondere »Frauenvolksversammlung«) und vor allem Platons »Staat«[45]. Mit Thomas Morus »Utopia« (1516/17) sollte die neue Zeit an diese Tradition anknüpfen und sie radikalisieren. Ihr folgten in kurzen Abständen: Rabelais »Abtei Thélèma (1530), Campanellas »Sonnenstadt« (1602/07), Andreaes »Christianopolis« (1619) und Bacons »Nova Atlantis« (1627/38) – um nur die wichtigsten zu nennen. Ihnen gemeinsam ist[46]:

---

44 Fr. Bacon: Das neue Organon. Berlin 1982 (2), S. 31 f.

45 Vgl. R. Günther, R. Müller: Das goldene Zeitalter. Utopien der hellenistisch-römischen Antike. Stuttgart 1988.

46 Vgl. zum Folgenden R. Saage: Vermessungen des Nirgendwo. Begriffe, Wirkungsgeschichte und Lernprozesse der neuzeitlichen Utopien. Darmstadt 1995. P. Kondylis: Zur geistigen Struktur der utopischen Konstruktionen des 16. und 17. Jahrhunderts. In: Dt. Zeitschr. f. Phil, 51, 2003, Heft 2, S. 299–310.

1. Es handelt sich nicht um reale Beschreibungen, sondern um fiktive Gedankenentwürfe. Schon der Begriff »U-topia« = Nicht-Ort macht deutlich, dass es sich hier um einen nicht in dieser Welt angesiedelten, nur ausgedachten Ort in einer idealen Welt handelt – eine literarische Fiktion, die dementsprechend auch keine Rücksicht auf reale Gegebenheiten nehmen muss.

2. Die Utopien sind (in dieser Zeit) ausschließlich positive Utopien, die das Ideal einer besseren Gesellschaft beschreiben. Negative Utopien, die das Schreckensbild einer Gesellschaft zeigen, um vor ihr zu warnen oder sie gar zu verhindern versuchen, entstehen erst viel später – vor allem im 20. Jahrhundert (z.B. Orwells »1984«).

3. Die Utopien beschreiben diese ideale Welt am Beispiel des Staates, seines Aufbaues und seiner Funktion (und stehen damit in der Tradition von Platons »politeia«). Es handelt sich also um »archistische Utopien«. Anarchistiche Utopien sollten erst viel später entstehen.

4. Weil alle Utopien eine Differenz zur realen Welt konstruieren und diese kontrastieren, implizieren sie (absichtlich oder unabsichtlich) eine Kritik der bestehenden Verhältnisse. Die Gesellschaft wird im Lichte des utopischen Entwurfes als kontingent erlebbar; das bislang Selbstverständliche wird nichtselbstverständlich.

5. Vielleicht um diese Kritik abzumildern und vor (politischer) Verfolgung (in einer feudalen ständischen Gesellschaft) zu schützen, enthalten Utopien kein Programm ihrer Verwirklichung. Vielmehr beschreiben sie schon fertige Totalentwürfe einer idealen Gesellschaft, ohne den Weg ihrer Herstellung (qua Entwicklung) anzugeben.

6. Vor religiöser Verfolgung schützt die theologische Grundlegung der meisten zeitgenössischen Utopien. In den utopischen Staatsromanen hat *Religion* eine hervorragende Stellung. An ihr ist alles aufgehängt – Symbol der Perfektion (im Kontrast zu einer imperfekten Welt).

7. Einen gleichfalls herausgehobenen Stellenwert in den archistischen Utopien hat die *Erziehung*. Sie bürgt für die konfliktfreie soziale Reproduktion der neuen Generationen[47]. Der hohe Stellenwert

47 Alle Utopien dieser Zeit bringen eine »reformatorisch-utopische Anstrengung zum Ausdruck« und das impliziert »eine erzieherische Sorge und ein erzieherisches Ideal«, fasst Kondylis zusammen (Kondylis 2003 a.a.O. S. 304).

von Erziehung zeugt von den großen Hoffnungen, die man sich damals bei der Verbesserung der Zustände von der Pädagogik machte. Eine bessere Gesellschaft, so die Unterstellung, ist durch eine bessere Erziehung möglich.

8. Der hohe Stellenwert der Erziehung lässt sich auch (indirekt) aus einer Besonderheit (fast) aller Utopien entnehmen: Der Ort ist eine Insel und/oder eine Stadt (mit hohen Mauern). Man kann dies als pädagogische Maßnahme deuten, denn nur durch eine solche radikale geographische Isolation kann das Unwahrscheinliche wahrscheinlich gemacht werden und das ganz Andere in der Fiktion real erscheinen.

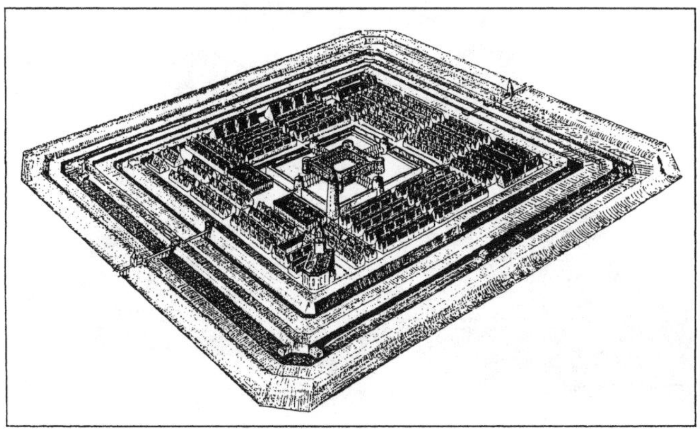

Abb. 14: In Albrecht Dürers Idealstadt (nach Zeichnungen und Entwürfen in seinem 1527 erschienenen Werk »Ein Entwurf, der ständischen Gesellschaft räumlich gruppiert«) nehmen die riesigen Fortifikationsbauten etwa die Hälfte des bebauten Raumes ein – Symbol der Kompensationsbemühungen einer tiefen Angst, die in der Bedrohung der ständischen und hierarchischen Gesellschaft resultierte. Diese Zeichung erinnert heute eher an ein Konzentrationslager als an eine »Idealstadt«.

Diese geographische Isolation wird durch den Inselcharakter, aber auch durch die überdimensionierten Mauern erreicht, ihre Stabilität durch ein Zentrum symbolisiert, das natürlich eine Kirche ist. Die archistischen Stadtutopien sind hierarchisch aufgebaut, am christlichen Glauben aufgehängt und mit unüberwindlichen Fortifikationen geschützt (vgl. Abb. 14 und 15)[48]. Die Anzahl und die Dicke der Mauern geht weit über das militärisch Nützliche hinaus, so dass man zu Recht fragen muss: Warum die überdimensionierten Fortifikationsbauten, die teilweise die Hälfte des gesamten Raumes einnehmen?

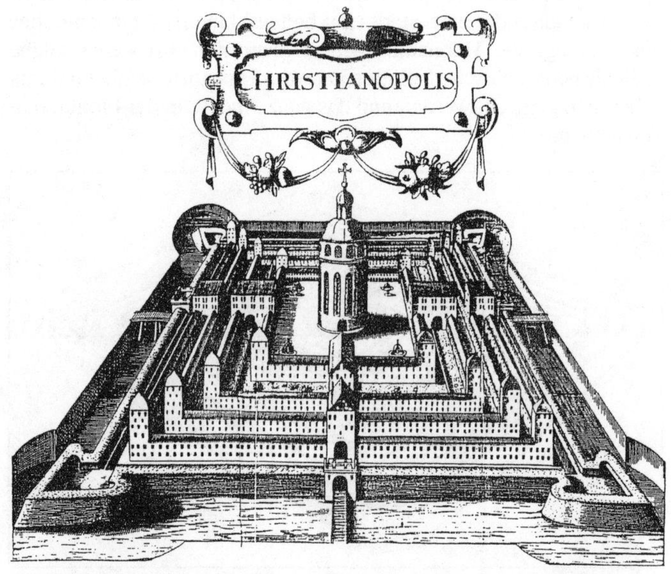

Abb. 15: Joh. Valentin Andreaes »Christianopolis« aus der lateinischen Originalausgabe von 1619 hat einen streng geometrischen und zentralistischen Aufbau (mit großen Foritifikationsanlagen) – Idealvorstellung des christlich-mittelalterlichen Gesellschaftsaufbaus.

Von den verschiedenen Antworten erscheint folgende Argumentation am überzeugendsten[49]: Die Zeit des 16. und 17. Jahrhunderts war eine Zeit der Unsicherheit, der Angst: Das Alte und damit Ver-

48 Vgl. dazu genauer E. H. Thomsen: J. V. Andreae »Christianopolis«. Dordrecht u.a. o. J., insbesondere Kap 3.2.1 (Fortification: the Principles of Defence).

49 Es gibt natürlich auch andere Erklärungen, vgl. etwa P. Sloterdijk: Sphären II. Makrosphärologie Band II. Globen. Frankfurt a.M. 1999, insbesondere S. 264 ff.

traute wird brüchig, das Neue und damit Unvertraute ist nur vage oder gar nicht zu sehen und kann noch keine Sicherheit geben. In dieser Situation kompensieren die überdimensionierten Mauern der Idealstädte die nach außen verlagerten inneren Ängste und suggerieren jene Sicherheit, die man im Begriff ist, gerade zu verlieren. In diesen Mauern lässt sich dann umso ungenierter das ganz Andere, das Neue, das Überraschende konstruieren – zumal es am vertrauten alten göttlichen Haken aufgehängt wird. Die Utopien dieser Zeit sind damit ambivalent: einerseits traditionell geordnete und religiös zentrierte Hierarchien, andererseits innovative Entwürfe des ganz Anderen, des Neuen, das immer auch als Kritik des Bestehenden gelesen werden kann. Sie greifen damit das damals allgemein verbreitete Gefühl der Unsicherheit auf und überführen es in eine wieder sicherheitgebende neue Ordnung.

Die einzige Brücke, die zwischen dem Realen und dem Idealen erkennbar ist, das ist Erziehung. Es kommte in den Utopien ein ungebrochener Erziehungsoptimismus zum Ausdruck, der früher oder später sich in der Wirklichkeit Bahn suchen muss. Und in der Tat, das 17. Jahrhundert sollte als das »didaktische Jahrhundert« bezeichnet werden, weil in ihm sich die (negative) Kritik an den bestehenden Bildungsstrukturen, insbesondere der Schulen, mit einer Reihe von (positiven) didaktischen Entwürfen verbindet, die die Verhältnisse auch in der Realgeschichte in Bewegung bringen sollten.

6.5 Exkurs: Die sozio-kulturelle Evolution geht mit der Moderne schwanger

Bevor wir uns diesem didaktischen Jahrhundert genauer zuwenden, will ich im Rückblick den Übergang vom mittelalterlichen zum neuzeitlichen Denken zusammenfassend interpretieren. In der Zeit zwischen dem 13./14. und 16. Jahrhundert sind in Europa ideengeschichtlich die Scholastik, der Humanismus, die Renaissance und die Reformation – aber auch die (hier übergangene Gegenreformation) – von herausragender Bedeutung, weil in diesen – durchaus unterschiedlichen – geistigen Strömungen die neue Zeit, wenngleich auch widersprüchlich und bruchstückhaft, aber doch unübersehbar und zum ersten Mal zum Ausdruck drängt. Neues entsteht in der Evolution immer auf der Basis eines Alten, das als Varianz der weiteren Entwicklung Selektionsofferten anbietet. Man darf deshalb vermuten, dass in dieser Zeitphase, in der wir uns gerade gedanklich befinden, eine Zunahme an Varianzen stattfindet – anders gesagt: Der Variationspool der Ideen wird größer und eröffnet damit der weiteren (geistigen) Evolution verbesserte Selektionschancen. In Anlehnung an Toulmin könnte man hier durchaus zutreffend von einem »Pool von wetteifernden intellektuellen Varianten« sprechen[50]. Das bedeutet, dass die (relative) Homogenität und Stabilität des christlich-mittelalterlichen Denkens porös wird und sich an den Rändern Differenzen ausbilden, die als Selektionsofferten interpretiert werden können.

Jede Entwicklung, jede Veränderung, die wir als Evolution interpretieren, beginnt mit einer Unterscheidung – selbst die Schöpfung, bei der Gott eine Unterscheidung bestimmt, aus der dann weitere Unterscheidungen folgen[51]. In der pädagogischen Ideengeschichte, so haben wir herausgefunden, spielt die Grundunterscheidung von Sein und Seiendem eine ganz basale Rolle. Sie wird im Mittelalter zu der Unterscheidung »Gott – Welt« (bzw. »Gott – Mensch«) radikalisiert. Man kann die Veränderungen, die jetzt am ausgehenden Mittelalter beginnen und den Beginn der take-off-Phase der Moderne markieren, auf diesen binären Code beziehen und vermuten, dass sich die Akzente dieser Codierung verschieben. Ich denke, dass sich die heterogenen Änderungen, die sich in dieser Zeitphase andeuten, im Lichte dieser Akzentverschiebungen ordnen lassen. Fragen wir deshalb zunächst, welche Möglichkeiten es gibt, die Akzente zu verschieben.

Logisch gesehen gibt es bei einem binären Code zunächst zwei Möglichkeiten, die Akzente neu zu setzen: entweder auf der linken oder auf der rechten Seite – entweder auf dem Sein (sprich: Gott) oder auf dem Seienden (sprich: Welt, Mensch). Das erstarrte Verhältnis von Gott und Mensch würde in Bewegung geraten, wenn

50 St. Toulmin: Die evolutionäre Entwicklung der Naturwissenschaft. In. W. Diederich (Hg.): Theorien der Wissenschaftsgeschichte. Beiträge zur diachronen Wissenschaftstheorie. Frankfurt a.M. 1974, S. 249–275, hier S. 265.

51 Vgl. N. Luhmann: Die Weisung Gottes als Form der Freiheit. In: Ders.: Soziologische Aufklärung 5. Konstruktivistische Perspektiven. Opladen 1990, S. 77–94. Vgl. auch Treml 2004 a.a.O., S. 21 ff.

man die Akzente entweder in Richtung Gott oder aber in Richtung Mensch verschöbe, und genau das lässt sich in der Zeit der Renaissance beobachten. Am einfachsten wäre es, wenn die eine Seite auf die andere verschoben wird, also:

(1) Mensch wird Gott

(2) Gott wird Mensch

Am Ende dieser Bewegung würden wir dort eine Einheit haben, wo zuvor eine Differenz war. Das aber wäre das Ende jeder Entwicklung, denn Evolution bedarf der Differenz. Gott bedarf eines Gegenübers, der Mensch ebenfalls, wenn Entwicklung weiterhin möglich sein soll. Wir finden deshalb in der Renaissance durchaus in der Tendenz diese beiden Bewegungen vor – (1) in der Mystik, (2) in manchen Texten der Humanisten –, aber nur als Abstoßbewegung, in der immer noch ein Rest an Differenz enthalten ist (und wenn nur als Leiden an der Differenz und der Sehnsucht, sie zu überwinden). Früher oder später wird auch jedes ontologische Einheitsdenken auf ein differenztheoretisches Denken umstellen müssen, um Entwicklung beschreiben und erklären zu können – oder aber man müsste bei der Beschwörung von Einheit stehen bleiben (und sein Mantra murmelnd hoffen, dass sich alle Differenzen in die Identität des Nichtunterscheidbaren auflösen).

In der Renaissancezeit erleben wir aber gerade das Gegenteil, nämlich: Bewegung, Veränderung – also den Beginn einer neuen Zeit, und deshalb liegt die Vermutung nahe, dass die Einheitssemantik nur eine facon-de-parler ist und ihre dahinterliegenden Differenzen nur verdeckt (und zwar vermutlich deshalb, weil wir nur die markierte Seite der Unterscheidung sehen und die unmarkierte Seite übersehen). In der Tat gelingt es auch der Mystik nicht, den Menschen ganz zu Gott zu machen, so dass er eine unlösbare Einheit darstellt. Die Einheit des Gottes, in dem der Mensch wie in einem schwarzen Loch verschwinden sollte, gebiert aus seinem Schlund jene Differenz, die Entwicklung wieder möglich macht – wenngleich auch eine sehr problematische Entwicklung. Ich vermute: Die unmarkierte Seite des mystischen Gottes ist – der *Teufel.* Gott bedarf, damit er weiter entwicklungsfähig bleibt, einer Differenz in der Einheit und muss diese notfalls aus sich selbst absondern – als gefallener Engel wird der Teufel der Dauerbeobachter Gottes.

In der Tat wird in der Zeit, da das Mittelalter sich seinem Ende zuneigt und eine neue Zeit geboren wird, in der Bewegung »Zurück zu Gott« der Teufelsglaube wieder aktiviert, was gleichzeitig ein

»Zurück zum Teufel« bedeutet, so dass man Gott und Teufel als die zwei Seiten einer Entwicklung – einer religiösen Kommunikation – interpretieren muss[52]. Religiöser Wahn treibt sein Unwesen fast überall im Europa des ausgehenden Mittelalters und macht die Geburt der neuen Zeit für viele Menschen sehr schwierig und sehr schmerzvoll. Es waren vor allem drei Faktoren, die hier eine unheilvolle Beziehung eingingen: (erstens) die *Inquisition*, (zweitens) die allgemeine *Abwertung alles Weiblichen* (und damit der Sexualität) und (drittens) der *Teufelsglaube*. Immer ging es um die Veränderung im Umgang mit einer Differenz. Das begann schon mit der Sekte der Katharer, die, den alten Manichäismus wieder aufgreifend, ein streng dualistisches Weltbild (Gott – Welt) vertraten und aufgrund der asymmetrischen Bewertung zu einer radikalen Weltverachtung neigten, in der (fast) alles, was weltlich ist, auch teuflisch sein und deshalb abgelehnt werden musste (bis hin zur Ehe, zur Zeugung, ja zum eigenen Leben). Die Inquisition war die Reaktion der katholischen Kirche auf diese Abspaltung von der »rechten Lehre«. 1209 begannen die grausamen Albigenserkriege (gegen die Kartharer) und dann gegen alle »Ketzer«, bald darauf die Hexenverfolgungen, in dem sich vor allem (wenngleich auch nicht nur) der unterdrückte Hass gegen alles Weibliche entlud. Es scheint so, als ob die neue Zeit zunächst die Unterdrückung der alten Triebenergien verlangte und dort, wo ihre kulturelle Sublimation nicht gelang, in Destruktion gegen die nach außen verlagerten Versuchungen umschlug. Zwischen 1487 und 1609 erlebte der »Hexenhammer« der beiden Dominikaner Sprenger und Institoris über 29 Auflagen und dreihundert Jahre blieb die »Peinliche Halsgerichtsordnung« des Kaiser Karls V in Kraft. Zwischen 1275 (Hexenverbrennung in Toulouse) und 1793 (Hexenverbrennung in Posen) sollten (wahrscheinlich) zwischen 50.000 und 100.000 Frauen (und Männer) als Hexen um ihr Leben gebracht werden[53].

---

52 Der Teufel spielt noch im Alten Testament fast gar keine, im neuen Testament eine (vielleicht von Paulus abgesehen) periphere Rolle (vgl. zur Geschichte des Teufelsglaubens H. Haag: Teufelsglaube. Tübingen 1974(2)).

53 Vgl. S. Lorenz, J. U. Schmidt (Hg.): »Wider alle Hexerei und Teufelswerk«. Die europäische Hexenverfolgung und ihre Auswirkungen auf Südwestdeutschland. Ostfildern 2004.

Es fällt bis heute schwer, dies wissenschaftlich zu erklären. Aus heutiger Sicht erscheinen die klerikalen Akteure dieser Verbrechen als sexuell schwer gestörte Psychopathen, die ihren Wirklichkeitsverlust und ihren krankhaften Frauenhass damit auslebten. Solche Psychopathen gab und gibt es wohl zu allen Zeiten. Erklärungsbedürftig aber ist deren große und ungehemmte Resonanz über mehrere Jahrhunderte in dieser Zeit – einer Zeit, in der sich Menschen freiwillig selbst ans Kreuz nageln ließen, sich selbst schwer geißelten und im religiösen Wahn ihre Kinder töteten oder sich selbst die Pulsadern aufschnitten. Nichtgelungene Sublimation (der unterdrückten Triebenergien), sadistische Machtexzesse (der um ihren Einfluss fürchtenden kirchlichen Machthaber) oder freiwilliges Handicap (zum Zwecke der Stabilisierung der alten Glaubenssicherheiten)?[54]

Es sollte erst der beginnenden Aufklärung gelingen, diese teuflischen Kräfte der Ideenevolution zu kontrollieren und an die Peripherie zu drängen – ohne sie jemals ganz besiegen zu können[55]. Kommen wir deshalb zu der anderen Spur des Denkens – die Bewegung zum Menschen (statt zu Gott). Auch diese Bewegung kann in letzter Konsequenz in der Idee des Menschen als Einheit – und damit in eine fruchtlose Tautologie – münden (der Mensch ist ein Mensch ist ein Mensch …). Dass diese Gefahr zunächst nicht erkannt worden ist, liegt daran, dass die Wendung zum Menschen zunächst – etwa in Luthers Zwei-Reiche-Lehre – in Form eines klassischen re-entrys daherkam. Erst dort, wo Gott als überflüssige Hypothese behandelt wird und der Mensch allein bleibt, stellt sich das Problem der Evolutionsfähigkeit eines ontologischen Denkens der Einheit. Das beginnt, wie wir gesehen haben, im Humanismus (und wird, wie wir noch genauer sehen werden, in der Aufklärung radikal zu Ende gedacht). Schon im Humanismus deutet sich eine Lösung an, und sie heißt: *Selbstreferenz*. Der Mensch macht sich selbst zum Gegenüber und gebiert aus sich selbst (Ego) im Andern (Alter Ego) seine Dif-

54 Einige Hypothesen dazu finden sich in A. di Nola: Der Teufel. Wesen, Wirkung, Geschichte. München 1990, S. 314 ff.

55 Auch heute noch dürfte selbst in den modernen Industriestaaten das Geld, das Menschen für esoterische, okkulte und »satanische« Produkte ausgeben, ein Vielfaches dessen sein, was für wissenschaftliche Forschung ausgegeben wird. Die Tünche der Aufklärung ist immer noch sehr dünn aufgetragen und kann jederzeit wieder zerbrechen und den alten, dicken Teufel erscheinen lassen.

ferenz, die eine weitere Evolution möglich macht. So (funktionalistisch) gesehen ist das Alter Ego des Menschen der Teufel Gottes: der ständige Beobachter seiner selbst.

Der Mensch wird – in der Renaissance und im Humanismus beginnend – sich selbst interessant. In Form von Selbstreflexion, von Selbstbeobachtung wird dort wieder eine Differenz eingebaut, wo die traditionelle Unterscheidung »Gott-Mensch« verloren gegangen ist. Damit das Verhältnis »ego – alter ego« nicht zur Tautologie wird, muss eine Interdependenzunterbrechung eingebaut werden, und das sollte die wissenschaftliche Methode werden, so wie analog dazu das Verhältnis von Gott und Teufel, von gut und böse (in moralischem Sinne) erst durch die Interdependenzunterbrechung des modernen Rechts an die Moderne anschlussfähig werden sollte.

All dies ereignet sich in der Zeit der Renaissance nicht – bzw. nur selten – in dieser idealtypisch verdichteten Formgebung. Neben den beschriebenen extremen Formen der Einheitsbildung lassen sich eine Vielzahl von Entwicklungen entdecken, die nicht auf Einheit setzen, sondern Differenzierung – meist in Form des klassischen reentrys – erproben. Auffällig ist das enge Nebeneinander extremer Unterschiede – die Gleichzeitigkeit des Gegenteils:

- Zur gleichen Zeit da in der ritterlichen (hohen) Minne und in der aufblühenden Marienfrömmigkeit eine sublime und artifizielle Form der kultivierten Frauenverehrung zum Ausdruck drängt, bricht sich ein krankhafter Frauenhass Bahn und bringt viele Tausende unschuldiger Frauen (oft nach brutaler Folter) als Hexen um.
- Zur gleichen Zeit, da sich bei den Humanisten die Entdeckung der Kindheit als eine eigenständige Phase der menschlichen Entwicklung anbahnt und dazu ermuntert wird, das Kind zu achten, zu lieben, ihm auch und gerade in pädagogischen Verhältnissen freundschaftlich und wohlwollend zu begegnen, sollte man dazu übergehen, auch Kinder als Hexen anzuklagen, zu foltern und zu verbrennen[56].

---

56 Jean Bodin, Autor der damals weit verbreiteten Hetzschrift »Daemonomanie«, ließ Kinder verbrennen, wobei – gewissermaßen zur pädagogischen Vorbereitung auf die Hölle – das Feuer so schwach gehalten werden musste, dass die Qualen mindestens eine halbe Stunde dauerten.

Diese Widersprüche lassen sich oft in einem Menschen, bei einem Autor, finden:

- Hochgelehrte Denker, wie z. B. Thomas von Aquin, sollten nicht nur an das Gute im Menschen, sondern auch an das Böse in Form einer Dämonenwelt glauben und sich – wie Thomas – ausführlich mit der »Sperma-Fremdbeschaffung der Dämonen« beschäftigen. Scholastische Denker sollten mit ihren ausgefeilten Disputationes nicht nur beweisen, dass Erziehung möglich ist, sondern auch dass es neben Engeln auch Hexen, Teufelsbuhlschaft und Dämonenhierarchie gibt[57].
- Luther sollte nicht nur der Freiheit eines Christenmenschen eine Gasse schlagen, sondern auch an die Existenz der Hexen glaubend für deren brutale und erbarmungslose Ausrottung plädieren (mit schwerwiegenden Folgen für die theologische und politische Praxis). Ähnlich katastrophale Folgen sollte seine Theologie für die armen Bauern haben, die nach den verlorenen Bauernkriegen – mit Luthers Segen – nicht mehr, sondern weniger oder gar keine Freiheit mehr haben.
- Auch die Schweizer Reformatoren Calvin und Zwingli treten nicht nur für die neue Freiheit des autonomen Christenmenschen gegen die (katholische) Obrigkeit ein, sondern billigen und fördern auch Folter und Tod für Freidenker und Hexen. Ein schreckliches Beispiel ist Michael Servet: Der von einem französischen Inquisitionsgericht verurteilte spanische Mediziner, Entdecker des kleinen Blutkreislaufs, wird nach seiner Flucht in Genf auf Betreiben Calvins verhaftet und von einem protestantischen Ketzergericht zum gleichen Urteil verurteilt: bei kleinem Feuer lebendig verbrennen (»Estre bruslé tout vif à petit feu«)[58].

Es sieht so aus, als ob die damalige Übergangszeit alle möglichen Varianzen – von den extremsten bis zu den geringsten Abweichungen – erprobt und der weiteren Evolution als Selektionsofferte anbietet. Dass wir in historischen Rückblicken gewöhnlich nur die erfolgreichen Varianzen betrachten und die vielen erfolglosen Abweichungen ignorieren und deren fürchterlichen Blutzoll damit

---

57 Z.B. N. Eymericus »Directorium Inquisitorum« (1376) oder J. Niders »Formicarius« (1435) u.a. (vgl. Haag 1974 a.a.O., S. 452).

58 Vgl. E. Stauffer: Mord in Gottes Namen. In: Der Monat 255, Dez. 1969, S. 31–42, hier S. 39 f.

unterschlagen. Wer etwa – wie Ballauff[59] – aus der Beschäftigung mit dieser Zeit vor allem die Stichworte »Säkularisierung«, »Anthropologisierung«, »Verwissenschaftlichung«, »Individualismus« und »Dynamisierung« mitnimmt, der greift nur diejenigen Fäden auf, aus denen schließlich die Moderne gewebt wurde. Alles andere aber fällt »unter den Tisch«, und das ist mehr. Das ist etwa so, als wenn wir uns als extensive Lottospieler im Alter nur noch an die wenigen Gewinne erinnern, die vielen Nieten aber vergessen haben.

Man sollte sich deshalb vor Augen halten, dass diese Elemente eines neuen Denkens im Übergang vom »alten« Mittelalter zur »neuen« Zeit der Moderne damals eine völlig untergeordnete Rolle spielten. Nach wie vor dominierte – und das noch über Jahrhunderte – in Theorie und Praxis der metaphysisch-religiöse Kontext, in dem die Menschen in Europa sich und die Welt – und damit auch ihre Erziehung und Bildung – eingeordnet haben. Wenn man die zeitgenössischen Texte liest, ist die göttliche »Aufhängung« der Gedankengänge und der »theo-logische« Zusammenhang der Normalfall, und das selbst dort, wo (auch) die neue »anthro-pologische« (bzw. »anthropozentrische«) Sichtweise vertreten wird. In der additiven Aufzählung der Elemente des neuen Denkens spiegelt sich die Sichtweise eines nachträglichen Beobachters wider, die nur die erfolgreichen Ideen – also jene, die sich schließlich aus heutiger Sicht durchgesetzt haben – benennt und die nichterfolgreichen ignoriert (obwohl sie vielleicht in der damaligen Zeit dominant waren).

Die neuen Ideen wurden nur von einer kleinen Minderheit von Gelehrten gedacht, kommuniziert und gelehrt. Die Zeit der Renaissance war für die Mehrheit der europäischen Bevölkerung trotz aller Aufbruchstimmung überwiegend gekennzeichnet durch eine analphabetische Bildungsferne (insbesondere der bäuerlichen Landbevölkerung)[60]. Nur sehr zögerlich fanden die Kulturtechniken Ein-

---

59 Immer noch die m.E. beste Zusammenfassung dieser Entwicklung zur Moderne: Ballauff/Schaller 1970 a.a.O. S. 571 ff.

60 Man schätzt, dass es im 15. Jahrhundert in der ganzen damals bekannten Welt nur etwa 40.000 Bücher (Inkunabeln) gab. Die Zahl wuchs dann allerdings von Jahrhundert zu Jahrhundert kontinuierlich und schnell an – 16. Jahrhundert: 520.000, 17. Jahrhundert: 1,25 Millionen, 18. Jahrhundert: 2 Millionen, 19. Jahrhundert: 8 Millionen Titel (vgl. Garin 1964 a.a.O. S. 264b).

gang in die Bildung der einfachen Menschen und selbst dann blieb der Unterricht noch lange Zeit unter klerikaler Aufsicht. Erst auf der Basis der Verschriftlichung konnten dann langsam die neuen Ideen ins Volk durchsickern. Aber das war ein Prozess, der sich über Jahrhunderte hinzog, denn er musste – sehr zeitintensiv – durch die Generationenwechsel hindurch.

Wie schon erwähnt, stehen die neuen Ideen in der Regel den alten Ideen nicht konträr gegenüber, sondern entwickeln sich in und an den alten und vertrauten Topoi. Es waren Theologen, Mönche, die das Neue zu denken wagten, denn eine eigene (nichtklerikale) Gelehrtenschicht gab es damals praktisch noch nicht. Die neue Zeit kommt in den alten Kleidern daher und wird in der zeitgenössischen Beobachtung deshalb oft übersehen. Es bedarf hier offenbar der zeitlichen und sachlichen Distanz, um die Kontraste wahrzunehmen.

Es dürfte evident sein, dass die allgemeinen geistesgeschichtlichen Veränderungen, die im 16. und 17. Jahrhundert beginnen, auch Auswirkungen auf die pädagogische Ideengeschichte haben mussten. Die Kindheit tritt hervor, die individuelle Bildsamkeit seiner Natur rückt in das pädagogische Blickfeld und dynamisiert pädagogische Theorie und Praxis. Allerdings tritt ein gewisser Zeitverzögerungseffekt dadurch ein, dass neue Ideen häufig das Zeitmaß des Generationenwechsels bedürfen, um sich durchzusetzen. Prägungs- und Sozialisationseffekte in einer Gesellschaft, in der immer noch die Familienerziehung dominierte und nur eine Minderheit zur Schule ging, bleiben oft ein Leben lang resistent gegen Veränderungen, so dass es einer neuen Generation bedarf, damit neue Gedanken sich ausbreiten können. So kann es kommen, dass geistige Veränderungen an biologische Veränderungen gekoppelt bleiben.

Man kann die Renaissance – wie ich das hier tue – als eine Zeit interpretieren, in der der Pool für Ideenvariation zunimmt und damit vermehrt Selektionsofferten für die weitere sozio-kulturelle Evolution produziert werden. Man kann nun zwei Wege beschreiten, um dies in den folgenden Jahrhunderten zu veranschaulichen: Man kann die Varianzen an den bestehenden Ideen entlang der Darstellung ihrer Vertreter herausarbeiten oder man kann von ein paar wenigen Klassikern ausgehen und die Produktion von Ideenvarianzen exemplarisch zeigen. Die meisten pädagogischen Ideengeschichten gehen den ersten Weg – und sind dementsprechend recht umfangreich[61]. Ich werde den zweiten Weg gehen – vor allem weil dies platzsparender ist, aber auch weil man dabei gleichzeitig herausarbeiten kann, was einen Klassiker ausmacht. Aus evolutionstheoretischer Sicht muss er einen Varianzpool für darauffolgende Selektionen sein: Klassiker müssen nicht wahr, aber erfolgreich sein, und das tun sie nur, wenn sie einen hinreichend großen Ideenpool bereitstellen, der das Denken der Leser anregt und das Werk durch Resonanz auf Dauer stellt[62]. Ich werde dies im Folgenden exemplarisch für das 17. Jahrhundert an *Comenius* und *Leibniz*, für das 18. Jahrhundert an *Rousseau* und *Kant* zu zeigen versuchen (und andere wichtige Denker und Denkströmungen dafür nicht oder nur am Rande behandeln).

---

61 Beispielhaft und nach wie vor unübertroffen: Ballauff bzw. Ballauff/Schaller a. a. O. Die drei Bände umfassen (mit Register) 2407 S.

62 Vgl. Treml 1997 a. a. O.

7 Große Versprechungen, große Hoffnungen: Pädagogischer Optimismus im 17. Jahrhundert

Das 17. Jahrhundert kann man sich realgeschichtlich zweigeteilt vorstellen: In der ersten Hälfte wurden die letzten großen Konfessionskämpfe um die »eine« Wahrheit geschlagen und mündeten schließlich mit dem Dreißigjährigen Krieg in einem Desaster, das keinen Sieger und keine Besiegte mehr, sondern nur noch Verlierer kannte. Wie mitten aus dieser Zeit der Not und des Elends heraus eine religiös begründete Hoffnung auf Verbesserung erwachsen konnte, kann man an Comenius studieren; wie dann nach dem großen Krieg die Hoffnungen immer mehr auch auf die menschliche Vernunft gesetzt wurden, an Leibniz. Warum bei diesem allgemeinen Verbesserungswerk die Förderung der Erziehung und der schulischen Bildung in den Mittelpunkt rückte, lässt sich an beiden Denkern gleichermaßen zeigen.

7.1 Alles fließe von selbst: Johann Amos Comenius

Mit Johann Amos Comenius (1592–1670) sollte die Pädagogik zum ersten Mal in den Mittelpunkt eines großen gedanklichen Systems rücken und ihre Randständigkeit verlieren. Noch gibt es ja kein eigenständiges wissenschaftliches Nachdenken über Pädagogik. Wenn überhaupt werden bis dahin pädagogische Probleme von Theologen und Philosophen am Rande ihres Interesses mitbehandelt. Auch Comenius ist Theologe, sogar Bischof (der böhmischen Brüderunität), und deshalb ist sein Werk letztlich theologisch eingerahmt. Aber mit Comenius rücken nun Fragen der Erziehung und der Bildung in den Mittelpunkt eines systematischen Nachdenkens und entfalten sich zu einem groß angelegten Werk – einer Lehre bzw. Weisheit (»sophia«) vom Ganzen (»pan«): der Pansophia. Man kann den Titel seines systematischen

Hauptwerkes[1] geradezu als Programm lesen: »De rerum humanorum emendatione consultatio catholica« – Über die Verbesserung der menschlichen Dinge. Hier wird in 6 Bänden ein Gesamtsystem entworfen (und unterschiedlich weit bzw. differenziert ausgeführt), das deutlich das für die Barockzeit charakteristische Bestreben zum Ausdruck bringt, die vielen neuen Erkenntnisse in einen verbindlichen und systematischen Zusammenhang zu bringen (der bei Comenius immer mehr sein will als nur eine enzyklopädische Zusammenstellung).

Die pädagogisch relevanten Werke des Comenius lassen sich in vier Bereiche einteilen: Schul- und Lehrbücher (z.B. »Janua lingua«, »orbis pictus«), didaktische Werke (z.B. »Böhmische Didaktik« – »Große Didaktik«), Werke zur pädagogischen Theoriebildung (z.B. »Pampaedia«) und religiöse »Trostschriften« (z.B. »Labyrinth der Welt und Paradies des Herzens«).

Es kann im Folgenden nicht darum gehen, das umfangreiche Werk des Comenius überblickshaft vorzustellen und hermeneutisch auszulegen (zumal es alles andere als homogen und widerspruchsfrei wäre). Vielmehr will ich an einige wenige, aber wichtige Gedankengänge erinnern und dabei vor allem jene Akzente herausarbeiten, die in der weiteren Ideengeschichte erfolgreich aufgegriffen wurden und kommunikative Resonanz erzeugt haben.

1. Weltverbesserung. Die Hoffnungen, die in der Renaissance – nicht nur, aber vor allem von den Humanisten – in eine Verbesserung der Lebensumstände durch die Entfaltung der Vernunft geweckt worden waren, greift Comenius unmittelbar auf und übernimmt damit auch den pädagogischen Optimismus, der sich im 16. Jahrhundert in gelehrten Kreisen breitmachte. Comenius vertritt geradezu euphorisch diese Hoffnungen[2] und macht große Versprechungen (siehe Abb. 16). So heißt es etwa im Untertitel seiner »Großen Didaktik« (»didactia magna«): »Die vollständige Kunst, alle Menschen alles zu lehren oder Sichere und vorzügliche Art und Weise, in allen Gemeinden, Städten und Dörfern eines jeden christlichen

---

1 Dieses wurde allerdings erst sehr spät, nämlich 1935, in Halle wiederentdeckt (»Hallesche Funde«) und 1960 in lateinisch-deutsch erstmalig veröffentlicht, so dass es dazu keine zeitgenössische Rezeptionsgeschichte geben kann.

2 So dass ihn Schaller zu den »Weltverbesserern« zählt (vgl. Ballauff/Schaller 1970 a.a.O. S. 142 ff.).

GROSSE DIDAKTIK

DIE VOLLSTÄNDIGE KUNST, ALLE MENSCHEN ALLES ZU LEHREN

oder

Sichere und vorzügliche Art und Weise, in allen Gemeinden, Städten und Dörfern eines jeden christlichen Landes Schulen zu errichten, in denen die gesamte Jugend beiderlei Geschlechts ohne jede Ausnahme

RASCH, ANGENEHM UND GRÜNDLICH

in den Wissenschaften gebildet, zu guten Sitten geführt, mit Frömmigkeit erfüllt und auf diese Weise in den Jugendjahren zu allem, was für dieses und das künftige Leben nötig ist, angeleitet werden kann;
worin von allem, wozu wir raten
die GRUNDLAGE in der Natur der Sache selbst gezeigt,
die WAHRHEIT durch Vergleichsbeispiele aus den mechanischen Künsten dargetan,
die REIHENFOLGE nach Jahren, Monaten, Tagen und Stunden festgelegt und schließlich
der WEG gewiesen wird, auf dem sich alles leicht und mit Sicherheit erreichen läßt.

ERSTES UND LETZTES ZIEL UNSERER DIDAKTIK SOLL ES SEIN, die Unterrichtsweise aufzuspüren und zu erkunden, bei welcher die Lehrer weniger zu lehren brauchen, die Schüler dennoch mehr lernen; in den Schulen weniger Lärm, Überdruß und unnütze Mühe herrsche, dafür mehr Freiheit, Vergnügen und wahrhafter Fortschritt; in der Christenheit weniger Finsternis, Verwirrung und Streit, dafür mehr Licht, Ordnung, Friede und Ruhe.

Gott sei uns gnädig und segne uns. Er lasse sein Angesicht bei uns leuchten und erbarme sich unser, auf daß man auf Erden seinen Weg erkenne, unter allen Völkern sein Heil. Ps. 67, 1/2.

Abb. 16: Die erste Seite der »Didactica magna« (Große Didaktik) des J. A. Comenius in deutscher Übersetzung mit seinen programmatischen Versprechungen.

Landes Schulen zu errichten, in denen die gesamte Jugend beiderlei Geschlechts ohne jede Ausnahme rasch, angenehm und gründlich in den Wissenschaften gebildet, zu guten Sitten geführt, mit Frömmigkeit erfüllt und auf diese Weise in den Jugendjahren zu allem, was für dieses und das künftige Leben nötig ist, angeleitet werden kann«[3]. Als ob das nicht schon genug (der großen Versprechungen) wäre, setzt der Autor noch einen Nachsatz dazu, damit es auch jedem Leser klar ist, um was es hier geht: »Erstes und letztes Ziel unserer Didaktik soll es sein, die Unterrichtsweise aufzuspüren und zu erkunden, bei welcher die Lehrer weniger zu lehren brauchen, die Schüler dennoch mehr lernen; in den Schulen weniger Lärm, Überdruß und unnütze Mühe herrsche, dafür mehr Freiheit, Vergnügen und wahrhafter Fortschritt; in der Christenheit weniger Finsternis, Verwirrung und Streit dafür mehr Licht, Ordnung, Friede und Ruhe«.

Wenn man sich die tatsächliche – äußerst desolate – Situation des Bildungswesens (und insbesondere der Schulen) im Europa des 17. Jahrhunderts vor Augen führt, müssen diese Versprechen geradezu märchenhaft geklungen haben. Dass sie offenbar auf fruchtbaren Boden fielen, das beweist der Erfolg, den Comenius mit seinen – praxisnahen – didaktischen und pädagogischen Werken hatte. Metaphorisch ausgedrückt: Das Land der Bildung und der Erziehung war offenbar im 16. und 17. Jahrhundert so ausgedörrt, dass man die großen Worte des Comenius und seine Versprechungen einer schnellen und einfachen Verbesserung der Dinge sehnsüchtig wie einen linden Regen nach langer Dürre begrüßte. Das Gefühl, dass es nur besser werden muss, weil es schlechter eigentlich nicht werden kann, war offenbar so weit verbreitet, dass man die größten Hoffnungen auf eine Wende durch pädagogische Reformen setzte.

Davor musste aber erst einmal der »Schutt« des Mittelalters beiseite geräumt werden, und dieser bestand vor allem aus einem durch das Dogma des Sündenfalls begründeten und durch Unwissenheit und allerlei Aberglauben gehemmten Weltfluchtverhalten. Die furchtbare Lehre des Augustinus von der Erbsünde musste erst ihre Überzeugungskraft verlieren, damit der Gedanke der Weltverbesserung um sich greifen konnte. Dass Weltverbesserung notwendig sei – und zwar durch eine bessere Erziehung –, zu dieser Überzeugung

3 J. A. Comenius: Große Didaktik. Übersetzt und herausgegeben von A. Flitner. Düsseldorf, München 1960 (2), S. 9.

waren schon die Humanisten gekommen – und insofern steht Comenius, wie die lateinisierte Form seines Namens symbolisiert, durchaus noch in der Tradition des Humanismus. Dass Weltverbesserung auch theologisch legitim ist – das sollte jedoch erst Comenius beredt und breitenwirksam beweisen. Damit öffnete er auch für religiöse Menschen das Tor zur Emendation (Verbesserung) und gab ihnen den Mut, sich aktiv bei der Weltverbesserung (durch Erziehung) zu beteiligen. Wir erinnern uns, dass die Verbesserung der äußeren und der inneren (Um)Welt dem mittelalterlichen Menschen u.a. durch das Dogma vom Sündenfall (in der Theologie des Augustinus) im Prinzip verwehrt war. Die Bastion dieser überaus mächtigen, die Entwicklung hemmende Theorie musste erst geschliffen werden, und Comenius tat dies auf die einzig damals legitime Art und Weise: durch biblische Begründung.

Comenius verankert diese wichtige Umpolung der Argumente mit unterschiedlichen Bibelverweisen. In seiner »Großen Didaktik« beginnt der Autor – in Anlehnung an die paradiesischen Zustände der ersten Menschen und dem göttlichen Auftrag, den »Garten« zu »bewahren und zu bebauen« – mit einem positiven Menschenbild: der Mensch als »das feinste der Geschöpfe« und vor allem dadurch gekennzeichnet, dass er als »Ebenbild« Gottes »zu Höherem bestimmt« sei (Kap. 1). Das kommt vor allem in seinem vernunftgeleiteten Streben – in seinen »dreierlei Aufenthaltorten« zum Ausdruck: So wie das Leben im Mutterleib danach strebt, sich auf der Erde zu bewähren, so strebt das Leben auf der Erde nach dem ewigen Leben im Himmel (Kap. 2). Comenius verbindet hier das uns schon bekannt naturteleologische Denken der griechischen Antike mit der christlichen Eschatologie. Das Ergebnis ist aber nicht eine Weltflucht; das Leben in der Welt ist nicht nur ein möglichst schnell wieder zu verlassendes Durchgangsstadium, sondern »eine Vorbereitung auf das ewige Leben« (Kap. 3). Das »vergängliche Leben« wird aufgewertet und dabei an die zentrale Bibelstelle (1.Mos. 1, 26) erinnert: »Laßt uns Menschen machen nach unserm Bilde, uns ähnlich; die sollen herrschen über die Fische im Meer und die Vögel des Himmels und über alles Getier, das auf der Erde sich regt« (Kap. 4).

Bei dieser Weltherrschaft ist der Mensch allerdings aufgefordert, sich am Urbild Gottes zu orientieren und diesen als Abbild nachzuahmen: »Ebenbild Gottes sein… heißt, die Vollkommenheit seines Urbilds wirklich nachahmen« (Kap. 4, Ab. 5). Dazu bedarf es vorrangig der »gelehrten Bildung (eruditio)«, für die der Mensch schon von Natur aus die Anlage mitbringt. Allerdings bedarf es erst der Erziehung, dass aus dem Menschen ein wirklicher Mensch (qua Abbild Gottes) wird. Das Kap. 6 hat die Überschrift: »Der Mensch muss zum Menschen erst gebildet werden.« Was dann noch folgt sind konzeptionelle Verbesserungsvorschläge von früher Unterrichtung und Beschulung der Jugend (beiderlei Geschlechts) und Argumente für eine umfassende Schulreform (incl. didaktischer und methodischer Ratschäge).

Wir haben hier das Programm einer Pädagogik, das für die beginnende Neuzeit attraktiv war, weil sie nicht nur einen hinreichend großen Grad an Komplexität (auf dem Stand der damaligen Wissenschaft) besaß, sondern auch die großen Hoffnungen auf eine Verbesserung der Welt aufgriff und sie durch eine theologische Neubegründung – statt (christlichen) »Sündenfall« nun (jüdische) »Gottesebenbildlichkeit« – legitimiert und mit didaktischen Vorschlägen anreicherte, an denen sich die Bildungsreformen des 17. Jahrhunderts abarbeiten konnten. Entscheidend dabei war vor allem das theologisch neu begründete Menschenbild, denn dieses ist die Voraussetzung für den Erziehungsoptimismus, der die nächsten Jahrhunderte prägen sollte. Der Mensch als Abbild Gottes wird bei Comenius zum »zweiten Gott«, zum »deus secundus« – und aufgerufen, die Schöpfung fortzuführen und zu vollenden.

Wir finden diesen zentralen Gedanken, mit dem schließlich theologisch die Moderne daherkommen sollte, auch in anderen, späteren Werken des Comenius. In seiner »Pampaedia« wird gleich auf der ersten Seite die allgemeine Kultivierung der Welt (»Cultura universalis«) durch Erziehung (»Wartung«) mit der Formulierung erklärt: »Durch eine derartige Wartung wollen wir dem Menschen als dem Ebenbild Gottes dazu verhelfen, die höchste Vollkommenheit, die auf Erden nur möglich ist, zu gewinnen.«[4] Notwendig ist dazu eine »gründliche Unterweisung« des gesamten Menschengeschlechtes, denn auf »diese Weise soll die ganze Menschheit dem Bilde Gottes, zu dem sie ja erschaffen ist, so ähnlich wie möglich gemacht werden ....«[5]

Die hier zum Ausdruck kommende (moderne) Verbesserungsattitüde gründet nicht nur in der Schlechtigkeit der Welt bzw. in deren Verdorbenheit und Verkehrtheit. Diese hat Comenius – der während

4 Comenius 1966 a.a.O., S. 15.

5 Comenius 1966 a.a.O., S. 17, vgl. auch S. 27: 7.

des Dreißigjährigen Krieges lebte und dabei seine beiden ersten Frauen und Kinder verlor und als Flüchtling heimatlos durch Europa zog – zu Genüge selbst kennengelernt. Vielmehr handelt der Mensch in göttlichem Auftrag, wenn er sich damit nicht zufrieden gibt und stattdessen aktiv in die Verbesserung der menschlichen Angelegenheiten eingreift. Der Mensch ist »Führer«, »Herr«, weil er »Abbild Gottes« ist. Er nimmt im Vergleich zu allen anderen Geschöpfen eine Sonderstellung ein und »nähert« sich »am meisten der Ebenbildlichkeit … in der Freiheit des Wählens«[6] – das ist ein wichtiger Gedanke, auf den Leibniz kurze Zeit später zurückgreifen und ihn ausbauen sollte.

Entscheidender Hebel bei der zweiten Schöpfung durch den Menschen ist das Lernen, genauer gesagt: das Umlernen (mit Hilfe der Erziehung): »Will man die Bühne der Welt ändern, so muß zunächst alles Lernen der Menschen von Grund aus umgestaltet werden.«[7] Das kann nur durch eine bessere Erziehung gelingen, deshalb muss die allgemeine Reform mit einer Reform der Erziehungsbedingungen beginnen. Dabei stehen die durch Reformen im Bildungswesen ausgelösten Verbesserungen immer unter dem eschatologischen Vorbehalt, dass das Kriterium bzw. der Maßstab für Verbesserung letztlich erst Gott nach der Auferstehung preisgibt. Alles menschliche Handeln ist deshalb, was diesen Anspruch auf Verbesserung betrifft, vorläufiger Natur und zielt immer nur indirekt auf ein Besseres. Diese Indirektheit seines Handelns (direkt wäre nur das göttliche Handeln selbst!) spiegelt sich in dem wider, was und wie Comenius unter Erziehung versteht. Auch diese kann nur etwas, was im Prinzip schon von Natur aus im Menschen angelegt ist, durch indirekte und gewaltfreie Hilfestellungen entfalten helfen. Im Idealfall fließt alles »von allein«: »Omnia sponte fluant, absit violentia rebus« (alles fließe von selber und keine Gewalt behindere den Lauf der Dinge«).

Diesem hohen Maßstab werden die bisherigen Schul- und Sprachbücher natürlich nicht gerecht. Deshalb beginnt Comenius damit, solche Bücher neu zu schreiben – und sollte dabei sehr erfolgreich sein.

2. *Sprachenlehre und Didaktik.* Neben seiner »Sprachpforte«, (»janua linguarum reservata«) einem Lehrwerk für Latein von 1631,

6 Comenius 1960 a.a.O., S. 61.
7 Comenius 1960 a.a.O., S. 95 f.

sollte es vor allem sein wohl berühmtestes Werk, nämlich sein »Orbis sensualium pictus« von 1658, sein, das seinen Ruhm begründete. Noch Goethe hat es gelesen und an ihm nicht nur die lateinische Sprache, sondern auch die Welt der Dinge (»Realien«) gelernt. Das Neue an diesem Werk war, dass es zwei Sprachen (hier Deutsch und Latein) mit den Dingen (der Realien) bildlich verbindet und durch die Repräsentation einer analogen Bildwelt das Lernen erleichert. Wenn man sich die bisherige Dominanz des Lateins vor Augen führt, wird vor allem die dabei vorgenommene Aufwertung der Muttersprache und der Realien deutlich[8]. Comenius nimmt hier eine bedeutende Neugewichtung zugunsten der Dinge (und damit des Realismus) vor und relativiert damit den bisher dominierenden Sprachbezug alles Lehrens und Lernens (als Idealismus)[9]. Gleichzeitig wird der methodische Einsatz von Bildern in der Sprachlehre begründet und erleichert die mühsame Lehre des schweren Latein.

Im Allgemeinen wird die theologische Einrahmung bzw. Verankerung des comenianischen Gesamtwerkes am Beispiel des »orbis pictus« dadurch veranschaulicht, dass man auf das erste und das letzte »Kapitel« verweist. Das erste »Kapitel« hat die Überschrift »I. Deus – Gott«, das letzte »CL. Judicium Extremum – Das Jüngste Gericht«. Aber man übersieht dabei, dass es zu Beginn des Buches zunächst eine »Einleitung« (Invitatio) und am Ende noch einen »Beschluß« (Clausula) gibt (vgl. Abb. 17). Beides aber, sowohl die Einleitung als auch der Beschluss, zeigen einen Erzieher mit seinem Zögling wie dieser jenen ermahnt und ermuntert, also das typische pädagogische Verhältnis schlechthin. Der »orbis pictus« ist also, genau gesehen, nicht theologisch, sondern pädagogisch eingerahmt.

---

8 Die Relevanz der Realien (gegenüber den Verbalien!) – und einer Sachkunde auf natürlicher Grundlage – betonte vor allem ein bedeutender Zeitgenosse des Comenius, den wir hier leider nur flüchtig erwähnen können, dessen Einfluss auf die pädagogische Praxis des 17. und 18. Jahrhunderts jedoch bedeutsam ist: Wolfgang Ratke (vgl. Ballauff/Schaller 1970 a.a.O., S. 152 ff.).

9 In der Großen Didaktik heißt es programmatisch »Der Anfang der Kenntnis muss immer von den Sinnen ausgehen (denn nichts befindet sich in unserem Verstande, das nicht zuvor in einem der Sinne gewesen wäre)« (Kap. 20, 7.) – eine klassische Formulierung des Grundsatzes der sensualistischen Erkenntnistheorie, didaktisch gewendet.

Abb. 17: Der (meist übersehene) erste und letzte Teil des »Orbis sensualium pictus« des J. A. Comenius (nur linke Seite) – gewissermaßen der Rahmen oder die Klammer des gesamten Werkes (im Faksimiledruck der Ausgabe Noribergae, M. Endter, 1658). Die Verklammerung ist eine pädagogische, denn was wir sehen, ist die Symbolisierung des pädagogischen Bezugs (eines Erziehers und eines Zöglings). Charakteristisch für den Pädagogen ist der Stock in der einen Hand und der erhobene (pädagogische) Zeigefinger in der anderen, sowie die durch seinen Kopf gehenden Sonnenstrahlen (als Symbol der von ihm ausgehenden geistigen Erleuchtung). Charakteristisch für den Schüler ist (neben der unterwürfigen Haltung) das entblößte Haupt und der Zeigefinger an der Stirn (»hier muss es hinein!«). Hinter dem Lehrer befindet sich die Stadt, Sinnbild der Kultur, hinter dem Schüler Bäume und Sträucher, Sinnbild der Natur; Erziehung wird hier verstanden als Kultivierung der natürlichen Anlagen, als ein Teil jenes Zivilisationsprozesses, der Natur in Kultur verwandelt.

Mit seinen neuartigen Sprachlehrwerken bediente Comenius die Hoffnungen der gelehrten Welt auf eine durch die Erziehung begründete Weltverbesserung, mit seinen didaktischen Werken band er die praktischen Bemühungen in einen Legitimationszusammenhang ein und mit seinen theoretischen Werken zur Pädagogik begründete er schießlich diese Methodik und Didaktik durch ein großangelegtes metaphysisches System, das den verwegenen Anspruch erhob, »alle alles« und zwar »ganz« (omnes – omnia – omnio) zu lehren und verständlich zu machen[10]. Comenius stand mit

10 J. A. Comenius: Pampaedia. Heidelberg 1965 (2) Kap. 1.

diesen didaktischen Bemühungen nicht allein. Viele andere Gelehrte sollten damals auf die Didaktik – auf die Lehrkunst[11] – große Hoffungen setzen und (als Humanisten) dabei nichtreligiöse Kontingenzunterbrecher akzentuieren (die uns alle schon vertraut sind). Deren wichtigste sind wohl:

- die »Natur« (z.B. Paracelsus von Hohenheim, Elias Bodinus, Wolfgang Ratke)
- das »Ich« (z.B. Michel de Montaigne, René Descartes)
- der »Mensch« bzw. die (ganze) »Menschheit« (z.B. Erasmus von Rotterdam)
- die »Vernunft« (alle Humanisten).

Comenius ist ein Meister bei der Verbindung und Verknüpfung all dieser zeitgenössischen Elemente zu einer didaktischen Theorie und Praxis und ihrer Einbettung in ein traditionell konzipiertes religiöses System – salopp gesagt: Ein neues Bild wird an einem alten Haken aufgehängt. Die große Resonanz seines Werkes dürfte m.E. nicht unwesentlich damit zusammenhängen, dass er Neues aufgreift, in einer bildhaften, allgemein verständlichen Sprache präsentiert, und es in den alten und vertrauten (theologischen) Rahmen stellt, so dass die Zumutungen des Neuen verkraftbar erscheinen. Natur, Ich, Mensch, Vernunft usw. – hinter allem steht Gott als deren Schöpfer; er gibt uns als seinem »Abbild« den Auftrag, die Potentiale, die darin angelegt sind, zu entfalten und die Welt zu verbessern. Alles ist uns von Gott gegeben, damit wir es benützen.

Je älter Comenius wurde, desto religiöser scheint er geworden zu sein, und er betont deshalb immer mehr diesen theologischen Rahmen. Das geht so weit, dass er seine (sehr erfolgreichen) didaktischen und methodischen (Sprach- und Lehr-)Bücher der frühen Zeit deutlich abwertet und gewissermaßen als Jugendsünde behandelt[12]. Der Erfolg seines Werkes ist, wenn man zurückblickt, ein selektiver gewesen, und das ist aus evolutionstheoretischer Sicht auch nicht verwunderlich, denn Erfolg wird auch in der Ideenevolution alleine durch Resonanz (bei den Lesern) und nicht durch die Absicht (des

---

11 »Die Didaktik ist die Kunst des Lehrens. Lehren heißt bewirken, daß das, was einer weiß, auch ein anderer wisse« (zit. nach Ballauff/Schaller 1970 a.a.O. S. 165).

12 Vgl. K. Schaller: Johann Amos Comenius. Ein pädagogisches Porträt. Weinheim u.a. 2004, S. 109 ff.

Autors) bestimmt. Es macht deshalb aus dieser Perspektive keinen Sinn, den selektiven Erfolg seiner Schriften als eine »verkehrende Inanspruchnahme« bzw. als »falsche Aktualisierung« zu bezeichnen[13]. Die Ideengeschichte kümmert sich nicht um die »eigentlichen Absichten« eines Autors – es sei denn als Katalysator für eine daran anschließende (heterogene) Diskussion. Der Erfolg der comenianischen Schriften dürfte viel mehr mit anderen Faktoren zusammenhängen, z.B. mit der Nützlichkeit seiner Sprachwerke für den Sprachunterricht. Selbst die Mehrdeutigkeit seiner blumigen (metaphorischen) Sprache und die Widersprüchlichkeit seines Werkes dürften hier positive (und nicht negative) Einflussfaktoren sein.

Seine Sprache ist voller Metaphern, mit sprachlichen Bildern, die den Menschen aus ihrem Alltag vertraut sind und deshalb schon Aufmerksamkeit erzeugen. Da wimmelt es von Vergleichen mit Tieren, Pflanzen und alltäglichen Verrichtungen in einer Weise, die sogar den zeitgenössischen Rezensenten anstößig erschien. So kritisierte z.B. Joachim Hübner 1639 das Manuskript der Großen Didaktik vor allem mit dem (mich überzeugenden) Argument, dass metaphorische Argumente keine Begründung didaktischer Regeln leisten können: Wenn man etwa zum Lernfleiß animieren wolle, reiche es nicht aus, auf die Ameise zu verweisen (und nicht z.B. auf das Faultier). Vor allem der Kern jeder Didaktik versage vor dem Vergleich mit Tieren, denn: »Von welchem Tier aber lässt sich die Kunst des Lehrens entlehnen? Welches lehrt denn etwas, das seiner Gattung unbekannt ist?«[14]. Comenius ließ sich von dieser Kritik eines Freundes beeindrucken, denn er verzögerte daraufhin lange den Druck des Werkes und legitimierte später seine metaphorische Vorgehensweise, indem er sie zu einer eigenen Methode – der »synkritischen Methode« – adelt.

Eine solche Methode mag wissenschaftlich problematisch sein (weil sie den Vergleichsgesichtspunkt nicht präzise benennt), aber pädagogisch dürfte sie sehr erfolgreich gewesen sein, denn sie holt (gewissermaßen) den Leser dort ab, wo er steht und nimmt ihn dann erst mit auf den weiteren Gedankengang. Dabei müssen offenkundige Widersprüche nicht einmal stören. Comenius gebraucht z.B. in

---

13 Wie das in der Comeniusforschung nicht gerade selten geschieht (vgl. etwa das Nachwort von Andreas Flitner in Comenius 1960 a.a.O. S. 234 und Schaller 2004 passim).

14 Zit. nach Schaller 2004 a.a.O., S. 68 f.

seiner »Großen Didaktik« innerhalb eines Kapitels drei völlig unterschiedliche und sich letztlich widersprechende Bilder von Erziehung, »malt« Erziehung

- als ein rein organologisches Geschehen – als Selbstentfaltung einer im Keim angelegten Gestalt einer Pflanze oder eines Baumes,
- als Beschreiben einer leeren Tafel (»tabula rasa«),
- als Aufdrücken einer Form in ein (heißes) Wachs[15].

Alle drei Bilder sind wohl traditionelle metaphorische Beschreibungen des Erziehungsvorganges, gleichwohl sind sie eigentlich nicht miteinander kompatibel, denn ein organologischer Erziehungsbegriff geht von Autopoiesis, die »tabula-rasa«-Theorie (zu der man auch die Wachsmetapher rechnen kann) aber von Poiesis aus. Das eine Mal entfaltet sich Erziehung als ein ausschließlich endogener Vorgang (der Selbstentfaltung), der keiner äußeren Einwirkung bedarf, denn es geht nur darum, etwas, was im Menschen schon »beschlossen liegt«, herauszuschälen, zu entfalten; das andere Mal ereignet er sich durch eine äußere Einwirkung auf ein plastisch gedachtes Inneres. Beide Vorstellungen aber widersprechen sich – und sind möglicherweise gerade deshalb so beliebt.

Widersprüche dieser Art müssen nicht unbedingt die Weiterverbreitung von Gedanken hemmen – ganz im Gegenteil, denn sie haben, vor allem dann, wenn sie in dieser bildlichen Sprache daherkommen, Vorteile, die die Wahrscheinlichkeit ihrer Resonanz vergrößern: Sie sind verständlich und sie erlauben eine unterschiedliche Fortsetzung der Argumente. Die Leser der comenianischen Werke werden durch die bildliche Sprache, die sie alle aus ihrem Alltag verstehen, in ihrem Vorstellungsvermögen gereizt, und sie können bei solch offensichtlichen Widersprüchen dort ansetzen, wo sie zustimmen (oder aber wo sie der gegenteiligen Meinung sind). Es ist auch bei Comenius nicht die (nicht vorhandene) Widerspruchsfreiheit, sondern wohl viel eher die Vielzahl der Gedankengänge, die das

---

15 J. A. Comenius: Didaktica magna (Große Didaktik), 5. Kap. Im Übrigen ist die Aufzählung der Metaphern keineswegs vollständig. Wir finden die Gärtnermetapher (Baumgärtner!), die Handwerkermetapher, die Metapher des »klugen Hausherrn«, des »klugen Königs« u.v.a.m. Meines Wissens ist die Metaphorik des Gesamtwerks des Comenius noch nicht systematisch aufgearbeitet und ausgewertet worden.

Selberdenken anregen und die Diskussion darüber auf Dauer zu stellen vermag. Ideenevolution, das können wir hier wieder einmal deutlich sehen, ereignet sich nicht deduktiv – in dem Sinne, dass aus widerspruchsfreien Axiomen ein theoretisches System (widerspruchsfreier Aussagen) deduktiv abgeleitet würde. Vielmehr benützt der Leser den Text als Steinbruch für das Selberdenken und wird umso mehr angeregt, je mehr er Anschlussmöglichkeiten findet.

3. *Zwischenstellung.* Comenius Werk steht zwischen dem Mittelalter und der Neuzeit und der nachträgliche Betrachter findet, je nach seiner selektiven Beobachtung, Zeichen für das Eine oder das Andere. Neben einem ungebrochenen Vertrauen in die menschliche Vernunft und Wissenschaft können wir abergläubische Zahlenmystik, Vertrauen auf Wahrsagerei, chiliastische Endzeitgläubigkeit bis hin zu Anzeichen religiöser Wahnvorstellungen finden[16]. Die nachfolgende Ideengeschichte sollte auch hier sehr selektiv mit dem Werke des Comenius umgehen. Schon die unmittelbare Rezeption seiner Werke – etwa durch Umarbeitungen und Weglassungen – nimmt diese selektiv wahr[17]. Möglicherweise vollzieht sich die Resonanz seiner Werke nicht wegen, sondern trotz der dahinter stehenden (pansophischen) Absichten. Ein Beispiel dafür ist sein vielgelesenes und vielfach aufgelegtes Werk »*Das Labyrinth der Welt und das Paradies des Herzens*«[18].

Comenius schrieb dieses Werk mitten im Dreißigjährigen Krieg nach seiner Flucht in der Abgeschiedenheit einer Burg. Man rechnet es zu den sog. Trostschriften, also zu jenen theologisch motivierten Schriften der Tröstung seiner in alle Winde zerstreuten Glaubensbrüder. Aber es ist viel mehr. Würde es nur ein zeitgenössisches religiöses Traktat sein, wäre es schon längst vergessen. Aber es sollte viele Auflagen erleben und immer noch gelesen werden. Schon der Titel knüpft an die uns bekannte binäre Einteilung an und erinnert

---

16 Z.B. glaubte Comenius am Ende seines Lebens ernsthaft, er wäre der von Gott gesandte »3. Elias« und Gott müsste ihm durch die Erfindung des »perpeduum mobile« ein Zeichen setzen u.a.m.

17 Beispiele dafür gibt Schaller 2004 a.a.O., S. 116 ff.

18 J. A. Comenius: Das Labyrinth der Welt und das Paradies des Herzens. Aus dem Tschechischen übertragen und eingeleitet von Z. Baudnik. Jena 1908. Vgl. zum Folgenden auch A. K. Treml: Das Labyrinth der Welt und die Ordnung des deus secundus. In: studia comeniana et historica 65 – 66, 2001, S. 47–59.

an ähnliche Versuche (etwa bei Augustinus und bei Luther). Obwohl Comenius Liebhaber einer damals weit verbreiteten Zahlenmystik war und dabei vor allem die Triadik und die Hebtomadik – also die Drei und die Sieben – als Einteilungskriterium nimmt, gebraucht er hier die einfachste Form der Unterscheidung und knüpft damit an eine alte Tradition des binären Denkens an, die alles, was gedacht werden kann, in zwei Bereiche – z.B. in Sein und Seiendes oder in Gott und Welt – einteilt.

Die Welt wird metaphorisch als Labyrinth und Gott als Paradies eingeführt, und dieses Paradies wohnt im »Herzen« – also tief in der Subjektivität des Einzelnen. Diese basale Unterscheidung von Welt und Gott wird in Form eines re-entrys auf der einen Seite der Einteilung, nämlich in der Welt, als Unterscheidung von Seiendem und Sein wiederholt: Der Pilger kann nämlich durch eine schlecht aufgesetzte Brille bei Bedarf beides sehen: die Welt, wie sie erscheint, und die Welt, wie sie in Wirklichkeit ist. Das Seiende wird damit als Uneigentliches, als Schein, verdächtigt, hinter dem das Eigentliche, das wirkliche Sein versteckt ist.

Schon der Titel macht deutlich, dass er diese binäre Einteilung wie üblich unterschiedlich bewertet: das Labyrinth (der Welt) wird ab-, das des Paradieses (des Herzens) aufgewertet und damit die Bewegungsrichtung angegeben, die der Gläubige im Auge behalten soll. All das scheint traditionell und wenig originell zu sein. Aber bei genauerem Hinsehen können wir hier die neue Zeit heraufdämmern sehen – und zwar konträr zur Absicht des Autors. Neben der plastischen und satirischen Sprache fällt dem späten Leser vor allem auf, dass das intendierte Ziel des Lebens – die Rückkehr in das Paradies Gottes, das im »Herzen« lokalisiert wird – in blassen allgemeinen Worten recht kurz und fast als Appendix abgehandelt wird, während dagegen das kritisierte Labyrinth der Welt geradezu liebevoll ausführlich und variantenreich geschildert wird. Dazu passt, dass Comenius eine Zeichnung dazu verfertigt hat, die nun nicht wie etwa bei Augustinus beide Welten darstellt, sondern sich mit der Abbildung der einen Seite der Unterscheidung – dem Labyrinth der Welt – begnügt (vgl. Abb. 18).

Man kann an dieser Zeichnung, wenn man sie nur genau genug betrachtet, ein deutlich utopisches Element entdecken, in dem die moderne Welt wohl kritisch, aber durchaus auch realistisch dargestellt wird. Man kann dieses gleichzeitig utoptische und realistische Element am besten erkennen, wenn man es etwa vergleicht mit

Abb. 18: Die von Comenius selbst gefertigte und im Original kolorierte Darstellung für das »Labyrinth der Welt und das Paradies des Herzens« (von 1626). Deutlich zu sehen sind die sieben Straßen mit den unterschiedlichen gesellschaftlichen Systemen: Familie, Wirtschaft, Bildung, Religion, Politik und Militär; in der Mitte der große Marktplatz; die Türme sind an den Rand gewandert und die Begrenzung verliert ihre Fortifikationsfunktion.

anderen zeitgenössischen Bildern einer idealen Welt (vgl. nocheinmal Abb. 14 und 15). Während die Zeichnungen Dürers und Andreaes noch deutlich das mittelalterliche Bild einer Polis zeichnen (das uns fast an ein Konzentrationslager erinnert):

- klarer geometischer und linearer Aufbau,
- riesige Fortifikationsbauten,
- zentristisch und hierarchisch strukturiert,
- ohne Lebewesen …,

skizziert Comenius eine ganz andere Welt:

- Nur scheinbar (und auf den ersten Blick) ist es ein Chaos, in Wirklichkeit kann man (nach dem genaueren zweiten Blick) eine heimliche Ordnung entdecken, die eine funktional-differenzierte zu sein scheint, denn die sechs Straßenzüge stellen die wichtigsten sechs sozialen Systeme dar: Familie, Wissenschaft, Religion, Wirtschaft, Militär, Politik.
- Diese Welt ist nicht zentralistisch und nicht hierarchisch aufgebaut, denn die Türme rücken von der Mitte an den Rand, und der große Turm hat keine Herrschafts-, sondern vielmehr wohl eine Orientierungsfunktion. Statt einer Kirche gibt es vier – vier der wichtigsten Religionen. Der Glaube erscheint damit im Plural.
- Es gibt (fast) keine äußere Begrenzung mehr, keine riesigen Mauern und Wassergräben, sondern nur eine vage angedeutete Linie grenzt diese Stadt gegen ihre Umgebung ab, die offenbar ihre Einheit als System ihren inneren Verflechtungen verdankt und deshalb funktionalistisch und nicht mehr ontologisch entschlüsselt werden muss.
- Im Mittelpunkt befindet sich kein Schloss, keine Kirche und kein Kreuz mehr, sondern ein offener Marktplatz, in dem sich die Menschen zwanglos treffen und vielleicht über die »Verbesserung der menschlichen Dinge« beraten.
- Es sind viele Menschen, aber auch Tiere und Pflanzen zu sehen. Mensch und Natur treten hervor. Dabei ist noch keine Individualität erkennbar, aber doch deutlich die anthropozentrische Sichtweise angedeutet.

Comenius hat hier ein Bild der Welt gezeichnet, das mehr ist als eine Abbildung der Welt des 17. Jahrhunderts. Vielmehr schimmert deutlich, wenngleich auch noch (scheinbar?) negativ bewertet, die neue Zeit durch. In der Absicht, vor ihr zu warnen, bereitete er ihr den Boden vor. Die neue Zeit wird quasi in einer Klammer kommuniziert, vor der ein Minuszeichen steht. Es bedarf nur noch eines weiteren Minuszeichens und die Verneinung wird aufgehoben. Auch das ist eine Form, wie das Neue durch das Alte erscheinen kann.

Man kann diesen Versuch einer religiösen Verklammerung der auseinanderstrebenden und heterogenen Erkenntnisse der neuen Zeit aus heutiger Sicht als überholt bezeichnen. Aber man sollte seine damalige Funktion nicht übersehen: Die Befreiung des »Ichs« – als Symbol für den neuen Menschen, der sich selbst den Mut zuspricht, die Welt zu verändern und zu verbessern (mit allen seinen Folgen) –

sollte damit wieder eingebunden werden und vor einer zügellosen Enthemmung schützen. Damit Freiheit fruchtbar werden kann, muss sie eingeschränkt werden. Aus heutiger Sicht sollte ein Zeitgenosse des Comenius dabei erfolgreicher gewesen sein: René Descartes hat die neue Freiheit der wissenschaftlichen Erforschung der Welt an die wissenschaftliche Methode gekoppelt und sie damit erfolgreich »gezügelt«[19]. Das »Ich denke, also bin ich« – wird so überführt in ein »Ich denke methodisch, also bin ich Wissenschaftler!«.

Das war natürlich nicht der Ansatz des Comenius. Comenius und Descartes vertreten zwei grundverschiedene Ansätze, das Problem der neuen Freiheiten (wieder) in den Griff zu bekommen: Comenius inhaltlich, Descartes formal[20]. Damit war der weiteren Evolution des Geistes eine Differenz gegeben, mit der sie (weiter)arbeiten konnte. Zumindest für die weitere Entwicklung des wissenschaftlichen Denkens sollte sich der Descartes'sche Ansatz durchsetzen. Eine Reduktion der anwachsenden Komplexität auf einen Inhalt ist schon lange nicht mehr möglich (auch nicht für die Pädagogik); was bleibt, ist die Reduktion auf eine Form – auf die Methode (beliebige Inhalte herzustellen, zu entdecken, zu lehren und zu lernen).

Noch zu Lebzeiten von Comenius wurde sein Werk als Steinbruch benützt und dabei wenig Rücksicht auf die religiösen Intentionen des Autors genommen. So wurde z.B. die theologische Klammer des »orbis pictus« einfach weggelassen oder durch eine neue Anordnung entwertet[21]. Das neue Kriterium, das die Komplexität redu-

---

19 Vgl. R. Descartes: Discours de la méthode. Abhandlung über die Methode. Hamburg 1972.

20 Vgl. U. Kunna: Das »Krebsgeschwür der Philosophie«. Komenskys Auseinandersetzung mit dem Descartianismus. St. Augustin 1991.

21 Die Entwicklung hat O. F. Bollnow in einem nach wie vor sehr lesenswerten Aufsatz detailliert im Vergleich von Comenius »orbis pictus« und Johann Bernhard Basedows »Elementarwerk« aufgezeigt – und den Unterschied von »Weltflucht« und »Weltoffenheit« zugespitzt (vgl. O. F. Bollnow: Comenius und Basedow. In: Die Sammlung 5 (1950), S. 141–153). Während bei Comenius noch alles in der göttlichen Schöpfungsordnung fest verankert ist und sein »orbis pictus« deshalb von Gott und dem Jüngsten Gericht eingerahmt ist, beginnt das Elementarwerk von Basedow mit dem Alltag einer Familie: »Es ist … eine kopernikanische Wendung, eine radikale Verlagerung des Bezugspunkts aus der (göttlichen, A.K.T.) Ordnung der Welt zur Ordnung des Menschen« (dito S. 151). Vgl. dazu meine korrigierenden Anmerkungen auf S. 234 f.

[…]ollte nicht mehr die Intention Gottes, sondern die Nützlichkeit für den Menschen sein. Die Ordnung der Welt, von Comenius noch als eine göttliche bestimmt, wird von nun an eine, die der Mensch selbst herstellt. Der Mensch nimmt sich die Freiheit, die Welt zu verändern und nur noch in dem Maße, wie er sie herstellt und ordnet, sie auch zu verstehen. Die metaphysische Klammer entfällt.

7.2 Die beste aller Welten: Gottfried Wilhelm Leibniz

Man muss sich den geistesgeschichtlichen Übergang von der traditionellen »Weltflucht« zur neuen »Weltoffenheit« als eine schwere und lange Geburt vorstellen. Nur aus heutiger Sicht erscheint uns dieser Prozess als richtig und unausweichlich. Aus damaliger Sicht aber war er vielen Menschen nicht geheuer und sie versuchten, ihm so lange wie möglich, auszuweichen, denn er bedrohte alle bisherigen Sicherheiten. Nehmen wir als Beispiel die Erziehung. Sie verliert zunächst einmal ihren metaphysischen Rahmen und damit die daraus abgeleitete Sicherheit. Es muss ähnlich gewesen sein, wie wenn ein Hochseilartist zum ersten Mal ohne Netz arbeiten muss. Ja, noch schlimmer: Erziehung droht damit, ihre Basis und ihre Zielperspektive gleichermaßen zu verlieren – und damit auch ihre bisher haltgebenden Sicherheiten. Erziehung muss in der Moderne vom Menschen selbst verantwortet werden – auch und gerade, wenn sie schief geht. Nicht mehr Gott, sondern der Mensch macht Erziehung möglich. Nur wie? Damit man sich pädagogisch neu orientieren kann, bedarf es neuer Maßstäbe für eine gelungene oder aber misslungene Erziehung. Auch diese muss der Educator nun selbst begründen und kann dabei nicht mehr auf einen transzendenten Gott ausweichen.

Kein Wunder also, dass viele die neuen Ideen ablehnten, andere wiederum ihnen nur sehr skeptisch gegenüberstanden und wiederum andere versuchten, einen Kompromiss zu schließen zwischen den überkommenen alten und den über einen kommenden neuen Ideen. Ein Beispiel für eine solche vermittelnde Position ist Gottfried Wilhelm Leibniz, der in einem großartigen Gesamtwerk (das viele Disziplinen umfasst) versucht hat, Glauben und Vernunft harmonisch miteinander zu verbinden[22]. Er wird zu Recht als der »große Mittler zwischen Tradition und Moderne« bezeichnet, ein »Mittler zwischen der Tradition (sowohl der christlichen wie der antik-philosophischen) und den wissenschaftlichen Bahnbrechern des Mechanismus seiner Zeit«.[23] Dabei nimmt er – im Vergleich zu Comenius – allerdings eine entscheidende Akzentverlagerung vor: Während seit der Scholastik und bis Comenius die Vernunft als göttlich (und mit dem Glauben kompatibel) begründet wurde, versuchte Leibniz stattdessen, Gott (und den Glauben an ihn) als vernünftig zu beweisen. Das aber ist eine folgenreiche Beweislastumkehr. In seiner damals viel gelesenen Schrift zur Theodizeeproblematik[24] wird Gott – um in einem Bild zu sprechen – vor den Richterstuhl der Vernunft gezerrt, um sich in Anbetracht der vielen Übel in dieser Welt vor dieser zu legitimieren[25]. Gott hat in Leibniz wohl einen guten und profunden Verteidiger gefunden; aber alleine schon die Tatsache, dass er sich nun verteidigen muss, beweist, dass der überkommene religiöse Glaube kontingent geworden ist – und mit ihm potentiell auch alle anderen Traditionen (die bisher wie selbstverständlich im Mittelpunkt der Pädagogik standen).

Gott verteidigt sich (durch Leibniz) übrigens mit dem Hinweis darauf, dass die Zulassung des Übels im Vergleich zum damit erreichten Guten vernachlässigbar sei, denn nur so könne überhaupt »moralisch« gehandelt werden (setze doch moralisches Handeln die »Freiheit der Wahl« voraus) – m. a. W.: »das mitunterlaufende Übel ist eine unvermeidliche Folge des Besten«[26]. So wie Unordnung

22 Vgl. zur pädagogischen Relevanz von Leibniz den Überblick bei W. Wiater: G. W. Leibniz und seine Bedeutung in der Pädagogik: Ein Beitrag zur pädagogischen Rezeptionsgeschichte. Hildesheim 1985.

23 K. Moll: Der Enzyklopädiegedanke bei Comenius und Alsted, seine Übernahme und Umgestaltung bei Leibniz – neue Perspektiven der Leibnizforschung. In: Studia Leibnitiana, Bd. 34, 1/2002, S. 1–30, hier S. 4.

24 Vgl. G. W. Leibniz »Einleitende Abhandlung über die Übereinstimmung des Glaubens mit der Vernunft« und seine »Studien über die Güte Gottes, die Freiheit des Menschen und den Ursprung des Übels« in ders.: Die Hauptwerke, zusammengefasst und übertragen von G. Krüger. Stuttgart 1958, S. 171 ff.

25 Vgl. zu dieser Beweislastumkehr O. Marquard: Der angeklagte und der entlastete Mensch in der Philosophie des 18. Jahrhunderts. In ders.: Abschied vom Prinzipiellen. Stuttgart 1981, S. 39–66.

26 Leibniz 1958 a. a. O., S. 233; vgl. die Studien zur Theodizee dito S. 151 ff.

Voraussetzung, Weg und Mittel sein kann, Ordnung zu erzeugen[27], so kann auch Leiden Grund eines größeren Glücks sein[28]. Erst durch das Übel wird das Gute erkennbar, und man kann motiviert werden, das Gute zu tun. Die Zulassung des Bösen hat eine quasi pädagogische Funktion, weil es zum Guten erziehen kann[29]. Deshalb kann Leibniz zu dem Schluss kommen, dass wir letztlich doch in der »besten aller möglichen Welten« leben, denn es gehört zum »Besten«, dass es immer auch verbesserbar ist – und das setzt die Zulassung des Schlechten nun einmal voraus.

Dieser Gedanke war nicht einmal ganz neu[30]; trotzdem sollte er damals eine »unermeßliche Wirkung auf den Gang des modernen Geistes im achtzehnten Jahrhundert« (G. Krüger) haben, denn er kam genau zur rechten Zeit. Er thematisiert den Zusammenhang von Glaube und Vernunft, von Notwendigkeit und Freiheit, den der sich selbst bewusst werdende Mensch (zu Recht) als problematisch erfuhr, zunächst in distanzierter Weise als göttliche Eigenschaften. Wenn Leibniz sagt, »die Welt hätte ohne Sünde und Leid sein können: aber ich bestreite, daß sie dann besser gewesen wäre«[31], dann greift er damit ein altes stoisches Argument wieder auf, das vor ihm

---

27 Vgl. G. W. Leibniz: Sein im Optimum. In F. Heer (Hg.): G. W. Leibniz. Hamburg 1958, S. 99 ff.

28 Ein Argument, das auch in der Pädagogik bei der advokatorischen Inanspruchnahme der objektiven Interessen des Kindes gegen seine subjektiven Interessen gebraucht wird, um die »Aufopferung der Gegenwart« (Schleiermacher) und der vielen damit verbundenen Entsagungen für eine noch weitgehend unbekannte Zukunft zu legitimieren (vgl. Fr. Schleiermacher: Gedanken zu einer Theorie der Erziehung. Aus der Pädagogik-Vorlesung von 1826. Heidelberg 1965, S. 40 ff., wo der Autor sowohl einen Zunkunfts- als auch einen Gegenwartsbezug verlangt, damit Erziehung »sittlich« sei).

29 Vgl. zu dieser Interpretation L. Kreimendahl: Hauptwerke der Philosophie. Rationalismus und Empirismus. Stuttgart 1994, S. 351 ff.

30 Vgl. S. K. Knebel: Necessitas moralis ad optimum. Zum historischen Hintergrund der Wahl der besten aller möglichen Welten. In: Studia Leibnitiana XXIII, Heft 1, 1991, S. 3–24. Wie schon erwähnt findet sich schon bei den Stoikern der Gedanke, nämlich dass auch das eigentlich Schlechte letztlich immer auch ein Gutes habe – so etwa bei Chrysipp: die wilden Tiere, damit der Mensch Kraft und Mut übe, das Schlangengift, damit der Mensch ein Heilmittel daraus gewinnet – und die Mäuse erziehen den Menschen zur Aufmerksamkeit (vgl. Landmann 1962 a.a.O. S. 105).

31 Leibniz 1958 a.a.O., S. 183.

auch schon in der spanischen Jesuitenscholastik auf die christliche Theodizeeproblematik angewendet wurde. Im 17. Jahrhundert aber sollte dieser Gedanke wie ein Funke in Stroh fahren und eine heftige Diskussion in Gang bringen, denn die Zeit war gekommen, das Verhältnis von Glauben und Vernunft, von Freiheit und Notwendigkeit in Anbetracht des Emendationsprojektes der beginnenden Moderne neu zu überdenken. Von der besten aller möglichen Welten ist es jetzt nur noch ein kleiner Schritt zu einer Welt voll besserer Möglichkeiten[32].

Voraussetzung dafür, dass nun die Welt vom Menschen neu und umfassend umgestaltet werden kann, ist allerdings, dass sie zunächst in kleinstmögliche Bausteine zerlegt wird. Erst dann kann man beginnen, sie wieder neu aufzubauen. Das leistet Leibniz in einem seiner mysteriösesten Werke, seiner 1714 erschienenen »Monadologie«[33]. Mit dem Begriff der Monaden atomisiert Leibniz die Welt – und zwar die reale wie die geistige Welt – in kleinste und vollständig autonome Einheiten. Die Prädikate, die Leibniz zur Beschreibung dieser merkwürdigen Monaden gebraucht, sind radikal: unvergänglich, einzigartig, selbstgenügsam, autark, nur durch sich selbst, nicht jedoch von außen beeinflussbar, (aufgrund der Einzigartigkeit ihrer Umweltbeziehungen) die ganze Welt repräsentierend. Man mag über die Monadologie heute skeptisch urteilen und sie als unverständliche Metaphysik abtun, aber Leibniz bereitet damit das Selbstverständnis des modernen Subjektdenkens vor, das gerade auch in der Pädagogik heute selbstverständlich geworden ist.

Wenn man z.B. darauf hinweist, dass im Rahmen pädagogischer Bemühungen Lernprozesse nicht determiniert, sondern bestenfalls wahrscheinlich gemacht werden können, weil die Adressaten immer nur selbst lernen können, und wir deshalb bis heute immer noch nicht erklären können, wie Erziehung dann trotzdem möglich ist (!), dann benützen wir unbemerkt eine Vorstellung der absoluten Subjektivität des Individuums, die Leibniz vorgedacht hat, z.B. dort, wo er schreibt: »Es gibt ferner keine Möglichkeit, zu erklären, wie eine Monade in ihrem Inneren durch irgendein anderes

32 Vgl. A. K. Treml: Von der besten aller möglichen Welten zur Welt voll besserer Möglichkeiten. Leibniz in pädagogischer Sicht. In: Studia Leibnitiana Band XXIII, Heft 1, 1991, S. 40–56.

33 G. W. Leibniz: Monadologie. In ders. 1958 a.a.O., S. 130 ff.

Geschöpf beeinflußt oder verändert werden könnte, da man offenbar nichts in sie hinein übertragen, sich auch keine innere Bewegung in ihr vorstellen kann, die innerhalb ihrer hervorgerufen, geleitet, vermehrt oder vermindert werden könnte, wie das bei den zusammengsetzten Dingen möglich ist, bei denen es Veränderungen im Verhältnis der Teile untereinander gibt. Die Monaden haben keine Fenster, durch die etwas in sie hinein- oder aus ihnen heraustreten könnte.«[34]

Wie aber kann man sich trotzdem eine solche unwahrscheinliche Form von Ordnung in der Beziehung der Monaden untereinander erklären? Leibniz Antwort darauf scheint traditioneller Art zu sein, denn sie lautet: Gott. Gott hat die Ordnung – er spricht von »Harmonie« – in weiser Voraussicht prädestiniert bzw. »prästabilisiert«. In der Spur des Thomaners denkend wird Gott aber nur noch als Ermöglichungsgrund ganz an den Anfang der Weltordnung platziert und die Weltgestaltung selbst dem Menschen überlassen – qua Verwirklichungsgrund. Inzwischen ist selbst die Vorstellung einer »prästabilisierten Harmonie«, weil die religiösen Geschäftsgrundlagen entfallen sind, nicht mehr tragfähig. Damit schlittert aber die pädagogische Theoriebildung in ein Problem, an dem sie bis heute laboriert, ohne es überzeugend lösen zu können – nämlich die Beantwortung der Fragen, wie Erziehung dann, nachdem Gott als Lückenbüßer ausgedient hat, als möglich gedacht werden kann. Erst im 19. Jahrhundert sollte mit der (Darwin'schen) Evolutionstheorie eine alternative Theorie entstehen, die die Entstehung von Ordnung rein säkular zu erklären vermag und dabei statt von einer »prästabilisierten Harmonie« von einer Art »poststabilisierten Harmonie« ausgeht. Es sollten allerdings dann noch einmal über hundert Jahre vergehen, bis diese Alternative auch Spuren in der Pädagogik hinterlassen sollte[35].

Vor der drohenden Anarchie zusammenhangsloser Monaden schützt der Gedanke einer prästabilisierten Systemharmonie. Aber »prästabilisiert« sind von Gott nur die Rahmenbedingungen. Er schrieb – und diese Metapher verwendet Leibniz selbst – nur die Partitur, die Aufführung der Sinfonie (des Lebens) aber müssen die Musiker selbständig (und voneinander unabhängig) bewerkstelligen. Nicht immer klingt die Aufführung schön, denn die »Musikan-

34 Leibniz 1958 a.a.O. S. 132.
35 Vgl. Treml 2004 a.a.O.

ten« machen viele Fehler. Aber die »Partitur« Gottes selbst ist reine Harmonie. Deshalb kann Leibniz einmal sagen: »Gott aber ist ganz Ordnung«[36]. Wenn man sich in der Welt umschaut, ist natürlich vieles auch in »Unordnung« – Leibniz wäre der Letzte, der die Übel der Welt leugnen würde. Es geht deshalb darum, die göttliche Ordnung der Welt durch die menschliche Vernunft zu rekonstruieren und durch praktisches Handeln immer mehr in die Verbesserung der menschlichen Verhältnisse zu überführen. Leibniz warnt ausdrücklich vor der »faulen Vernunft«, also einer Vernunft, die sich mit der Unwissenheit zufrieden gibt und alles zunächst Unerklärliche dem »Schicksal« oder dem »göttlichen Willen« zuschiebt. Nein, der Mensch ist aufgefordert, seine (ihm von Gott geschenkte) Vernunft zu gebrauchen und die implizite (göttliche) Ordnung der Welt zu erforschen, die Unwissenheit durch Wissenschaft in Wissen zu überführen, das Leid zu mindern und das Glück der Menschen zu befördern.

Auch hierbei nimmt Leibniz eine zwischen den Positionen vermittelnde Position ein: Wissenschaft soll sowohl empirisch als auch theoretisch arbeiten. Während die empirische Beobachtung die Einzelheiten in den Blick nimmt und zu »Tatsachenwahrheiten« kommt (die das konstituieren, was wir als »Wirklichkeit« bezeichnen), sucht das theoretische Nachdenken das dahinter stehende Allgemeine (in Form von Naturgesetzen und Regeln der Kultur) zu rekonstruieren und kommt so zu »Vernunftswahrheiten« (die sich auf »Mögliches« beziehen). Natur und Kultur rücken damit gleichberechtigt in den wissenschaftlichen Beobachtungsradius.

Leibniz hat in beiden Bereichen, der Erforschung der Natur und der Erforschung der Kultur, selbst Bedeutendes geleistet und dabei insbesondere den Wissenschaften und den Künsten, aber auch –

---

36 Leibniz 1958 a.a.O. S. 159. In diesem Zusammenhang müssen wir auch die (theologischen) Wurzeln der Beschäftigung Leibniz' mit dem Enzyklopädiegedanken, seiner Arbeiten an einer allgemeinen logischen Sprache (»Ars combinatoria«) und der dauerhaften Beschäftigung mit der Mathematik sehen (zu deren moderner Grundlegung er viel beigetragen hat), denn die reinste Form der Ordnung ist eine Art algorithmisches System und kommt in der Logik und in der Mathematik – als die nackte Form des Extremalprinzips (auf das Leibniz immer wieder verweist) – zum Ausdruck (vgl. Moll 2002 a.a.O.).

wenngleich nur am Rande – der Pädagogik[37], einen wichtigen Part bei der allgemeinen Lebensreform zugewiesen. Dabei wird der christliche Glaube nicht außer Kraft gesetzt, aber deutlich relativiert – denn »Caritas est melior fide nuda« (Liebe ist besser als bloßer Glaube).

Dass auch in diesem großartigen Denksystem Gott an den Rand gedrängt wird und auf lange Sicht gesehen schließlich ganz verabschiedet werden sollte, ist wohl nicht Folge der subjektiven Absicht des Autors, aber objektive Folge einer logischen Konsequenz der Theorie selbst. Leibniz betont immer wieder (dabei Ockham aufgreifend und variierend) das Extremalprinzip als ein theoretisches (genauer: theologisches) und ein empirisches (genauer: physikalisches bzw. optisches) Phänomen: Gott ist bei seiner Schöpfung vernünftig vorgegangen, und das heißt, er hat diejenige Welt bevorzugt geschaffen, die einfacher *und* reicher (vielfältiger) ist[38]. Vernunft ist also dort göttlich, wo sie will, »daß man Vielfältigkeit der Hypothesen oder Prinzipien vermeide, etwa so, wie in der Astronomie immer das einfachste System den Vorrang hat«[39]. Leibniz konnte damals noch nicht wissen, dass der Fortschritt der wissenschaftliche Vernunft genau mit diesem Argument Gott selbst bald als eine überflüssige Hypothese behandeln wird, weil man die Vielfältigkeit der Welt einfacher, nämlich ohne den Schöpfergott, erklären kann.

Aber schon im Systemdenken des Leibniz rückt Gott, wenngleich auch nur räumlich, an den Rand – er ist wohl derjenige, der die Gesetze macht, nachdem das System funktioniert; aber es ist der Mensch, der diese Gesetze erforscht und anwendet – um der allgemeinen Wohlfahrt Willen. Bei dieser aktiven Welterforschung und -gestaltung rückt damit wie von alleine die eine Seite der Grundunterscheidung (die Welt) in den Mittelpunkt. Um diese Weltorientie-

---

37 »Alleine die kräftigsten Mittel, denen Übeln des menschlichen Gemüts zu steuern und dessen Vollkommenheit zu befördern, bestehen vornehmlich in der Erziehung der Jugend und rechter Anführung der erwachsenen jungen Leute, deren beides bei uns in Deutschland sehr übel bestellet« (Leibniz 1958 a.a.O. S. 22).

38 Die göttliche Vernunft handelt also nach der Maxime, dass diejenige Ordnung zu bevorzugen sei, »qui est en même temps le plus simple en hypotheses et le plus riche en phénomènes« (Discours de Métaphysique, zit. nach Leibniz: »Philosophische Schriften Bd. I. Darmstadt 1965, S. 70).

39 Leibniz 1958 a.a.O., S. 31.

rung fruchtbar zu machen, bedarf es wieder der (uns schon bekannten) Differenztechnik: die Einführung einer Differenz auf der einen Seite der Unterscheidung. Diese, die folgenden Jahrhunderte prägende, Leitdifferenz heißt »Natur« – »Kultur« (wobei statt »Kultur« auch häufig »Gesellschaft« oder »Mensch« erscheint).

Theoretisch gibt es zwei Möglichkeiten, diese Differenz von Natur und Kultur zu entfalten: Man wertet entweder die Natur auf und die Kultur ab (1), oder aber man wertet die Kultur auf die Natur ab (2) – und temporalisiert die dadurch entstandene Spannung und arbeitet sie als »Erziehung« ab. Ich werde diese beiden Wege an zwei Denkern veranschaulichen, die wie keine anderen das 18. und 19. Jahrhundert ideengeschichtlich geprägt haben: Jean-Jacques Rousseau (1) und Immanuel Kant (2).

	Natur	Kultur	
(1)	+	–	Rousseau
(2)	–	+	Kant

Ohne Übertreibung kann man wohl sagen, dass sich die pädagogische Ideengeschichte der letzten drei Jahrhunderte in der Auslotung der Spannung dieser beiden Pole vollzogen hat und deshalb alle wichtigen Denker (mehr oder weniger) sich in ihr positionieren lassen. Sie alle (als alle übrigen) werden hier übergangen, insbesondere jene, die in dieser Zeitphase auf die Reformen der Realgeschichte (im Vergleich zu Rousseau und Kant) einen viel unmittelbareren, direkten Einfluss ausübten, wie z.B. die Philantropen, die Neuhumanisten und der schweizer Volkspädagoge Johann Heinrich Pestalozzi[40].

Das Schema dient nur einer ersten Orientierung, und es veranschaulicht gleichzeitig, dass sich die weitere Entwicklung der (pädagogischen) Ideengeschichte nicht durch Einheitssemantik, sondern entlang von Unterscheidungen weiterentwickeln sollte, die letztlich die Form eines binären Codes besitzen. Durch diese Differenz wird in die Ideenevolution eine (weitere) Variation eingeführt, die zur Selektion zwingt und weitere Evolution damit wahrscheinlicher macht.

40 Hierzu liegt eine vielfältige und gut zugängliche Überblicksliteratur vor (vgl. z.B. H. Scheuerl 1979 Band 1 a.a.O.).

8 Das Zusichkommen der Moderne: Die (dritte) Aufklärung im 18. Jahrhundert

Eine Pädagogik im Horizont dieser geistesgeschichtlichen Umwälzungen vom 17. zum 18. Jahrhundert muss sich neu formieren. Die alten Unterscheidungen und Gewichtungen tragen nicht mehr, neue sind nur schemenhaft zu sehen. Eine Vielzahl von Fragen müssen neu beantwortet werden, z.B.: Wie können/sollen wir mit der neuen Freiheit umgehen? Wie können wir die neu auftauchenden Kontingenzprobleme bewältigen? Was vermag uns dabei wieder Sicherheit zu geben, um die neuen Unsicherheiten erträglich zu machen, nachdem die alte Sicherheit »Gott« nicht mehr trägt? An welchen Maßstäben können wir uns dabei orientieren? Welche Bedeutung hat dabei die Pädagogik?

Realgeschichtlich hat sich inzwischen viel getan, so dass die neue Zeit kein bloß akademischer Topos blieb, sondern durchaus auch real erfahren wurde. Die Verbesserungen der allgemeinen Lebensumstände konnten natürlich den ihr vorausgehenden und sie begleitenden Hoffnungen nicht immer genügen, während gleichzeitig die alten Sicherheiten zunehmend abhanden gekommen waren. Das alles ergab eine Gemengelage von Empfindungen, bei der viele Menschen für ganz gegensätzliche Erwartungen empfänglich waren: einerseits der Hoffnung, es wird früher oder später alles besser und man müsse deshalb nur die Erziehung unserer Jugend optimieren; andererseits das Gefühl der Skepsis, des Ressentiments gegen all diese neuen Entwicklungen und die Sehnsucht nach den vertrauten, alten Kontingenzunterbrechern. Weil der alte Kontingenzunterbrecher »Gott« (auch in der Pädagogik) trotz aller Reanimationsversuche gerade abhanden zu kommen drohte (und auf lange Sicht im Schulsystem schließlich nur noch im Religionsunterricht Asyl finden sollte), muss nun ein neuer her – ein neuer alter: Natur. Der Rückgriff auf die Natur hatte in dieser Situation den Vorzug, dass er auf ein altes und vertrautes Muster zurückgreifen konnte und zum andern gleichzeitig anschlussfähig war an die Hoffnungen, die man in die aufblühenden Naturwissenschaften setzte.

Natur als Kontingenzunterbrecher der Neuzeit – das kann in der Pädagogik Widersprüchliches heißen: Zurück zur Natur! oder: Weg von der Natur! An Rousseau und Kant können wir beide dieser Wege beispielhaft verfolgen. Ich beginne mit Rousseau – und gleich mit dem ausgeschlossenen Dritten: dem Beobachter, sprich: dem Autor.

8.1 Zurück zur Natur? Jean-Jacques Rousseau

Ich will das Charakteristische der rousseauschen Theorieofferte anhand von Begriffen bzw. Schlagworten erläutern. Sie heißen: Subjektivität, Natur, Exklusion, Kindheit, Negative Erziehung.

1. Subjektivität. An der Person des Jean-Jacques Rousseau (1712–1778), seinem Lebensweg, kann man (zumindest ein Stück weit) die Bedeutung eines wichtigen Elementes seines Lebenswerkes herausarbeiten und veranschaulichen: das Heraustreten des Individuellen, der unverwechselbaren Individualität und Subjektivität. Um die Eigentümlichkeit der Persönlichkeit Rousseaus besser in den Blick zu bekommen, ist es hilfreich, sich zunächst daran zu erinnern, dass praktisch alle bisher in diesem Buch vorgestellten Denker und pädagogischen Stichwortgeber seit Beginn des christlichen Mittelalters Theologen waren. Augustinus, Thomas von Aquin, William von Ockham, Erasmus von Rotterdam, Martin Luther, Philipp Melanchthon, Johann Amos Comenius – alles Theologen (Mönche, Bischöfe). Die pädagogische Ideengeschichte verdankt ihnen wichtige Grundunterscheidungen, Argumente und Stichworte, an denen sie sich bis heute abarbeitet. Erst Leibniz war nicht mehr Theologe im engeren Sinne, sondern studierter Jurist (der allerdings in fast allen akademischen Disziplinen arbeitete, auch in der Theologie, und in allen Großartiges leistete).

Mit Rousseau tritt nun eine schillernde Person in den Blick, die weder Theologie, noch sonst überhaupt etwas studiert hatte, sondern bei jeder seiner Tätigkeiten ein (wenngleich überaus begabter und origineller) Autodidakt war. Ohne systematische Ausbildung sollte er ein recht unstetes Leben führen:

- zwischen den Konfessionen (protestantisch – katholisch),
- zwischen den Ländern (Schweiz, Italien, Frankreich, Preußen),

- zwischen den sozialen Schichten (Adel, Bürgertum, Bauernschaft) und
- zwischen den ausgeübten Tätigkeiten (Sekretär, Notenkopist, Komponist, Schriftsteller, Bohème).

Dementsprechend sollte er noch zu Lebzeiten eine skurrile Berühmtheit werden, von der befremdlich anmutende Verhaltensweisen überliefert sind. Er, der intellektuelle Schriftsteller mit brillianter Rhetorik, lebte viele Jahre mit einem analphabetischen Dienstmädchen in einem eheähnlichen Verhältnis zusammen (bevor er sie schließlich heiratete); alle daraus hervorgehenden fünf Kinder wurden auf sein Betreiben hin ins Findelhaus (und damit unter damaligen Verhältnissen ins Elend oder gar in den Tod) geschickt. Mit zunehmendem Alter wurde Rousseau ein streitsüchtiger und misstrauischer Mensch, der sich in einen Verfolgungswahn hinein steigerte und Anzeichen paranoiden Verhaltens zeigte[1].
Rousseau pflegte, ja kultivierte geradezu diese Exzentrik. Seine gesellschaftliche Randstellung scheint gewollt zu sein (was nicht ausschließt, dass er sich in ihrem Ruhm sonnte und sich von reichen Gönner(innen) aushalten ließ). Er prostituierte seine gefühlvolle Innerlichkeit und subjektive Betroffenheit in einer bis dahin nicht gekannten Weise. Gesellschaftliche Exklusivität und expressive Innerlichkeit ist in seinem Werk – insbesondere in seinem pädagogischen Werk – Programm. Man kann sagen: Er lebte symbolisch die Leibniz'sche Monade als exzentrischer Einzelgänger, als »Solitaire«, und proklamierte die völlige innere und äußere Unabhängigkeit. Dass Rousseau damit auf großes Interesse stieß und eine ungeheure Resonanz hervorrief, kann man als Zeichen dafür lesen, dass die Zeit dafür reif war und damit ein allgemeines Bedürfnis befriedigt wurde.

Das Bewusstsein der individuellen Einzigartigkeit war damals offenbar weit verbreitet und suchte sich u.a. auch als subjektive Empfindlichkeit und sensible Innerlichkeit neue Ausdruckformen. Im Kontext zunehmender Anthropozentrik wurde das Interesse am Menschen reflexiv, und überall begann man sich deshalb für das eigene Innenleben zu interessieren. Im Pietismus (Philipp Jacob Spener, August Hermann Franke) wurde die individuelle Seelenprü-

1 Vgl. J. Mittelstraß (Hg.): Enzyklopädie. Philosophie und Wissenschaftstheorie. Stuttgart 1995, S. 645 ff. (»Rousseau«).

fung als Ausdruck der Erbauung des inneren Menschen auch pädagogisch bedeutsam. In Bildungsromanen (z.B. Karl-Philipp Moritz: Anton Reiser) wurde eine andere, freiere Form der fast quälenden Selbstbeobachtung zur literarischen Gattung stilisiert[2]. Rousseaus hypertrophe Subjektivität lag damals also im Trend der Zeit – zumindest in einer sensibilisierten Bildungsschicht; sein Entwurf ist ein Modell unter anderen und befriedigt ein damals ganz offensichtlich vorhandenes allgemeines Bedürfnis nach Kommunikation über das empfindsame »Ich«[3]. Rousseau präsentiert sein Ego und sein Alter Ego, das er in seinen Schriften zum Ausdruck bringt, in einer Zeit, in der sich viele einer neuen Identität versichern wollen, weil die alte brüchig und fraglich geworden ist.

2. Natur. In einer solchen Zeit, in der zwei unterschiedliche Grundkräfte aufeinander treffen – Zukunftshoffnung einerseits und Vergangenheitsverunsicherung andererseits ein undurchdringliches, explosives Gemisch eingehen –, muss sich das Individuum als krisenhaft erfahren, weil es zunehmenden Kontingenzerfahrungen ausgesetzt ist. Es reagiert mit Sensiblität auf die eigenen Empfindungen und eine Literatur, die das thematisiert. Rousseaus Schriften sind hier wohl deshalb erfolgreich, weil sie dieses Thema aufgreifen und

---

2 Vgl. dazu unten mehr S. 291 f.

3 Diese Ichbezogenheit nimmt gelegentlich geradezu makabre Formen an. Auf Vorhaltungen wegen des von ihm verantworteten Schicksals seiner Kinder, die er allesamt ins Findelhaus gab, beklagt er (in Sätzen, die alle mit »ich« anfangen!) weinerlich – nicht das Elend seiner Kinder, sondern das eigene Elend: »Ich entbehre die Freude, sie zu sehen, ich habe niemals die Süße natürlicher Liebkosungen gekostet. Ach, ich habe es Ihnen schon gesagt, ich sehe da nur einen Grund, *mich* zu bedauern; ich schütze sie vor dem Elend auf meine Kosten« (zit. nach der Einleitung von M. Rang in Rousseau 1963 a.a.O. S. 29). Ganz ähnlich sollte wenige Zeit später Johann Heinrich Pestalozzi, hier noch ganz Rousseauist, mit seinem einzigen Sohn Hans Jacob (Jean-Jacques!) umgehen. Als sein durch eine schwere Krankheit gezeichnetes Kind ihm (1787) in einem Brief von seinem schweren Leiden (vermutlich Epilepsie) erzählt, schreibt ihm der Vater, dass ihn letzte Nacht geträumt habe, dass ihn das Leiden des Sohnes befallen habe und klagt (in Sätzen, die alle mit »ich« anfangen): »Ich sehe noch jezo meine Beine sich bewegen, ich höre noch mein Schreyn, ich sehe noch jezo einen Artzt by mir stehen … Ich lag im Schweiß, meine Beine waren wie abgeschlagen …« (zit. nach W. Keil: »Wie Johann Heinrich seine Kinder lehrt …« Lebensgeschichte und Erziehung des Hans Jacob Pestalozzi. Regensburg 1995, S. 238).

in einem mitreißenden Stil und einer begnadeten Rhetorik geschrieben sind. Allerdings wäre eine bloße Beschreibung der subjektiven Gefühlskultur zu wenig gewesen, um aus Rousseau einen Klassiker zu machen – also seine Kommunikationsofferte auf Dauer zu stellen. Es muss etwas hinzukommen, das es erlaubt, die aus den Kontingenzerfahrungen erwachsene Unsicherheit in Sicherheit zu überführen. Weil die Kontingenzen gewissermaßen »unterbrochen« werden müssen (um nicht in endlosen Schleifen sie noch zu vergrößern), spreche ich hier von »Kontingenzunterbrechern« oder von »Kontingenzstopps«. Nachdem »Gott« als traditioneller Kontingenzunterbrecher im 18. Jahrhundert auf viele immer weniger attraktiv wirkt, offeriert Rousseau einen anderen: »Natur«.

Dieser Rekurs auf Natur (als Kontingenzstopp) hatte, wie schon gesagt, damals im 18. Jahrhundert Vorteile: Er war sowohl anschlussfähig an die Vergangenheit als auch an die Gegenwart. Eigentlich schon seit Beginn der pädagogischen Ideengeschichte bei den Alten Ägyptern, dann unübersehbar bei den frühen Sophisten und – ganz markant – in der Stoa hat man argumentativ »Natur« immer wieder mal (mit unterschiedlicher Intensität) als Begründungstopos bei überbordenden Kontingenzproblemen gebraucht. »Natur« war also ein vertrauter, wenngleich auch diffuser Begriff. In der Gegenwart des 18. Jahrhunderts konnte der Rekurs auf Natur aber auch von dem guten Klang profitieren, den der Begriff bei allen Fortschrittsoptimisten und Aufklärern hatte. Er gründete in den zunehmenden Erfolgen der aufblühenden Naturwissenschaften. »Natur« hatte also sowohl bei den Traditionalisten wie auch bei den Modernisierern des 18. Jahrhunderts einen guten Klang, wenngleich auch aus unterschiedlichen Gründen.

Der Rückgriff auf Natur (als Kontingenzunterbrecher) wird erst fruchtbar als bewertete Differenz, und diese Differenz heißt »Natur – Kultur«. Rousseaus Bewertung ist eindeutig: Natur ist gut, Kultur ist schlecht. In seinen Worten liest sich das so: »Der Mensch ist frei geboren, und überall liegt er in Ketten«[4]. Der erste Satz seines pädagogischen Hauptwerkes lautet dementsprechend: »Alles, was aus den Händen des Schöpfers kommt, ist gut; alles entartet unter den Händen des Menschen.«[5] Damit wird klar, auf welche Seite sich

4 J.-J. Rousseau: Contract social … (1. Satz).

5 J.-J. Rousseau: Emile oder Über die Erziehung. Stuttgart 1963. Ich zitiere im Folgenden wieder im Text durch einfache Seitenangabe.

Rousseau schlägt, auf die Seite jener, die dem kulturellen Fortschritt skeptisch gegenüber stehen und diesen als Abfallsgeschichte interpretieren. Rousseau wird zu Recht als Vertreter der Kulturkritik und der Reformpädagogik[6] bezeichnet, denn mit dem Rekurs auf Natur bietet er eine Basis an, auf der man die Gesellschaft kritisieren und der Pädagogik eine Richtung für Reformen weisen kann: Zurück zur Natur! Zurück zu den natürlichen Grundlagen der Erziehung![7]

Der Ausgangspunkt seiner Analyse ist analog zu jener von Comenius: die Verkehrtheit der Welt. Auch die Bewegung ist analog: Vorwärts, wir müssen zurück! Aber wohin zurück? Während Comenius für ein »Zurück zu Gott« plädiert, proklamiert Rousseau das große »Zurück zur Natur«. Mit warmen Worten schildert er das natürliche Landleben, idealisiert den »Wilden« und das »einfache Leben« mit seiner harten, aber zufriedenstellenden Arbeit in der Natur – ohne es selbst aus eigener Erfahrung zu kennen. Aber das ist hier auch gar nicht nötig; es wäre eine Fehldeutung, wenn man Rousseau hier unterstellte, er würde für eine Erziehung in einer reinen Agrargesellschaft werben, in der nur »Wilde« – isolierte, einsame »Solitaires« – ihr »einfaches Leben« ohne jegliche Zivilisisation führten. »Natur« ist bei Rousseau (in erster Linie[8]) vielmehr ein theorietechnischer Topos, von dem aus man die Gesellschaft und ihre Fehlentwicklungen beobachten und kritisieren kann. »Natur«, und das hat schon David Hume, der berühmte Zeitgenosse Rousseaus, bemerkt, ist eine nützliche, rein literarische Fiktion, die erst in der Entfaltung des zugrundeliegenden binären Codes fruchtbar wird:

- Das Leben nach der Natur ist gut, echt, eigentlich, selbstständig, wahrhaft frei und ungebunden, einfach, und der natürliche

6 Sofern man diese Begriffe nicht als Namen für eine bestimmte Epoche, sondern als Allgemeinbegriffe gebraucht (vgl. dazu A. K. Treml: Reformpädagogische Semantik und sozialer Wandel. In: Tertium comparationis – Journal für International und Interkulturell Vergleichende Erziehungswissenschaft. Vol. 8, Nr. 1/2002, S. 61–72).

7 Dieses »Zurück zur Natur!« ist kein wörtliches Zitat von Rousseau, sondern eine (polemische) Zuschreibung Voltaires in einem Brief an Rousseau (vgl. Ballauff/Schaller 1970, S. 382).

8 Der Naturbegriff bei Rousseau ist schillernd und vieldeutig; vgl. dazu A. K. Treml: Zurück zur Natur? Rousseaus Naturbegriff im Emile. In: Universitas 7/1988, S. 799–813.

Mensch, der durch eine gute Selbstliebe (»amour soi«) seine Existenz sichert, ist allein wahrhaft »Mensch«.

- Dagegen ist das Leben in der Gesellschaft böse, unecht, uneigentlich, verkehrt, und der gesellschaftliche Mensch ist dementsprechend entfremdet, abhängig, angepasst, durch schlechte Eigenliebe (»amour propre«) gekennzeichnet und bloß ein »Bürger«.

Durch diese asymmetrische Bewertung kommt eine Bewegung in die Grundunterscheidung (von Natur und Kultur) – es ist die Bewegung: weg von der Gesellschaft, hin zur Natur.

3. »Exklusion«. Die Unterscheidung von Natur und Kultur wird von Rousseau so radikalisiert, dass man fast von einem Hinauswurf sprechen kann: Hinaus aus der Gesellschaft! Diese Radikalität erinnert an die religiöse Transzendierung der Grundunterscheidung von Sein und Seiendem zu Beginn des Mittelalters. Auch damals wurde eine Position jenseits der Kultur – in der Transzendenz des einsamen Gottes – eingenommen. Ganz ähnlich nimmt auch Rousseau in seinem Naturbegriff eine zur Gesellschaft quasi-transzendente Position ein, so dass man hier von der Säkularisierung einer ursprünglich religiösen Unterscheidung sprechen kann.

Das Individuum wird bei Rousseau im Begriff des »natürlichen Menschen« so radikal (als Monade) gedacht, dass man es sich nur noch außerhalb der Gesellschaft vorstellen kann[9]. »Der natürliche Mensch ist sich selbst alles. Er ist die ungebrochene Einheit, das absolute Ganze, das nur zu sich selbst oder seinesgleichen eine Beziehung hat« (S. 112). Emile wird »einzig für sich selbst« erzogen (S. 115). Das aber ist kein gesellschaftliches Wesen mehr, denn als solches ist es immer auch ein soziales Wesen, das sich selbst gerade nicht alles ist, sondern in sozialen Systemen erst zu einer neuen Einheit wird.

Das alles ist eine recht merkwürdige Konstruktion. Was soll diese monadenhafte Subjektivität? Wozu ist diese Vorstellung gut? Um zu verstehen, warum gerade diese radikale Form des Subjektdenkens an das Denken der Moderne anschlussfähig werden

9 Mit anderen Worten: »Der Rousseausche Naturmensch ist das Produkt einer Abstraktion von allen sozialen Beziehungen« (Spaemann 1980 a.a.O. S. 81).

konnte, muss man (wieder einmal) einen Blick in die zeitgenössische Realgeschichte werfen. Es ist die Zeit, in der die moderne Gesellschaft beginnt, ihren Systemaufbau von einer stratifikatorischen (hierarchisch-geschichteten) Differenzierung auf eine funktionale Differenzierung umzustellen[10]. Arbeitsteilig hatte sich Gesellschaft mehr oder weniger schon seit Beginn der städtischen Hochkulturen organisiert; aber erst jetzt werden die durch Arbeitsteilung entstandenen Systeme entlang eines eigenen Codes (mit dem sie alleine ihre Umwelt beobachten) autonom gesetzt (z.B. Justiz: recht/unrecht; Wirtschaft: Geld haben/nicht haben; Medizin: gesund/krank) und durch eine Grenze zu ihrer gesellschaftlichen Umwelt stabilisiert. Ein höherer Komplexitätsgrad und ein schnellerer sozialer Wandel sind gleichzeitig Ursache und Folge dieser Entwicklung. Das zwingt den einzelnen Menschen andere Kompetenzen auf, wenn sie sich diesem funktional-differenzierten Aufbau der Gesellschaft anschließen wollen. Wie bisher einfach zu warten, bis von außen die Anschlussbefehle kommen, reicht nicht mehr aus; man muss lernen, sich die »Befehle« selbst zu geben, weil man nur so jene allgemeine Anschlussfähigkeit erhält, die es erlaubt, relativ kurzfristig sich an beliebige gesellschaftliche Systeme anzukoppeln.

Anders gesagt, das Individuum muss die Organisation seiner gesellschaftlichen Inklusion zunehmend von Fremdreferenz auf Selbstreferenz umstellen und selbst verantworten – in den Worten von Niklas Luhmann: »Erst mit der Umstellung des Gesellschaftssystems von stratifikatorischer auf funktionale Differenzierung wird es nötig, die mitlaufende Fremdreferenz durch mitlaufende Selbstreferenz zu ersetzen, weil die neue Differenzierungstypik die hierarchische Weltordnung sprengt und die Funktionssysteme autonom setzt.«[11] Die Bewegung, die dadurch ausgelöst wird, kann nicht mehr wie im teleologischen Denken durch das Erreichen oder Nichterreichen eines Zieles beendet werden, sondern droht, sich in zirkulären Endlosschleifen zu verlieren. An die Stelle von »Perfektion«, als teleologischem Ende der Bewegung, tritt (im Verlaufe des 18. Jahrhunderts) »Perfektibilität«, verstanden als die nie zu Ende

10 Vgl. zum Folgenden N. Luhmann: Die Gesellschaft der Gesellschaft. Frankfurt a.M. 1997, Zweiter Teilband, Kapitel 4, S. 595 ff.

11 N. Luhmann: Soziale Systeme. Grundriß einer allgemeinen Theorie. Frankfurt a.M. 1984, S.625 f.

kommende dauerhafte Bewegung zum Immer-Besseren[12]. Der Fortschrittsgedanke gewinnt auch in der Pädagogik an Einfluss und überführt Entwicklung in Emendation, in Verbesserung.

Die alten Muster der Gegenwartsbewältigung verlieren dabei ihre bis dato selbstverständliche Tauglichkeit, und das Individuum wird gezwungen, seine Identität von (einer bekannten) Herkunft auf (eine unbekannte) Zukunft umzustellen. Man kann die Konstituierung des modernen Individuums – wie überhaupt den gesamten Individualisierungssschub, der im 18. Jahrhundert verstärkt einsetzt (wie das Niklas Luhmann tut[13]) –, deshalb als Folge dieser realgeschichtlichen Entwicklung der Umstellung auf funktionale Differenzierung interpretieren – eine Entwicklung, die Individualität von Inklusion auf Exklusion umstellt[14]. In dieser Situation kommen auf den Einzelnen neue Anforderungsprofile zu; er muss neuartige Kompetenzen erwerben und diese sich selbst zurechnen. Nachdem die gesellschaftliche Positionierung nicht mehr (wie lange Zeit zuvor) schichtspezifisch vererbt wurde, gilt es nun, sie durch Lernen zu erwerben und dementsprechend der eigenen Leistung zuzurechnen.

Das ist die Ausgangslage im 18. Jahrhundert. Rousseaus Kunstfigur des »natürlichen Menschen« muss in dieser Situation als ein attraktives Angebot gelten, denn es nobilitiert den Einzelnen zunächst als wahrhaft »freies« und »wildes« (also nichtgesellschaftliches) und (in Anbetracht der gesellschaftlichen Ungleichheit, an

---

12 In den Worten von Niklas Luhmann: »In diesem Konzept verliert die ›Teleo-Logik‹ der Zwecke ihren Sinn. Für selbstreferentielle Prozesse gibt es überhaupt kein natürliches Ende mehr ...Diese Kalamität wird jedoch im Laufe des 18. Jahrhunderts umgewertet: An die Stelle von Perfektion tritt Perfektibilität. Perfektibilität bedeutet zugleich: Unmöglichkeit der Perfektion. Sie wird gerade deshalb positiv gewertet« (N. Luhmann: Gesellschaftsstruktur und Semantik. Band 2. Frankfurt a.M. 1981, S. 21).

13 Vgl. Luhmann (Sem III) 1989, Kap. 3 »Individuum, Individualität, Individualismus« S. 149 ff.

14 Im Rückblick auf das entscheidende 18. Jahrhundert formuliert Niklas Luhmann präzise diesen Prozess: Der Einzelne »kann nur außerhalb der Gesellschaft leben, nur als System eigener Art in der Umwelt der Gesellschaft sich reproduzieren, wobei für ihn die Gesellschaft eine dazu notwendige Umwelt ist. Das Individuum kann nicht mehr durch Inklusion, sondern nur noch durch Exklusion definiert weden« (Luhmann Sem. III 1989 S. 158).

die er sich durch eigene Leistung anschließen soll) »gleiches« Wesen[15], damit es lernt, jene Kompetenzen zu erlernen, derer es bedarf, um die gesellschaftlichen Bindungen selbst zu wählen und auszufüllen. »*Freiheit*« bedeutet hier (funktionalistisch gesehen): frei von Herkunft und »*Gleichheit*«: gleich vor (den Herausforderungen) der Zukunft. Man kann den gesamten Erziehungsroman (»Emile«) unter dieser Perspektive lesen und interpretieren. Die »natürliche Erziehung« zielt auf den Erwerb allgemeinmenschlicher Kompetenzen, die das Individuum befähigen, nicht nur als *Bürger* (dieses Berufes, dieser Stadt, dieses Landes), sondern in erster Linie als *Mensch* sich überall zu bewähren: Die natürliche Erziehung muss »den Menschen für alle menschlichen Verhältnisse tauglich machen« (S. 138)[16]. An anderer Stelle heißt es: »In der natürlichen Ordnung, wo die Menschen alle gleich sind, ist das Menschsein ihr gemeinsamer Beruf. Und wer immer zum Menschsein erzogen wurde, kann nicht fehlgehen in der Erfüllung aller Aufgaben, die es verlangt.«[17] Als natürlicher Mensch sind (theoretisch) alle gleich, als gesellschaftlicher Mensch (praktisch) alle ungleich. Der Übergang, der durch Erziehung verzeitlicht wird und nach Maßgabe der systemeigenen Bedingungen verläuft, muss durch eigene Leistung – sprich: durch Lernen – erworben werden. Das Ziel bleibt auch für den natürlichen Menschen die (nun selbstbestimmte und selbst-erlittene) Anschlussfähigkeit an die Gesellschaft: Emile »ist ein Wilder, geschaffen für das Leben in den Städten« (S. 431).

---

15 Dieser Gedanke findet sich bei Rousseau vor allem in seiner Schrift »Über den Ursprung und die Grundlagen der Ungleichheit«. Die Abstraktion des »natürlichen Menschen« wird normativ eingeführt und auf »Gleichheit« fokussiert: »Niemand zweifelt daran, daß die Menschen von Natur einander ebenso gleich sein sollten, als es alle anderen Tiere tun« (In: Schriften, Bd. I, hg.v. H. Ritter. München,Wien 1978, S. 165–301, hier S. 182).

16 Das ist ein Gedanke, den Rousseau von den Humanisten übernimmt. Schon bei Guarino, Vittorino, Alberti und Pico Della Mirandola und anderen findet sich (im 15. Jahrhundert) die Forderung, nicht für ein bestimmtes Amt oder einen Beruf auszubilden, sondern für das »höchste Amt« schlechthin, nämlich »den Beruf des Menschen« (vgl. Garin 1964 a.a.O. S. 37).

17 Rousseau 1963 a.a.O. S. 116

3. Kindheit. Die Erziehung des Kindes (und des Jugendlichen) rückt damit in den Vordergrund, denn der Mensch beginnt seine Ontogenese als Kind. Rousseau ist nicht der Erfinder der »Kindheit« (wie man manchmal lesen kann), aber er konzentriert die Aufmerksamkeit der Pädagogik verstärkt auf den Beginn der Ontogenese und gibt damit der Kindheit eine eigene Würde – oder weniger pathetisch ausgedrückt: einen eigenen, theorietechnisch zentralen, Stellenwert. Wenn die Anschlussfähigkeit an die funktional-differenzierte Gesellschaft nicht mehr durch Geburt, sondern durch Leistung erworben werden muss, rückt die Kindheit ganz von alleine in den Vordergrund der pädagogischen Arbeit, denn hier, am Anfang der Ontogenese, muss die Begabung entfaltet werden, auf deren Basis dann jene individuelle Leistung erbracht werden muss, die das einzig legitime Anschließen an die gesellschaftlich zu verteilenden Rollen möglich macht. Nicht mehr vor Gott (wie noch bei Luther), sondern vor der Gesellschaft ist nun der Mensch quasi ganz alleine, einsam, autonom, ein Solitaire – eigentlich sogar ohne Verwandtschaft, ohne Vaterland und heimatliche oder regionale Bindungen (denn all dies darf in einer funktional-differenzierten Gesellschaft bei der gesellschaftlichen Inklusion der Individuen keine Rolle mehr spielen) – »Diese beiden Worte: Vaterland und Staatsbürger müssen aus den modernen Sprachen gestrichen werden.«[18] Kein Wunder also, dass Emile alleine erzogen wird, von einem (nichtverwandten!) Lehrer, ein ideales, aber kontrafaktisches »pädagogisches Verhältnis« eines Erziehers zu einem Zögling.

Dass auch »Kindheit« hier eine literarische Fiktion ist und primär eine theorietechnische Funktion erfüllt, wird deutlich, wenn man sich die Ambivalenzen bewusst macht, mit denen Rousseau die Erziehung des Kindes schildert. Seine Erziehung orientiert sich an der Maxime, dass das Kind einerseits wahrhaft frei sein soll, denn »das erste aller Güter (ist) nicht die Autorität, sondern die Freiheit«[19], andererseits aber von Geburt an überwältigt und ständig kontrolliert wird: »Bemächtigt euch seiner sobald er geboren wird, und verlaßt ihn nicht, ehe er erwachsen ist ….«[20] Freiheit, auch in

18 Rousseau 1967 a.a.O. S. 114.

19 »Dies ist mein oberster Grundsatz«, heißt es dann (Rousseau 1967 a.a.O. S. 195).

20 Rousseau 1963 a.a.O. S. 130.

der Erziehung, scheint eine Funktion der Notwendigkeit zu sein, als Kind (ob man will oder nicht) ein gesellschaftliches Wesen zu werden[21]. Woran kann man sich als Erzieher dabei orientieren? Wie kann man ein Kind erziehen, das als bloße Natur gedacht wird, wenn es immer schon in einer Kultur (in einer Gesellschaft) zur Welt kommt? Kein Kind kommt auf dem Mond zur Welt. Jedes Kind kommt innerhalb einer bestimmten Kultur zur Welt – und nun soll ein Erzieher so tun, »als ob« es außerhalb von ihr stünde und erst über das Erziehungssystem auf es vorbereitet wird. Wie soll das geschehen?

4. Negative Erziehung. Die Antwort heißt: Verhüten, dass etwas geschieht! »Was haben wir zu tun, um diesen seltenen Menschen heranzubilden? Zweifellos viel, nämlich verhüten, daß etwas getan wird« (S. 115). Es geht also darum, die vorgegebenen gesellschaftlichen Einflüsse auf die Erziehung durch die Erziehung zu neutralisieren; gewissermaßen die theoretisch eingeführte Distanz zur Gesellschaft im Menschen dauerhaft praktisch werden zu lassen. Der natürliche Mensch als fiktiver Ausgangspunkt muss deshalb in einer positiven Anthropologie als »gut« unterstellt werden und die Gesellschaft als potentiell »schlecht« bzw. »böse« auf Distanz gehalten werden. Anpassung an die Gesellschaft im Sinne Rousseaus gelingt deshalb nur demjenigen, der sich ihr gerade nicht vollständig anpasst, sondern in der Distanz zu ihr sich ein allgemeines Menschsein bewahrt. Es ist die Unterscheidung von »Mensch« und »Bürger«, die theorietechnisch genau diese Stelle besetzt – und anschlussfähig ist an die zunehmende Ausdifferenzierung von »Menschenbildung« bzw. »Allgemeinbildung« einerseits und »Berufsbildung« bzw. einer »Erziehung zur Brauchbarkeit« andererseits. Gerade dadurch, dass das Kind nicht mehr für eine *bestimmte* Gesellschaft erzogen wird, wird es befähigt, sich an jede *beliebige* Gesellschaft nach Maßgabe seiner eigenen Bestimmung anzupassen. Das ist die der Moderne kompatible spezifische Erziehung zur Unspezifität.

21 Mit anderen Worten: »die Freiheit, die man in Anspruch nimmt, ist eine notwendige« (N. Luhmann/K. E. Schorr: Reflexionsprobleme im Erziehungssystem. Stuttgart 1979, S. 34).

Wenn man dies als »Freiheit« oder »Emanzipation« bezeichnen will (wie man das häufig liest), dann ist es auf jeden Fall ein ambivalenter Zustand, denn er verdankt sich einer Entwicklung, die Unabhängigkeiten und Abhängigkeiten gleichermaßen steigert. Eine solche Autonomie darf man nicht nur als ein freudig begrüßtes Recht interpretieren, sondern muss in ihm mindestens in gleichem Maße auch einen auferlegten und erlittenen Zwang sehen[22].

Mit dem Begriff der negativen Erziehung bringt Rousseau seine kulturkritische Position in die Pädagogik ein, denn die Maßstäbe einer solchen Erziehung können und dürfen jetzt nicht mehr aus der Gesellschaft genommen werden. Woher aber dann? Natürlich aus der »Natur«! Wenn die eine Seite der Unterscheidung per se dafür ausfällt, muss man sich bei der anderen Seite einklinken und diese heißt: Natur. Natur kommt in der Erziehung des Emile damit an zwei Stellen ins Spiel: beim Kinde und bei den Sachen (der Welt). Da ist zunächst einmal die Natur des Kindes, die nun in den Mittelpunkt des Interesses rückt; seine Entwicklung, seine Interessen, seine Gefühle, seine Kräfte, die es zu entfalten gilt.

Damit wird die Beobachtung des Kindes und seiner Umgebung zur Daueraufgabe: Es bedarf des totalen pädagogischen Arrangements einer Welt im kleinen, es bedarf des jahrzehntelangen völligen Einsatzes eines zölibatären Erziehers für einen einzigen Zögling, um »zu vermeiden, daß etwas geschieht«[23]. Gemäß der Rousseau'schen Maxime »Ihr werdet nie Herr über das Kind, wenn ihr es nicht über seine ganze Umgebung seid« (S. 216), rät er seinem fiktiven Erzieher: »Bleibt Tag und Nacht in seiner Nähe, schlaft wenigstens in seinem Zimmer« (S. 678), denn nur so kann man jene »vollkommene Unterwerfung« (S. 265) erreichen, wenn

22 Ganz im Sinne von N. Luhmann und K. E. Schorr, die »Autonomie nicht als ein defensiv oder aggressiv vertretenes Recht ansehen; sondern … (als) eine aufgezwungene Notwendigkeit, fast eine Notlage, der das Erziehungssystem mit historisch wechselnden Reflexionsleistungen mehr schlecht als recht nahezukommen versucht« (N. Luhmann/K. E. Schorr 1979 a.a.O. S. 23).

23 R. Spaemann: Rousseau – Bürger ohne Vaterland. München 1989, S. S. 21.

man eine absolute Herrschaft über die Umgebung des Kindes ausübt. Die Erziehung zur Freiheit beginnt also auch bei Rousseau mit einer rigiden Kontrolle (seiner Umwelt). Die Erziehung vom Kinde aus ist eine Erziehung vom Erzieher aus, denn dieser ist es, der über dessen Umwelt (also über eine künstlich herbeigeführte »geographische Isolation«) bestimmt. Kindheit wird (im Anschluss an Rousseau) aufgewertet, aber um den Preis seiner ständigen Beobachtung und pädagogischen Betreuung[24].

Aber das ist noch nicht alles. Auch die Natur des Kindes entfaltet sich in der Welt; das kann auch ein Rousseau nicht bestreiten. Wie aber in die Welt einführen ohne Gesellschaft? Die Antwort, die Rousseau hier gibt, hat die Form eines klassischen »Re-entry« und lautet: Das Leben in der Welt vollzieht sich in der Erfahrung der gesellschaftlichen und der natürlichen Dinge. Es gilt deshalb, den Educandus möglichst Erfahrungen von natürlichen Sachen auszusetzen und dadurch zu erziehen. An Stelle einer Erziehung zum Gehorsam gegenüber *Menschen* soll die Erziehung treten, durch die man die Erfahrung der Notwendigkeit der *Sachen* macht. Dadurch wird Erziehung »versachlicht«, und die Abhängigkeit von Menschen (wie in der stratifikatorisch geschichteten Gesellschaft funktional) in eine Abhängigkeit von Sachen (die alleine einer funktional-differenzierten Gesellschaft angemessen ist) zu überführen: »Es gibt zweierlei Arten von Abhängigkeit: die von den Dingen, die der Natur entspringt; die von den Menschen, die der Gesellschaft entspringt« (S. 197), und nur die erste Art ist der Erziehung zum natürlichen Menschen angemessen. In der direkten Erfahrung der natürlichen »Sachen« lernt das Kind ohne den Umweg über »weise Reden« und »dicke (Schul)Bücher« das, was man in einer funktional-differenzierten Gesellschaft braucht, nämlich sein Verhalten nicht an sozialen Hierarchien, sondern an sachlichen Notwendigkeiten auszurichten: »es soll nichts aus Gehorsam tun, sondern aus Notwendigkeit« (S. 204).

Das bedeutet zum Beispiel: Anstatt dass der Erzieher dem Kind befiehlt: Geh von der heißen Herdplatte weg, sonst verbrennst Du dich! soll man das Kind die Erfahrung selbst machen lassen, denn die heiße Herdplatte belehrt das Kind weitaus wirkungsvoller als der

---

24 Vgl. dazu den Exkurs über Kindheit und Jugend in Bildungsromanen S. 291 f.

Erzieher mit noch so vielen Worten. Die Kunst des Lehrers besteht jetzt eigentlich nur noch darin, die Umwelt des Schülers so zu organisieren und zu arrangieren, dass der Educandus diese direkten Erfahrungen selbst machen kann. Er verdichtet in didaktischer Absicht die natürliche Umwelt des Kindes so, dass bestimmte lehrreiche Erfahrungen für das Kind wahrscheinlich werden[25]. Erziehung in diesem Sinne verändert nicht Menschen, sondern deren Umwelt – wenngleich auch in didaktischer Absicht, und macht so unwahrscheinliche Lernprozesse wahrscheinlich[26]. Das Kind muss aber immer selbst lernen, den pädagogisch ausgewählten Erfahrungsraum durch Eigenaktivität zu gestalten. Rousseau ist deshalb strikt gegen alle Verzärtelungs- und Behütungspädagogik, denn die Kinder müssen in der direkten Erfahrung der »Sachen« auch dem Risiko des Scheiterns ausgesetzt werden (und damit der schmerzlichen Frustrationen).

Rousseau plädiert hier für eine »Versachlichung« der Erziehung im wörtlichen Sinne. Natur ist damit nicht nur eine Chiffre für eine theorietechnische Option der Distanz zur Gesellschaft, die Alternativen ermöglicht, sondern auch für eine Methode der Erziehung. Natur ist damit Voraussetzung und Ziel der Erziehung in einem – und das selbstverständlich in einer Gesellschaft. Damit installiert Rousseau eine dauerhafte (doppelte) Differenz zu einer gesellschaftlich konstruierten Erziehung, die aus evolutionstheoretischer Sicht einen deutlichen Selektionsvorteil hat: Erziehung wird damit von Einheit (*einer* Pädagogik) auf die Differenz (*vieler* Pädagogiken) umgestellt und damit die Anschlussfähigkeit des Educandus an eine zunehmend unsicherere und unbekanntere Umwelt verbessert. Die Ansprüche an die Erziehung kommen beide Male aus der Gesellschaft (woher auch sonst?); aber wenn man nicht genau weiß, was richtig und angemessen ist, ist es vorteilhaft, nicht nur eine Überzeu-

---

25 Rousseau gibt selbst ein (populär gewordenes) Beispiel: Der Pädagoge arrangiert eine Situation, in der sich Emile an einem heißen Tag im Wald nördlich von Montmorency verirrt, damit dieser schließlich hoch motiviert an der bemoosten Seite der Bäume dann selbst lernt, sich mit Hilfe der Himmelsrichtungen zu orientieren und zur nächsten Behausung zurückzufinden (vgl. S. 382 ff.).

26 Erziehung wäre dann (frei nach Goethe) am erfolgversprechendsten in einer möglichst optimalen, reichen, »vollständigen« Umwelt.

gung, sondern mehrere, aber auch nicht nur eine Erfahrung, sondern mehrere, und nicht nur eine Pädagogik, sondern mehrere zu haben[27].

Über die Natur (natürliche Erziehung) hat die Pädagogik immer eine die Gesellschaft (gesellschaftliche Erziehung) transzendierende Position zur Verfügung, die über Kritik weitere Optionen ermöglicht. Dabei sind Widersprüche und Paradoxien geradezu funktional (denn sie ermöglichen mehr Anschlüsse an die weitere Kommunikation), und werden (deshalb?) von Rousseau auch in einer geradezu exzessiven Weise gebraucht. Sein gesamtes Werk durchzieht eine Reihe tiefgreifender Gegensätze und für fast jede Position, die er einnimmt, lässt sich – oft wenige Seiten später – das Gegenteil finden[28].

Mit Rousseau wird in der Mitte des 18. Jahrhunderts eine pointierte und paradoxe Position formuliert, die einerseits in einer warmen Semantik die Ressentiments gegen den verunsichernden sozialen Fortschritt aufgreift und so den Zugang erleichtert, andererseits aber hinreichend originell und komplex ist, um in der Folge der weiteren Entwicklung zur Moderne in der Pädagogik kommunikativ abgearbeitet zu werden. Mit dem Konzept der »negativen Erziehung« stellt er nicht nur die Kritik an allen gesellschaftlich induzierten Pädagogiken auf Dauer, sondern weitet auch die didaktische Engführung des 17. Jahrhunderts zu einer pädagogischen Theorie aus, die nicht nur intentionale, sondern auch funktionale (und – vor allem – extensionale) Erziehungseinflüsse berücksichtigt. Der Pädagoge soll »Herr der Umgebung« werden (und nicht nur Herr des Unterrichts), und das setzt voraus, dass er zunächst »Herr über sich selbst« wird. Mit der Unterscheidung einer Erziehung zum Menschen versus einer Erziehung zum Bürger greift er die beginnende Debatte um eine Differenzierung von allgemeiner Menschenbildung bzw. Allgemeinbildung einerseits und einer beruflichen Bildung,

---

27 Eine Formulierung von O. Marquard aufgreifend, der darauf hinweist, dass es für den modernen Menschen zuträglich sei, »viele (mehrere) Überzeugungen zu haben: nicht gar keine und nicht nur eine, sondern viele; und zuträglich für ihn, viele (mehrere) Seelen – ach! – in der eigenen Brust: nicht gar keine und nicht nur eine, sondern viele« (O. Marquard: Merkende Vernunft. Betrachtungen über Vernunft und Zufall beim Menschen. In: H. Rössner (Hg.): Der ganze Mensch – Aspekte einer pragmatischen Anthropologie. München 1986, S. 255).

28 Vgl. Treml 1988 a.a.O. S. 881 ff.; Mittelstraß 1995 a.a.O. S. 646 f.

einer Erziehung zur Brauchbarkeit, andererseits auf und befruchtet sie nicht zuletzt durch seine Parteinahme zugunsten der allgemeinen Menschheitserziehung (weil diese im Zuge des Fortschrittsdenkens zugunsten von Nützlichkeitserwägungen unter die Räder zu kommen droht).

Schließlich gelingt es Rousseau, mit seinem Naturbegriff einen vertrauten, aber hinreichend sicher scheinenden Kontingenzunterbrecher in sein theoretisches System einzubauen, der an Stelle des Gottesbegriffes die vielen Unsicherheiten der pädagogischen Arbeit auffangen soll. Das ist eine Position, an der sich viele nach ihm orientiert haben – sei es, in dem sie sich damit identifiziert haben (wie z.B. der frühe Pestalozzi), sei es, dass sie eine vermittelnde Position eingenommen haben und »Natur« mit »Brauchbarkeit« ergänzt haben (wie z.B. die Philantrophen), sei es, dass sie Teilbereiche differenziert ausgearbeitet und fruchtbar gemacht haben (wie z.B. die Neuhumanisten mit ihrer Betonung der allgemeinen Menschenbildung), sei es aber auch, indem sie diese Position negierten und an Stelle der Natur die Kultivierung – und damit die Überwindung der Natur – proklamiert haben. Diese Gegenposition hat mit Immanuel Kant die wohl elaborierteste Ausformulierung gefunden.

8.2 Vorwärts zur Kultur? Immanuel Kant

Im 18. Jahrhundert kommt die Moderne zu sich und situiert sich semantisch in einer Vielzahl von philosophischen und pädagogischen Entwürfen, die man unter dem Begriff der Aufklärung zusammenfassen kann. »Aufklärung« – das ist natürlich eine Wärmemetapher, die das Bild des Aufklarens nach einer dunklen Zeit symbolisiert, und so gesehen »klart« sich für die Menschen im 18. Jahrhundert nach der Antike und dem Humanismus nun zum dritten Mal das dunkle Wetter einer in religiösem (Aber)Glauben und magischem Denken befangenen Zeit »auf«, denn die menschliche Vernunft leuchtet nun alle dunklen Ecken aus – einschließlich ihrer eigenen Voraussetzungen. Diese Entwicklung hat sich, wie wir gesehen haben, lange angebahnt und kann in der Zeitdimension idealtypisch als eine Bewegung interpretiert werden, die an Stelle des »Zurück« ein »Vorwärts« setzt. Die Umstellungen der Modalstrukturen sind gewaltig: von der Herkunft zur Zukunft, von der Wirklichkeit zur Möglichkeit, von der »besten aller möglichen Welten« zu einer »Welt voll besserer Möglichkeiten«.

Das kann das pädagogische Selbstverständnis nicht unberührt lassen. Erziehung soll nun nicht mehr ein Zurück-Schreiten zum vorgegebenen Guten veranlassen, sondern Hilfestellung leisten beim Vorwärts-Schreiten in Richtung eines zukünftigen, auf-gegebenen Guten. Diese Umstellung des Temporalbewusstseins der Menschen im 18. Jahrhundert korrespondiert mit dem Gefühl, dass das Gute nicht, wie bisher angenommen, von Anfang an da ist und nur verloren oder vergessen werden kann, sondern vielmehr am Ende der Zeit wohnt und sein Erreichen deshalb vom Menschen durch aktive Mithilfe verkürzt werden kann. Das setzt voraus, dass die Welt nicht mehr nur eine geschaffene Natur ist, vor der der Mensch sich graut, oder die er als symbolisches Gotteszeichen verehrt und bestenfalls »behütet und bewahrt«, sondern die einer erst noch zu schaffenden Kultivierung bedarf und deshalb zunächst erforscht werden muss[29]. Der Mensch versteht sich in diesem Zusammenhang immer mehr als aktiver »fabricator mundi«, als Weltgestalter und »deus secundus«, der die Vorstellung der anfänglichen Perfektion in jene der permanenten Perfektibilität übersetzt.

An Stelle von Rück-Schritt ist Fort-Schritt angesagt, ein Fortschritt den der Mensch selbst verantworten muss. Gott rückt in den theoretischen Auseinandersetzungen zunehmend in den Hintergrund und stattdessen rückt der Mensch in den Vordergrund. Die traditionelle theozentrische Weltsicht wird in eine anthropozentrische Weltsicht überführt. Allerdings übernimmt er damit ein schweres Erbe, denn alle bislang ungelösten Probleme des Gottesbegriffes werden, wenngleich auch in säkularer Form, in den Begriff des Menschen überführt, der theorietechnisch genau die Stelle besetzt, die

29 Und zwar die innere und die äußere Natur des Menschen. Erst um die Jahrhundertwende wurden »wilde Kinder« nicht nur getauft, sondern »entdeckt«, »erforscht« und einer aufwendigen Erziehung zugeführt (vgl. dazu B. Werner: Die Erziehung des Wilden von Aveyron. Ein Experiment auf der Schwelle zur Moderne. Frankfurt a.M. u.a. 2004). Etwa zur gleichen Zeit begannen Menschen, Berge zu besteigen – nicht (wie 1335 Petrarca bei der Besteigung des Mont Ventoux) um Gott, sondern um sich selbst zu spüren – und der Alpinismus entstand (z.B. wurde der Großglockner, Österreichs schönster und höchster Berg, erst 1800 erstmals bestiegen).

bislang Gott eingenommen hat. Ich will hier nur an drei dieser Probleme erinnern (weil sie für die Pädagogik bedeutsam sind): Individualität, Selbstreferenz und Verantwortung.

- *Individualität.* Der moderne Mensch versteht sich als autonom, als einzigartiges Individuum – ganz analog zum Gottesverständnis des jüdisch-christlichen Monotheismus. Bei Michel de Montaigne, Descartes, Rousseau und vielen anderen zeitgenössischen Denkern rückt der einzelne Mensch als Subjekt seiner Empfindungen und Handlungen in den Vordergrund. Das Individuum, das »Ich« – bei Rousseau als »Emile« personifiziert –, wird damit auch in der Pädagogik zum Focus aller Überlegungen und zur »Person« stilisiert, die als Monade keine sozialen Beziehungen mehr kennt. Wie aber ist eine Erziehung möglich, die das unverwechselbare, einzigartige Singuläre zum Objekt einer sozialen Beziehung macht? Die Antwort: indem sie das Objekt zum Subjekt nobilitiert – löst das Problem nicht, sondern verdeckt es semantisch nur.

- *Selbstreferenz.* Die moderne Anthropozentrik erbt mit dem Begriff der Personalität, verstanden als menschliche Selbsttätigkeit, ein Problem Gottes, das man als seine Einsamkeit vor der Schöpfung bezeichnen kann. Gott war vor der Schöpfung einsam und schuf (deshalb?[30]) den Menschen »nach seinem Bilde«. Man kann dieses Problem aber auch als theorietechnisches Problem (re)formulieren und dann sagen: Nach dem Wegfall der Differenz von Gott und Mensch bleibt der Mensch allein zurück und bedarf der Wiedereinführung dieser Differenz auf seiner Seite – als Selbstreferenz. Selbstreferenz kompensiert den Verlust der äußeren Diffenenz durch eine innere Differenz. Damit wird jedoch nur eine Position gewonnen, von der aus alles (alle möglichen Welten) möglich wird. Die Folge ist eine »maßlose Unruhe«[31] und ihre Übersetzung in ein Fort-

30 Es könnte die aus dieser Einsamkeit entstehende Langeweile gewesen sein, die Gott zur Schöpfung eines Gegenübers (nach seinem Bilde!) motiviert – spekuliert H. Blumenberg (Matthäuspassion. Frankfurt a.M. 1988, S 9. ff).

31 N. Luhmann: Gesellschaftsstruktur und Semantik. Studien zur Wissenssoziologie der modernen Gesellschaft Band 1. Frankfurt a.M. 1980, S. 196. Luhmann spricht hier von einer »Anthropologie der Sensiblität und Unruhe«, die in dem (durch funktionale Differenzierung der Gesellschaft) forcierten Möglichkeitszuwachs gründet und in einer »Ausstattung des Menschen mit maßloser Ruhe« zum Ausdruck kommt, die, damit sie fruchtbar werden kann, einer Beschränkung bedarf.

schrittsdenken, das kein Zur-Ruhe-Kommen in einem »telos« mehr kennt.

- *Verantwortung*. Indem der Mensch in die Rolle Gottes als Schöpfer rückt, übernimmt er dessen Verantwortung für das Gelingen oder Misslingen seiner nun bindungslosen Freiheit. Der Mensch erbt damit die alte Theodizeeproblematik in säkularisierter Weise; er kann die Verantwortung für das Böse, die Korruption, nicht mehr einem transzendenten Gott zuschieben, sondern er muss es innerweltlich (immanent) selbst abarbeiten. Die Lösung, die im 18. Jahrhundert Einfluss gewinnt, heißt: Temporalisierung. Das heißt: Sowohl die Herstellung des Guten als auch die Bekämpfung des Bösen wird in die Zeitdimension verlagert und als Fortschritt auf Dauer gestellt. Die damit ausgelöste Bewegung findet kein natürliches Ende mehr (wie etwa im traditionellen naturteleologischen Denken der Antike).

Als Fluchtpunkt für die endlose, tautologische Selbstreferenz vor Verantwortlichkeitsüberlastung bieten sich zwei Möglichkeiten an: Aktion oder Reflexion – also Praxis oder Theorie. Für eine bessere »Praxis« plädiert Rousseau[32], für eine bessere »Theorie« Kant. In dem Maße, wie die Theorie immer abstrakter und komplizierter wird, scheint der Rekurs auf Praxis immer verführerischer und attraktiver zu werden. Spätestens seit dem 18. Jahrhundert häufen sich die Klagen über die vielen »dicken Bücher«, die wortreich in vielen dicken Büchern vorgebracht werden[33]. In der Pädagogik ist bis heute diese Wertung weit verbreitet, und sie nährt sich aus den Ressentiments der Praktiker, die wir doch alle sind, gegenüber den Theoretikern, die doch nur wenige sind. Aber bei Lichte

---

32 Und viele Andere. In der Philosophie glaubt z.B. noch Franz Kröner die »Anarchie der philosophischen Systeme« und ihrer Relativierungen durch Praxis (»konkrete Arbeit an den konkreten Problemen«) zu lösen (vgl. Fr. Kröner: Die Anarchie der philosophischen Syteme. Graz 1970, insbesondere S. 323); in der Pädagogik sollte im 20. Jahrhundert dann die einflussreiche Geisteswissenschaftliche (oder Hermeneutische) Pädagogik mit dem Verweis auf die »Dignität der Praxis« analog argumentieren.

33 Das ist natürlich eine Anspielung auf Rousseau, der in seinem »Emile« nicht müde wird »zu wiederholen: laßt die Belehrungen der jungen Leute in Handlungen und nicht in Reden bestehen; sie sollen nicht aus Büchern lernen, was die Erfahrung sie lehren kann« (a.a.O., S. 518) und in einem dicken Folianten von über 1028 Seiten (in der Reclam-Ausgabe) seine Aversion gegen dicke Bücher äußert (vgl. a.a.O. S. 388).

besehen ist Praxis nicht die Lösung, sondern das Problem selbst. Die theoretische Flucht in die Praxis kann deshalb als ein Versuch interpretiert werden, der eigenen Reflexionsverlegenheit zu entkommen.

Die Alternative wäre, eine theoretisch anspruchsvollere Weltbeschreibung zu versuchen. Deshalb bleibt die Frage aktuell: Kann es, nach dem Verlust eines theozentrischen Weltverständnisses, eine ausreichend komplexe und hochauflösende Theorie geben, die die (pädagogische) Praxis der Moderne anthropozentrisch begründet?

Kant hat sich diesem Problem gestellt und mit seinem umfassenden Werk einen bewundernswerten und einflussreichen Versuch unternommen, die theorietechnischen Probleme der nun »gottlosen« Welt zu lösen und der neuen Anthropozentrik eine neue Grundlage, ein Maß und ein Ziel zu bestimmen – und zwar alleine durch die Anstrengungen der auf sich selbst gestellten, autonomen menschlichen Vernunft. Er war sich dessen bewusst, dass dies zunächst des Mutes bedarf, des Mutes, sich seines Verstandes ohne vorgegebener traditioneller Autoritäten zu bedienen[34]. Kants Werk ist überaus differenziert und nicht einfach zu verstehen. Schon seine Breite ist beeindruckend, denn es umfasst naturwissenschaftliche, philosophische, anthropologische, geschichtstheoretische bis zu pädagogischen Schriften. Es kann hier nur so weit dargestellt werden, als es für das Selbstverständnis der Moderne und der modernen Pädagogik bedeutsam geworden ist. Kant hat das moderne Denken, wohl wie kein Zweiter, auf den Begriff – sprich: in ein philosophisches System – gebracht und damit bis heute einen anhaltenden Einfluss auf viele benachbarte Disziplinen ausgeübt.

---

34 »Sapere aude! Habe den Mut dich Deines eigenen Verstandes zu bedienen! ist also der Wahlspruch der Aufklärung« (WiA, S. 516). Ich zitiere im Folgenden die Werke Kants nach der in der Kantforschung üblichen Weise (meist nach der Erstausgabe) und kürze die Verweise wie folgt ab: ApH – Anthropologie in pragmatischer Hinsicht (1798), IaG – Idee einer allgemeinen Geschichte in weltbürgerlicher Absicht (1784), KrV – Kritik der reinen Vernunft (1781), KpV – Kritik der praktischen Vernunft (1788), KdU – Kritik der Urteilskraft (1790), MdS – Metaphysik der Sitten (1797), Rel – Die Religion innerhalb der Grenzen der bloßen Vernunft (1793), TPP – Über den Gebrauch teleologischer Prinzipien in der Philosophie (1788), TeG – Träume eines Geistersehers (1768), WiA – Was ist Aufklärung? (1783) ÜP – Über Pädagogik (1803).

Nicht zuletzt auch in der Pädagogik ist sein Einfluss (und das nicht nur in der »Neokantianischen Transzendentalpädagogik«), wenngleich auch indirekt, groß und das auch dort, wo sich das pädagogische Denken seiner kantiantischen Wurzeln gar nicht mehr bewusst ist.

Kant greift die alten Unterscheidungen – die uns schon vertrauten binären Codes des abendländischen Denkens – auf, interpretiert und bewertet sie neu und integriert sie in ein großes (philosophisches) System gegenseitiger Verweisungen:

1. Die klassische Unterscheidung von Körper und Geist wird von Kant dort gebraucht, wo er die zwei Wurzeln menschlicher Erkenntnis in der Sinnlichkeit und im Verstand identifiziert. Der Körper mit seinen Sinnen wird von den Umwelteindrücken affiziert und der Geist mit seinem Verstand ordnet diese Eindrücke mithilfe mitgebrachter Erkenntniskategorien und überführt sie zu Erkenntnissen der Welt. Dabei versteht der Mensch seine Welt deshalb, weil er sie in gewissem Sinne »herstellt«: Es sind die Kategorien des Denkens, die vor aller Erfahrung (a priori) die Kriterien für die Beobachtung bereitstellen und sie deshalb erst ermöglichen[35]. Mit dieser kantischen Lehre von den beiden Quellen menschlicher Erkenntis positioniert sich Kant jenseits der Unterscheidung von Empirismus und Rationalismus, und deshalb sind alle Versuche, ihn auf die eine oder auf die andere Seite zu ziehen, immer wieder auf Widerspruch gestoßen. Man kann seine Position vielleicht nur paradox formulieren und sagen: Kant begründet den Empirismus rationalistisch und den Rationalismus empiristisch.

2. Kants Unterscheidung einer *intelligiblen* und einer *empirischen* Welt nimmt theorietechnisch die analoge Stelle ein, die in der antiken Philosophic die Unterscheidung von Sein und Seiendem besaß. Die empirische Erkenntnis der äußeren Welt (Natur) wird als sinnliche Erscheinung erfahren und als »phänomenon« bezeichnet; die intelligible Erkenntnis der dahinter stehenden allgemeinen Idee –

35 Ein Gedanke, der von Leibniz vorbereitet wurde: »Nihil est in intellectu quod non fuerit in sensu, exipe: nisi ipse intellectus« (Nichts ist in der Vernunft, was nicht vorher in den Sinnen war – ausgenommen die Vernunft selbst) –, hält Leibniz dem Empiristen Hume entgegen (G. W. Leibniz: Neue Abhandlungen über den menschlichen Verstand. Leipzig 1904, S. 78).

Kant nennt sie das »noumenon« – als »Ding an sich«, und statt »transzendent« spricht er von »transzendental«; d.i. die methodologisch verflüssigte Differenz der ursprünglich theologischen Unterscheidung. Auch der Mensch wird damit ein Wesen, das in »zwei Reichen« lebt (vgl. Abb. 19):

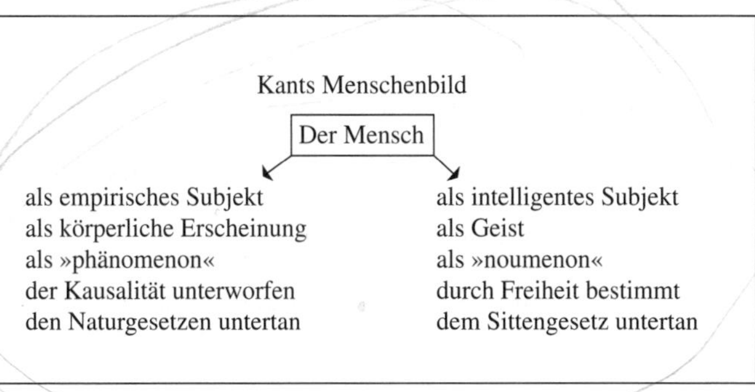

Abb. 19: Kants duale Anthropologie

Die Unterscheidung von »empirisch« und »transzendental« kann man als säkularisierte Form der älteren Unterscheidung von »immanent« und »transzendent« interpretieren. Sie entsteht durch ein re-entry auf der Seite der Immanenz, denn »transzendental« ist – als Bedingung der Möglichkeit von Erfahrung – nicht »transzendent«. Mit dem Begriff der Transzendenz erhält sich Kant noch ein Wort für dasjenige, was jenseits aller Erfahrung – und damit (nichtwissenschaftliche) Metaphysik und Aberglaube ist. Sein Ansatz ist jedoch ein rein wissenschaftlicher, der sich auf Urteile beschränkt, die entweder synthetisch (also aus Begriffen und Anschauungen zusammengesetzt) oder analytisch (also alleine aus Begriffen) und damit der sinnlichen oder der rationalen Erfahrung zugänglich sind.

Diese Unterscheidungen ermöglichen Kant eine permanente kritische Distanz zu jeder mit dem Wahrheitsanspruch daherkommenden Erkenntnis und er versieht sie mit dem Vorbehalt: Diese Erkenntnis bezieht sich nur auf das »Ding für uns« und nicht auf das »Ding an sich«, das möglicherweise ganz anders ist. Erkenntnis ist also immer untrennbar mit dem Erkennenden verbunden, und das gilt auch und gerade für die Wissenschaft, die sich von nichtwissenschaftlicher Erkenntnis in erster Linie dadurch unterscheidet, dass sie die Bedingungen, mit denen sie Erkenntnis gewinnt, explizit einführt – und damit nachvollziehbar, im Idealfall der experimentellen Forschung sogar wiederholbar macht. Alle Erkenntnis, jede Wahrheit, ist abhängig von Bedingungen, die ihr vorausliegen und sie erst ermöglichen (insbesondere Begriffe, Fragestellungen und Methoden)[36]. Das bedeutet nicht, dass Erkenntnis immer die bloß subjektive Konstruktion eines Erkennenden sein muss, denn sie wird in dem Maße »objektiv«, wie sie sich von den objektiven Bedingungen abhängig und dafür von den subjektiven Bedingungen unabhängig macht. »Objektiv« sind diese Bedingungen dann, wenn sie von jedem (kompetenten) Subjekt in Anspruch genommen werden können und so gesehen »intersubjektiv« sind; »subjektiv« sind sie, wenn dies nicht der Fall ist. Wissenschaftliche Erkenntnis ist so gesehen intersubjektiv »herstellbar« und deshalb eine soziale (und nicht eine bloß subjektive) Tatsache.

Diese Relativierung der wissenschaftlichen Erkenntnis auf die Bedingungen seiner Möglichkeit bedeutet aber auch, dass Erkenntnis nie eine »letzte« oder »absolute« Wahrheit zum Ausdruck bringen kann, ist sie doch immer relativ auf die Bedingungen ihrer Erzeugung bezogen. Das »Ding an sich« bleibt immer im Dunkeln. Dieses Argument besetzt theorietechnisch genau den Platz des »eschatologischen Vorbehaltes« und dynamisiert jede Erkenntnis, denn alles, was als Erkenntnis daherkommt, steht nun immer unter dem Vorbehalt, dass es möglicherweise falsch – zumindest aber korrigierbar ist. Vor allem jede mit dem Anspruch der »letzten Wahrheit« daherkommende Erkenntnis wird mit dem (Leibniz'schen) Argument der »faulen Vernunft« kritisierbar. Vernunft wird »faul«, wenn sie sich zufrieden gibt mit der gerade akzeptierten Meinung, sie als »ganze Wahrheit« betrachtet, auf der man sich (gewisserma-

---

36 Mir scheint, dass diese Erkenntnis noch nicht (ganz) in der Pädagogik angekommen ist, denn immer noch sind z.B. Schul- und Lehrbücher von einer penetranten ontologischen Antworthaftigkeit, die ihre Voraussetzungen – z.B. die Frage, die ihr vorausgeht, die begrifflichen und methodologischen Kautelen usw. – verbirgt.

ßen) ausruhen kann. Es geht darum, die Suche nach der Wahrheit ihrem Besitze vorzuziehen[37].

Die kantische Erkenntnis, dass jede Erkenntnis von den Bedingungen ihrer Möglichkeit abhängig ist, dynamisiert die Welt, denn diese Bedingungen lassen sich – mit Ausnahme der sog. »synthetisch-apriorischen« Sätze, die als Bedingungen der Möglichkeit *jeder* Erkenntnis fungieren – wissenschaftlich manipulieren und methodisch kontrolliert herstellen. Kant sollte damit der neuzeitlichen Neugier und seiner wissenschaftlichen Wissensproduktion die theoretische Legitimation geben. Allerdings entsteht daraus ein Folgeproblem: Eine »maßlose Unruhe« tritt an die Stelle der Sicherheit im Glauben, denn die Kontingenz wird immer größer – alles könnte ja auch anders sein. Es bedarf deshalb eines Kontingenzunterbrechers, der in diesem permanenten Erkenntnisprozess die traditionelle Funktion Gottes einnimmt und der endlosen Selbstreferenz Maß und Halt gibt.

3. Gott ist in der kantischen Philosophie, in der die »Religion (nur) innerhalb der Grenzen der bloßen Vernunft«[38] erscheinen kann, nicht erkennbar und nicht beweisbar, deshalb sind alle Aussagen über ihn müßige Spekulation. Zumindest der späte Kant ist ein bekennender Agnostizist (wenn man unter Agnostizismus jene Position versteht, die weiß, dass man Gott nicht wissen *kann*). Allerdings

---

37 Dieser in der Aufklärungsphilosophie verbreitete Gedanke ist wieder ein Beispiel dafür, dass in der modernen Gesellschaft ein ursprüngliches Stabilisierungsprinzip zum Variationsprinzip umgebaut wird und damit die sozio-kulturelle Evolution beschleunigt. Die Umstellung von »Wahrheit« auf »Bewahrheiten« wird dabei in den Dienst der Selbstentfaltung des modernen Subjektbewusstseins gestellt. Man vergleiche die eindrucksvollen Sätze von Gotthold Ephraim Lessing: »Nicht die Wahrheit, in deren Besitz irgendein Mensch ist oder zu sein vermeinet, sondern die aufrichtige Mühe, die er angewandt hat, hinter die Wahrheit zu kommen, macht den Wert des Menschen. Denn nicht durch den Besitz, sondern durch die Nachforschung der Wahrheit erweitern sich seine Kräfte, worin allein seine immer wachsende Vollkommenheit bestehet. Der Besitz macht ruhig, träge, stolz. Wenn Gott in seiner Rechten alle Wahrheit und in seiner Linken den einzigen immer regen Trieb nach Wahrheit, obschon mit dem Zusatze, mich immer und ewig zu irren, verschlossen hielte und spräche zu mir: wähle! Ich fiele ihm mit Demut in seine Linke und sagte: Vater gib! Die reine Wahrheit ist ja doch nur für dich allein!« (zit. nach E. Bahr (Hg.): Was ist Aufklärung? Stuttgart 1974, S. 43).

38 Vgl. Rel (Titel).

besitzt »Gott« als Idee eine praktische Funktion, d.h. dass die Annahme, es gäbe ein höchstes Wesen, theoretisch wohl möglicherweise falsch, praktisch aber unter Umständen eine hilfreiche Fiktion ist, weil sie unserem Handeln Maß und Ziel zu geben vermag. Es ist also nützlich, so zu tun, »als ob« es einen Gott gäbe – und nur deshalb wird über Gott ja auch kommuniziert. Kant denkt hier nicht theologisch, sondern funktionalistisch und unterstellt einen Selektionswert der Kommunikation über Gott – nach dem Motto: Alles, was es (schon lange) gibt – also auch die Rede von Gott –, muss eine Funktion haben. Diese funktionalistische Sichtweise wird durch das tragende »Als-ob-Argument« transportiert und löst die ontologische Rede von Gott (des Mittelalters) ab[39].

Damit ist allerdings noch nicht gesagt, an welchen inhaltlichen Kriterien die Kontingenz der modernen Welt gebrochen werden kann. Die Reden von Gott unterscheiden sich ja erheblich, und das vor allem seit sie von kirchlicher Bevormundung immer mehr befreit worden sind und mit den vielen Entdeckungen und Eroberungen anderer »Welten« die kulturelle und religiöse Vielfalt der Menschheit immer deutlicher in den Blick kam. Das Aufblühen der Philosophie kommt hinzu und damit auch ein ungebremstes Spekulieren über Götter und Geister, über Jenseitiges und Übersinnliches. Was eigentlich angetreten ist, die Kontingenzen zu stoppen und die maßlose Unruhe zu beruhigen, wird damit aber selbst kontingent und vergrößert noch die Unruhe[40]. Kant hat als einer der Ersten dieses Problem gesehen und funktionalistisch zu lösen versucht. Wenn die Funktion die der Kontingenzregulierung ist, dann darf das Kriterium, das alle Kontingenzen zu stoppen und die Unsicherheit in Sicherheit zu überführen vermag, selbst nicht kontingent sein, also notwendig, und das überall auf der Welt – also universell. Seine beiden Kriterien, auf die er deshalb seine apodiktische Philosophie aufbauen will, sind *Universalität* und *Notwendigkeit* –

39 In seinem letzten (nachgelassenen) Werk (»opus postumum«) notierte Kant ganz ungeschützt: »Gott ist nicht ein Wesen außer Mir sondern bloß ein Gedanke in Mir« (zit. nach V. Gerhardt (Hg.): Kant zum Vergnügen. Stuttgart 2003, S. 132).

40 Zu dieser »Anarchie der philosophischen Systeme« vgl. Kröner 1970 a.a.O.

und damit, dem Anspruch nach, überall und ohne Einschränkung gültig[41].

Schon im einem frühen – vorkritischen[42] – Werk beschäftigt sich Kant mit diesem Problem und versucht die unkritische Metaphysik, in der jeder seine privaten Träume als Philosophie ausgibt, von einer Philosophie abzugrenzen, die sich ihre Möglichkeiten und Grenzen vorher bewusst macht[43]. Er nennt eine solche Philosophie, die ihr Vernunftvermögen unabhängig aller Erfahrung zunächst der Überprüfung unterzieht und reflexiv bestimmt, »kritisch«[44] – und hat damit sein Programm formuliert, das er in seinen drei großen »Kritiken« verwirklichen sollte: In der »Kritik der reinen Vernunft« wird das Erkenntnisvermögen, in der »Kritik der praktischen Philosophie« die Ethik und in der »Kritik der Urteilskraft« die Vermittlung zwischen beiden Bereichen (der Natur und der Freiheit) auf eine ganz neuartige und originelle Weise – »kritisch« – d.h. zunächst bloß in negativer (die falschen Ansprüche des Scheinwissens abweisender) Art und Weise entwickelt und damit die Philosophie der Moderne auf eine neue Grundlage gestellt.

Es ist natürlich unmöglich, hier auch nur einen Überblick über dieses imposante Reich der kantischen Gedanken in seinen drei Kritiken zu geben[45]. Wichtig für uns ist die Einsicht, dass Kant hier etwas versucht, was auch für die pädagogische Ideengeschichte bedeutsam werden sollte: Die Unruhe der Kontingenz, die nach

41 Vgl. dazu A. K. Treml: Universality and Necessity. Kant's Ethics in the Light of Modern Evolutionary Theory. In: Evolution and Cognition 1999, Vol. 5, Nr. 1 (Wien), p. 12–23.

42 »Vorkritisch« bedeutet in der Kant-Forschung nicht »unkritisch«, sondern aus der Zeit vor der Veröffentlichung seiner drei großen Kritiken (KrV, KpV, KdU).

43 Vgl. TeG sowie auch die Aktualisierung bei A. K. Treml: Träume eines Geistersehers oder Geisteswissenschaft? Die Erkenntnistheorie Rudolf Steiners. In: ZEP – Zeitschrift für Entwicklungspädagogik 1/1987, S. 19–26.

44 Vgl. KrV, Vorrede zur ersten Auflage A 5 (ich zitiere im Folgenden nach der üblichen Zitierweise ohne Seitenangabe).

45 Ein guter, auch für den Laien verständlich geschriebener, Überblick findet sich bei Disse 2001 a.a.O., S. 216 ff., sowie (etwas ausführlicher) bei G. Irrlitz: Kant-Handbuch. Leben und Werk. Stuttgart, Weimar 2002, S. 122 ff.

dem Verlust aller ontologischen und theologischen Sicherheiten im 18. Jahrhundert entstanden war, soll durch methodisch kontrollierte Kriterien wieder beschränkt und damit fruchtbar gemacht werden. Es geht also um Einschränkung der Unruhe, um ein Stopp der Kontingenzen – und das heißt bei Kant: die Erfahrung der äußeren Welt und ihrer Veränderung orientiert sich am Naturgesetz und die Erfahrung der inneren Welt der menschlichen Handlungsmöglichkeiten am Sittengesetz. Damit versucht Kant nicht nur »negativ« unberechtigtes Scheinwissen abzuwehren, sondern auch »positiv« Wegmarken zu setzen, um das kontingente Denken der Moderne auf eine sichere Basis zu stellen.

Wie Kant dabei vorgeht, kann am Beispiel seiner – für die Pädagogik besonders bedeutsamen – Praktischen Philosophie veranschaulicht werden. Das Grundproblem der Moderne auf dem Hintergrund ihrer zunehmenden Individualisierung (und Ausdifferenzierung des Einzelnen) erscheint als Freiheit – und zwar als Freiheit des Einzelnen. Soll z.B. jeder Schüler denken und machen können, was er will? Wie ist dann noch Unterricht möglich? Eine vollständig auf Individualität, und deren Entfaltung, aufbauende Pädagogik kommt schnell an ihre Grenzen, und diese Grenzen sind immer die der Anderen, die ebenfalls ihre Freiheit ausleben wollen. Wie kann man sich also hier eine Lösung des Bezugsproblems vorstellen? Kant reformuliert das Problem und antwortet mit seinem berühmt gewordenen Kategorischen Imperativ: »Handle so, dass die Maxime deines Willens zu einem allgemeinen Gesetz werden kann«[46] – vereinfacht gesagt: Lege Deinem Handeln die Überlegung zugrunde, dass Deine subjektiven Motive verallgemeinerungsfähig sind – nur dann, wenn dies der Fall ist, ist Dein Handeln moralisch legitim!

Kant ist Realist genug, um zu sehen, dass es in der Welt keineswegs so zugeht, dass überall nach diesem Prinzip gehandelt wird. Die Maxime des kategorischen Imperativs ist eine regulative Idee, die kontrafaktisch formuliert und gleichwohl praktisch unverzichtbar ist, weil sie dem faktischen Handeln Maß und Ziel zu geben ver-

46 Das ist die Formulierung des § 7 KpV; es gibt mehrere und sich leicht unterscheidende Varianten des Kategorischen Imperativs, vgl. etwa MdS S. 437 f.

mag. Zumindest ist das der Anspruch, den Kant erhebt[47]. Damit wird aber eine Differenz akzeptiert, die bedeutsam ist, nämlich jene zwischen kontrafaktischer Idealität und faktischer Realität. Wie kann sie überbrückt werden?

4. Die Antwort, die Kant auf diese Frage gibt, hat er in seiner Geschichtsphilosophie und in seinen anthropologischen und pädagogischen Schriften gegeben. Sie läuft auf eine Umkehrung der Rousseau'schen Bewertung des zugrundeliegenden Codes von Natur und Kultur hinaus: Es geht darum, die Kluft zwischen der immer defizitären faktischen Realität und dem idealen kontrafaktischen Zustand der Moralität dadurch zu schließen, dass man in einem stufenförmigen Prozess von der Natur zur Kultur übergeht.

Ausgangspunkt ist die These (Kant bezeichnet sie als »subjektiv-vernünftige Annahme«), dass Kultur- und Naturgeschichte teleologisch interpretierbar sind – ja interpretiert werden müssen, um verstanden zu werden[48]. »Teleologisch« meint hier allerdings nicht, dass ein Subjekt (ein Gott, ein Agens) die Ziele absichtlich setzt, sondern, dass wir die Natur und die Geschichte nur verstehen können, wenn wir annehmen, dass sie zweckvoll nach Regeln gestaltet ist (obwohl diese Regeln natürlich nicht direkt beobachtet werden können). Wir müssen so tun, *als ob* die Natur und die Geschichte ein Ziel verfolgten – wissend dass es in Wirklichkeit dahinter kein planendes Agens gibt. Immerhin wird diese These durch die Beobachtung bestärkt, dass Lebewesen teleologisch agieren[49]. Pflanzen, Tiere und Menschen unterscheiden sich dabei nicht in ihrer teleologischen Organisation, sondern darin, dass nur wir Menschen Ziele *aus Freiheit* – also absichtlich und planvoll – setzen und erreichen können, während Veränderungen bei allen anderen Lebewesen

47 Man kann diese Funktion des Kategorischen Imperativs durchschauen und gleichzeitig kritisieren, denn bei Lichte besehen bedeutet der Satz schlicht: »Universalisiere!« bzw. »Verallgemeinere Deine subjektiven Motive!«. Das aber ist nicht die Lösung des Problems, sondern das Problem selbst (vgl. dazu Treml 1999 a.a.O.).

48 Vgl. zum Folgenden IaG, sekundär: P. Kleingeld: Fortschritt und Vernunft: Zur Geschichtsphilosophie Kants. Würzburg 1995.

49 »Alle Naturanlagen eines Geschöpfes sind bestimmt, sich einmal vollständig und zweckmäßig auszuwickeln« (IaG VIII, 18).

alleine *aus Kausalität* geschehen und nur aus menschlicher Sicht einer teleologischen Zweckmäßigkeit unterliegen.

Betrachtet man die Entwicklung eines beliebigen individuellen Lebewesens in seinem von der Natur vorgegebenen Rahmen, sei es die einer Pflanze, eines Tieres oder auch eines Menschen, dann können wir unschwer erkennen, dass sie nicht regellos, sondern regelförmig verläuft und als Entfaltung einer natürlichen Anlage interpretiert werden kann. Diese natürliche Anlage ist bei allen Lebewesen beobachtbar, und sie ist teleologisch in dem Sinne, dass die Natur damit einen bestimmten Zweck anstrebt, den sie im Verlaufe der Ontogenese zu erreichen versucht. Wenn man die Natur als Ganzes betrachtet, dann – so Kant – ist unzweifelhaft ihr »letzter Zweck« die »Kultur«, denn mit dem menschlichen Geist und seinen kulturellen Artefakten erreicht die Natur ihre bisher höchste Entwicklungsstufe. Die menschliche Kultur ist aber keine homogene Einheit, sondern selbst noch in der Entwicklung – so wie auch die Menschheit in den verschiedenen Menschen einen sehr unterschiedlichen Entwicklungsgrad ihrer kulturellen Differenzierung erreicht. Also ist der teleologische Zweck der Natur die völlige Entwicklung der »Anlagen der Menschheit«. Die Entwicklung aller menschlichen Anlagen zum Vernunftgebrauch ist folglich eine »Naturabsicht«. Die Natur bildet sich quasi entlang einer Idee bzw. sie ist so organisiert, »als ob« sie diese Idee verfolgte, und diese Idee ist die vollständige und zweckmäßige Entwicklung aller Anlagen.

Wenn man so denkt und die Kultur als »Quasi-Absicht« der Naturgeschichte interpretiert, wird klar, dass die Natur sich nicht in einem einzelnen Geschöpf vollständig und zweckmäßig entwickeln kann, sondern nur in der Gattung – also als Menschheit – und das auch nur auf lange Sicht[50]. Das ist dann allerdings nicht nur bloße

50 Hier gibt es unterschiedliche Akzente in der Position W. v. Humboldts und Goethes, die in ihrer Bildungstheorie soviel »Menschheit« *im* »Menschen« als möglich zur Entfaltung bringen wollen, während Kant soviel »Menschheit« wie möglich *durch* den »Menschen« zu entwickeln sucht. Humboldt und Goethes Ansatz ist auf die Ontogenese, Kants Ansatz auf die Phylogenese (genauer gesagt: auf die Kulturgenese) bezogen (vgl. A. K. Treml: Klassiker. Die Evolution einflussreicher Semantik. Band 2. St. Augustin 1999, S. 98 ff., 140 ff.).

Entwicklung auf dem gleichen Niveau, sondern ein »Fort-Schreiten« zum Immer-Besseren – also Fortschritt. Kant ist hier überzeugter »Evolutionist«, der vom Fortschritt der Menschheit zu immer mehr Vernunft auf lange Sicht, wenngleich auch mit vielen Umwegen und Rückschlägen, überzeugt ist. Weil die Natur die Vernunft nicht automatisch bzw. zwangsläufig schafft, sondern nur deren Voraussetzung ist – d.h. sie ermöglicht dem Menschen, seine Vernunft zu entwickeln und zu gebrauchen –, ist der Mensch aufgerufen, dieses Ziel durch aktive Mitarbeit anzustreben und seine natürlichen Anlagen zu kultivieren und in die Herrschaft der Vernunft zu überführen.

Dabei bekommt der Mensch von der Natur Hilfe, nämlich durch die Antagonismen seiner Anlagen – einerseits eigennützig, andererseits mit Anderen gemeinsam leben zu wollen. Der Mensch ist nach Kant ein Wesen, das damit gleichzeitig »ungesellig« (eigennützig) und »gesellig« (sozial-kooperativ) leben will. Kant spricht hier deshalb von einer »geselligen Ungeselligkeit«, um diese Spannung auch sprachlich deutlich zum Ausdruck zu bringen (IaG)[51]. Diese Spannung wird zur Entfaltung aller Kräfte und Anlagen dann führen, wenn sie

(erstens) die größtmögliche Freiheit ihrer Entfaltung zulässt und gleichzeitig die unvermeidbaren Konflikte gewaltfrei und regelförmig – also in einem *Rechtsstaat*, unter Bedingungen eines »gerechten (welt-)bürgerlichen Verfassungsstaats« – löst und

(zweitens) dieser Prozess der Ausbildung von Vernunft und Moralität auf der Grundlage der natürlichen Anlagen durch *Erziehung* angeleitet wird. Die Geschichte – und zwar sowohl des einzelnen Menschen als auch der Menschheit als Ganzes – wird als Lernprozess verstanden. Ontogenese und Phylogenese konvergieren hier und münden in Erziehung.

---

51 Damit wird deutlich, dass die weltbürgerliche Gesellschaft im Sinne Kants nicht auf »Vertrag« (Rousseau) und nicht auf »Konsens« (Habermas) beruht – also nicht von einer idyllisch-harmonischen Ordnung der Gleichen träumt, sondern von der Entfaltung und Kontrolle eines Widerspruchs, eines Konflikts zwischen Ungleichen ausgeht. Es gibt keine Idylle »vollkommener Eintracht, Genügsamkeit und Wechselliebe«, sondern immer nur die Antinomie der »ungeselligen Geselligkeit«.

Damit sind wir endlich, nach einigen Umwegen, bei der Pädagogik angelangt, aber die Umwege erscheinen mir unumgänglich, denn die pädagogische Theorie Kants kann m.E. ohne ihren philosophischen Hintergrund nicht angemessen verstanden werden[52].

5. Die Eckpfeiler von Kants pädagogischer Theorie ergeben sich auf der Grundlage seines (gerade dargelegten) philosophischen Systems fast von alleine:

- Wenn der Endzweck der Natur die Kultur ist, dann hat Erziehung die Menschwerdung des Menschen zum Ziele und will den Menschen aus dem rohen Zustand dessen, was er mit den Tieren gemeinsam hat (Kant spricht vom »Bestialischen«), hervorheben und kultivieren. Erziehung ist dabei notwendig, macht sie doch erst den Menschen und hebt ihn aus dem Tierreich heraus: »Der Mensch ist das einzige Geschöpf, das erzogen werden muß« (ÜP A 1). Deshalb muss er erzogen werden: »Der Mensch kann nur Mensch werden durch Erziehung. Er ist nichts, als was die Erziehung aus ihm macht« (ÜP A 8).
- Erziehung ist dabei nicht, wie bei Rousseau, nur negativ, sondern auch positiv: negativ dort, wo sie die tierischen Antriebe unterdrückt und kanalisiert, und positiv dort, wo sie zur Kulturbildung, zur Verfeinerung der Sitten und schließlich zur Entfaltung der Vernunft und der Moralität beiträgt. Erziehung lässt sich deshalb als Stufengang einer Entwicklung interpretieren, die die anfängliche Rohheit und Wildheit des Kindes überwindet und im Idealfalle bis zur Moralität führen kann. Auf dem Boden der »*Wartung*«, die (durch Ernährung, Schutz, Vorsorge usw.) erst die Grundlage für die Erziehung legt, kann sich der Erzieher an folgenden Stufen orientieren:

---

52 Das ist natürlich ein Werturteil, über das – wie in der Kantforschung üblich – keine Einigkeit herrscht. Nicht wenige glauben, dass Kants Schrift »Über Pädagogik« – weil nur in Form einer Vorlesungsnachschrift seines Schülers Rink erhalten – weitgehend das Plagiat einer damals in Königsberg verbreiteten pädagogischen Lehrschrift von D. Bock sei (vgl. ÜP, hier Vorrede des Herausgebers, S. 69f ff.). Ich überlasse diese Frage den Philologen und Hermeneutikern und versuche stattdessen, Kants Pädagogik als Teil seiner Philosophie – und damit als Paradigma der Aufkärungsphilosophie schlechthin – zu interpretieren.

(1) *Disziplinierung*: Hier geht es zunächst (negativ) um die »bloße Bezähmung der Wildheit«, also die Bekämpfung des Tierischen im beginnenden Menschen; die »Zucht« wird primär negativ (hemmend, unterdrückend) sein.

(2) *Kultivierung*: Durch Unterweisung bzw. Unterricht erlernt das Kind »Geschicklichkeit«, also ein Wissen, das für beliebige Zwecke nützlich ist und für das Leben in der jeweiligen Kultur unverzichtbar ist. Deshalb kann man hier auch von »Kultivierung« (im engeren Sinne) sprechen. Kant gibt selbst als Beispiel das Lesen und Schreiben (in der jeweiligen Kultursprache) und die Musik (einer Kultur) an.

(3) *Zivilisierung*. Hier geht es um das Erlernen der sozialen Klugheit, der Regeln der einfachen Sittlichkeit (z.B. Manieren, Affektmäßigung, Höflichkeitsformen usw.), die Voraussetzung dafür ist, dass man als Bürger gesellschaftsfähig wird.

All das bisher durch Erziehung Gelernte ist historisch oder kulturell relativ, also auf die ganze Menschheit bezogen gesehen: kontingent. Damit kann sich Kant nicht zufrieden geben, denn es fehlt der feste Nagel, an dem alles nichtkontingent (universell und notwendig) aufgehängt werden kann. Kant nennt diesen Nagel: »Moral« und die vierte (und letzte) Stufe der Erziehung die der

(4) *Moralisierung*. Die Moral ist gerade nicht für allerlei Zwecke nützlich, sondern selbst letzter Zweck, an dem jede Nützlichkeit gemessen werden darf. Im Prinzip der Moral ist die Idee der Menschheit aufgehoben, weil die Teleologie der Geschichte (als letzer Zweck) in ihr kulminiert.

Diese letzte Stufe zu erreichen ist schwer, denn sie ist nicht kausal-technologisch herstellbar. Erziehung kann (nach Kant) bestenfalls Hilfe leisten, vorbereiten, also indirekt dazu beitragen, dass der Educandus selbst das moralisch Gute findet und lebt: »Der Mensch soll seine Anlagen zum Guten erst entwickeln; die Vorsehung hat sie nicht schon fertig in ihn gelegt; es sind bloße Anlagen und ohne den Unterschied der Moralität. Sich selbst besser machen, sich selbst kultivieren, und, wenn er böse ist, Moralität bei sich hervorbringen, das soll der Mensch. Wenn man das aber reiflich überdeckt, so findet man, daß dieses sehr schwer sei. Daher ist die Erziehung das größeste Problem, und das schwerste, was dem Menschen kann aufgegeben werden« (ÜP A 14). Als Hilfsmittel deutet Kant die Erfahrung der »Scham« und der »Erhabenheit«

an[53]. Der letzte Schritt zur Moralisierung kann aber nicht von außen, sondern nur von innen selbst gemacht werden. Er ist – da Gott hier als Lückenbüßer nicht mehr zur Verfügung steht – von außen gesehen »ein Wunder«, das in einer Art Bekehrungserlebnis zum Ausdruck kommen kann[54].

Es ist jetzt klar, dass Kant auch die Pädagogik als Teil eines allgemeinen Emendationsprogrammes begreift, der über den einzelnen Menschen die ganze Welt verbessert, weil er Teil hat an jener teleologischen Geschichte, die eine »allmähliche Annäherung der menschlichen Natur zu ihrem Zwecke« in der Idee einer Menschheit, die ihre Anlagen vollständig zum Guten entfaltet hat, »möglich macht« (ÜP A 22). Deshalb muss Erziehung auch räumlich einen Stufengang durchschreiten: zunächst im oikos des bewohnten Hauses der elterlichen Erziehung, sodann in der polis des Vaterlandes der staatsbürgerlichen Erziehung, schließlich aber mündet alles – wie schon bei den Stoikern – letztlich in der Idee der gesamten Menschheit, weil nur in ihr »das Weltbeste und die Vollkommenheit, dazu die Menschheit bestimmt ist, und wozu sie auch die Anlage hat, zum Endzwecke« gedacht werden kann: »Die Anlage zu einem Erziehungsplane muß (deshalb) kosmopolitisch gemacht werden« (ÜP A 18)[55].

53 Im platonischen Dialog »Protagoras« ist es Hermes, der Götterbote, der auf Geheiß des Zeus den Menschen das »Recht« und die »Scham« bringt, um sie von ihrem andauernden Streit zu erlösen und damit gemeinschaftsfähig zu machen (vgl. Platon: Protagoras. Sämtl. Dialoge Bd.1. Hamburg 1988, S. 1–147; vgl. dazu auch A. K. Treml: Ist Werteerziehung möglich? Möglichkeiten und Grenzen moralischer Bildung in einer pluralistischen Gesellschaft. In: H. P. Burmeser/D. Dressler (Hg.): Werteerziehung in der Pluralität? Herausforderungen an Theologie und Pädagogik. Loccum 1997, S. 139–156).

54 In diesem Zusammenhang weist man in der Literatur gerne auf die pietistische Erziehung des jungen Kant hin. So gesehen – und diese Interpretation wird damit nahegelegt – wäre das »Bekehrungserlebnis« der Moralität nur die säkulare Fassung der »göttlichen Pädagogie«, bei der der »heilige Geist« wie ein Blitz in die Seele fährt.

55 Die Unterscheidung »Familienliebe« – »Vaterlandsliebe« – »Menschheitsliebe« (»caritas generis humani«) lässt sich seit der Stoa nachweisen – und natürlich auch bei den späten Stoikern wie z.B. bei Goethe (z.B. in »Wilhelm Meisters Wanderjahre« 7. Kap., Bd. 8, S. 243, passim).

Weil diese Idee eine kontrafaktische und zukünftige ist, muss bei der Erziehung bedacht werden, dass sie nicht nur eine Anpassung an die aktuellen, gegenwärtigen Bedürfnisse ist, sondern planvoll auf eine zukünftige Verbesserung vorbereitet: »Kinder sollen nicht dem gegenwärtigen, sondern dem zukünftig möglich bessern Zustande des menschlichen Geschlechts, das ist: der Idee der Menschheit, und deren ganzer Bestimmung angemessen, erzogen werden« (ÜP A 18). Wir sehen hier das Programm einer Pädagogik der Moderne, die (ganz ähnlich wie bei Comenius, jedoch ohne theologischen Rahmen) sowohl in der Raum- als auch in der Zeitdimension wahrhaft universelle Bezüge impliziert und diese als regulative Idee (eines zukünftigen besseren Zustandes im Modus der ganzen Menschheit) jeder künftigen Erziehung ins Stammbuch schreibt. Dabei zwingt die »regulative Idee« zur Temporalisierung, zur Entfaltung in der Zeit als ein nicht abschließbarer Prozess, der die Differenz zwischen Idee und Wirklichkeit in ihrer kritischen Funktion unüberholbar erhält.

Dabei vertritt Kant – mit Einschränkung bei der Moralerziehung – einen expliziten (ja fast euphorischen) Erziehungsoptimismus. Nicht nur, dass er sich auf dem Boden einer zukünftigen empirischen Erziehungswissenchaft den sicheren Gang als Wissenschaft erwartet, sondern auch und vor allem, dass er von einer darauf aufbauenden Erziehung das Glück der Menschheit und die Verbesserung ihrer Lage erhofft: »Vielleicht, daß die Erziehung immer besser werde, und daß jede folgende Generation einen Schritt näher tun wird zur Vervollkommnung der Menschheit; denn hinter der Edukation steckt das große Geheimnis der Vollkommenheit der menschlichen Natur. Von jetzt an kann dieses geschehen … Es ist entzückend, sich vorzustellen, daß die menschliche Natur immer besser durch Erziehung werde entwickelt werden, und daß man diese in eine Form bringen kann, die der Menschheit angemessen ist. Dies eröffnet uns den Prospekt zu einem künftigen glücklichern Menschengeschlechte« (ÜP A 10).

Kant hat eine Perspektive eröffnet, die auch in der Pädagogik zu einer dauerhaften und heterogenen Resonanz geführt hat. Ich will nur an zwei Probleme erinnern, weil sie Dauerprobleme sind und bis heute als solche empfunden und diskutiert werden. Ich nenne das erste Problem das »Problem der Vermittlung von Freiheit und Kausalität« und das zweite das »Problem der nicht erfüllten Hoffnungen«. Das erste Problem hängt mit der rigiden Zwei-Welten-Theorie

Kants zusammen. Wenn man so will, kann man das Problem als ein Erbe der Lutherischen Zwei-Welten-Theorie bezeichnen[56]. Es besteht darin, dass man die zunächst vollständig auseinandergerissenen Bereiche im Menschen wieder irgendwie zusammenführen muss. Aber wie? Wenn der Mensch gleichzeitig in zwei Welten lebt – bei Kant in der Welt der strengen Kausalität und der Welt der absoluten Freiheit –, dann stellt sich die Frage, wie durch Freiheit auf Kausalität überhaupt Einfluss gewonnen werden kann. Oder anders gesagt: Wie kann der Mensch als Einheit gedacht werden? Erziehung ist, weil sie in der empirischen Welt geschieht, als soziale Handlung der Kausalität unterworfen. Aber Erziehung ereignet sich dort, wo ein intelligibles Subjekt sich entschließt (z.B. zu erziehen oder zu lernen), auch ausschließlich aus Freiheit. Wenn Freiheit aber, wie das Kant tut, als Unabhängigkeit von Kausalität definiert wird, dann ist nicht mehr erklärbar, wie auf Kausalität durch Freiheit – und das heißt ja nichtkausal – Einfluss genommen werden kann. Die Frage, wie Erziehung dann möglich ist, kann nicht mehr beantwortet werden.

Luther hat an diese Stelle die »Pädagogie Gottes« eingesetzt. Kant, der auch seine Pädagogik anthropozentrisch begründet, kann nicht mehr diesen einfachen Weg gehen, sondern muss diese Frage alleine durch die menschliche Vernunft beantworten. Er ist sich der Schwierigkeit, ja der Unlösbarkeit, dieses Problems bewusst und bringt es in einer (vielzitierten) Formulierung zum Ausdruck: »Eines der größesten Probleme der Erziehung ist, wie man die Unterwerfung unter den gesetzlichen Zwang mit der Fähigkeit, sich seiner Freiheit zu bedienen, vereinigen könne. Denn Zwang ist nötig! Wie kultiviere ich die Freiheit bei dem Zwange?« (ÜP A 32). Anders gefragt: Wie kann man von außen durch kausale Handlungen auf die innere Freiheit eines Andern educativen Einfluss nehmen? Kant hat diese Antinomie in seiner Pädagogikvorlesung nicht gelöst, wenngleich in seinem Antinomienkapitel in der Kritik der reinen Vernunft eine mögliche Lösung angedeutet. Sie würde, wenn wir analog argumentieren, lauten: Freiheit und Kausalität beziehen sich hierbei auf unterschiedliche Bereiche und widersprechen sich deshalb in diesem Argument logisch nicht. Aber der Pädagoge muss

56 Vgl. zu diesem Zusammenhang A. Niethammer: Kants Vorlesung über Pädagogik. Freiheit und Notwendigkeit in Erziehung und Entwicklung. Frankfurt a.M. 1980, insbesondere S. 79 ff.

praktisch erziehen und steht immer vor diesem Problem, ein Ziel seiner Erziehung zu haben, aber keine Methode, die kausal (technologisch) es so zu erreichen verspricht, wie etwa ein Handwerker bei der Herstellung eines Möbelstücks auf seine Techniken zurückgreifen kann. Erziehung ist so (poietisch) nicht (kausal) herstellbar, weil der Educandus durch Freiheit – und damit durch kausale Unverfügbarkeit – ausgestattet ist. Anders gesagt: Nicht nur der Educator, sondern auch der Educandus muss als Subjekt (und nicht nur als Objekt) seiner Freiheit unterstellt werden.

An diesem Problem haben sich seit Kant immer wieder viele theoretische Pädagogen abgearbeitet, ohne dass eine alle zufriedenstellende Lösung in Sicht wäre[57].

Ein zweites Problem betrifft den kantischen Erziehungsoptimismus, der Teil seines hoffnungsfrohen Fortschrittsoptimismus ist und die Aufklärungszeit insgesamt auszeichnet. Wenn man sich nur kurz die Realgeschichte des 19. Jahrhunderts mit den napoleonischen Kriegen, dem expandierenden Imperialismus und der beginnenden aggressiven Nationalstaatlichkeit und vor allem das 20. Jahrhundert mit seinen beiden Weltkriegen und seinen vielen Millionen Toten, den nationalsozialistischen und kommunistischen Diktaturen mit ihren vielen Millionen Ermordeten (und vielen anderen menschlichen Katastrophen) sich vor Augen führt, dann wird klar, dass der Optimismus Kants über den Prospekt einer glücklichen Zukunft verfrüht, ja falsch war, und man erinnert sich, dass Kant ihn ja auch mit einem »vielleicht« versehen hat und vermutlich damit nur eine trotzige Hoffnung zum Ausdruck brachte. Aber sie hat getrogen. Die Aufklärungspädagogik kann deshalb heute im Schatten von Auschwitz nicht mehr optimistisch sein. Statt Aufklärung ist Abklärung angesagt, statt Optimismus Realismus, und als Realismus bezeichne ich jene Haltung, die mit *allem* – also auch mit dem Gegenteil – rechnet und von einer offenen Zukunft ausgeht.

---

57 Vgl. z.B. P. Vogel: Kausalität und Freiheit in der Pädagogik. Studien im Anschluß an die Freiheitsantinomie bei Kant. Frankfurt a.M. 1990, sowie meine Rezension in der ZfPäd 37, Heft 4, Jui 1991, S. 694–704; vgl. auch N. Luhmann/K.E. Schorr: Reflexionsprobleme im Erziehungssystem. Stuttgart 1979, sowie die von Luhmann und Schorr ausgelöste und von Dietrich Benner weitergeführte Diskussion in der ZfPäd (3/1979, 4/1979, 5/1979, 1/1981).

Ist Kant damit desavouiert? Nein, denn aus heutiger Sicht wird sein Erziehungsoptimismus nicht nur durch sein »vielleicht« und seine Formulierung einer »entzückenden Vorstellung« relativiert und als eine randständige und subjektive Nebenbemerkung gewertet werden. Vielmehr muss man sich an einen zentralen systematischen Gedanken Kants erinnern: Aus heutiger Sicht, nach all den Enttäuschungen und dem Entsetzen über das, was im Europa der letzten beiden Jahrhunderte auch geschehen ist, und den getrogenen Hoffnungen auf eine durch bessere Erziehung verbesserte Zukunft, muss man das bislang ungelöste Freiheitsproblem jeglicher Erziehung in einem anderen Lichte sehen und interpretieren. Dort wo Luther noch von einer Pädagogie Gottes spricht, macht Kant mit der harten Antinomie von Freiheit und Kausalität seinen säkularisierten »eschatologischen Vorbehalt«. Erziehung kann das Gute nicht poietisch herstellen und deshalb müssen wir immer dort, wo das Gute so selbstverständlich daherkommt und absoluten Gehorsam fordert, möglicherweise falsche oder faule Vernunft unterstellen. Erziehung darf gar nicht das können, was sie eh nicht kann, nämlich kausal auf Freiheit Einfluss nehmen, denn dann hätten wir Pädagogen nur noch Objekte als Gegenüber, die beliebig (sei es im Sinne einer Partei, eines Führers, einer Ideologie oder auch nur der political correctness) manipulierbar wären. Erziehung steht immer unter dem Vorbehalt, dass sie ihre Ziele nicht erreichen und ihre Versprechungen nicht einlösen kann. Und das ist gut so. Wir verdanken Kant die Erinnerung, dass in der Immanenz (des Empirischen) die Transzendenz (der Moralität) nie zweifelsfrei erreicht, ja nicht einmal festgestellt werden kann. Sie bleibt ein Traum, eine regulative Idee – oder wenn man so will – ein Erbe der christlichen Religion, die ihren Gott nicht von dieser Welt weiß.

9 Exkurs: Kindheit und Jugend in Bildungsromanen des 17. und 18. Jahrhunderts

Bei unserer tour d'horizont durch die pädagogische Ideengeschichte befinden wir uns zeitlich im Übergang vom 18. zum 19. Jahrhundert. Bevor wir uns abschließend mit einem Ausblick in das 19. und 20. Jahrhundert verabschieden, will ich noch einmal innehalten und in Form eines Exkurses einen bislang zu kurz gekommenen Zusammenhang erhellen. Zu einer Zeit, in der es immer noch keine wissenschaftliche Pädagogik, geschweige denn eine ausdifferenzierte Erziehungswissenschaft gab[1], war die Pflege einer anspruchsvollen pädagogischen Semantik auf eine meist akademische Leserschaft und ein noch sehr schwach ausgeprägtes interessiertes Bildungsbürgertum begrenzt. Eine ganz andere Art von Texten dürfte damals weitaus breitenwirksamer gewesen sein, Texte, die ich (etwas großzügig) als »Bildungsromane« bezeichne. Ihre Wirkung ergibt sich alleine schon aus ihrer größeren Auflage und ihrer größeren Verbreitung. Es sind Schriften, die im weitesten Sinne die Entwicklung individueller Menschen in ihrem Lebenslauf (bzw. einem Teil davon) literarisch beschreiben und als Prozess der inneren Bildung (in der Verschränkung von Welt und Ich) interpretieren. Sie verarbeiten häufig (auto-)biografische Erfahrungen, so dass die Grenze zur fiktionalen »schöngeistigen« Literatur, etwa zum Roman, nicht eindeutig zu ziehen ist. Auch ist die Abgrenzung zu anderen litera-

---

1 Der erste Lehrstuhl für Pädagogik wurde 1779 von Ernst Christian Trapp in Halle besetzt – mit der für lange Zeit üblichen Bezeichnung »für Pädagogik und Philosophie«. Trapp sollte jedoch nicht einmal zwei Jahre die Stelle innehaben. Erst im 19. Jahrhundert beginnt sich die Pädagogik als universitäres Fach langsam zu etablieren – jedoch immer noch in Verbindung mit anderen Disziplinen, insbesondere der Philosophie (und damit als »Allgemeine Pädagogik«). Der eigentliche Durchbruch zur Stabilisierung und Professionalisierung des Faches wurde schließlich erst im 20. Jahrhundert erreicht.

rischen Gattungen schwierig – etwa zum Abenteuerroman (z.B. »Robinson« von D. Defoe), zum Volksroman (z.B. »Lienhard und Gertrud« von J. H. Pestalozzi) oder zum Traktat über Erziehungsprobleme (z.B. »Emile« von J. J. Rousseau). Wenn ich hier trotz dieser Abgrenzungs- und Bestimmungsprobleme den Begriff des Bildungsromans beibehalte und ihn verwende, dann ganz einfach deshalb, weil wir keinen besseren haben.

Das Genre solcher Bildungsromane blüht im 17. und 18. Jahrhundert (zeitlich parallel zu den Utopien) auf und gewinnt eine große Leserschaft[2]. In diesen Romanen wird das Leben eines Individuums so geschildert, dass es in Gedanken und Gefühlen vom Leser miterlebt und mitgefühlt werden kann. Sie stellen damit das Pendant des neuzeitlichen Interesses des empfindsamen Ichs an sich selbst dar, das z.B. im Schreiben von Tagebüchern einer empfindsamen »schönen Seele« zur Mode wurde. Die Abnahme der äußeren Ängste (insbesondere durch die zunehmenden Erfolge der Naturwissenschaft und der Technik, aber auch der Verrechtlichung von Konflikten) korrelliert nicht gleichfalls mit der Abnahme, sondern im Gegenteil: mit der Zunahme der inneren Ängste[3] – und dies kommt zunächst in einer gesteigerten Sensibilität für die eigene Empfindsamkeit zum Ausdruck. Die Eigenbeobachtung nimmt zu. Dieses Interesse am Ich wird in den Bildungsromanen wieder nach außen – in eine fiktive Person und ihre Handlungen – verlagert, so dass man zu sich selbst über den Umweg des Schicksals eines Andern Distanz gewinnt. Diese psychologische Komponente ist meist eingebettet in ein pädagogisches Interesse, denn im Mittelpunkt solcher Romane steht i.a. nicht nur der Mensch, sondern der *junge* Mensch, geht es doch um Entwicklung als (äußeren und inneren) Bildungsprozess, um die Bildung des eigenen Ichs und der Welt, in dem sich dieses Ich entfaltet und seine innere Form findet – und diese Entwicklung beginnt nun

2 Vgl. den Überblick über die wichtigsten zeitgenössischen »Romane des 17. und 18. Jahrhunderts« – so der Titel der Reclam-Ausgabe (Stuttgart 1996) und ihre Interpretationen.

3 N. Elias hat dies als den »Prozeß der Zivilisation« bezeichnet und in den Zusammenhang einer Entwicklung der allgemeinen Trieb- und Affektkontrolle gestellt (N. Elias: Über den Prozeß der Zivilisation. Soziogenetische und psychogenetische Untersuchungen. Bd. 1. Wandlungen des Verhaltens in den weltlichen Oberschichten des Abendlandes. Frankfurt a.M. 1997).

einmal mit dem Kind und setzt sich über die Jugend in die Ontogenese fort.

Ich will am Beispiel einiger ausgewählter Bildungromane die Veränderungen in der pädagogischen Ideenlandschaft des 17. und 18. Jahrhunderts am Bild der Kindheit und der Jugend beschreiben und dabei die Entstehung unseres modernen Verständnisses von Kindheit und Jugend herausarbeiten. Wie so häufig, können wir auch hier einen merkwürdig blinden Fleck bei der Beobachtung feststellen: Unser heutiges Verständnis von Kindheit und Jugend erscheint uns als selbstverständlich und alternativlos, als nichtkontingent. Erst der aus der zeitlichen Distanz gewonnene Blick zurück in seine Entstehungsgeschichte hinein macht es als ein historisch kontingentes Produkt einer sozialen Evolution transparent, die damit einen Selektionsvorteil transportiert. Aber welchen? Und um welchen Preis?

Ich will versuchen, diese Fragen thesenhaft zu beantworten und anhand von Beispielen zu veranschaulichen, die ich aus dem engen Genre einiger weniger, wenngleich auch sehr einflussreich gewordener Bildungsromane (in Form von Zitaten) entnehme. Ich werde dabei exemplarisch vorgehen und mich dabei weitgehend auf folgende vier Schriften beschränken:

1. Hans Jakob Christoffel von Grimmelshausen (1622–1676):»Der abenteuerliche Simplicissimus« (erschienen 1667)[4]
2 Jean-Jacques Rousseau (1712–1778): »Emile« (erschienen 1762)[5]
3. Karl Philipp Moritz (1756–1794): »Anton Reiser« (erschienen 1785)[6]
4. Johann Wolfgang von Goethe (1749–1832): »Wilhelm Meister« (und zwar die »Lehrjahre«, erschienen 1794–96, und die »Wanderjahre«, erschienen 1821/22)[7]

Diese Auswahl macht deutlich, dass hier der Begriff des »Bildungsromans« in einer weiten, vielleicht etwas unkonventionellen Bedeu-

---

4 Im Folgenden zitiert nach der gekürzten Ausgabe hg. von Schafa/Schick. Stuttgart 1970.

5 Zit. nach Rousseau 1963 a.a.O.

6 Zit. nach der Reclam-Ausgabe von 1963 (Stuttgart).

7 Im Folgenden zitiert nach J. W. von Goethe Werke, Kommentare und Register. Hamburger Ausgabe in 14 Bänden, hier Band 7. (Lehrjahre) München 1989 und Band 8 (Wanderjahre) München 1981.

tung gebraucht wird. Der Zeitraum, der hier beobachtet wird, umfasst über 250 Jahre und reicht von der zweiten Hälfte des 17. Jahrhunderts bis hinein in das beginnende 19. Jahrhundert. Um Zeit und Raum zu sparen, will ich mit zwei zeitökonomischen Methoden arbeiten, die in diesem Buch schon mehrfach angewendet wurden: der Vergrößerung von Unterschieden (bei der Gestaltwahrnehmung), also der *Kontrastverschärfung*, und der Methode des Weglassens von Unterschieden im Ähnlichen, also des *Abstrahierens*. Das bedeutet hier: Ich werde vier Kriterien stichworthaft herausarbeiten, diese im Kontrast zu einem vor- oder frühneuzeitlichen Text verdeutlichen, und alles Andere (und damit das Meiste) weglassen – nämlich »Nobilitierung«, »Individualisierung«, »Temporalisierung« und »Pädagogisierung«. Alle Stichworte sind uns immer wieder – insbesondere seit dem Humanismus – begegnet und somit nicht neu[8]. Neu ist die andere Perspektive, unter der sie entfaltet und in den allgemeinen Zusammenhang der Ideengeschichte des 17. und 18. Jahrhunderts gestellt werden. Schließlich will ich abschließend versuchen, die Frage zu beantworten, warum gerade dieses Verständnis von Kindheit und Jugend für unsere Moderne so wichtig geworden ist.

Mein erstes Stichwort heißt *(1) Nobilitierung*. Kindheit und Jugend werden nobilitiert bzw. aufgewertet, bekommen eine je eigene Würde, treten in den Vordergrund des Interesses von Autoren und Lesern, so dass man (nur wenig überspitzt) durchaus sagen kann: Unser modernes Verständnis von Kindheit wird im 17. und 18. Jahrhundert erfunden. All das beginnt, wie wir schon gesehen haben, *programmatisch* (theoretisch) schon in der Zeit des Humanismus und *symbolisch* (bildlich) in der Renaissance, *konkret* (praktisch) in einer gewissen Breitenwirksamkeit wird es aber erst jetzt. Erst jetzt wird Kindheit und Jugend zu einem eigenen Thema, das in romanhafter Form verarbeitet wird. Das ist die Geburt des Bildungs-

8 Einen ähnlichen Zugang entlang von charakteristischen Stichworten entfaltet M. Schimanck (Funktionale Differenzierung und reflexiver Subjektivismus. In Soziale Welt 4/1985, S. 447–465). Seine (nachvollziehbare) These lautet: Die durch funktionale Differenzierung erzwungene Umstellung von einer monozentristischen auf eine multiperspektivische Weltsicht führt zu Erfahrungen der Pluralisierung, Temporalisierung und Relativierung von Werten und damit auf Seiten des Subjekts zu einer Identitätsform des »reflexiven Subjektivismus«.

romans. Das wird vor allem im Kontrast deutlich: In dem etwa um 1200 entstandenen »Nibelungenlied« ist die Kindheit des Helden Siegfried dem unbekannten Autor gerade einmal ein halber Vers (von über 1200 Versen) wert. Lapidar heißt es im 6. Vers[9]:

»Man erzog ihn mit der Sorgfalt, die ziemt dem edeln Mann;
durch sein eignes Wesen viel Tugend er gewann.«

Das ist sogar noch recht viel, wenn man sich zwei weitere Beispiele vor Augen führt: In der um 1320 vollendeten »Göttlichen Komödie« von Dante blendet der Autor die Kindheit des Ich-Erzählers vollständig aus, denn er beginnt mit dem Satz[10]:

»Dem Höhepunkt des Lebens war ich nahe,
da mich ein dunkler Wald umfing …«

Noch in Comenius schon erwähnter Trostschrift »Das Labyrinth der Welt und das Paradies des Herzens« von 1623 kommt die Kindheit als eigenständige Phase der Menschen weder auf Seiten des Beobachters, also des Autors, noch auf Seiten des Beobachteten, also der Handlung selbst, vor.

Im Gegensatz dazu gewinnt die Kindheit nun im ersten großen deutschen Bildungsroman, dem »Simplicissimus«, an Bedeutung, indem die Geschichte mit der Rückblende in die Kindheit des Erzählers beginnt (und diese beginnt übrigens auch im »Wald«). Das 1. Kapitel wird überschrieben mit »Vermeldet Simplicii bäurisch Herkommen und gleichförmige Auferziehung«. Kindheit wird hier satirisch gebrochen aus der Sicht des Wissenden als paradiesische Unwissenheit geschildert: »Ich war so perfekt und vollkommen in der Unwissenheit, daß mir unmöglich war zu wissen, daß ich so gar nichts wußte« (10). Das ist die Rückseite des sokratisch Gebildeten, denn »Simplicissimus« ist der »Simple«, der Dumme, Ungebildete, der eben nicht wie Sokrates weiß, dass er nichts weiß, sondern der nicht einmal das weiß – der also nicht weiß, dass er nichts weiß. Das aber kann natürlich nur der Wissende wissen, also der erwachsene Ich-Erzähler als externer Beobachter seiner eigenen Entwicklung; nur er kann wissen, dass er als Kind nicht wusste, dass er nichts wusste, und aus dieser späteren Perspektive erscheint dieser Zustand als Paradies, also die Situation vor dem Sündenfall – die Zeit betreffend, als die Schlange noch nicht dazu verführt hatte, vom Baum der

9 Das Nibelungenlied. Übersetzt, eingeleitet und erläutert von F. Genzmer. Stuttgart 1961, S. 13.
10 Dante Alighieri: Die Göttliche Komödie. Zürich o.J., S. 25.

Erkenntnis zu naschen. Deshalb erscheint im Rückblick diese Kindheit als Paradies:

»Dahero ohnschwer zu gedenken, daß ich vermittelst solcher Theologiae wie unsere ersten Eltern im Paradies gelebt, die in ihrer Unschuld von Krankheit, Tod und Sterben, weniger von der Auferstehung nichts gewußt. O edels Leben!« (S. 10).

In der Ontogenese wiederholt sich die Phylogenese und das heißt: Alles beginnt mit der unwissenden Kindheit. Dieses hier zum Ausdruck gebrachte Interesse an der eigenen Kindheit, in dem der Autor unschwer erkennbar biografische Erfahrungen verarbeitet, wird in »Anton Reiser« noch dadurch verstärkt, dass es nicht nur den Beginn markiert, sondern den gesamten Text umfasst – und das heißt: Die Kindheit wird wie durch ein Vergrößerungsglas betrachtet. Der autobiografische Roman beginnt mit der frühesten Erinnerung an die eigene Kindheit und endet abrupt mit einem jugendlichen Abenteuer ins Ungewisse des nun erwachsen Gewordenen. Erst mit »Emile« und »Wilhelm Meister« wird dann in einer seltsamen Mischung von Roman, literarischer und theoretischer Abhandlung die Kindheit von der engen Verbindung mit der eigenen Biografie gelöst und zum Gegenstand des distanzierten literarischen Interesses selbst gemacht. Mit seinem »Emile« rückt Rousseau die Kindheit in den Mittelpunkt des breit angelegten reflexiven Nachdenkens. Es endet dort, wo Goethes Interesse an der Kindheit erst beginnt, in der Vaterschaft des Wilhelm Meister, der die Kindheit als Teil seiner eigenen Bildungsgeschichte begreift und diese damit in den gesamten Lebenslauf einfügt.

Das zweite wichtige Stichwort heißt: *(2) Individualisierung*. Auch dieser Begriff ist uns schon (insbesondere seit dem Humanismus) vielfach begegnet, so dass er hier nur noch einmal aus einer anderen Perspektive entfaltet werden soll. Kindheit und Jugend rücken in den Bildungsromanen in die Form einer unverwechselbaren Individualität des jeweiligen Menschen, der sich dadurch als einzigartig stilisiert, dass er anders als alle Anderen ist.

Das Hervortreten des individuellen Subjektes kann man zunächst an der Autorenschaft der Texte selbst veranschaulichen. Während das Nibelungenlied überhaupt noch keinen Autor kennt, versteckt sich der Autor des »Simplicissimus« noch hinter mehreren Pseudonymen, und es bedurfte der aufwändigen Forschung, um erst im letzten Jahrhundert die wahre Autorenschaft des Gastwirtes aus dem Rechental nachzuweisen. Der Autor des »Emile« kann sich schon zu seiner Autorenschaft bekennen, aber das ist auch deshalb einfacher, weil sein Gegenstand eine fiktive Figur ist, mit der er sich – wie man vermuten kann – literarisch von der eigenen missglückten (fünffachen) Vaterschaft distanzieren kann. Das kann und braucht der Autor von »Anton Reiser« nicht, denn das Thema ist seine eigene Biografie in seinen vielfach gebrochenen inneren Empfindungen. Er distanziert sich künstlich davon durch einen fiktiven Verfassernamen und erscheint so selbst in der 3. Person Singular. Mit Hilfe dieses sprachlichen Tricks vermag Karl Philipp Moritz über Anton Reiser sich selbst zu beobachten; seine pietistische Seelenforschung kann über diesen kleinen Umweg beginnen und Früchte tragen.

Bei Goethe endlich ist diese Distanzierungsform sowohl auf der Seite des Berichterstatters als auch im Bericht selbst durchkomponiert und bedarf deshalb der Verschlüsselung nicht mehr: Wilhelm Meister ist eine eigenständige Figur und die Kindheit und Jugend erscheint erst in der Perspektive seiner genetischen oder geistigen Vaterschaft (zu seinem Sohn Felix und zu seinem Schützling Mignon). Jetzt erst wird Kindheit und Jugend in ihrer Subjektivierung objektiviert.

Diese objektive Subjektivierung erleichtert die Darstellung der Form, mit der sie schließlich zur dominanten Figur des modernen Subjekts werden soll: die Selbstreflexion. Kindheit und Jugend werden zum Gegenstand der selbstreflexiven Versicherung der eigenen Individualität – und damit in der Folge als eine Phase erlebt, die ambivalent empfunden wird: als Freiheit und Einsamkeit, Befreiung und Alleingelassenwerden, Erlösung und Überlastung. Es ist die Metaphorik der »Insel«, die bei Simplicissimus diese Entdeckung des unverwechselbaren Eigenen – im Gegenüber zur Welt – symbolisiert, und das einige Jahrzehnte bevor Daniel Defoe dieses Motiv mit seinem »Robinson Crusoe« breitenwirksam entfalten sollte[11]. Die Insel der Kindheit wird zum Ort eines ambivalenten Paradieses: einerseits räumlich außerhalb der Gesellschaft, andererseits aber mit allen Chancen, von ihr entdeckt und gebraucht zu werden. An früherer Stelle wurde in diesem Buch schon auf den Zusammenhang mit der nun dominant werdenden funktionalen Gesellschaftsdifferenzierung hingewiesen; sie ist es, die dazu zwingt, das Kind durch

11 Dabei selbst wiederum auf ältere literarische Vorlagen zurückgreifend (vgl. H. Brunner: Die poetische Insel. Inseln und Inselvorstellungen in der deutschen Literatur. Stuttgart 1967, S. 77 ff.).

gesellschaftliche Exklusion zu konstruieren, weil es seine Einheit und Legitimität nicht mehr durch gesellschaftliche Inklusion erzeugen kann. Das Exklusivwerden des Kindes lässt sich schon bei Rousseau in seiner hypertrophen Figur des »Solitaire«, der in der Gleichsetzung des »Wilden« mit dem »Kind« Karriere machen sollte, entdecken. Zu einer Zeit, in der das Individuum seine Einheit zunehmend schwieriger in und über die Gesellschaft erreichen kann, heißt es in Roussauses »Emile« schon ganz programmatisch: »Der natürliche Mensch ist sich selbst alles. Er ist die ungebrochene Einheit, das absolute Ganze, das nur zu sich selbst oder seinesgleichen eine Beziehung hat«[12].

Die freigewordene Subjektivität wird vor allem bei Anton Reiser eine leidvolle Angelegenheit des seelischen Empfindens und zur »Hypochondrie« verdichtet – ein Begriff, der damals nicht nur die Krankheit des eingebildeten Kranken meinte, sondern jede übersteigerte Empfindung seiner Selbst in der erregten Einbildungskraft. In diesem »hypochondrischen Jammer«, wie das Goethe einmal nannte, einer geradezu pathologischen Subjektivität, kommt aber ein Problem zum Ausdruck, nämlich das der Unsicherheit einer plötzlich autonom gesetzten Individualität.

Welche Muster der Problembewältigung bietet die Literatur an? *Simplicissimus* flieht nach vielen Abenteuern schließlich auf seine Insel, Comenius *Pilger* kehrt nach langen Wirren durch das »Labyrinth der Welt« in das »Paradies des Herzens« zurück, Rousseaus *Emile* in das, was Rousseau unter »Natur« versteht, *Anton Reiser* in sein empfindsames Ich, in seine Innerlichkeit. Und *Wilhelm Meister*? Es kennzeichnet den Reichtum dieses Werkes und seine pädagogische Bedeutsamkeit, dass es eine Lösung dieses Problems offeriert, die wohl dort beginnt, wo Anton Reiser endet, aber weit darüber hinausgeht und solche und andere Umwege als Teil eines letzten Endes geglückten Bildungsprozesses erkennen lernt, der in der aktiven Verschränkung von Ich und Welt seine Individualität entwickelt[13].

---

12 Rousseau 1963 a.a.O. S. 112.

13 Noch Goethes »Werther«, Sinnbild einer expressiven Individualität, schafft das nicht, sondern scheitert an der Absolutheit (und das heißt: Nichtaustauschbarkeit) seiner Erwartungen. Aber auch in den »Wahlverwandtschaften« sollte die Variante der »freien Wahl« zu keinem glücklichen Ende führen.

Welch ein Unterschied zum Nibelungenlied, aber auch zur Göttlichen Komödie, bei denen kaum Individuen hervortreten. Bei ihnen spielt sich fast alles im Äußeren und fast nichts im Inneren ab. Erst jetzt, mit dem beginnenden 18. Jahrhundert beginnt das Individiuum konturiert hervorzutreten, und deshalb ist es nur wenig übertrieben, wenn Luhmann meint: »Weder in den Biographien noch in den Romanen findet man ... vor dem 18. Jahrhundert nennenswerte Spuren moderner Individualität.«[14] Aber diese Individualität ist nicht auf einmal da, sie beginnt als Kind und sie entwickelt sich. Was sich im Nibelungenlied und in der Göttlichen Komödie nur außerhalb der handelnden Personen an gefährlichen Abenteuern ereignet, das ereignet sich nun in ihnen selbst.

Das nächste Stichwort heißt deshalb: *(3) Temporalisierung*. Kindheit wird dynamisch und verlagert ihren Schwerpunkt von der Raum- in die Zeitdimension. Sie wird als ein Entwicklungsprozess in einer Umwelt verstanden, die zunehmend ihre räumliche Begrenzung verliert.

Dieses Interesse an einem Kindheitsverständnis, das sich als ein Entwicklungsprozess versteht, lässt sich in allen Bildungsromanen veranschaulichen, und es ist bemerkenswert mit welchen feinen Unterschieden. Im »Simplicissimus« rückt fast schon der gesamte Lebenslauf als Prozess der Veränderung und Bewährung in den Mittelpunkt – nur begrenzt durch die Erinnerung an die früheste Kindheit und den Abbruch des Tagebuchs eines Insulaners; im »*Emile*« beginnt die Beobachtung der Kindheit mit der Geburt und endet erst in dem Augenblick, als »Emile« durch die Heirat mit Sophie selbst Vater eines Kindes werden kann. In »*Anton Reiser*« ereignet sich der Prozess vor allem in der inneren Vorstellungswelt, in den Empfindungen eines sich seiner selbst quälend bewusst werdenden Ichs. Erst »*Wilhelm Meister*« verbindet beides gleichermaßen miteinander: die innere und die äußere Bildung als einen Prozess der Entwicklung in der Zeit.

Als Ergebnis wird ein autonomes Leben antizipiert, das sich von der Beschränkung auf einen Ort löst. Das Ich, das sich in der Barockdichtung vor der Überforderung der Welt noch auf eine Insel flüchtet, verlagert sich bei »Emile« schon in das selbstreflexive Subjekt und wird dadurch anschlussfähig an beliebige Umweltbedingungen.

---

14 N. Luhmann: Gesellschaftsstruktur und Semantik. Studien zur Wissenssoziologie der modernen Gesellschaft. Band 3. Frankfurt a.M. 1989, S. 174.

Das moderne Individuum wird schon als Kind quasi zu einer »Insel«. Die Isolation empfindet Anton Reiser noch selbstquälerisch, und er leidet unter dem Herumgeworfenwerden in einer Umwelt, die er nicht zu kontrollieren vermag. Erst Wilhelm Meister gelingt die Versöhnung zwischen innerer und äußerer Veränderung, indem er beides dialektisch aufeinander bezieht, temporalisiert und damit als Bildungsprozess fruchtbar macht. Das Ergebnis lässt sich sehen: Der überall nützliche Mensch ist an keinen festen Ort mehr gebunden. Lotharia schreibt Jarno aus Amerika: »Ich werde zurückkehren und in meinem Hause, in meinem Baumgarten, mitten unter den Meinigen sagen: Hier oder nirgend ist Amerika!« (VII, 431), und Wilhelms Wanderjahre finden schließlich ihr Ziel darin, »sich auszubilden und einzurichten, daß er überall zu Hause sei«[15].

Kommen wir schließlich zum letzten – und in diesem Zusammenhang wichtigsten – Stichwort. Es heißt (4) *Pädagogisierung*. Dass die Pädagogik im Zusammenhang mit Kindheit und Jugend wichtiger wird, das wird in den Romanen schon an Äußerlichkeiten deutlich: Schon die Darstellung will jetzt nicht nur unterhalten, sondern vor allem auch belehren:

- »Lust- und lehrreiche Schriften« heißt es im Untertitel der Erstauflage des Simplicissimus,
- »Über die Erziehung« der einschlägige Untertitel des »Emile«,
- und der im Untertitel als »psychologischer Roman« eingeführte Anton Reiser beginnt jedes Buch mit pädagogischen Vorbemerkungen und unterbricht die Darstellung immer wieder mit lehrhaften Appellen, und
- schließlich nennt Goethe selbst einmal (in einem Brief an Schiller) seinen »Wilhelm Meister« als »Wilhelm Schüler«: »Wilhelm Schüler, der ich weiß nicht wie, den Namen ›Meister‹ erwischt hat« (WJ S. 621). Er hat ihn deshalb erwischt, weil Wilhelm als Schüler ein Meister ist: das Idealbild eines bildungshungrigen modernen Menschen, der die vielen zufälligen Umwege (insbesondere über das Theater, über seine Reisen und seine Lektüre) nicht als vergeudete Zeit, sondern als Chance zu lernen und sich zu bilden begreift.

Weder im Nibelungenlied noch in der Göttlichen Komödie, ja nicht einmal in Comenius' »Labyrinth der Welt« steht Erziehung und Bil-

15 Sinng. zit. nach Goethe Bd. 8, S. 391.

dung im Mittelpunkt des Textes. Aber schon bei »*Simplicissimus*« ist es eine Geschichte des Lernens und der Bildung. Dabei werden schon hier zwei Erziehungsinstitutionen und Erziehungsformen markant unterschieden: der leibliche Vater, der für die Sozialisation, und der geistige Vater, der für den Unterricht und die Bildung zuständig ist. Der Vater wird mundartlich »Knan« genannt, der Einsiedler hochsprachlich »Vater« – zu Recht, wie sich später herausstellt, denn der »Vater« ist der eigentliche Vater. Dass bei der Vaterschaft der erste Blick oft trügerisch ist, das lässt sich an dieser Geschichte wieder einmal sehen – was nicht verwunderlich ist, wenn man bedenkt, dass Väter kein hartes Unterscheidungskriterium besitzen, nur ein weiches: die Überzeugung (»ich bin überzeugt, also bin ich Vater«, heißt es bei Goethe). Dass der »richtige« Vater, also der genetische Vater, schließlich auch derjenige ist, der den jungen »Simpel« lehrt und ihm die Welt erklärt – also auch der memetische Vater ist –, das kann vielleicht als Aufwertung des Pädagogischen interpretiert werden. Vater ist, wer die Funktion des Vaters erfüllt – im Idealfall ist das in Deckungsgleichheit der genetische und der memetische Vater.

Mit dieser Unterscheidung von genetischem und memetischem Vater – eine Unterscheidung, die ja schon den Alten Ägyptern mit den Begriffen »Sohn« und »Same« bekannt war – wird eine pädagogische Unterscheidung von Kindheit und Jugend angedeutet. Kindheit ist dort, wo man funktional erzogen wird (vor allem in der Familie), Jugend dort, wo man intentional belehrt wird (etwa durch einen Einsiedler, wie beim Simplicissimus, einen Hofmeister, als Freund des Vaters, wie bei Emile, professionellen Lehrern, insbesondere Lateinlehrern, wie bei Anton Reiser und einer pädagogischen Institution, der sog. »Turmgesellschaft«, wie bei Wilhelm Meister). Auch Wilhelm hat einen eigenen Sohn (»Felix«) und einen geistigen Sohn (die androgyne »Mignon«) und beide Kinder nennen ihn Vater: »Mein Kind!« rief er aus, »Mein Kind! Du bist ja mein!« … »Mein Vater!« rief sie, »du willst mich nicht verlassen! Willst mein Vater sein! – Ich bin dein Kind!«[16].

Der Bruch zwischen funktionaler Erziehung in der Familie und intentionaler Erziehung durch die Schule wird in allen Romanen deutlich herausgearbeitet und geradezu als Vertreibung aus dem Paradies dargestellt. Aus diesem Paradies unsanft vertrieben, kommt

16 Goethe 1973 a.a.O. S. 143 f.

er schließlich zu seinem Lehrer, dem Einsiedler, der ihm zunächst in einer Art Initiation den bezeichnenden Namen »Simpl« gibt und sodann in wenigen Worten das pädagogische Programm schlechthin formuliert: »Ach liebes Kind, schweige und lerne, solches ist dir viel nötiger als Käs, du bist wohl ungeschickt, wie dein Meuder gesagt hat, solchen Buben wie du bist, steht nicht an einem alten Mann in die Red zu fallen, sondern zu schweigen, zuzuhören und zu lernen ...«[17]. Die Zumutung, die das Lehren für den Educandus darstellt, wird allerdings schnell dadurch erträglich gemacht, dass dieser diese Erwartung internalisiert und die Zumutung zu lernen sich selbst zumutet. Bildungshunger wird unterstellt, angefangen bei Simplicissimus, der den Einsiedler damit plagt, über Anton Reiser, der in die »Wonne des Denkens« geradezu flüchtet, bis hin zu Wilhelm Meister, der von früh an den Wunsch in sich spürt, die Anlagen, die in ihm »zum Guten und Schönen ruhen mögen, sie seien körperlich oder geistig, immer mehr zu entwickeln und auszubilden«[18] und sich lebhaft erinnert: »Daß ich Dir's mit einem Worte sage: mich selbst, ganz wie ich da bin, auszubilden, das war dunkel von Jugend auf mein Wunsch und meine Absicht.«[19]

Zunächst scheint diese Bildung, ganz analog wie für Anton Reiser, nur »auf dem Theater«, dann »auf Reisen« möglich, bis er entdeckt, dass es viel zu viel Zeit kostet, auf den (fruchtbaren) Zufall zu warten, und er schließlich – zunächst in den Worten des Abbé bei dessen erster schicksalshafter Begegnung – auch dem Hofmeister, also dem Lehrer, seine Würde gibt[20].

Väterliche Pädagogen lösen nun in der einflussreichen Semantik die »Führer« ab, die bei Dante und bei Comenius noch diese Funktion erfüllen, und der Weg, den sie zeigen, geht nun auch nicht mehr ins Jenseits, sondern bleibt der Lebensweg ins Diesseits. Die Unterscheidung von Immanenz und Transzendenz, von Innen und Außen wird nun säkularisiert: Innen wird die durch Einbildungkraft lebende psychische Innenwelt des Subjektes und außen die Welt, und Bildung dementsprechend, ganz deutlich insbesondere bei Goethes »Wilhelm Meister«, zur inneren Formung durch tätige Bewährung in und mit einer äußeren Welt.

---

17 Grimmelshausen 1992 a.a.O. S. 26.
18 Goethe 1974 Bd. 7 a.a.O. S. 276.
19 Goethe 1974 a.a.O. 290.
20 Goethe 1974 a.a.O. S. 121.

Pädagogik bedeutet von nun an aktive Begleitung durch ein Leben im Dieseits. Und der Umweg geht zunächst über die Phantasie, über das Puppenspiel, das Theater, dann über Reisen und Verirrungen der Welt, die durchaus etwas Labyrinthisches an sich haben. Aber Bildung besteht nicht mehr darin, dieses Labyrinth zu verlassen, sondern sich darin zu bewähren. Nirgendwo wird diese säkularisierte Wendung einer Pädagogik, die sich nicht mehr religiös, sondern utilitaristisch versteht, deutlicher als dort, wo Anton Reiser die über das gesamte Mittelalter dominierende binäre Unterscheidung von »Natur« und »Gnade« ironisch umkehrt und die Erlösung durch Selbstbildung nun nicht mehr von der Gnade, sondern der Natur erhofft: »So war Anton nun in seinem dreizehnten Jahre, durch die besondre Führung, die ihm die göttliche Gnade, durch ihre auserwählten Werkzeuge hatte angedeihen lassen, ein völliger Hypochondrist geworden, von dem man im eigentlichen Verstande sagen konnte, daß er in jedem Augenblick lebend starb .... Aber der Frühling kam wieder heran, und die Natur, die alles heilet, fing auch hier allmählich an, wiedergutzumachen, was die Gnade verdorben hatte.«[21]

Kein Wunder also, dass man Pädagogik, ihrer religiösen Fundierung in der göttlichen Gnade gerade beraubt, nun auf die Natur gründet und eine »natürliche Erziehung« propagiert, wobei man bis heute unterschiedlich von der Natur als letztem Kontingenzunterbrecher Gebrauch macht: mit Grimmelshausen als Ort (den »Wald«, die »Wildnis«), den man gerade mit Hilfe der Pädagogik verlässt, um in der Zivilisation zu überleben – oder umgekehrt mit Rousseau als Ziel, das man durch negative Erziehung zu erreichen sucht, um der korrupten Zivilisation zu entgehen. Es ist bemerkenswert, dass Simplicissimus zwischen Weltbewältigung und Weltflucht schließlich auf einer Insel landet und dort beides, Natur und Gnade, zu versöhnen sucht, und noch Emile als Mensch nur erzogen werden kann, dadurch dass er der bürgerlichen Welt entflieht. Erst Wilhelm Meister gelingt es schließlich, Natur und Zivilisation, Innenwelt und Außenwelt, miteinander zu versöhnen, indem er sowohl die eigene Natur als auch die eigene Kultur als Medium der Selbstbildung akzeptiert und zum Weltbürger wird, der überall zuhause sein kann, weil er überall – und nicht nur auf einer fernen Insel – eine »freie Person« ist.

---

21 Moritz 1972 a.a.O. S. 90.

Fragen wir abschließend nach dem Zusammenhang – und auf den kommt, nach Goethe, doch schließlich alles an. Wie lassen sich die Entdeckung und Nobilitierung der Kindheit, die selbstreflexive Individiualisierung, die Temporalisierung der kindlichen und jugendlichen Entwicklung und die auffällige Pädagogisierung in ihrem Zusammenhang erklären?

Ich denke, dass wir die Antwort auf diese Frage im Kontext einer sozialen Evolution suchen müssen, die im 14. und 15. Jahrhundert beginnt, schließlich im 17. und 18. Jahrhundert machtvoll damit ernst macht, Gesellschaft funktional zu differenzieren, weil die traditionelle stratifikatorische Differenzierung zunehmend die freigesetzte Dynamik hemmt. Wurde früher das Individuum mit seiner Geburt in einen Stand, in eine Religion, in eine Sprache, in eine bestimmte Lebensform hineingeboren und mehr oder weniger irreversibel darin festgezurrt, erweist sich dies zunehmend als ein Hemmschuh für die weitere soziale Evolution. Deshalb wird jetzt das Individuum mit seiner Geburt als gesellschaftlich exklusiv begriffen; es wird gewissermaßen außerhalb der Gesellschaft geboren und findet nur noch in diesem exterritorialen Ort seine Einheit. Die Kränkung, die der moderne Mensch durch seine funktionale Austauschbarkeit in der heraufdämmernden funktional differenzierten Gesellschaft erleidet, kann nur noch kompensiert werden durch Stilisierung zum (freien) »Subjekt«, zum (monadischen) »Individuum[22]. Deshalb tritt jetzt in den Bildungsromanen immer mehr das Individuum als unverwechselbare Identität in den Vordergrund.

Nicht mehr die gesellschaftliche Inklusion, sondern die gesellschaftliche Exklusion ist jetzt das zentrale Problem und wird, wie unsere Romane zeigen, als Individualisierung zunächst mehr erlitten, denn als Befreiung erlebt. Das schmerzliche Bewusstsein seiner eigenen Individualität bedeutet deshalb zunächst einmal das Poröswerden traditioneller Herkunftsbindungen – weder Stand, noch Religion, noch Herkunft, noch Nation darf jetzt den Ausschlag geben, wenn es darum geht, Zukunft zu meistern. Dass damit das Kind nobilitiert wird, ist eine wohl notwendige Kompensation dieser zunächst als Verlust begriffenen Entwicklung – einer Ent-

22 Vgl. dazu ausführlich Luhmann 1989, a.a.O. S. 149 ff. – mit dem Schlüsselsatz: »Gerade der Ausschluß des Individuums aus dem Sozialsystem Gesellschft ermöglicht dann seinen Wiedereintritt als Wert in die Ideologie« (S. 159)

wicklung, die sich gegen die wohl angeborene Disgregationsangst wendet und sie – unwahrscheinlich genug – überwinden muss[23]. Gerade der Ausschluss des Individuums aus dem Sozialssystem Gesellschaft, also dessen Exklusion, ermöglicht seinen Wiedereintritt als Wert: als Nobilitierung des Kindes[24].

Das Kind ist nicht auf einmal und für immer gesellschaftlich platziert, sondern muss seine gesellschaftliche Anschlussfähigkeit – also seine Inklusion – erst mit Hilfe von Erziehung und Bildung noch selbst organisieren. Das braucht Zeit, deshalb wird temporalisiert, und bedarf der pädagogischen Begleitung, deshalb wird die Pädagogik mit ihrem Medium Kind aufgewertet. Pädagogik verdankt ihre Aufwertung in der Neuzeit dieser gesellschaftlichen Exklusion des Individuums und der Tatsache, dass jedes Individuum als Kind beginnt. Weil die externe Zuschreibung gesellschaftlicher Platzierung gerade als überholt abgeschafft wurde, kann sich die moderne Pädagogik aber nicht als neuer Platzanweiser aufspielen, deshalb wird Bildung letztlich als Selbstbildung stilisiert und die grandiose Figur einer selbstreferentiellen Individualität – als autonomes Subjekt – konstruiert, an der die pädagogische Theoriebildung sich bis heute abarbeitet.

Das Interesse an der Kindheit und der Jugend, wie es sich an den Bildungsromanen des 17. und 18. Jahrhunderts so eindrucksvoll zeigen lässt, ist also durchaus ambivalent. Es wertet das Kind auf, rückt es in den Mittelpunkt des allgemeinen Interesses und gibt ihm eine eigene Würde. Aber gleichzeitig wird seine pädagogische Begleitung unvermeidbar. Jedes Kind beginnt nun gewissermaßen als Simplicissimus, wird wie Emile pädagogisch behandelt, empfindet wie Anton Reiser quälend seine Individualisierung und entwickelt sich – wenn's gut geht – zu einem Wilhelm Meister. Die Nobilitierung von Kindheit und Jugend muss erkauft werden mit der

23 Die Disgregationsangst, also die Angst vor dem Ausgestoßenwerden aus der eigenen »Horde«, hat in der frühen Menschheitsgeschichte proximat einen offensichtlichen Selektionswert gehabt und dürfte deshalb angeboren sein. Der moderne Individualisierungsschub beruht dagegen auf ultimaten Gründen (funktionaler Gesellschaftsdifferenzierung) und muss sich deshalb gegen diese Angst behaupten und durchsetzen (vgl. K. Eibl: Animal Poeta. Bausteine einer biologischen Kultur- und Literaturtheorie. Paderborn 2004, S. 187 ff.).

24 Fast wörtlich aus Luhmann 1989 a.a.O., S. 159.

Unvermeidbarkeit von Pädagogik. Die Erlösung aus dieser Gefangenschaft einer pädagogischen Kindheit und Jugend gelingt, so lautet das Versprechen, nur über Lernen und Studieren. »Studere« heißt bekanntlich im Lateinischen: streben, sich bemühen. So gesehen bekommt das programmatische Goethe-Wort (aus dem »Faust«) einen geradezu drohenden Unterton: Nur demjenigen, der sich strebend bemüht – und keinem Andern! – wird die Erlösung versprochen:

»Wer immer strebend sich bemüht,
Den können wir erlösen.«[25]

25 Goethe 1974 a.a.O. Bd. 3, S. 359. Luhmann als Soziologe formuliert die soziologischen Konsequenzen dieser Entwicklung für das freischwebende Individuum sarkastisch so: »Und die Gesellschaft wird es belehren: Wer immer strebend sich bemüht, den können wir besteuern« (Luhmann Sem. III 1989m, S. 215).

10 Ausblick ins 19. und 20. Jahrhundert

Die dargestellte Entwicklung, das haben wir schon im Vorbeigehen gesehen, ist kein selbsttragender Prozess, sondern korrelliert – zufällig, jedoch nicht beliebig – mit realgeschichtlichen Entwicklungen, insbesondere mit der Umstellung der Gesellschaft auf funktionale Differenzierung und der Zunahme der dadurch ausgelösten multiperspektivischen Welterfahrung. Das Individuum, das sich durch (gesellschaftliche) Exklusion definiert, muss seinen Wiedereintritt in die Gesellschaft – also seine Inklusion – als einen pädagogisch begleiteten Prozess der Entwicklung vom Kind zum Erwachsenen selbst organisieren und stilisiert sich dabei als Wert sui generis. Dieser Aufwertung des Kindes als Individuum verdankt die moderne Pädagogik ihr Medium und damit ihre Unvermeidbarkeit. Im 19. Jahrhundert wird die in Europa formal schon im ausgehenden 18. Jahrhundert eingeführte *Schulpflicht* – häufig auch gegen die Interessen der Eltern – realgeschichtlich allgemein durchgesetzt und die Unvermeidbarkeit der pädagogischen Behandlung als eine eigenständige Phase in der Ontogenese stabilisiert. Erst jetzt, so kann man etwas zugespitzt sagen, wird mit der Unterrichts- bzw. Schulpficht auch die »Jugend« erfunden. An der Erziehung, und damit an der Kindheit, kam schon bisher niemand vorbei; jetzt kommt man auch an der Schule – und damit an der Jugend – nicht mehr vorbei. War bisher für das Kind ein Leben außerhalb der Familie kaum denkbar, wird jetzt auch ein Leben außerhalb der Schule nicht mehr denkbar. Diese Entwicklung sollte so weit gehen, dass man inzwischen wohl ohne Familie, aber nicht ohne Schule erwachsen werden kann[1].

Mit der Verschulung der Jugend rückt das Problem der *Methode* ihrer Planung und Organisation verstärkt in den Mittelpunkt. Wäh-

1 »Einst ausweglose Erlebensform, ist die Familie heute eines der wenigen Funktionssysteme, auf das der Einzelne verzichten kann« (Luhmann 1989 a.a.O., S. 170; vgl. auch Treml 2000, S. 102 ff.).

rend Sozialisation als das bezeichnet werden kann, was quasi von alleine – nebenbei bzw. beiläufig – geschieht, ist Unterricht das, was nicht von alleine geschieht und deshalb organisiert und geplant werden muss. Aber wie? Im Kontext der Ideengeschichte stellt sich damit das zentrale Problem der Ermöglichung pädagogischer Intentionen erneut und in aller Schärfe und wird ideengeschichtlich als »pädagogisches Technologieproblem« reformuliert[2]. Wie kann man die pädagogischen Absichten verwirklichen? Wie können wir die pädagogischen Ziele durch Unterricht erreichen? Dahinter verbirgt sich die alte Frage nach der Möglichkeit von Erziehung, wenngleich jetzt verschärft durch die Schulpflicht für alle. Wie man Freiheit durch Zwang (also kausal) »kultivieren« könne – und zwar so, dass gesellschaftliche Inklusion gelinge –, bleibt ein Dauerproblem auch im 19. und 20. Jahrhundert.

Die Antworten, die man in den beiden letzten Jahrhunderten gegeben hat, oszillieren zwischen den beiden Polen der binären Codes, die viele Namen tragen: nomos – physis, res – verba, Freiheit – Kausalität, Natur – Kultur, Kind – Gesellschaft, Führen – Wachsenlassen, Allgemeinbildung – Berufsbildung, Bildung – Erziehung, Bürger – Mensch, pädagogischer Idealismus – pädagogischer Realismus, Bildung – Ausbildung, Theorie – Praxis usw. Zwischen »Rousseau« und »Kant« – also zwischen einem pädagogischen Naturalismus und einem pädagogischen Kulturalismus – pendeln die theoretischen Orientierungen mit unterschiedlichen Akzentuierungen hin und her[3]. Während im 18. Jahrhundert mit der Philanthrophie und den diversen Versuchen eines pädagogischen »Sach«-Realismus zunächst die praxisnah orientierte Konzeption einer naturalistischen Pädagogik dominierte, deutet sich um die Jahrhundertwende ein deutlicher Paradigmenwechsel zum Neuhumanismus an, der in den großen philosophischen Systemen des

2 Vgl. Luhmann/Schorr 1979 a.a.O. Kap. 2, S. 115 ff.

3 Diese unterschiedlichen Akzentuierungen konturieren schließlich das, was man heute unter Naturwissenschaft einerseits und Geisteswissenschaft andererseits zu verstehen pflegt. Ihre Ausprägung findet diese Entwicklung paradigmatisch an den beiden Brüdern Humboldt: Während Alexander von Humboldt zu einem bedeutetenden (empirisch arbeitenden) Naturforscher wurde, entwickelte sich Wilhelm von Humboldt zum »Geistforscher« (zum Sprachforscher und zum Vertreter der neuhumanistischen Bildung und Bildungsreform).

Deutschen Idealismus zur großen Theorie aufläuft[4]. Dann aber um die Jahrhundertwende zum 20. Jahrhundert dreht sich der Wind wieder und wertet – in der Reformpädagogik und der Geisteswissenschaftlichen (hermeneutischen) Pädagogik – die *Praxis* wieder auf. Beide konzeptionellen Ausrichtungen sind natürlich Theorien – auch die Theorie von der Dignität der Praxis, denn es sind Kommunikationszusammenhänge, die in der Distanz zur Berufspraxis der Pädagogen entwickelt und erhalten werden. Beide Theorien berühren sich in ihren Extremen, weil sie die gleiche Funktion (Kontingenzunterbrechung) bedienen, und beide bedingen und bedürfen einander gegenseitig, um die Bewegung in Gange zu halten, die wir als Ideenevolution bezeichnet haben.

Auch wenn wir dazu neigen, die neue Idee besser als die alte zu finden – aus der weiten historischen Perspektive, die wir in diesem Buch eingenommen haben, ist diese Unterstellung falsch. Das neue Jahrhundert löst mit seinen Ideen nicht die Probleme des alten, und die neue Idee – auch wenn wir noch so verbissen an sie glauben – ist nicht per se besser als die alte Idee – nur anders. Es ist dieses »Anders«, das wir als Differenz beschrieben haben, als Varianz, derer jede Entwicklung bedarf, wenn sie als Evolution eine Fortsetzung haben will. Wer glaubt, das Frühere sei besser als das Spätere, geht einer schöpfungstheoretischen Prämisse auf den Leim. Wer glaubt, das Neueste sei besser als das Alte, denkt unvermeidlich evolutionistisch. Beide Male aber sind die Prämissen willkürlich und gleichermaßen unbegründet und letztlich unbegründbar. Weil das neue Denken sich immer erst gegen das dominierende Alte durchsetzen muss, mag es manchmal angebracht sein, ihm einen Vertrauensvorschuss (etwa in Form einer Nützlichkeitsvermutung) zu geben. Aus evolutionstheoretischer Sicht ist es aber nicht die neue Idee, sondern die Differenz der Ideen und ihre Kontingenz, die als Varianz weitere Evolution in einer komplexen und opaken Umwelt wahrscheinlich macht. Wenn z.B. Alexander von Humboldt darauf insistierte, dass eine »Weltanschauung« ohne »Anschauung der Welt« fruchtlos, ja gefährlich sei, hätte sein Bruder Wilhelm von

4 Vgl. beispielhaft zu diesem Oszillieren im 18. Jahrhundert die interessante Studie von N. Luhmann: Theoriesubstitution in der Erziehungswissenschaft: Von der Philanthropie zum Neuhumanismus. In: Gesellschaftsstruktur und Semantik. Studien zur Wissenssoziologie der modernen Gesellschaft, Band 2. Frankfurt a.M. 1981, S. 105 ff.

Humboldt mit dem Einwand kontern können, dass auch ein »Anschauen der Welt« ohne (bewusst gemachte) »Weltanschauung« fruchtlos, ja unter Umständen gefährlich werden kann. Es ist nicht die eine Seite, die recht hat, sondern die Differenz der Ideen, die sich komplementär verhalten, die Erstarrung vermeidet und zum Weiterdenken reizt – und damit eine weitere Evolution des menschlichen (und pädagogischen) Geistes wahrscheinlich macht.

Keine »Idee« hat sich deshalb ein für alle Mal als die einzig richtige durchgesetzt; keine Position konnte sich dauerhaft stabilisieren, und keiner wird dies in Zukunft gelingen. Auch nicht derjenigen, die gerade en vogue ist. Gerade die hochaggregierten, moralisch aufgeladenen »Selbstverständlichkeiten« reizen zum polemogenen Widerspruch. Wie so oft, scheint auch hier die Unruhe in das eingebaut zu sein, was zunächst angetreten ist, Ruhe zu bringen. Dort, wo die Stabilität auf einem ständigen Reformbedarf beruht, wird das Stabilisierungsprinzip zum Varianzprinzip und beschleunigt die Beschleunigung. Jede Reform produziert deshalb nur Eines sicher: weiteren Reformbedarf! Jede Praxis verändert sich immer wieder durch eine andere Praxis, und jede Theorie durch eine andere Theorie. Die Theorie-Praxis-Differenz sorgt schon dafür, dass diese Dynamik auch weiterhin wirkt. Das einzige Gleichbleibende scheint der ständige Wechsel der Akzente zu sein, die man setzt, eine Zeit lang vertritt, um sich dann einem neuen Thema zuzuwenden. Auch pädagogische Ideen sind nicht nur Theorie-, sondern auch Modekonjunkturen unterworfen.

All das scheint im Rückblick alle Hoffnungen zu enttäuschen, es könnte sich im Durchgang durch die pädagogische Ideengeschichte so etwas wie ein Fortschritt herausstellen. Was sich zunächst als Fortschritt präsentierte, entpuppte sich schnell als das bloße Auswechseln alter Probleme mit neuen Problemen, so dass man unwillkürlich an Thomas Manns Seufzer erinnert wird: »Fortschritt? Ach, es handle sich um den berühmten Kranken, der beständig die Lage wechsele, weil er sich Erleichterung davon verspreche«[5]. Dazu kommt die fast unübersehbare Vielfalt sehr heterogener Semantik, die einen geradezu anarchischen Eindruck hinterlässt. Es gibt offensichtlich nicht nur eine Anarchie der philosophischen, sondern auch der pädagogischen Systeme, und diese scheint in den letzten beiden Jahrhunderten nicht ab-, sondern

5 Th. Mann: Der Zauberberg. Frankfurt a.M. 1967, S. 730.

zugenommen zu haben. Was sich in den letzten beiden Jahrhunderten wie im Brennglas verstärkt zeigt, nämlich die Pluralisierung, Differenzierung und Beschleunigung scheinbar beliebiger Ideenproduktion, verdichtet dabei nur die allgemeine Logik einer Entwicklung, die man als das Auspendeln zwischen den beiden Polen der Differenzen bezeichnen kann, die jeder Kommunikation über pädagogische Ideen zugrunde liegen.

Dieses Ergebnis wird viele möglicherweise unzufrieden lassen, enttäuscht es doch die weit verbreitete Sehnsucht nach Eindeutigkeit und Sicherheit. Wenn dasjenige, was angetreten ist, die Kontingenzprobleme zu lösen, selbst kontingent wird, steigt die Unsicherheit – und das Unbehagen. Aber Resignation ist hier fehl am Platze. Wenn über Jahrtausende hinweg das Nachdenken über Erziehung (Bildung und Erziehung) in Wellenbewegungen verläuft, die zwischen den Polen der (meist) binären Codes hin und her pendeln, ohne dass die Bewegung je zur Ruhe kommt, dann muss das einen evolutionären Selektionsvorteil haben. Ich vermute, diese Pendelbewegung ist das funktionale Äquivalent zu einer nicht vorhandenen pädagogischen Technologie. Es handelt sich hierbei um eine Art »Kompensationsersatztechnologie«, die das pädagogische Technologiedefizit kompensiert. Pädagogen haben keine pädagogische Technologie zur Verfügung, um ihre Absichten durch Erziehung und Unterricht kausaltechnologisch zu erreichen. Ihr Handeln ist immer ein Versuchshandeln nach dem Prinzip des »Versuch (qua Variationsofferte) und Irrtum/Erfolg (qua negative oder positive Selektion)«. Das aber ist die Problemlösetechnik der Evolution schlechthin: Varianzen sind Selektionsvorschläge, auf die die Umwelt selektiv zurückgreift und die sie nach Maßgabe der Nützlichkeit stabilisiert. So gesehen tastet die pädagogische Ideengeschichte durch die unterschiedlichen Akzentuierungen ihrer Differenzen ständig die Spielräume für Resonanz ab. Dieses Abtasten der Umwelt durch ständige Systemveränderungen eröffnet immer wieder Optionsspielräume für eine Fortsetzung der geistigen Evolution und darf deshalb gar nicht zur Ruhe kommen, wenn sie ihre Funktion bedienen will. Wie in einem ständigen Ein- und Ausatmen lebt die pädagogische Ideengeschichte nur dadurch, dass innerhalb einer basalen Differenz die Akzente immer wieder anders gesetzt werden und so ihre Kontingenz auf Dauer gestellt wird.

Dieses »Ein- und Ausatmen« kann schneller werden – etwa, wenn man sich mehr anstrengen muss, um mit den vielen und immer schneller daherkommenden Veränderungen in der (Um)Welt mitzukommen. Dieses ist spätestens seit dem Beginn der Moderne in der Renaissance der Fall und hat sich in den beiden letzten Jahrhunderten erschreckend beschleunigt. Unübersehbar hat die Geschwindigkeit zugenommen, mit dem die Theoriekonjunkturen sich abwechseln – ja, sich gegenseitig überholen und gleichzeitig und gegensätzlich behaupten, so dass man zu Recht davon sprechen kann, dass man auch in der pädagogischen Provinz in einer pluralistischen und offenen Gesellschaft lebt. Aus evolutionstheoretischer Perspektive kann man vermuten, warum dies so ist. Offenbar ist die gesellschaftliche Komplexität so groß und die sozio-kulturelle Beschleunigung der Umwelt so schnell geworden, dass Theoriebildung darauf selbst nur durch Beschleunigung reagieren kann und ihre Positionen deshalb immer schneller verändern muss. Die schon im 18. Jahrhundert beginnende Temporalisierung und Paradoxierung der in der pädagogischen Kommunikation erhobenen Geltungsansprüche ist aus dieser Sicht die Reaktion auf eine chronische Überforderung angesichts einer immer größer und opaker werdenden, durch die gesellschaftliche Entwicklung selbstinduzierte Komplexität. Deshalb werden eingebaute Widersprüche, die Antinomien und Paradoxien funktional, weil sie dazu zwingen, schneller den Bezugspunkt der Beobachtung zu wechseln und gleichzeitig die Abarbeitung der damit ausgelösten Störung zu verzeitlichen[6]. Jetzt wird sogar das Auspendeln der Extreme innerhalb *eines* Entwurfs – *eines* Konzeptes, *eines* Systems, *eines* Klassikers – funktional.

So beginnt z.B. Pestalozzi gut rousseauisch mit dem (naturalistischen) Bekenntnis: »liber im Stall, in der Kuchen, in der Wohnstube, als mißleidig beim Buch«, um dann wenig später zu der (kulturalistischen) Erkenntnis zu gelangen: »Wo du die Erde der Natur überlässest, da trägt sie Unkraut und Disteln.« Falsch wäre es allerdings, nun darin einen objektiven Erkenntnisfortschritt zu vermuten. Im Pendeln zwischen Natur und Kultur durchschreitet Pestalozzi jene

6 Diese Entwicklung lässt sich zurückverfolgen bis zu Petrus Abaelardus, der 1121 ein Werk geschrieben hat, das den Titel hat »Sic et Non« (!) und eine Sammlung einander widersprechender Zitate der Kirchenväter ist. Es ist diese, hier zunächst nur sekundär zitierte, aber bloßgelegte Widersprüchlichkeit der Dogmatik, die sie kontingent setzte und zur Evolution der weiteren Ideengeschichte anregte.

Bewegung, die aller Kommunikation über Pädagogik zu Grunde liegt. Im Grunde genommen hat die Bewegung kein Ziel, sondern die Bewegung selbst ist das Ziel – oder besser gesagt: ist ein Versuch, das Bezugsproblem zu lösen. Das Problem der Erziehung.

Aus dieser Sicht wird im Rückblick auf fünftausend Jahre Ideengeschichte erkennbar, dass diese als Evolution einflussreicher – d.h. resonanzreicher – Semantik ihre Identität aus der Differenz gewinnt. Streng genommen geht es nicht um Ideen, Ideale, Ziele oder Werte, sondern immer um die zugrundeliegende Differenz, ohne die jede Idee bloße Propaganda bliebe. Alle sogenannten »Ideen« haben, wenn man genau hinschaut, zwei Seiten – in der Regel in Form eines Gegenbegriffs. Es ist nicht die markierte Seite alleine, die zur Kommunikation anregt, sondern es ist immer erst die Einheit der Differenz von markierter und unmarkierter Seite, aus der die Kommunikation ihre Kraft zur Fortsetzung nimmt. Deshalb muss ein ideengeschichtlicher Rückblick (wie dieser) an die vergessenen Differenzen erinnern, anstatt sich mit der Erinnerung an Werte zufriedenzugeben: »An die Stelle des Denkens in Identitäten, Idealen, Zielen oder Werten tritt das Denken in Unterscheidungen, die verlangen, daß man sie als Zwei-Seiten-Formen sieht, bei denen die Option für die eine Seite die andere mitführt und in Erinnerung behält.«[7]

Auch für die pädagogische Ideengeschichte gilt, dass es das Denken in Differenzen, und nicht das Denken von Einheiten (Werten, Ideen, Zielen), ist, das die Welt bewegt. Differenzen bewegen die Welt, weil ihre Grundform die der Varianz ist, die Evolution nicht nur voraussetzt, sondern unter Umständen auch stimulieren kann. Die markierte Seite der Idee schleift unweigerlich die unmarkierte mit, so dass es nur eine Frage der Zeit ist, bis eine Ummarkierung (»crossing«) stattfindet. Wir haben das etwa in der Grundunterscheidung von Sein und Seiendem schon bei Platon und Aristoteles gesehen. Das ist gewissermaßen die Dynamik der räumlichen Operation (die es erlaubt, von einer Seite der Unterscheidung zur anderen zu springen). Aber es gibt immer auch eine zeitliche Bewegung, bei der die Unterscheidung durch die zusätzliche zeitliche Differenz des »Vorher – Nachher« dynamisiert wird. Wir haben mehrfach gesehen, dass eine alte Unterscheidung – etwa jene der

7 N. Luhmann, K.-E. Schorr (Hg.): Zwischen Absicht und Person. Fragen an die Pädagogik. Frankfurt a.M. 1992, S. 7.

antiken paideia von Seiendem und Sein – durch semantische Überlagerung in eine andere begriffliche Operation überführt wird (hier etwa in jene von Transzendenz und Immanenz, von Gott und Welt, von Natur und Gnade, von Natur und Mensch, von intelligiblem und empirischem Subjekt usw.).

Weil alles, also auch Unterscheidungen, eine räumliche und eine zeitliche Sinndimension besitzt – ja diese erst dadurch ermöglicht, gewinnen begriffliche Unterscheidungen ihre evolutive Kraft in beiden Sinndimensionen: Räumlich hat die Unterscheidung eine Zwei-Seiten-Form, bei der jede Markierung ihre Alternative mitführt (und damit Sinn so transportiert, dass er jederzeit kommunikativ fortgesetzt werden kann) insofern, als jedes Hier ein Dort (als Nicht-Hier) voraussetzt; zeitlich ist jede Unterscheidung insofern, als sie gleichzeitig mit der Unterscheidung von »vorher – nachher« beobachtet werden kann. Raum und Zeit sind dabei funktional äquivalente Problemlösedimensionen: Wenige Unterschiede können durch schnelleren Wechsel viele Unterschiede ersetzen. Differenzierung hat also eine sachlich-räumliche und eine zeitlich-historische Dimension, auch in der Ideengeschichte. Vermutlich vergrößert die Steigerung der Differenzierung, in welcher Dimension auch immer, die Evolutionsfähigkeit – salopp gesagt: Wer nur eine und immer die gleiche Idee hat, ist dumm. Wer dagegen viele hat, sieht nicht nur die Welt differenzierter, sondern hat bei Bedarf eine Wahl[8].

Wenn man im Rückblick fragt: Was bleibt? Was ist die Errungenschaft europäischen Denkens, das sich in der pädagogischen (und philosophischen) Ideengeschichte widerspiegelt? – dann ist es wahrscheinlich dieses Kommunizieren entlang von Differenzen, die jede Einheitssemantik – jeden irritablen Fundamentalismus und jeden erstarrten Dogmatismus – früher oder später wieder zu dynamisieren und zu temporaliseren erlaubt. Diese Errungenschaft hat sich in der Wissenschaft qua Methode stabilisiert und die Welt verändert, so dass man heute sagen kann: die Welt ist europäisiert

8 Und umgekehrt. Für denjenigen, der die Welt nur mit wenigen Unterscheidungen zu beobachten vermag, ist es eine ärmere Welt. Z.B. wird von Wilhelm II berichtet, dass er, was die Musik betrifft, nur ein sehr beschränktes Differenzierungsvermögen gehabt habe. Die einzig ihm zur Verfügung stehende Unterscheidung sei gewesen: »Radetzkymarsch / nicht Radetzkymarsch«.

worden[9]. Das gilt im Guten und im Bösen. Die Erinnerung an diese vergessenen Zusammenhänge eines differenztheoretischen Denkens in distinkten Begriffen, das zu sich selbst ein kritisches, skeptisches Verhältnis gewonnen hat, wird die Welt nicht automatisch besser machen. Es gibt, wie immer in der Evolution, keine Garantie für bessere Anpassung. Wir können jedoch aus ihr die Hoffnung schöpfen, dass die Fortsetzung (qua Evolution) wahrscheinlicher wird, wenn wir in polykontextuellen Welten in Differenzen – statt in Einheiten – denken.

Aber der Preis darf nicht verschwiegen werden: Es gibt in dieser Bewegung des Denkens kein Ankommen mehr, keinen Ort, an dem alles zur Ruhe käme. Erfüllung wäre Ende, weil es Differenzlosigkeit bedeutet. Ganzheitlichkeit ist jetzt nur noch als romantische Erinnerung legitim; theorietechnisch hat sie – auch in der Pädagogik – ausgedient[10]. Es geht auch »nicht mehr um Wahrheitsbesitz, sondern nur um das Vermögen, in Alternativen zu denken; um Auflöse- und Rekombinationsvermögen; und um langfristig mögliche Konsequenzen (Vorteile?) dieser Steigerung«[11].

---

9 So gesehen muss man Bertrand Russell zustimmen, der einmal meinte: »Religion gibt es überall, nicht nur in Europa, Kunst und Kultur gibt es überall, nicht nur in Europa. Es ist die Idee der Wissenschaft, die Europa der Welt gebracht hat.«

10 Dort, wo in der Pädagogik noch auf Ganzheitlichkeit gesetzt wurde, war das Ergebnis meist ein Desaster, z.B. bei Pestalozzi, der in seinem Tagebuch über die Erziehung seines Sohnes die Maxime formulierte »Alles ganz und nichts voreilig. Ordnung, Genauigkeit, Vollendung, Vollkommenheit! … keinen Schritt weitergehen, bis jede Lücke erfüllt ist. Alles ganz, alles in Ordnung, nirgends Verwirrung – Große Absicht!« Das arme Kind, zwischen pädagogischer Überforderung und Vernachlässigung hin und her getrieben, sollte früh krank werden und als junger Mann früh sterben. Vgl. zum Problem der Ganzheitlichkeit (erkenntnistheoretisch) A. K. Treml: Ganzheitlichkeit – affirmative oder kritische Kategorie? Ökumenisches Lernen als ganzheitliches Lernen. In: G. Orth (Hg.): Dem bewohnten Erdkreis Schalom. Beiträge zu einer Zwischenbilanz ökumenischen Lernens. Münster 1991, S. 233–241, sowie (identitätstheoretisch) Luhmann 1989, S. 139 ff.) und (sprachphilosophisch) Kümmel 1970 a.a.O.

11 Luhmann 1980 a.a.O. S. 61.

Sachregister

Namensregister